En guerre(s)
pour l'Algérie

DE LA MÊME AUTRICE

La Torture et l'Armée pendant la guerre d'Algérie, 1954-1962, Paris, Gallimard, « La Suite des temps », 2001 ; « Folio histoire », 2016.

La Guerre d'Algérie. Une histoire apaisée ?, Paris, Seuil, « L'histoire en débats », 2005.

(avec Sylvie Thénault) (dir.), *La France en guerre, 1954-1962. Expériences métropolitaines de la guerre d'indépendance algérienne*, Paris, Autrement, « Mémoires Histoire », 2008.

(coordination de) *La Guerre d'indépendance des Algériens, 1954-1962*, Paris, Perrin, « Tempus », 2009.

L'Embuscade de Palestro, Paris, Armand Colin, 2010 ; « La Découverte/Poche », 2018.

(avec Fabrice Virgili) (dir.), *Viols en temps de guerre*, Paris, Payot, 2011.

Prisonniers du FLN, Paris, Payot, 2014.

« Papa, qu'as-tu fait en Algérie ? », Enquête sur un silence familial, Paris, La Découverte, 2020.

Raphaëlle Branche

avec la collaboration de Victor Delaporte,
Lydia Hadj-Ahmed et Julie Maeck

En guerre(s) pour l'Algérie

Tallandier/ARTE Éditions

Les entretiens des témoins de la guerre d'Algérie retranscrits dans cet ouvrage ainsi que les images proviennent de l'INA. Ils ont été initialement produits par l'INA et ARTE France dans le cadre d'une collecte patrimoniale et de la réalisation d'une série documentaire, *En guerre(s) pour l'Algérie*, de Raphaëlle Branche et Rafael Lewandowski.

48, rue du Faubourg-Montmartre – 75009 Paris
www.tallandier.com

Introduction

Quinze voix, quinze visages, quinze vies et des mots par milliers par lesquels se déploie une époque révolue. Dans ce temps-là, l'Algérie et la France étaient unies administrativement. Les liens entre habitants des deux rives de la Méditerranée étaient largement configurés par la relation coloniale. En Algérie, on regardait vers le nord en disant « la métropole » ; on l'imaginait différente des départements qui, de Constantine à Oran, prétendaient prolonger l'Hexagone. Elle l'était largement. Pour les métropolitains, l'autre rive, c'était « l'Afrique du Nord », sans plus de détails. Ses habitants étaient des « Nord-Africains » qu'on croisait parfois, surtout quand on habitait une région industrielle, des Bouches-du-Rhône au Pas-de-Calais. On n'imaginait pas leur vie et encore moins d'où ils venaient, eux qui, après la Seconde Guerre mondiale, circulaient librement entre les deux rives et participaient à la reconstruction de la France. « Nord-Africains », cela suffisait à les définir et à les distinguer : ils étaient différents. À leurs côtés vivaient des Français mais on disait plutôt des « Européens ». En métropole, on les appelait aussi « colons », sans bien savoir, et bientôt ce seraient les « pieds-noirs », rapatriés sur une terre qu'ils n'avaient pas tous foulée et où ils étaient largement inconnus de leurs compatriotes.

Soixante ans plus tard, cette réalité semble si lointaine à beaucoup qu'il est souvent nécessaire de préciser les mots et les images employés alors. En effet, les sens ont pu changer, les évidences disparaître. Aux lecteurs et lectrices d'aujourd'hui, il faut expliquer. Expliquer et prendre le temps de raconter ce que c'était de vivre dans l'Algérie française et de vivre la guerre qui s'y est déroulée de 1954 à 1962. Les quinze récits réunis ici sont autant de fenêtres sur ce passé, autant d'ouvertures vers un monde disparu et dont la complexité échappe souvent, masquée par des caricatures, des préjugés ou des visions partiales reçues parfois en héritage et non interrogées.

Ce livre répond à une soif de savoir, en France comme en Algérie. Il est aussi le résultat d'une rencontre entre notre époque et des envies de dire. En 1999, les parlementaires français ont mis fin à un étrange déni : ils ont voté à l'unanimité le remplacement de l'expression « opérations de maintien de l'ordre en Afrique du Nord » par « guerre d'Algérie » dans les textes officiels. À cette date, on peut affirmer que l'État a enfin reconnu l'état de guerre en Algérie. Trente-sept ans après le cessez-le-feu et l'indépendance du pays. Trente-sept ans après la fin d'un conflit ayant causé des centaines de milliers de morts et bien plus de victimes encore. Trente-sept ans après. Presque deux générations. Pendant ces années, le déni a produit ses effets en France. Il a euphémisé l'expérience vécue (était-ce vraiment une guerre ?). Il a rendu plus difficiles certaines paroles : celles qui pourraient dire la peur, justifier un engagement dans la violence ou encore admettre une souffrance. Car c'est de cela qu'une guerre est faite : de peurs, de violences, de souffrances et, plus largement, d'engagements et d'intensités, de contraintes et de drames. De tout cela, la société française a pris conscience par à-coups depuis 1954.

En novembre de cette année-là, quand les premiers attentats explosent en Algérie, revendiqués par un Front de libération nationale (FLN) inconnu de tous, personne ne peut imaginer la guerre qui va suivre. La flambée de violences terroristes, concentrée sur des infrastructures, aurait pu être vite éteinte et étouffée. Le pays s'embrase, au contraire, en moins d'une année. D'abord limité à l'est de l'Algérie, l'incendie prend de l'ampleur. À l'été 1955, les meurtres simultanés de plus de cent vingt personnes dans le Nord-Constantinois par le FLN précipitent une aggravation de la répression. L'appel au contingent au printemps 1956 achève de fournir le combustible à une guerre qui, dès lors, s'est imposée dans l'agenda politique français. Il faut sauver l'Algérie française, la protéger des indépendantistes du FLN qui ont décidé de prendre les armes contre elle.

La France coloniale se défend. En mai 1945 déjà, les premières manifestations indépendantistes avaient fait peur aux autorités et aux Français d'Algérie inquiets du nouveau monde qui pouvait émerger des ruines fumantes de la Seconde Guerre mondiale. Les aspirations à plus d'égalité n'avaient pas été entendues. Une génération plus tôt, en 1919, la fin du premier conflit mondial s'était accompagnée d'une aumône de droits octroyés aux anciens combattants indigènes d'Algérie, pour mieux maintenir la domination française et la situation coloniale. Le principe demeurait en effet inchangé : le pouvoir appartenait à la minorité, historiquement liée aux colonisateurs qui, au XIXe siècle, avaient transformé ces territoires d'Afrique du Nord en un bien théorique prolongement administratif de la France. En fait comme en droit, c'était une logique discriminatoire qui s'y exerçait. Même renouvelées en partie par l'expérience de la résistance et de la Seconde Guerre mondiale, les élites françaises ne tendirent qu'une oreille distraite aux revendications exprimées alors. Comme souvent la peur fut la première conseillère. Elle arma les mains et actionna les machines de guerre qui s'en prirent aux civils du

Nord-Constantinois en mai et juin 1945. Des Algériens et des Algériennes : c'était leur seul tort. Quinze mille d'entre eux furent tués en moins de deux mois. De cette violence débridée, la mémoire collective et le langage gardent la trace en Algérie : 1945 est « l'année où ils ont crié avant de se taire ».

Dix ans plus tard, le silence n'est plus une option pour une minorité déterminée à en découdre. Des partis politiques qui se sont acharnés à obtenir de la France une vraie égalité entre les habitants d'Algérie ont recueilli les suffrages des Algériens de manière massive. Les élections ont été rapidement truquées pour que le pouvoir demeure aux mains de la minorité liée à la France. Une évidence s'est alors imposée peu à peu aux plus déterminés : non seulement revendiquer l'égalité ne suffisait plus et seule l'indépendance de l'Algérie permettrait au peuple algérien d'être souverain, mais cette indépendance devait être conquise par les armes.

À la répression militaire méthodique qui a visé les régions révoltées des Aurès et de la Kabylie dès fin 1954 s'ajoute, fin août 1955, une violence sauvage : dix mille morts en une dizaine de jours, une fois encore dans le Nord-Constantinois. Un fossé de sang. Un point de non-retour, comme les Français d'Algérie le comprennent lentement. En métropole, en revanche, on est loin d'une telle prise de conscience. L'Algérie reste une terre que peu de métropolitains connaissent. Ils n'en ont qu'une représentation limitée, véhiculée notamment par les manuels scolaires, attribuant à la France un rôle exclusivement positif dans le développement du territoire et la vie de ses habitants. La vision des Algériens est tout autre. Quelle que soit leur situation économique et sociale dans l'Algérie française, ils ne peuvent ignorer ce que la colonisation a fait, depuis des générations, sur leurs terres et leurs vies.

Fin août 1955, ils savent aussi que le changement se paiera au prix fort. Certains restent fidèles au père fondateur du nationalisme algérien, Messali Hadj, d'autres rejoignent le FLN : ils sont de plus en plus nombreux tandis que l'attentisme devient quasiment impossible pour une population mise en demeure de choisir son camp. Les années de guerre voient les violences se déchaîner sur les civils, toucher la France métropolitaine, s'étendre hors des frontières de l'Algérie. La France y perd un régime parlementaire. La Ve République y est forgée pour le général de Gaulle revenu au pouvoir en sauveur du pays menacé. Le nouveau régime accompagne finalement l'Algérie française vers sa fin, après avoir donné une dernière fois à l'armée les moyens d'étouffer l'ALN (Armée de libération nationale). À partir de 1960, le général de Gaulle réoriente la politique française en Algérie, organise le désengagement progressif de la France et accepte de négocier avec le FLN, qui a mis en place un Gouvernement provisoire de la République algérienne (GPRA). Les plus radicaux de l'Algérie française ne lui pardonnent pas ce qu'ils assimilent à une trahison. Certains passent à la lutte armée au sein de l'Organisation armée secrète (OAS). Après la signature des accords d'Évian le 18 mars 1962, les violences ne cessent pas, attisées par une OAS déchaînée. Les Français d'Algérie, en catastrophe, décident alors de quitter massivement le pays en quelques mois. En Algérie, la sortie de guerre est caractérisée par une épuration politique, des règlements de comptes et une lutte pour le pouvoir. Mais cette sortie de guerre est aussi la fin de la colonisation : en dépit des douloureuses séquelles économiques et sociales de la guerre, c'est une période exaltante où tout est imaginable et où les énergies sont mobilisées pour la construction d'un nouveau monde.

Les récits réunis dans ce livre permettent de revenir sur ces années de violences terribles qui furent aussi des années d'espoirs intenses et de luttes acharnées.

À la rencontre de vies ordinaires dans le chaos de la guerre

Les quinze récits réunis ici appartiennent à l'ensemble bien plus vaste des mémoires individuelles marquées par le passé partagé de la France et de l'Algérie. Des millions de personnes ont fait l'expérience personnelle du basculement d'un monde dans un autre. Elles ont vu l'Algérie française devenir Algérie algérienne, la France coloniale perdre son empire et les deux territoires unis par la conquête militaire et l'occupation avancer dans la construction d'un lien choisi. Depuis soixante ans, cette expérience collective a marqué les sociétés comme les individus. Même pour ceux qui sont nés après 1962, même pour ceux que plusieurs générations séparent du moment de bascule, ses effets peuvent être présents et vifs. L'intensité du passé n'est pas une fonction linéaire du temps. Pas plus que ne s'épuise régulièrement la puissance des chocs historiques. Il est des rejeux qui mettent au jour d'anciennes failles ; il est des chocs qui peinent à se résorber et persistent. Il est aussi des urgences qui imposent, ici et maintenant, de comprendre.

Expériences majeures de la société française au XXe siècle, expériences fondatrices de la société algérienne, ni la colonisation ni la guerre n'avaient donné lieu à une collecte de témoignages au service de tous. Derrière ce livre, il y a une volonté unique, lancée par ARTE France et orchestrée par l'Institut national de l'audiovisuel (INA). Il a bien existé, ici ou là, des collectes thématiques : en Algérie dans le cadre de la fondation Mémoire de la *wilaya* 4, ou en France sous la houlette de l'Office national des anciens combattants et victimes de guerre, par exemple. Il y a aussi eu des enquêtes de chercheurs et de chercheuses sur tel ou tel sujet. Les témoignages ainsi recueillis ne sont pas toujours déposés dans des centres d'archives où ils seraient accessibles. Ils ne sont pas toujours conçus pour être transmis. Au contraire, la collecte réalisée par l'INA est d'emblée pensée comme une collecte inclusive et patrimoniale : ouverte à tous les témoins, elle est destinée à être conservée et accessible. Elle est un lieu de partage et un objet à partager. Ce livre en est un exemple. Comme elle, il est choral.

Imaginé en 2018, le projet de collecte intervient dans un contexte démographique particulier. Si Slimane Zeghidour et Dominique Moëbs, les deux benjamins de ce livre, avaient tout juste 1 an quand la guerre a commencé, Simone Aïach et Nelly Forget, les plus âgées, fêtaient leurs 10 ans en 1939. La grande majorité des témoins sont nés entre 1934 et 1944 : assurément l'urgence démographique n'est pas un vain mot. L'épidémie de Covid-19 ne l'a rendu que plus juste. Certaines personnes avaient donné leur accord pour venir témoigner mais ont été empêchées par la maladie ou la mort. Depuis la collecte, plusieurs d'entre elles ont disparu.

En dépit de cette urgence indéniable et de l'intérêt de ce patrimoine, aucun financement ne lui avait jusqu'à présent été consacré ni par la puissance publique, ni par des acteurs privés. Il n'est pas anecdotique de rappeler cette évidence : une telle collecte ne peut se contenter de bonne volonté et de déclaration d'intention. Le budget nécessaire était d'autant plus important que le projet envisageait d'emblée de filmer les témoignages dans un cadre exigeant techniquement. L'INA a pu adosser ce projet ambitieux à une série documentaire produite avec ARTE France, *En guerre(s) pour l'Algérie*. Un peu moins de soixante-dix entretiens ont été filmés, pour l'essentiel en studio, malgré l'arrivée du confinement lié à la crise sanitaire.

Ces modalités techniques et financières ont conditionné très largement le recueil des témoignages. Le confort de tournage, le temps consacré aux entretiens mais aussi aux rencontres préalables avec les témoins, par exemple, sont autant d'éléments qui peuvent expliquer ce qui frappe à leur lecture : la liberté de parole, la recherche du mot juste, le désir de ne parler que de ce qui fut vécu et ressenti à l'époque. C'est parce qu'ils ont été réalisés dans ce cadre et dans ce but que ces entretiens existent. Il importe de ne pas l'oublier quand on les lit. Les équipes de production et de tournage, en France et en Algérie, ont accompli un travail extraordinaire auprès des témoins. C'est d'abord à elles que ces dizaines de personnes ont accordé leur confiance et grâce à elles que l'ambition a été atteinte. Agathe Gilbergue, en France, et Brahim Djaballah, en Algérie, ont été les premiers visages de ce projet qu'ils ont patiemment expliqué aux personnes démarchées pour témoigner. D'autres ont pris le relais autour des plateaux de tournage puis, après, lors du travail de mise en ligne et de valorisation des entretiens réalisés. Assurément, les témoignages qui sont aujourd'hui accessibles sont le fruit d'une œuvre collective de part et d'autre de la Méditerranée. Ce livre devrait permettre de s'en faire une idée.

Si l'exhaustivité est impossible à atteindre, la diversité est en tout cas au rendez-vous. Les témoins ont été choisis avec le souci de multiplier les types d'expériences, selon les âges et les sexes, les lieux et les activités pendant la guerre. Cinq femmes et dix hommes ont été réunis pour le livre : un déséquilibre qui rappelle à quel point la guerre dans ses aspects militaires est une affaire d'hommes. Ce monde masculin lui-même est divers. Au sein de l'armée française, il peut regrouper notamment des engagés volontaires comme Stive Modica ou de simples appelés comme Robert Deberghes. Mais les différences de statut ne sont qu'un élément : il y aurait aussi les différences de grade ou d'affectation, et d'autres nuances encore. Impossible de tout présenter en un seul volume mais la diversité peut être aperçue. Les combattants des deux armées en présence sont là : le parachutiste français Roger Saboureau et le maquisard de l'ALN Mouloud Lahreche. Les deux principaux partis nationalistes algériens aussi : Idir Boudjemil, resté fidèle à Messali, et d'autres comme Kamel Ouartsi ou Rachida Miri entrés d'emblée au FLN. Comme elle, d'autres civils ont mis leur vie au service de causes auxquelles ils croyaient, dans une guerre qui dépassait largement le seul terrain militaire. En France, on peut découvrir l'engagement de maître Georges Cochet, avocat des Algériens, ou, en Algérie, celui de Nelly Forget, au service des défavorisés des bidonvilles d'Alger. Cette jeune métropolitaine partage avec Simone Aïach, militante du Parti communiste algérien, d'avoir été confrontée aux troupes de la 10e division parachutiste en 1957 à Alger. Elles étaient alors de toutes jeunes femmes. D'autres n'étaient qu'adolescents comme Khadidja Belguenbour, qui a connu la guerre dans les maquis de l'Est, ou Messaoud Kafi dans les camps des Aurès puis comme harki plus au sud. La guerre les a fait mûrir et, pour certains, fait basculer dans la violence comme Gérard Rosenzweig qui accepte de tuer pour l'OAS à l'ultime fin de la guerre. Pour d'autres, la guerre les a accompagnés toute leur enfance : leurs huit premières années. Slimane Zeghidour se souvient ainsi essentiellement des années passées dans un camp de regroupement : c'est d'ailleurs là qu'il apprend la fin de la guerre, synonyme d'indépendance. Pour Dominique Moëbs, la fin de la guerre va signifier très vite la fin de l'Algérie française et l'obligation de quitter le quartier d'Alger où elle a tous ses repères de petite fille.

On le voit à l'évocation de ces quelques vies, cette collecte a été attentive au quotidien des gens. Centrée sur la période du conflit armé, elle est loin de se réduire à un recueil de récits militaires. Au contraire, ce conflit est autant un conflit politique qu'une série d'affrontements armés. Il est en outre une guerre coloniale, ancrée dans le temps long de la colonisation, et cette situation coloniale imprègne sans cesse les expériences des témoins.

La question de départ est simple : « Comment avez-vous vécu la période de la guerre ? » La réponse exige de bien identifier de quoi cette expérience fut faite et de s'y tenir, sans y mêler les connaissances acquises depuis ou les réflexions que l'après-coup a pu produire. Pour les témoins, il s'agit de revenir à ces événements plus de soixante ans, parfois près de quatre-vingts ans, après qu'ils se sont déroulés. Tous sont des témoins oculaires ; tous peuvent dire : « J'y étais, j'ai vu » et aussi « j'ai fait, j'ai pensé ». Il s'agit, pour eux, de se déplacer dans le temps. Littéralement, de voyager en pensée jusqu'à une période disparue mais dont les traces sont là, dans leur mémoire. Il faut partir à la recherche non pas de l'empreinte mais du pas, être à l'écoute non pas de l'écho mais du son. Il faut revenir à l'instant vécu. Il faut s'efforcer de voir par-delà les filtres déposés par la vie, les lectures ou les rencontres.

Pour le témoin disposé à confier ce que fut sa vie avant 1962 se construit alors un rapport singulier à l'événement passé. Devenu extérieur à lui, le témoin peut poser des mots dessus et en faire le récit. Mais il doit aussi pouvoir revenir à l'intérieur, se déplacer jusque dans l'événement pour y ressourcer ses émotions, y retrouver les possibles et les rêves, les choix et les lois de l'époque, sans anachronisme. Le mouvement est perpétuel au cours du récit. Le présent happe le passé en permanence. Il dicte à la mémoire ses contours et son contenu, soucieux qu'elle ne serve qu'à nourrir l'identité de celui ou de celle qui parle, sans le bousculer, sans la trahir. Toutefois, pour qui a accepté de témoigner pour l'avenir, pour les générations qui viendront, le pacte implicite est celui d'un discours de vérité et d'un effort consenti à aller chercher ce qui dira le plus justement comment furent vécues ces années-là.

La mémoire est comme une voile fragile, qu'une maladresse peut déchirer, un malentendu faire s'effondrer. Au contraire, quand les circonstances sont favorables, la voile peut se gonfler et entraîner avec elle les mots et les images. Sur le plateau de tournage, une fois les lumières réglées et les micros ajustés, une écoute bienveillante et compétente est indispensable[1]. C'est elle qui, ultimement, rend possible cet art délicat du recueil de témoignage. Elle offre à la mémoire de bonnes circonstances pour s'épanouir et s'enrichir. Bien mené, l'entretien permet au récit de trouver son rythme de croisière et au témoin de revivre cette époque lointaine. Grâce à cette confiance nouée tout au long de la collecte, les récits ne s'adressent pas seulement à l'interlocuteur du plateau. Tout le dispositif d'entretien est là pour le rappeler aux témoins : leurs récits sont précieux et seront traités avec soin. Ils sont conservés et sont là pour durer. Bientôt, ils témoigneront pour eux.

Témoigner, parce qu'il est temps

Si certains témoins avaient déjà partagé leur expérience oralement, notamment dans un cadre scolaire ou universitaire, ils étaient beaucoup plus rares à avoir publié leurs souvenirs. Pour tous, la sollicitation de l'INA semble être arrivée au bon moment. Quand l'épidémie de Covid-19 s'est abattue sur le monde, l'organisation des tournages est devenue très compliquée et les déplacements entre la France et l'Algérie,

1. Les noms des personnes qui ont mené les entretiens sont indiqués à chaque fois car la forme du témoignage est liée à la relation nouée sur le plateau de tournage. Cette collecte a eu la chance de pouvoir compter sur des intervieweurs et intervieweuses de très grande qualité : Marc André, Hamdi Baala, Walid Bouchebah, Nicolas Bove, Nesrine Dahmoun, Victor Delaporte, Lydia Hadj-Ahmed, Raphaëlle Jaillet, Dorothée Myriam Kellou, Denis Leroux, Julie Maeck, Tramor Quemeneur et Afaf Zekkour.

impossibles. Alors que les personnes vulnérables devaient être protégées avec soin de ces risques mortels apportés par le simple contact humain, aucun témoin n'a renoncé. Après une première série d'entretiens réalisée en France en juin 2019, une seconde a pu avoir lieu à l'été 2020 ainsi que deux campagnes d'entretiens à l'été et à l'automne 2020 en Algérie. La motivation des témoins n'a eu d'égale que celle des équipes réunies. Le recueil des témoignages impliquait tout le monde, de la maquilleuse à la productrice, du chauffeur de taxi au photographe de plateau. Les équipes étaient bien plus jeunes que les témoins : la transmission était en acte ; les témoignages, écoutés avec émotion par tout le monde.

Pourquoi ces femmes et ces hommes acceptent-ils de témoigner malgré les risques pour leur santé, malgré les déplacements et la fatigue inévitables, malgré la certitude que l'entretien réveillerait une mémoire rarement exempte de douleurs ? Certains le disent explicitement : c'est le bon moment. Qu'est-ce que le bon moment pour parler ? Un mélange de raisons intimes et personnelles sans doute mais aussi le sentiment que, peut-être, on sera entendu.

Ces témoignages, en effet, sont sollicités : ils sont nés d'une demande sociale, d'une envie de connaître les points de vue d'habitants ordinaires de France et d'Algérie. Comment était la guerre vue des usines des banlieues parisiennes ? Comment la percevait-on à Bab El-Oued ? Quels espoirs et quelles peurs a-t-elle éveillés dans les petits bourgs coloniaux ? Le projet n'était pas plus compliqué : saisir des vies prises dans le quotidien d'une époque marquée par la guerre. Avec cette collecte, l'occasion était donnée de raconter. On prenait le temps d'écouter des petites gens, ouvriers, écoliers, simples soldats ou bergers. Bien sûr, les raisons précises de telle ou telle action politique leur avaient échappé. Le plan d'ensemble ne leur était pas accessible. C'est précisément ce qui était souhaité : une guerre vue d'en bas, une guerre au plus près des chairs et des êtres. Les enjeux n'y étaient ni diplomatiques ni stratégiques. Pour ces hommes et ces femmes, il s'agissait bien plus de survie et de visions d'avenir, imaginées dans une chambre d'enfant, un camp de regroupement ou une section militaire.

En 2019, la collecte révèle qu'un nouveau contexte est là : les témoins sont disposés à raconter leur expérience de la guerre. Il est temps de parler. « Il y a vingt ans, il y a certaines choses que je n'aurais pas pu dire », dit l'un d'entre eux. Probablement n'est-il pas le seul. La situation en Algérie, depuis le déclenchement du *hirak*, donne lieu à une explosion de paroles. Une grande majorité d'Algériens exprime, obstinément, son désir pacifique de liberté et son refus du régime. Très largement bâti sur un récit, en partie mythique, d'une lutte de libération nationale incarnée exclusivement par le FLN, le régime cède et, sous la pression de la rue, l'espoir revient. Si toutes les générations sont dans la rue, la jeunesse du pays incarne évidemment cette soif de renouveau. Lui transmettre un récit plus juste de la période de la colonisation et de la lutte pour l'indépendance est une motivation évidente chez certains témoins.

Khadidja Belguenbour est sortie marcher pendant le *hirak*. Au moment où elle enregistre son entretien, en octobre 2020, celle qui fut agente de liaison du maquis dès ses 14 ans évoque sa déception, déjà, mais elle ne renonce pas : « Tout mon espoir est sur vous, il ne faut pas prendre des bateaux et se faire manger par les poissons. » À la jeune femme qui l'interroge, l'ancienne maquisarde précise : « Je vous demande de vous unir comme on était unis nous, je vous demande de ne pas être matériels, je vous demande de ne pas être malheureux, je vous demande d'être des hommes. Je sais qu'il y a des hommes parmi vous. Mais ne restez pas comme ça dispersés, ne laissez pas les gens vous manipuler. » Dans la foulée de son témoignage de maquisard de la première heure, Mouloud Lahreche veut, lui aussi, donner un conseil aux jeunes qui sont autour de lui sur le plateau et, au-delà, à ceux qui l'écouteront : « Vous êtes la colonne vertébrale du pays. Prenez soin du pays, voyez ce qu'ont fait les *chouhada*, les martyrs, car le jour du jugement dernier on sera tous jugés, on se rencontrera et on sera jugés. Nous avons rempli notre devoir et nous avons atteint notre but. »

En France, le contexte aussi est favorable : posées par les petits-enfants plus souvent que par les enfants, les questions sont là. Prenant conscience des fils coloniaux qui composent aussi le tissu social de leur pays, les Français sont de plus en plus nombreux à s'interroger sur ce qu'a pu signifier l'empire. Depuis près de deux siècles désormais, l'Algérie occupe une place de choix dans l'imaginaire français. C'est toujours le cas. Comprendre de quoi fut faite l'Algérie française permet d'éclairer certains des fonctionnements profonds de la France contemporaine. C'est pour défendre cette Algérie que fut menée la dernière guerre coloniale. Revenir à cette histoire n'est pas seulement une nécessité politique pour les relations franco-algériennes, elle est une nécessité ressentie intimement par des millions de Français, qu'ils soient ou non reliés à ce passé par une histoire familiale. Des questions sont posées parfois dans l'entourage ; elles ne peuvent pas toujours l'être. Des témoins sont interrogés parfois par leurs proches ; ils ne peuvent pas toujours répondre. S'ils souhaitent parler, l'écoute n'est pas nécessairement au rendez-vous. Les rythmes familiaux ne sont pas simples à accorder. Donner son témoignage à l'INA, c'est aussi lui permettre d'exister.

« Bientôt, les pieds-noirs, il n'y en aura plus. Il y aura les enfants et les petits-enfants, les arrière-petits-enfants. C'est tout. C'est pour ça que notre parole, elle est importante. C'est pour ça qu'il ne faut pas oublier. Ce n'est pas pour ça qu'il faut en parler tout le temps, mais il ne faut pas l'oublier. Vous voyez, c'est mon accent qui revient », constate, émue, Dominique Moëbs. Si expliquer ou faire comprendre peut paraître une ambition inatteignable, le témoignage a, au minimum, cette fonction fondamentale : être là. Au sein de la collecte, chaque récit coexiste et fait aussi sens en relation avec les autres. La petite fille du quartier de la cathédrale d'Alger souhaite ainsi « faire comprendre que la guerre d'Algérie a été une blessure profonde pour les pieds-noirs » et « qu'il faut vraiment avoir plusieurs versions de l'histoire. Plusieurs versions de l'histoire pour se faire sa propre idée. Ne pas dire tel camp avait raison, tel camp avait tort. Non, ce n'est pas si simple que ça. Il faut se dire que c'est quelque chose qui a existé, qui a fait beaucoup souffrir certaines catégories de personnes, qui a fait aussi souffrir les musulmans, les pieds-noirs. Tout le monde a souffert, tout le monde. Vous ne pouvez pas dire untel a souffert plus que l'autre, non, ce n'est pas vrai. Tout le monde a souffert. [...] On ne peut pas. On ne peut pas juger les gens, l'histoire. C'est arrivé, voilà. Je suis là pour en témoigner ». C'est cet acte minimal que revendique aussi Gérard Rosenzweig, l'enfant d'Eckmühl, engagé tout jeune dans l'OAS : « La grande violence n'est pas transmissible. La grande violence se vit, les événements les plus incompréhensibles arrivent, les meurtres les plus affreux se passent sous vos yeux, mais lorsque je l'ai raconté, lorsque quelquefois je le raconte encore, j'ai la sensation dans les yeux des personnes qui m'écoutent et qui n'ont pas connu ces épisodes, j'ai la sensation qu'ils ne me croient pas. Je n'essaye pas de convaincre, j'essaye juste de dire. »

Héritages légués en conscience, ces témoignages portent le poids des vies écoulées depuis 1962. À l'approche de la mort, certains témoins paraissent se libérer d'une charge. La lumière qu'ils acceptent de braquer sur leur passé s'efforce de chasser les ombres. Simone Aïach le dit nettement : « Je tiens à dire quand même ce que je pense, parce que c'est peut-être la dernière fois que je peux parler. Comme je vous l'ai dit, j'ai 90 ans dans quelques jours et ma foi, si ça peut au moins contribuer à éclairer un petit peu, ce sera ma petite contribution, voilà, parce qu'il faut tout dire, pas seulement ce qui fait plaisir. » Le Coran est pris à témoin parfois comme par l'ancien messaliste, Idir Boudjemil, qui rappelle son engagement d'alors : « Donnez-moi le Coran ! Je vais jurer comme je l'ai fait en 1954. Je ne dis que la vérité, je ne veux pas mentir. Que la vérité ! » La vérité est due aux morts. Tant de décennies après les événements, les témoins sont les derniers à avoir vu, les derniers à avoir vécu et à pouvoir rapporter ce qui fut. Cette conscience aiguë est typique des survivants d'événements violents. Elle est très présente en Algérie où la guerre a bouleversé durablement la structure économique du pays, déplacé plus de 2,5 millions de personnes, en tuant probablement autour de quatre cent mille. « Ce n'est pas possible qu'on puisse oublier tant de morts qui ont donné leurs vies, leur jeunesse », s'inquiète Kamel Ouartsi, marqué par la violence coloniale dans sa ville natale de Guelma, dès 1945. « Beaucoup de jeunes qui ont rêvé d'avoir une vie, qui n'ont pas eu une chance de l'avoir, nous, on l'a eue. Quand on pense à ces jeunes qui ont donné leur vie à 20 ans, et nous, on a survécu. Il m'arrive souvent de les voir ou de les revoir comme ils étaient, ceux qui ont donné leur vie n'ont rien, eux, à part le rêve. Ça ne peut pas s'oublier. Parfois ça me hante, mais que faire ? Le destin a voulu comme ça. Mais au moins ne jamais les oublier » et il évoque cette injonction, répétée chaque jour dans les rangs de l'ALN où il s'était engagé : « Mes frères, n'oubliez pas les martyrs ! »

Raconter, dans le détail, pour que jamais l'oubli ne l'emporte. Tel est le devoir des survivants. Raconter et d'abord nommer : les témoins prennent soin de donner les noms et prénoms de leurs camarades militants ou combattants, qu'ils aient disparu ou non. Ils font ponctuellement de leur témoignage un récit collectif, une occasion de parler pour les autres. Les noms de guerre, surnoms de clandestinité, sont rappelés : parfois ce sont les seuls qui ont été connus. Le récit est hommage et les mots sont des tombeaux. Ce souci anime aussi les militaires français qui ont vu la mort ou la blessure d'un camarade et racontent. Au-delà, le récit est là pour dire une expérience collective qui pourra éclairer les destins partagés. C'est ce qui motive, par exemple, Robert Deberghes qui accepte, pour la première fois, de témoigner : à 84 ans, il inscrit son témoignage dans la continuité de l'action qu'il mène auprès des anciens combattants et de leurs veuves dans le besoin. Il veut faire connaître l'expérience des appelés français qui, comme lui, se sont trouvés projetés dans des « opérations de maintien de l'ordre » aux contours flous.

Si l'urgence, le sens du devoir, la fidélité aux morts, l'envie de raconter ou encore la fierté d'avoir agi en accord avec ses valeurs ou ses idées sont des moteurs puissants, ils ne suffisent pas toujours. Encore faut-il trouver les mots justes, retrouver les souvenirs qui résistent, accepter de se confier à des inconnus.

Chaque entretien prend le temps nécessaire et peut durer plusieurs heures. Il a été préparé en amont par une visite ; des photographies, une citation militaire sont parfois apportées pour le compléter et soutenir la mémoire. Les documents d'époque rassurent les témoins sur les éléments factuels qui leur échappent parfois – les dates en particulier. Permettent-ils d'attester plus fortement ? Ce n'est pas évident mais ils sont une source supplémentaire fournie à ceux et celles que cela intéressera, une pierre de plus contre la grande vague de l'oubli. Les erreurs ne sont pourtant pas évitables et les témoins mélangent parfois les dates, les noms, les moments. Le choix a été fait de ne pas corriger ces erreurs lors de l'édition des témoignages. Quand elles pouvaient faire douter les lecteurs, une note a été ajoutée.

L'oubli est en effet intrinsèquement mêlé aux souvenirs. Ponctuel ou majeur, sur un point de détail ou des moments entiers de vie, l'oubli est toujours là. Le récit de mémoire doit être pris pour ce qu'il est et rien de plus. Il est un récit à un moment donné, dans des circonstances données. Comprendre cette dimension évite de trop demander à la mémoire et de trop lui reprocher aussi. Il n'en demeure pas moins qu'au crépuscule de leur vie, les témoins réunis dans ce livre s'efforcent de dire la vérité. Il semble bien que ce soit ce pacte-là qui domine : un pacte d'abord conclu avec eux-mêmes. Dire la vérité et la dire aux autres, pour l'avenir. Ce que chacun et chacune souhaite transmettre ne relève pas toujours d'un choix conscient. Les variations sont fortes et elles peuvent l'être pour une même personne : en fonction du moment, en fonction de la personne à qui l'on s'adresse, les événements ne remontent pas à la mémoire de la même manière. Je pense ici particulièrement aux violences subies. Certains témoins ont gardé le silence sur ce qu'ils ont subi quand d'autres, en revanche, ont pris soin de décrire en détail les gestes et de restituer des sensations telles que la honte ou la souffrance. Les traces sont parfois vives encore ; le temps ne fait rien à l'affaire : l'intensité est intacte. Et les mots ne peuvent pas tout. Les corps parlent aussi. Certains moments de vie se devinent seulement, nichés dans un regard, évoqués d'un clignement d'yeux, révélés par un mot qui butte.

Le temps prend parfois possession du témoin et, avec lui, le passé devient présent. Les temporalités se brouillent comme les regards parfois, ou les mots. Un récit commencé au passé bascule dans le présent. Les souvenirs ne sont plus seulement évoqués, ils paraissent vivants et les mots sont prononcés autrement. Des dialogues sont souvent là, qui resurgissent : on entend des voix se répondre, des échanges se déroulent sous nos yeux. Pour ce livre, donner à voir ces mémoires en acte était essentiel car ces récits sont nés d'avoir été sollicités. Ils ont été produits dans un contexte précis et dans des formes que le livre s'efforce de restituer aussi.

Les voix, de l'oral à l'écrit

La longueur des entretiens ne permettait pas de les retransmettre intégralement dans le cadre d'un livre. Il a fallu faire plusieurs choix. Déterminer un nombre restreint d'entretiens, pour commencer, puis les réduire tous, considérablement. Puisqu'il part de la collecte réalisée à l'INA, le corpus de départ est déjà constitué. Pour le livre, il est simplement bien plus réduit, tout en conservant le principe de la diversité des expériences. Y sont aussi privilégiés des témoins n'ayant pas publié leurs souvenirs.

Les témoignages édités ici sont centrés sur la période de la guerre et sur l'expérience vécue. Chaque récit a été choisi pour prendre sa place dans un ensemble. Quand il a fallu arbitrer entre plusieurs éléments racontés, le critère était toujours de valoriser la singularité de l'expérience mais aussi de tenir compte de l'ensemble réuni dans le livre.

Les périodes précédant et suivant la guerre ont été résumées, soit à la première personne en s'appuyant sur les mots du témoin, soit plus rapidement en indiquant seulement les faits évoqués. Ainsi, les lecteurs peuvent se faire une idée de la totalité de chaque témoignage. Ils peuvent aussi prendre la mesure des conditions de collecte puisque les questions ont été laissées et que le rythme des entretiens a été le plus souvent possible préservé. Certains souvenirs sont spontanés ; d'autres, au contraire, répondent à une sollicitation et doivent être recherchés avec le soutien de celui ou celle qui interroge, précise sa question, insiste quand la mémoire dérive. Ces éléments ont été laissés plutôt que d'opter pour un récit gommant ses conditions de production.

Un lissage a été opéré tant la transcription de l'oralité est parfois inutilement chaotique par l'accumulation de « euh » ou de « hein » ou encore les répétitions de certains débuts de phrase. Mais aucun rabot égalisateur n'a été passé : chaque grain de voix devait pouvoir être entendu. Chaque témoin a sa singularité. Tous ne partagent ni les mêmes manières de s'exprimer, ni le même souci du détail ou encore la même envie d'analyser. Il fallait que ces différences soient bien présentes. Le travail d'édition a été fait avec minutie et souci de respecter ces consignes. Tantôt des digressions ont été supprimées : elles sont la plupart du temps indiquées par des crochets. Tantôt des incises étaient faites par le témoin : elles ont alors été mises entre parenthèses. Quand, à la demande de l'intervieweur ou de l'intervieweuse, des précisions avaient été apportées à la fin de l'entretien, celles-ci ont été précédées de *** et placées à la suite de l'élément sur lequel le témoin avait été invité à revenir. Nombreuses ont été les émotions à circuler sur le plateau de tournage : les larmes et les rires mais aussi la joie ou l'amertume, les regrets ou les remords. Toutes ne sont pas saisissables dans les mots mais, quand cela a été possible, elles ont été indiquées. Les hésitations, les insistances ont aussi été laissées pour cette raison : elles donnent leur forme aux émotions.

Les lecteurs pourront aller constater ce travail d'édition et, surtout, écouter les entretiens tels qu'ils ont été enregistrés sur le site de l'INA.

Chaque témoignage peut être lu séparément. Ils appartiennent cependant tous à un ensemble qui montre les très nombreuses facettes de cette guerre qui fut une guerre coloniale et une guerre de libération, une lutte intestine entre indépendantistes algériens et un conflit entre partisans radicaux de l'Algérie française et gouvernement français. Elle fut une guerre entre deux armées mais aussi une guerre menée dans les populations, en métropole comme en Algérie, dans les villes coloniales comme dans les bourgs exclusivement peuplés d'indigènes algériens. C'est cette diversité qu'il faut saisir pour apprécier ce que furent ces expériences ordinaires.

Pour permettre aux lecteurs d'avancer peu à peu dans le déroulement des événements politiques et militaires, c'est cette trame qui ordonne le livre, de 1954 à 1962. Une chronologie et un glossaire l'accompagnent, en outre, pour préciser dates et notions. Le livre commence par les expériences des premiers maquis et attentats, dans le Nord-Constantinois ou à Alger. Il voit ensuite la guerre se déployer de l'est à l'ouest, mobiliser le contingent français, pousser les ruraux hors de chez eux, toucher aussi la métropole. Il permet de saisir à quel point le conflit dépasse les territoires algériens et français, se prolongeant hors des frontières, en Afrique du Nord comme en Europe. Il s'achève enfin avec les expériences des derniers témoins, concentrées entre le cessez-le-feu et l'indépendance de juillet 1962.

Quinze voix, quinze visages, quinze vies. Pour l'intérêt de ce récit choral, chaque témoin est décrit par un titre présentant l'aspect de son expérience soulignée dans le livre. Mais aucun ne peut se réduire à cette présentation. Aucun ne peut être restreint à une seule catégorie. En apparence, pourtant, la colonisation repose sur une frontière ferme entre colonisés et colonisateurs, entre habitants indigènes et colons venus d'ailleurs. La guerre, elle aussi, aime les camps tranchés : les Français et les Algériens, eux et nous, nous et eux. Mais les choses sont loin d'être si simples. Au fil de ces quinze récits, se déclinent des appartenances multiples et des appartenances changeantes. Au gré de la vie, au gré de la guerre, même la frontière coloniale peut être franchie si ce n'est effacée : l'indigène algérien peut devenir un rapatrié en métropole et opter pour la nationalité française après 1962, parce qu'à un moment de la guerre il a accepté de devenir harki. La jeune femme des quartiers européens d'Alger peut rester en Algérie après l'indépendance : comment la définir ? Française ou Algérienne ? Les papiers officiels sont-ils l'ultime vérité d'une identité ? Aurait-il fallu classer les témoins en fonction de leur lieu de naissance, de leur nationalité actuelle, de leur lieu de résidence ? Comment choisir ? Pourquoi choisir et quand arrêter le bon choix ? Fallait-il se limiter à l'époque de la guerre, puisque c'est de ce sujet qu'il était essentiellement question ? Mais alors, à quel moment ? Car les évolutions politiques ont amené les positions à évoluer, les certitudes à s'effondrer. Celui qui suit Messali en 1954 peut-il encore être dit messaliste s'il choisit de rejoindre le FLN en 1957 et aspire alors à ce que le fondateur du mouvement national disparaisse de la scène politique ? Le fervent gaulliste de mai 1958, devenu un soutien actif de l'OAS deux ans plus tard, animé d'une haine viscérale pour le président de la République, est-il à classer parmi les gaullistes ou les antigaullistes ?

Cette difficulté à inscrire chaque témoin dans une seule catégorie devrait nous rassurer. Oui, même en temps de guerre, la complexité est grande. Même en temps de colonisation, la violence et la discrimination ne sont pas le tout des existences. C'est de cette complexité qu'est faite l'humanité. C'est sur elle qu'on bâtit pour continuer à vivre après une guerre aussi cruelle et une colonisation aussi longue. C'est encore sur elle qu'on peut compter pour nourrir longtemps les liens si singuliers unissant l'Algérie et la France.

Mouloud Lahreche
Sur les pas d'un maquisard de la *wilaya* 2

Entretien avec Hamdi Baala[1]

Mouloud Lahreche passe la quasi-totalité de la guerre dans le nord-est de l'Algérie. Cette longévité extraordinaire au maquis est seulement entrecoupée par une blessure et un passage en Tunisie. Mouloud Lahreche se souvient d'une armée efficace et organisée qu'il a apprécié servir comme fidèle soldat. L'enthousiasme perce sans cesse dans ce récit de jeunesse qui privilégie l'image d'un peuple algérien uni derrière ces combattants. Son témoignage éclaire la dissymétrie fondamentale de l'affrontement et la guerre de guérilla que l'Armée de libération nationale algérienne était obligée de mener pour atteindre son ennemi et se procurer des armes.

L'entretien est entièrement traduit de l'arabe.

***

Je m'appelle Mouloud Lahreche, je suis né le 2 juillet 1934 au douar de Aïn Tabia, dans la daïra de Tamalous. Mon père était un fellah : il avait des biens, des moutons, des vaches, des

1. Réalisé en Algérie le 4 octobre 2020 et édité par Lydia Hadj-Ahmed et Julie Maeck.

chevaux, etc. et des paysans qui travaillaient pour lui et qui cultivaient ses terres. Avant, on pratiquait des *touiza*[1] c'est-à-dire que, quand on préparait la moisson de blé et d'orge, on en donnait une partie aux gens du douar. Au temps de la France coloniale, mon père envoyait toute sa récolte à ce qu'on appelait la SAP (Société agricole de prévoyance). On vivait comme ça. À cette époque, c'était une région un peu montagneuse, où il n'y avait pas d'école. Les gens qui envoyaient leurs enfants étudier étaient seulement ceux qui étaient un peu à l'affût, ceux qui, comme mon père, avaient une bonne situation. Il avait quatorze enfants et j'étais le seul à aller à l'école. Il m'a mis dans une sorte de gourbi où on étudiait sur des ardoises pour apprendre le Coran. Pour nous, c'était ça, étudier : je lisais trente *hizb*[2] du Coran, je les répétais deux à trois fois jusqu'à ce que je les retienne. Mon père, à l'époque, faisait partie de l'organisation [politique]. Il était ami avec un voisin qui s'appelait Chaouch Smaïn dont l'activité principale était de s'occuper de la politique. Il avait de bonnes relations avec Hadj Messali, c'était à l'époque du *Harak el-Intisar* [le MTLD] ; il en faisait partie. On était petits à cette époque, on nous apprenait des *nachid*. Les militants venaient nous voir et nous disaient de chanter : « Réveillez-vous les inconscients, réveillez-vous de votre sommeil ! Cette année est finie l'ère des caïds qui règnent sans justice. Ce sont eux les traîtres. » On allait dans la population et on chantait. On était un groupe d'élèves et la conscience politique commençait à se diffuser. À 18 ans, comme j'avais un peu étudié et que j'avais quelques connaissances, un groupe de garçons de notre douar m'a encouragé à faire des études. Je suis donc allé voir mon père et je lui ai dit que je voulais aller

1. Le choix a été fait de garder la translittération de l'arabe utilisée dans les sources de l'époque de la guerre car c'est le choix qui domine dans les écrits scientifiques portant sur cette période, alors même que la translittération de l'arabe a évolué depuis.

2. Voir le glossaire en fin d'ouvrage, p. 417.

à l'école Mohamed El-Khattab, à El-Milia, qui faisait partie de l'Association des oulémas musulmans. C'était la première école de l'Est algérien. Il m'a répondu : « Vas-y. » Mon père n'était pas contre ; il avait les moyens. J'ai donc pris mes affaires et je suis allé à El-Milia – je suis descendu en stop vers la route du beylik. J'ai étudié deux ans dans cette école, de 1953 à 1954. Un jour, l'ami de mon père, Chaouch Smaïn, m'a dit : « On va te confier une mission, ton père et moi. On va faire de toi notre secrétaire. » J'étais jeune, un gamin de 18 ans, je ne comprenais pas. Je devais leur écrire les noms des gens qui participaient à l'*ichtirâk*, ceux qui cotisaient pour l'organisation. Et en 1955, je suis monté au maquis.

Vous, vous écriviez seulement ?

Je ne savais pas ce que faisait ce mouvement, je n'en faisais pas partie ! Moi, ils me disaient d'écrire, j'écrivais ! Jusqu'au moment où ils ont commencé à recruter. Chaouch Smaïn avait des contacts avec Si Ahmed Zighoud [Zighoud Youcef]. Il l'a emmené chez nous en compagnie de son groupe et ils y ont passé la nuit. Chez nous, il y avait des livres qu'on étudiait à l'école : le Coran, la grammaire, la *Vie du Prophète* (*Al-Sirat El-Nabawiyya*) et Zighoud en a pris quelques-uns et a demandé à mon père à qui ils appartenaient. Il lui a répondu : « C'est à mon fils. » Si Ahmed m'a appelé, il m'a dit : « Ce sont les tiens ? » Il m'a demandé où j'étudiais. Je me souviens, il avait un livre dans la main, il s'est retourné vers mon père et lui a dit : « Ali, je vais te prendre ton fils. » Mon père lui a répondu : « Si c'est la volonté d'Allah. » Si Ahmed me dit : « Prépare-toi, tu pars aujourd'hui avec nous. » Je lui ai répondu : « Je suis prêt, je n'ai rien à préparer, je ne possède rien. » Le lendemain matin, il m'a donné un fusil, des vêtements et tout. Je me souviens, un de ses camarades avait une veste alors que moi j'étais mal habillé. On marchait pieds nus. Il a fallu que j'attende dix ans pour porter des sabots en caoutchouc ! Il m'a donné une paire de bottes et m'a dit : « Débrouille-toi avec ça. » Je suis donc parti avec lui.

Ça, c'était en quelle année ?

C'était en 1955. Je me souviens que c'était le 13 août, parce que le 20 nous étions déjà à une autre étape. Durant la réunion de Zamane, je n'étais pas présent mais durant l'attaque du 20 août, j'étais là ! Mais pas à Constantine, à un autre endroit. Le 20 août, Chaouch Smaïn a été chargé [du bourg] de Sidi Mezghiche. À midi, l'attaque est lancée : il monte au minaret de la mosquée pour faire l'*adhan* (appel à la prière). C'était le signal pour lancer l'attaque. On a été choisis, moi et un autre, pour l'accompagner et le protéger, fusil à la main. À midi, ils devaient commencer à tirer et nous, au moment où il aurait fini de faire l'appel, nous devions le protéger et le faire s'évader. Quand l'appel à la prière a eu lieu, il ne s'est rien passé parce que très peu de personnes avaient des fusils. Des haches, des couteaux, oui, mais pas de fusils. Quand il a fait l'appel à la prière, ils ont tiré sur le siège de la gendarmerie. Si je me souviens bien, ils ont tué un garde champêtre mais ils n'ont tué aucun gendarme. Quand les tirs ont retenti, Chaouch Smaïn est descendu et on a accouru vers lui pour l'aider à descendre. Des bicyclettes avaient été prévues, on les a prises et on a fui vers notre douar, aux environs de Tamalous. On a fait quelque 10 ou 15 kilomètres. Il est rentré chez lui et nous aussi et on a laissé les choses se faire à Sidi Mezghiche. Sur place, les gens n'ont rien pu faire. Dès les premiers tirs, les Français ont compris et ont commencé à tirer sur tout le monde et à brûler les bottes de foin. Il y avait de la fumée partout. Vers 14 heures ou 15 heures, tout était fini.

[Mouloud Lahreche revient sur le sort de ses amis de l'école coranique : avant l'été 1955, ils projetaient de se rendre ensemble

étudier à la mosquée Zitouna à Tunis. Après sa rencontre décisive avec Zighoud Youcef, il part pour le maquis ; une partie de ses camarades le suit.]

Racontez-moi les premiers jours quand vous êtes monté au maquis avec Zighoud Youcef.

Je suis resté avec lui. De temps en temps, quand il y avait du travail, il nous envoyait sur le terrain avec les groupes pour organiser des opérations de sabotage : on détruisait des ponts, des routes, de temps en temps on tendait des guets-apens aux ennemis. On envoyait le peuple avec des pelles et des pioches pour casser les routes, pour les retarder, pour qu'ils ne puissent pas arriver jusqu'à nous. C'était ça, nos opérations de sabotage : on leur coupait le téléphone, on leur coupait l'électricité, on les retardait dans leurs sorties. Quand ils voulaient aller dans les douars, ça devenait difficile pour eux. Parce que, s'ils allaient dans les douars, c'était pour tuer le peuple ! Quand ils ne nous trouvaient pas, ils tuaient le peuple ! On était en tenue civile mais on portait des fusils. On n'avait que nos mains et des fusils de civils. Moi, j'étais chef de groupe. Dans mon groupe, seulement trois portaient des armes et trois autres marchaient avec moi sans armes. Parfois, quand on trouvait une arme chez les gens, on la prenait ou bien les gens nous en apportaient. Parfois, quand on faisait des opérations et qu'on tuait des militaires, on récupérait leurs armes. On faisait nos opérations puis on revenait et on est restés avec Zighoud Youcef jusqu'à la fin de l'année 1956. Nous étions de simples soldats, des exécutants, nous n'avions pas de responsabilités ou de relations avec le pouvoir. Il y avait des responsables qui planifiaient et décidaient. Un matin, Si Ahmed m'appelle – on était aux environs de Collo –, j'étais dans son groupe avec Tahar Doujad, son responsable de l'organisation. Nous n'avions pas de contacts avec ces responsables : on les contactait uniquement quand il y avait une réunion et ils repartaient travailler dans leurs régions respectives. Ce matin-là, Si Ahmed me dit que je vais travailler avec Ali Kafi. Moi, Ali Kafi, je le contactais quand l'occasion s'y prêtait mais sans plus. Ali Kafi m'a emmené avec lui. Il était en train d'aller au Congrès de la Soummam. Nous avons marché ensemble du côté de Collo pendant plusieurs jours. Il m'a dit qu'on devait s'éloigner, moi je lui ai répondu : « Je n'ai rien à redire, je suis avec vous. » Il n'avait pris que moi. Il y avait Abdallah Bentobbal, son garde du corps, son protecteur et un autre qu'on appelait Yazid Boubrim, de Oum Toub. On a marché jusqu'à ce qu'on arrive aux montagnes d'El-Milia. Je ne savais pas où nous allions ! En fait, ils se rendaient au congrès de la Soummam. Nous sommes arrivés dans un endroit qu'on appelle Kaf Essama [la Grotte du ciel] – c'était dans la région de Béni Sbih (Djidjelli), au milieu des montagnes. Ils nous ont laissés là-bas, moi et le secrétaire d'Abdallah Bentobbal. Il y avait là-bas un homme très connu au sein de l'organisation, il nous a dit : « Vous restez avec ce responsable, il va s'occuper de vous et assurer votre sécurité jusqu'à notre retour. » On leur a dit d'accord. Ils assuraient notre sécurité, on mangeait, on buvait, on avait tout. Eux sont partis de leur côté, sans aucune protection. Ils nous ont dit : « Restez autant que vous voulez ici, que ce soit une semaine ou même deux, mais surtout ne bougez pas d'ici ! » En fin de compte, on n'a pas continué avec eux jusqu'à l'oued Soummam (petite Kabylie). Une semaine après, je vois qu'Ali Kafi arrive, mais Abdallah Bentobbal n'était pas avec lui. Il me dit : « Si Lahreche on doit partir. » On est donc partis et on est rentrés. Il m'a emmené chez son père à El-Harkouche, on est restés trois jours. Après, on m'a appelé, on m'a dit : « Il n'y a pas assez de militaires à Azzaba, tu vas y aller avec Abdellah Bouterra » (paix à son âme !). Ce gars avait fait la guerre d'Indochine, c'était mon chef de section. On m'a dit : « Tu seras son adjoint. » On m'a affecté à Azzaba. J'ai donc laissé Ali Kafi et je suis parti. On est partis en section à Azzaba, dans un endroit qu'on s'appelle Guerbaz, Ras Lahdid. On est restés longtemps dans cette région.

Lors des premiers temps où vous êtes monté au maquis : comment viviez-vous ? Comment vous habilliez-vous ? Comment vous nourrissiez-vous ?

Les premiers temps, le peuple était encore enthousiaste, il était encore fort. Le colonialisme ne l'avait pas fragilisé. Ça, c'était au début. On allait manger, on nous respectait – même les plus démunis pouvaient nourrir une section. Il faut dire qu'on était peu nombreux dans notre armée. Nous étions de petits groupes : un groupe pouvait passer par deux ou trois maisons. Peu à peu, ça a commencé à se généraliser. Dès que quelqu'un atteignait le bon âge, il s'engageait. Et ce n'était pas n'importe qui qui était engagé, on choisissait. Ceux qui nous ont fait le plus de mal, ce sont les traîtres. Ceux qui nous vendaient à la France, qui travaillaient avec la France. C'étaient eux qui nous faisaient du mal. Quand on allait dans une maison, ils allaient nous balancer et les Français venaient tout brûler. À cause d'eux, on a beaucoup peiné. Nous étions souvent après eux et on les liquidait. Dès qu'on entendait que quelqu'un nous avait vendus ou quoi, on le tuait nous-mêmes. Avec le temps, les choses ont changé et on nous a dit : « Non, il faut les faire passer devant la justice, etc. » Alors dès qu'on attrapait un traître, on le remettait à notre tribunal. Si on le tuait, c'était parce qu'il le méritait. Il fallait des preuves qu'il nous avait vraiment vendus… parce qu'il y avait des gens qui faisaient leurs propres règlements de comptes. On devait être impartiaux. On avait mis en place un système de justice, des comités de surveillance, etc. Nous remettions les traîtres à la justice et si celle-ci décidait de le faire tuer, ça se faisait dans le respect de la justice. S'il est confirmé qu'il a bien trahi, il est tué.

Vous m'avez dit qu'au début, c'était difficile de trouver des armes.

Oui, au début oui.

Comment vous avez fait, après, pour en trouver ?

On a commencé à rapporter des armes de Tunisie, du Maroc, de Libye. Après, des États nous aidaient aussi. Plusieurs pays ont commencé à nous en envoyer. Même la Russie nous en envoyait. Moi-même j'ai obtenu une Beretta russe, une mitraillette, et j'ai pu enlever mon fusil de civil de l'épaule.

Qui vous a donné cette arme ?

C'est le responsable de la *nahia* qui nous donnait les armes et armait les moudjahidine. Je suis parti en Tunisie avec ma section pour rapporter des armes. Quand on rapporte des armes, on les délivre directement au chef de la *nahia.* Il y a la *wilaya*, la *mintaqa*, la *nahia* et le *qism.* La *wilaya* compte quatre *mintaqa*, la *mintaqa* quatre *nahia*, et la *nahia* quatre *qism.* Vous comprenez ? Chacun a sa propre organisation. Nous, quand on amenait les armes… on les donnait au responsable de *qism* par exemple qui se chargeait de les envoyer à la *nahia* puis de la *nahia*… en coordination avec la *mintaqa* et la *mintaqa* en coordination avec la *wilaya.* Ils étaient coordonnés. Notre organisation au maquis ? *Machaâllah*, elle était excellente ! Pour vous dire que le système de l'État actuel ne me convient pas comme l'organisation au maquis !

En quelle année êtes-vous parti en Tunisie ?

C'était en 1957.

Racontez-moi comment vous êtes parti et comment vous êtes revenu ?

Alors quand nous sommes partis, nous étions sans armes, rien ! Rien ! Aucun de nous n'avait de colt ! On devait se débrouiller, on avait des gens pour nous protéger etc. Il y avait la ligne Challe, et avant la ligne Challe, on coupait les barbelés. On avait des grandes cisailles pour couper les fils électriques. On coupait tout et on traversait. Après, la France y a mis de l'électricité. Du coup, quand on coupait les barbelés, la France recevait des signaux dans son poste et ils jetaient des obus sur nous. Beaucoup de moudjahidine sont morts à cause de ça ! Qu'est-ce qu'on a fait ? On a changé de politique : on ne coupe plus ! On a laissé les cisailles et on est passés à la pelle et à la pioche : on creusait sous les fils – il y avait des gens avec nous, des militants. On se donnait un horaire, par exemple au soleil couchant, et ils commençaient à creuser. On faisait passer deux sections sous les fils. Comme on ne coupait plus les barbelés, la France ne savait pas qu'on était passés. Dans la nuit, elle [la France] venait faire des patrouilles le long de la ligne. Elle se rendait alors compte qu'on était passés… donc on les avait dupés.

Comment passiez-vous sous les fils barbelés ?

On entrait ! On passait par la montagne de Beni Salah, au niveau de la frontière. Il y avait des camions du Front de libération avec un groupe qui nous attendait. Si Mahdjoub, qui était originaire d'Oued Zenati, était chargé de l'entrée et de la sortie des membres de l'armée. Il était aussi responsable des armes, c'était lui qui nous en donnait. On trouvait tout chez lui. Il avait son adjoint qu'on appelait Si Aissa Dahane. Moi et Si Mahdjoub, paix à son âme, on ne s'entendait pas, on en est même arrivés aux mains. Son adjoint, Si Aissa Dahane, m'appréciait beaucoup et était toujours gentil avec moi. C'est lui qui ramenait à manger et à boire aux hommes, de leur entrée jusqu'à leur sortie. Quand je suis parti d'Algérie, j'étais déjà blessé. On était tombés dans un guet-apens à Azzaba, dans un endroit qu'on appelle Djendal, en pleine nuit. On ne m'a pas blessé par balle, ils ont jeté une grenade sur moi, un éclat de grenade m'a touché au niveau de la cuisse. Quand je suis rentré en Tunisie… on nous a demandé si quelqu'un était blessé ou avait été touché par balle. J'ai dit que je suspectais d'avoir un éclat dans ma cuisse, alors on m'a pris pour me soigner. Ils nous ont emmenés pour nous soigner dans un hôpital. Il y avait à cette époque le docteur Toumi. C'était un médecin qui était avec nous au maquis et qui est parti en Tunisie. Il y avait aussi le docteur Tedjini Haddam. Je suis donc allé à l'hôpital, on m'a fait des radios, ils n'ont rien trouvé. Quand je suis sorti de l'hôpital, j'ai découvert que ma section était partie. Si Mahdjoub est arrivé – car c'est lui qui te dit quel jour il faut venir et quel jour tu peux partir car dès que [les combattants reçoivent des] armes, ils repartent en Algérie. Je suis resté avec lui et son groupe jusqu'à fin 1957.

[…] Quand j'étais en Tunisie, en 1958, ils nous ont emmenés de Tunis à Sakiet Sidi Youcef. J'y étais quand la France a attaqué Sakiet Sidi Youcef, j'étais avec notre armée sur place. Il y avait deux sections là-bas. On a reçu l'information à 2 heures du matin que tous les militaires algériens à Sakiet Sidi Youcef devaient partir. Les Tunisiens devaient les faire sortir dans des camions, des taxis. Ils sont venus nous prendre et ils nous ont emmenés. À 8 heures du matin, l'armée française a bombardé. Il y avait énormément de réfugiés algériens qui y vivaient. Il y avait une école où étudiaient quatre-vingts élèves ; [ils] sont tous morts dans cette école. Nous, nous avions déjà fui vers un autre endroit.

Après vous êtes rentrés en Algérie.

Oui, après nous nous sommes rassemblés et nous sommes rentrés en Algérie.

Vous êtes rentrés avec des armes ?

Oui, nous sommes rentrés avec des armes.

Comment vous les avez fait rentrer ?

Chacun portait ce qu'il pouvait sur ses épaules. J'avais aussi pris un mousqueton français. C'étaient de vieilles armes. Vous croyez que les étrangers vont vous donner des armes modernes ? Ils te donnent ce qui leur reste en stock, ils ne vous donneront jamais une arme nouvelle ! Les armes, on les prenait dans la région de Ras El-Hadid, précisément dans un endroit qui s'appelait El-Ouzla où il y avait beaucoup de militaires. C'était une région montagneuse. C'était une sorte de poste avancé pour garder les casernes. On a reçu une directive, on nous a dit qu'il y avait six militaires qui, tous les jours en 4x4, apportaient des produits alimentaires aux gardiens dans les sites de surveillance. [...] On a passé quatre à cinq jours à échafauder un plan. On a envoyé des hommes à nous pour surveiller leurs allées et venues, savoir à quelle heure ils entraient, quel type d'armes ils avaient. On a bien préparé le plan et on les a attaqués. Quand les militaires sont arrivés en 4x4 sur la route, nous leur sommes tombés dessus à un endroit précis. On ne leur a pas laissé de temps, on les a tués tous les six. On avait des Thomson américaines. Les Thomson, ce sont des mitraillettes et les militaires français en avaient vraiment peur : quand ils entendaient des tirs de Thomson, ils s'enfuyaient. Il y avait aussi le 24 : on l'utilisait par groupe et on assurait sa garde parce que le 24 peut abattre tout un bataillon. On avait un seul 24. Il n'y en avait pas beaucoup. En plus c'étaient des armes françaises. Après avoir tué les militaires français, on prenait leurs armes. Quand c'étaient des armes de bonne qualité, on allait directement voir nos responsables. On les leur donnait. Les responsables n'avaient pas grand-chose : l'un avait un MAT, l'autre un Beretta. Si Ahmed jusqu'à sa mort n'avait qu'une carabine. Quand on leur rapportait des armes de qualité, les responsables se les partageaient. C'étaient la loyauté et la naïveté des moudjahidine et le respect dû aux chefs. On était heureux de les donner aux chefs, c'était un honneur pour nous.

Un jour, une autre information nous parvient. C'était en 1958 : j'avais eu des renseignements concernant des gens qui se trouvaient à la caserne de Tamalous – qui faisait partie du département de Skikda [Philippeville]. Il y avait aussi un camp à Zouit. Tous les jours de la nourriture était transportée de la caserne à Zouit. Il y avait quelque 20 kilomètres entre les deux. Pendant quinze jours, on a étudié une attaque, on a bien préparé notre tactique : il fallait savoir quelle était la voiture qui montait, de quelle marque, quel était le militaire à bord, quelle arme il portait… on devait tout savoir précisément. On a obtenu toutes les informations : ils avaient une Jeep, deux 4x4, il y avait aussi cinquante soldats. On a donc réuni deux sections de notre zone. Quand on a fait l'embuscade, on a posé la pièce, la 24 – l'ancienne qu'on avait sur la crête. Celui qui la gardait et qui donnait les ordres de tirer est encore vivant. Pas celui qui tirait, celui qui tirait est mort. On les a attaqués, on leur a tiré dessus d'en haut, on ne leur a pas laissé le temps de respirer et notre chef de section a été blessé. On lui a mis de l'éosine, un pansement, il est resté plusieurs jours au repos, il se sentait mieux après. J'ai grimpé dans l'un des 4x4. J'avais vu que le lieutenant [français] n'était pas dans la jeep. Il était monté dans le 4x4 avec les autres militaires. Il restait encore des armes, j'en ai pris trois de type MAS 49, automatique, de fabrication française. Vous savez, la fameuse MAS 49 était très prisée par les responsables. C'était une arme automatique qui avait une charge de dix. Quand elle se vidait, il fallait juste changer le chargeur. Tu pouvais tirer jusqu'à épuiser les dix balles et tu rechargeais. On a pris quarante-neuf MAS 49. Moi j'avais pris trois MAS 49 que j'avais portées sur mon épaule alors que j'étais chétif. J'avais aussi ma Beretta. Je les avais mis sur mon épaule. Je leur avais aussi enlevé leurs ceintures parce qu'ils avaient leurs munitions sur leurs ceintures. Et je les mettais, je me ceinturais, j'avais tout un poids sur moi. Je me suis dit : « Je dois les porter quitte à mourir en route. » C'était le sens de la loyauté et le sens du sacrifice. On les avait donc portés et Marsa arrive vers moi – c'était le chef de section. Il avait vu que tout le monde était arrivé mais pas encore moi ; quand il leur a demandé où j'étais, ils lui ont dit que j'étais dans le 4x4. Et j'avais trouvé le lieutenant [français], je m'étais dit que j'allais lui enlever sa tenue – vu que nous n'avions pas de quoi nous vêtir. Il avait un treillis de combat qui brillait, il était tout neuf. Je lui ai enlevé sa veste, je l'ai mise et j'ai même pris le pantalon. Marsa arrive : « Sors vite, les avions vont arriver et te tuer. » Je lui ai dit que je ne descendrais pas de là avant de pouvoir bien me vêtir ! Et le petit Bouteldja était avec moi. Il était monté dans la voiture avec moi. En essayant d'enlever le pantalon du lieutenant, je trouve un goumier. Tout le monde le connaît, c'est un enfant de Zouit. Il nous a dit : « Ah mes frères, je ne veux pas mourir ! » ; « Maudits soient tes parents ! Tes frères sont tous morts à côté de toi et ce seraient tes frères ?! Lève-toi ! » Quand il s'est levé, on a trouvé un MAT 49. C'était celui que moi je voulais (j'aime les armes qui rafalent, trente-deux balles, légère, on peut même la mettre sous le manteau). Il nous a dit : « Mes frères, je veux vivre ! » Je lui ai répondu : « Lève-toi ! » Je l'ai soulevé, je lui ai enlevé le MAT. Je ne savais pas quoi faire de lui. Je lui ai enlevé sa ceinture ; avec les crochets, je l'ai attaché. Le petit Ahmed allait le tuer, je lui ai dit : « Ne le tue pas, je vais le prendre. » Je vous jure qu'il n'a eu aucune égratignure. Aucune balle ne l'a touché. Il faisait semblant d'être mort parmi les militaires. Je l'ai soulevé, je lui ai enlevé sa ceinture et l'ai attaché. J'ai dit au petit Ahmed de le faire descendre et de le prendre avec nous. J'ai pris aussi le MAT 49 avec moi. C'était devenu mon arme. On l'a pris avec nous, mais le chef de section est venu en courant en me criant : « Descends, descends, descends ! » Mais j'ai eu le temps de prendre le pantalon et de faire descendre le goumier. J'ai pris tout le treillis mais ça m'a dégoûté. Quand je suis arrivé, je l'ai jeté, je ne l'ai pas mis. Quand on est partis, Salah Boudjemaa – c'était lui, le responsable de la région, entre Collo et Skikda – était dans un endroit qui s'appelait Oued Gueddane. C'était le quartier général des moudjahidine et les Français avaient peur d'y aller. Nous y sommes donc allés en portant les armes ; le chef de région m'a vu, il m'aimait beaucoup parce que j'étais très actif. Il m'a dit : « Comment tu as pu ramener tout ça ? », je lui ai dit : « Tu ne vois pas que je suis tordu ? » Je lui ai tout donné, parce qu'on donnait toutes les armes aux responsables et lui c'était notre responsable. Alors qu'il prenait les armes, je lui ai dit : « Donne-moi un MAS 49. » Il m'a dit : « Mais tu es chétif, il est trop lourd pour toi, donc non, tu ne le prendras pas. » Il m'a dit : « Prends le MAT. » Je lui ai dit : « OK, c'est ce que je voulais. J'avais peur que tu me dises que tu voulais le prendre. » Il m'a donné le MAT. J'étais avec le petit Ahmed. Il portait deux MAS 49. On les a tous pris.

Le petit harki que vous avez attrapé, qu'est-ce qui lui est arrivé après ?

On l'a tué.

Comment ça s'est passé ?

On a donné l'ordre et il a été exécuté. Il ne pouvait en être autrement. Il est sorti de… Vous avez compris. Il a trahi son pays, il fallait alors l'exécuter. Nous l'avons livré à l'organisation et c'est elle qui en a décidé ainsi. Je n'étais pas présent à son exécution mais ils l'ont tué. Ce n'était pas le seul qu'on avait attrapé…

Parlez-moi de Zighoud Youcef. Que vous disait-il ?

Ah… Zighoud Youcef nous respectait beaucoup, il respectait énormément les moudjahidine. Les hommes les plus courageux de son groupe, il les recrutait sur le terrain. Une fois, […] il y avait un moudjahid avec lui, de la région de Zighoud (à cette époque, peu de moudjahidine avaient des armes militaires, même anciennes), ce gars, qui était avec lui, avait un mousqueton allemand et c'était quelqu'un de peureux. Alors, qu'est-ce que Si Ahmed a fait, il nous a réunis, il nous a dit : « On va mettre ce mousqueton sur un bout de bois, celui qui le fait tomber prendra le mousqueton d'Omar. » On lui a dit : « D'accord. » Tout le groupe se préparait pour l'avoir. Tout le monde voulait avoir une arme militaire, c'était tellement rare. Même moi j'ai essayé de l'avoir mais je n'ai pas pu faire tomber le bout de bois. Je l'ai raté, j'étais jeune. Celui qui a fait tomber l'arme, c'est un gars qui s'appelait Messaoud Chenoui, il avait fait la guerre d'Indochine. Il faisait partie du groupe de moudjahidine qui s'étaient engagés avec la France quand ils étaient jeunes. Ceux qui sont revenus, on les a engagés. Ils avaient une expérience. Ils connaissaient les armes, ils connaissaient la guerre, ils savaient tout dans ce domaine. Ce Messaoud Chenoui était un vrai héros, paix à son âme et qu'il repose au paradis. Il était tout le temps avec moi, je suis même devenu son chef. C'est lui, donc, qui a fait tomber l'arme sur le bâton. Il a donc pris le mousqueton et l'autre a récupéré son fusil civil. Si Ahmed est un héros, il ne connaissait pas la peur. Ses hommes, il les a toujours choisis sur le terrain : s'il voit que tu es peureux ou ceci ou cela… « Hop, reviens chez nous. » Il ne te renvoyait pas mais t'affectait à une autre section de terrain, car le terrain te rend courageux par la force des choses. C'était ça, Si Ahmed Zighoud… Ah, Si Ahmed Zighoud, que ce soit sa mentalité ou sa compréhension des choses, son éducation ou ses valeurs… je n'ai jamais vu quelqu'un comme lui !

[Mouloud Lahreche raconte ce qu'il sait des circonstances de la mort de Zighoud Youcef. Il tient à dire que, contrairement aux rumeurs, ce dernier n'a pas été trahi ou dénoncé. Il raconte qu'à la sortie du Congrès de la Soummam, Zighoud Youcef se serait attardé dans un village à proximité de Sidi Mezguiche où, désarmé et non informé des dangers, il aurait été encerclé par l'armée française et tué. À ce moment-là, Mouloud Lahreche n'était pas très loin puisqu'il se trouvait aux environs de Azzaba, où lui-même et ses camarades ont affronté et neutralisé une patrouille d'une vingtaine de tirailleurs sénégalais.]

Comment avez-vous su que Zighoud Youcef était mort ?

On avait quelqu'un qu'on appelait « le postier », c'était notre messager. C'est lui qui nous a dit pour Zighoud Youcef. On avait des renseignements quotidiennement.

Comment avez-vous réagi à cela ?

Ah… c'était ça la guerre ! Zighoud Youcef est mort comme est mort un autre ou encore un autre. Il faut rester courageux et c'est tout et garder aussi patience. Il ne fallait pas flancher ni reculer et, grâce à Allah, la révolution a réussi, grâce à cette organisation. On ne s'attarde pas sur qui est mort.

Après la mort de Zighoud Youcef, qu'est-ce qui a changé chez vous, au maquis ?

Rien n'a changé que ce soit par rapport à l'organisation ou à nous les militaires. Rien n'a changé. Même les responsables sont restés les mêmes. Quand Zighoud Youcef est mort, rien n'a changé, le système a été maintenu comme avant.

Par la suite, vous êtes devenu adjoint du chef de section…

Oui.

Vous êtes devenu un officier ?

On n'avait pas de grades précis, c'étaient juste des appellations militaires et des appellations révolutionnaires. Quand tu es responsable, tu assumes la responsabilité devant Allah, l'histoire, le peuple algérien et la patrie. Tu prends la responsabilité et c'est tout. Nous avions un peuple loyal, un peuple patriote. Nous avions un peuple de moudjahidine, le peuple a d'ailleurs plus souffert que les moudjahidine. N'importe quelle maison dans laquelle nous allions, nous y entrions, nous mangions et nous buvions. Quand le peuple voyait des moudjahidine rentrer dans une maison, les voisins assuraient la garde. Si les militaires [français] sortaient à 10 kilomètres, il les prévenait directement. C'était comme ça qu'était notre peuple, impossible de trouver un peuple comme celui-là ! Moi, personnellement, je me réveillais, je mangeais des makrouts, du miel et des gâteaux qui me venaient du village alors que le peuple, le pauvre, n'avait que du pain sec à manger et quand on leur disait « pourquoi ? », ils répondaient : « Il faut nourrir nos enfants, les moudjahidine, parce qu'ils combattent pour nous. » Nous marchions de longues distances, qu'est-ce qu'on avait ? Un bidon d'eau d'un côté et un peu de nourriture dans la poche, vieille d'une semaine. Je vous jure, j'ai beaucoup marché le ventre vide parce qu'il ne nous restait plus à manger. Nous n'avions rien, je vous jure par Allah et je suis responsable de mes propos devant Allah et devant l'histoire, j'en suis arrivé à manger de l'argile que je faisais passer avec de l'eau pour tenir le coup et continuer à marcher !

Quand vous étiez l'adjoint du chef de section, vous aviez combien de soldats sous vos ordres ?

Alors, dans notre section, il y avait trente-trois soldats. On avait des grades comme ça se faisait avant : chef de section et chef de groupe. Le chef de section et le chef de groupe avaient le même grade. Tous les deux étaient sergents-chefs.

Vous aviez quel grade ?

Moi j'avais le grade de sergent.

Et vous aviez un nom de révolutionnaire ?

Non, j'en avais pas. J'ai gardé mon nom, Lahreche.

À partir de quand faire la révolution est devenu difficile pour vous ? Quand est-ce que la France a commencé à vous réprimer ?

À partir de 1957, beaucoup de moudjahidine sont morts. Même nous, nous avons durci notre action parce qu'il ne fallait pas laisser l'occasion à la France de nous détruire définitivement. Nous en avons beaucoup tués ! Pourtant on avait très peu de moyens, on n'avait rien. On récupérait l'argent chez les colons. Par exemple, quelqu'un qui a une ferme, une exploitation, il a une terre, il a des vignes, des poires, des pommes, une bonne récolte… On envoyait quelqu'un à ce colon. Moi malheureusement je ne maîtrisais pas la langue. J'écrivais un peu le français parce qu'on avait une petite école française à côté de chez nous dans le douar. Il y avait des Français qui y enseignaient. Mon père était un peu riche, c'était un fellah. Il s'est mis d'accord avec un des instituteurs et m'a mis chez lui.

J'ai appris le français pendant trois ans mais malheureusement j'ai loupé l'arabe, parce que je faisais la révolution. Je devais aller à El-Kettania le 15 mais le 13, j'étais au maquis. Voilà.

Vous êtes resté au maquis jusqu'au cessez-le-feu ?
Oui, jusqu'au cessez-le-feu.

Quelle est la dernière opération à laquelle vous avez participé ?
La dernière opération a eu lieu après 1960. Après 1960, le nombre d'opérations s'est réduit. Même la France n'en faisait plus parce qu'ils avaient entamé les négociations, comme les accords d'Évian. Quand ils ont lancé les négociations, la France a desserré l'étau sur le peuple et même sur le maquis et les moudjahidine. Il faut dire aussi que les moudjahidine étaient plus forts, ils avaient acquis des armes. D'ailleurs les militaires français, quand ils sortaient, ils n'allaient plus au maquis, parce que les montagnes étaient devenues des zones interdites pour eux. S'ils montaient, on les neutralisait ! S'ils montaient, on leur tirait dessus ! On avait plus de force, on avait des armes, envoyées de l'étranger. Tout le monde avait des armes. À partir des années 1960, la France avait entamé les négociations et elle avait levé le pied, elle ne tuait plus ou du moins c'était très rare. Même les moudjahidine étaient en retrait, si les Français ne s'approchaient pas, ils ne le faisaient pas non plus. Par contre, quand on savait qu'on allait réussir une opération à 100 % on fonçait et on leur foutait une raclée ! Mais si on voyait qu'on allait perdre des hommes ou des moyens dans une opération, on n'y allait pas.

En 1962, vous n'avez pas fait d'opération ?
Non, nous n'avons pas fait d'opération en 1962. En mars 1962, il y a eu le cessez-le-feu. Entre janvier et février, personne n'a fait d'opération ; ils attendaient le cessez-le-feu.

Quand ils ont installé le GPRA, qu'est-ce qui a changé chez vous, au maquis ?

Ils ont installé le gouvernement provisoire en 1958 et ils ont mis à sa tête Ferhat Abbas. Rien n'a changé : l'organisation est restée la même, au maquis rien n'a changé.

Qu'est-ce que vous avez pensé quand ils ont installé le GPRA ?

Pour ça, nous étions de simples soldats, des exécutants… on ne pouvait se mêler de rien du tout. C'était l'affaire des grands responsables. Même les chefs de région ne savaient rien…

Quand Benyoucef Benkhedda a annoncé le cessez-le-feu, qu'est-ce que vous avez ressenti, qu'est-ce que vous avez pensé ?

Il y avait des youyous et des tirs de baroud toute la nuit. C'était le cessez-le-feu ! Le peuple était en folie. Après, on est arrivés. Nous étions dans une montagne, en haut dans un endroit qu'on appelait El-Alia. L'armée s'est réunie là-bas et un certain Si Mohamed était le chef de bataillon. Après ça, on nous a appelés, nous les membres des sections, pour entrer à Skikda et organiser la population. On est allés à Skikda et on a divisé [la ville] en deux parties pour gérer le peuple.

À l'indépendance, vous avez organisé les choses ?

Quand on est arrivés à Skikda, on a été arrêtés par la gendarmerie française. On nous avait donné des laissez-passer au cas où on serait arrêtés, car la gendarmerie française avait encore le contrôle des routes. Quand on est arrivés, on leur a donné le laissez-passer, ils nous ont laissés entrer, j'ai installé mon bureau à El-Koubia [quartier de Skikda] et on activait : on organisait les gens, les quartiers, on désignait les chefs, on choisissait les responsables… On y est restés jusqu'à l'arrivée de l'armée [algérienne]. Quand ils sont arrivés, le groupe de moudjahidine qui avait fait le maquis a commencé à se dissoudre, chacun est retourné voir sa famille, etc. Comme il n'y avait plus de responsable, on m'a appelé, on m'a dit : « Occupe-toi d'un bataillon » et je suis devenu commandant du bataillon à Skikda. À l'arrivée de l'armée, c'est moi qui ai préparé les casernes où on a placé nos militaires. [...] Après, il s'est passé ce qu'il s'est passé, on a emprisonné des moudjahidine, des dirigeants... Moi-même, j'étais chef de bataillon, on a voulu m'emprisonner mais ils ne l'ont pas fait... « Pour quoi faire ? Je ne suis qu'un soldat exécutant, je n'ai pas à me mêler de vos histoires »... ça, c'est le résultat du désaccord du congrès de Tripoli, ils étaient divisés : les troupes de Ben Bella d'un côté et les troupes de Benkhedda de l'autre. Le gouvernement a eu du mal à se constituer au début. On en a vu des choses. Je suis resté pour diriger le bataillon jusqu'au 5 juillet. J'ai placé le premier drapeau dans la daïra de Skikda. C'est moi qui ai présenté les armes. Je ne supervisais pas la mise en place du drapeau, j'avais des supérieurs, des moudjahidine responsables supérieurs et moi, militaire, on m'a appelé, c'est-à-dire j'étais exécutant : « Voilà ce que tu dois faire » et je n'avais qu'à faire de la garde, sans plus. On a placé les drapeaux et on a quitté les lieux, le 5 juillet. On s'est rendu compte que les conflits ne s'étaient pas arrêtés, j'ai donc demandé de me retirer du régime militaire pour voir quelle direction prendre.

[Mouloud Lahreche quitte l'ALN puis adhère au FLN et dirige sa commune d'origine. Chargé de restructurer les exploitations agricoles après le départ des colons, il crée et dirige des comités de gestion agraires sur place et rencontre le ministre algérien de l'Agriculture.]

Simone Aïach
Pour une Algérie plurielle

Entretien avec Julie Maeck[1]

Petite fille juive du quartier populaire de Bab El-Oued, Simone Aïach prend peu à peu conscience des multiples barrières du monde dans lequel elle grandit. Sa famille est ancrée à gauche et profondément républicaine ; la politique antisémite de Vichy la touche de plein fouet. Le Parti communiste algérien où elle s'engage dès 1945 forme un milieu unique de contact entre militants de toutes origines, luttant pour une société égalitaire dans une Algérie nouvelle. Pendant la guerre, Simone Aïach doit quitter l'Algérie, avant d'y revenir en 1962 pour, là encore, participer à l'édification d'une nouvelle Algérie. Mais c'est de France qu'elle témoigne de toutes ses vies algériennes. L'œil vif et gai de la conteuse n'efface pas le sérieux de son récit. Avec le souci constant de faire comprendre ce que furent ces séquences historiques auxquelles elle participa, elle sourit aussi souvent à l'évocation de la jeune femme entêtée qu'elle fut.

***

1. Réalisé en France le 10 juin 2019 et édité par Julie Maeck. Dans cet entretien, *** indiquent des questions posées à la fin de l'entretien mais intégrées ailleurs pour la logique de la narration.

Je suis née le 22 juin 1929 à Alger dans une famille de condition modeste. Mon père, fils de paysan, était un berbère judaïsé. Il était représentant de commerce et se rendait régulièrement en métropole. Ma mère est issue d'une famille aristocratique juive hispano-portugaise, ruinée par les mésaventures de mon grand-père peu doué en affaires. Avec mes deux frères et mes deux sœurs, j'ai grandi dans le quartier populaire de Bab El-Oued. Il y régnait une joyeuse mixité entre Italiens, Maltais, Espagnols et Juifs de toutes origines. Le racisme existait mais était pour moi une chose abstraite étant donné que les musulmans vivaient à la périphérie du quartier. À l'école, je n'avais pas de camarades musulmanes ou arabes. À la sortie de l'école, j'étais étonnée que des petits yaouleds, comme on disait à l'époque, nous lancent des pierres. Je trouvais cela injuste. J'ai fini par comprendre qu'eux n'allaient pas à l'école et qu'en quelque sorte ils se vengeaient. Ce qui était remarquable, c'était surtout le silence. On ne parlait pas de ces choses-là dans lesquelles on baignait pourtant en permanence. Mon père était un socialiste convaincu. Il adorait la France. Il se sentait français du fond du cœur. À la maison, on ne parlait que le français. Je ne me suis jamais sentie algérienne. Je vivais en Algérie qui, paraît-il, était la France. Cela ne me posait aucun problème à ce moment-là. Mais en grandissant, je me suis rendu compte qu'on ne rencontrait jamais de musulmans, ni à l'école primaire ni dans le secondaire.

C'est durant la Seconde Guerre mondiale que j'ai compris que j'étais juive. J'ai été renvoyée du lycée en sixième. J'étais réduite à errer dans les rues, ce qui n'était pas désagréable mais l'école me manquait beaucoup. J'ai ensuite intégré un lycée juif, fondé dans la casbah d'Alger par des professeurs qui avaient été révoqués. On avait à cœur de faire le mieux possible. Il y avait un tel désir de s'approprier ce qu'on nous refusait que même les médiocres devenaient de bons élèves. Mon père, qui avait acheté un petit immeuble dans lequel nous habitions, a été exproprié. Il ne pouvait plus encaisser les loyers qui constituaient une partie de ses revenus et ne pouvait plus se rendre en métropole pour ses affaires. Il n'avait donc plus de travail. Grâce à Jacques Chevallier, le maire d'Alger, il a obtenu un poste de comptable à la mairie. À la suite du débarquement anglo-américain à Alger, j'ai pu réintégrer le lycée Delacroix. Mais j'ai dû passer un examen de mise à niveau. J'ai trouvé cela très humiliant. L'antisémitisme pied-noir s'est alors montré à visage découvert. Une amie proche, qui était comme une sœur, m'a dit qu'il fallait absolument que je me convertisse afin que je n'aille pas en enfer, car les Juifs, croyait-elle, allaient tous finir en enfer. J'ai décidé de ne plus la voir. J'ai vécu la découverte de ma judéité comme une grande blessure.

J'ai adhéré au Parti communiste algérien à l'âge de 16 ans en 1945. J'étais convaincue qu'il fallait qu'il se passe quelque chose. On ne pouvait éviter que cette inégalité monstrueuse, cette tumeur qui se développe de l'intérieur, ne finisse par émerger et exploser. J'étais une militante de base. Au moment des élections, j'allais faire de la propagande dans la casbah auprès de commerçants juifs. J'essayais de les convaincre de voter communiste et d'être en faveur de la décolonisation. Les gens me regardaient avec des yeux ronds et me prenaient pour une folle. Les pieds-noirs n'ont pas pu intégrer et comprendre l'inéluctabilité du processus. Et je crois que ce qui les empêchait de le comprendre, c'était le racisme. Je l'ai déjà dit, je ne me sentais pas algérienne. Il y a une culture, une langue que je n'ai pas. Ce serait donc tricher de dire que le nationalisme algérien m'a éblouie, entraînée, enthousiasmée. Non. Ce qui m'a vraiment enthousiasmée et motivée, c'était ce désir très profond d'équité. D'équité envers tout le monde, pas seulement envers ceux qui étaient colonisés, mais également envers ceux qui sont venus et qui ont travaillé sur cette terre.

Avez-vous été surprise par le déclenchement de l'insurrection algérienne le 1er novembre 1954 ?

Non, je n'ai pas été surprise. Avec mon mari qui était juif kabyle, nous allions pratiquement tous les week-ends visiter sa famille à Port-Gueydon, petite ville de grande Kabylie où vivaient beaucoup de familles juives. Les Kabyles s'étaient parfaitement mélangés, les enfants allaient dans les mêmes écoles. Un week-end où nous étions à Port-Gueydon, c'était jour d'élections. Les Kabyles avaient été conviés à voter. Certains venaient de très loin. Ils sont descendus de la montagne et quand ils ont voulu glisser leur bulletin dans l'urne, ils se sont rendu compte qu'elle était déjà pleine. Ils sont repartis et sont revenus à cheval quelques heures plus tard avec des fusils, ils ont enlevé l'urne au nez et à la barbe des gendarmes et sont repartis dans la montagne. Tout le monde a rigolé, tout le village se marrait, on était contents de cette réaction aussi saine. Mais, le soir, en écoutant la radio afin de connaître les résultats à Bab El-Oued, le journaliste annonça le scrutin à Port-Gueydon alors que l'urne était toujours dans la montagne. Ce jour-là, je me suis dit : « C'est fini, il n'y a plus d'espoir. » La prochaine étape, c'est la guerre. Il ne pouvait pas y avoir d'autre solution puisqu'on se moquait à ce point des gens, on les humiliait. Il y avait un point de non-retour. J'ai compris que cela allait arriver, ce qui ne voulait pas dire que je le souhaitais.

Pour en revenir au 1er novembre 1954, cela commence comment pour vous la guerre d'Algérie ?

J'ai été atterrée que les premières victimes soient des instituteurs. Je me suis dit que c'étaient peut-être les seuls qu'il ne fallait pas tuer. Je vouais un culte à l'école, j'avais été sauvée par l'école et je savais qu'elle était un lieu de sauvetage pour beaucoup d'enfants. Je comprenais qu'on tue, mais pas n'importe qui. Il y avait des gens qui le méritaient certainement, mais pas ceux-là. Cela déviait complètement la question. J'ai eu l'impression que c'était un mouvement qui n'avait pas de tête, personne ne réfléchissait vraiment. Il fallait certes agir mais aussi réfléchir. Alors bon, ça a mal commencé et ça a mal fini.

Le Parti communiste algérien est interdit en septembre 1955. Comment cela se passe-t-il pour vous ?

Oui, le Parti a été interdit. On a continué à vendre le journal *Liberté* dans la casbah. Le Parti nous a demandé notre opinion sur les attentats. J'ai répondu que j'étais contre et qu'en aucun cas je ne pouvais adhérer à ce procédé de guerre aveugle. Il y en a qui n'ont pas hésité. Daniel Timsit s'est lancé très courageusement et un peu inconsciemment dans cette voie. Daniel a fabriqué une bombe. Il y a eu autre chose. Est-ce que je peux tout vous dire ? Il y a eu un malheureux Français, Fernand Iveton. Il a fabriqué une bombe qu'il a placée dans les sous-sols techniques de l'électricité-gaz d'Algérie où il travaillait. Je n'ai pas connu Fernand. Un ami et collègue, Meyer Timsit, le frère de Daniel, qui était menacé d'arrestation, m'a demandé de le remplacer à son cabinet médical. J'étais également médecin mais je n'avais pas encore ouvert de cabinet. J'ai donc remplacé Meyer à son cabinet où j'ai reçu les parents d'Iveton. Ses parents étaient venus de France pour voir leur fils condamné à mort. Je les ai reçus comme j'ai pu. J'ai vu que c'étaient des gens qui ne comprenaient plus rien. Ils étaient communistes. Leur fils qui n'avait tué personne allait être guillotiné. Fernand Iveton a été guillotiné. Et qui parle de lui ?

La bombe de Fernand Iveton n'a pas explosé et il a malgré tout été guillotiné. Le Parti communiste algérien était subordonné à la ligne du PCF qui désapprouvait ce type d'actes individuels. Le PCF n'a pas fait de campagne en soutien à Iveton, il n'a pas envoyé d'avocat. Bref, il a été lâché si je peux m'exprimer ainsi. Comment avez-vous réagi ?

Oui, une trahison. Iveton a été trahi. J'ai connu son avocat, il s'appelait Smadja. Il m'a raconté qu'il avait assisté à l'exécution et qu'il ne s'en remettrait jamais. C'était la chose la plus injuste, non seulement qu'il soit guillotiné, mais en plus que cela soit à la sauvette, sans que personne n'ait l'air de se rendre compte de l'abomination que cela représentait. Tout cela charrie des… j'allais dire un mot vulgaire, des saloperies. Les gens se sont comportés comme des salauds. Les parents de Fernand Iveton ont été abandonnés. Je les ai vus, ils ne savaient plus à quoi se raccrocher, c'était horrible.

À partir de l'été 1956, il y a un engrenage de violences à Alger. Des attentats aveugles sont commis par le FLN et par les ultras de l'Algérie française. Pourriez-vous décrire l'atmosphère qui règne alors à Alger ?

Il y avait un climat de trouble, de confusion, de peur et, en même temps, la vie quotidienne perdurait. On continuait à aller au cinéma, les enfants allaient à l'école. La peur s'installe des deux côtés, parce que la violence est déjà des deux côtés. Je me souviens, un jour, j'étais sur le balcon au premier étage de notre appartement à Bab El-Oued. Le FLN avait dit que pour un exécuté, il y aurait un attentat. Il y avait eu des exécutions le matin, donc on attendait les attentats l'après-midi. J'étais ce jour-là au balcon et je vois arriver un gars qui courait. Il avait l'air d'avoir peur, il tremblait, il avait un revolver et il tremblait. Il y avait un petit bistrot de pieds-noirs presqu'en face de chez moi. Il est allé dans ce bistrot et il a tiré comme ça, je pense qu'il tirait sans viser qui que ce soit. Il a déchargé son arme en tremblant. C'est ça qui m'a terriblement émue. Je me suis dit les gens qui se battent tremblent en même temps. J'aurais jamais cru une chose pareille, je pensais qu'il y avait un élan de violence qui était tel qu'on oubliait tout. Il a blessé, je crois, quelques personnes dans le café, et il est sorti en courant. Et là, je me suis posé une question. Je me suis dit : « Mais qu'est-ce que tu fais s'il vient chez toi ? » C'était tout près, c'était en face, j'étais au balcon, il pouvait me voir. Qu'est-ce que je ferais s'il venait, est-ce que je lui ouvrirais la porte ? Et quel sens cela aurait ? Je voulais l'aider, voilà, au fond c'est ce que j'ai ressenti. Et puis les pieds-noirs qui étaient dans le bistrot sont sortis et lui ont couru après. Il y avait des escaliers qui montaient à la Rampe Vallée, j'habitais en face de l'usine de tabac Job. Il montait les escaliers, il courait et j'ai prié pour qu'ils ne l'attrapent pas. Ils l'ont attrapé. Je n'ai pas vu ce qui s'est passé, j'ai entendu seulement les cris, les hurlements, les choses abominables. Ils l'ont tué en lui faisant je ne sais quelle torture. Ils étaient tellement remontés et tellement violents. Eux aussi étaient violents, il y avait quelque chose d'assez incroyable là-dedans, je ne savais plus de quel côté était la violence. Ça m'a beaucoup interrogée, je me suis dit : « S'il était venu qu'est-ce que j'aurais fait ? » Cette question-là, d'autres se la sont posée et l'ont résolue. J'ai eu un jour un témoignage d'une cousine qui était dans une pharmacie le jour où il fallait tuer des pharmaciens. Il y avait comme ça des mots d'ordre : on tue les pharmaciens. Il y avait un garçon musulman dans la pharmacie, il allait être tué. Elle l'a caché chez elle. Ma cousine était une personne ordinaire, pas quelqu'un d'héroïque, de politisé ou quoi que ce soit. C'était un être humain qui a sauvé un autre être humain, c'est tout. Ça, c'est une chose qui transcende les partis pris. Elle n'aurait probablement pas été d'accord avec ce qu'on pouvait faire, mais il y a, je dirais, un côté de l'humain qui ne se convertit jamais.

Il y avait donc cette atmosphère très lourde de peur, de peur permanente et, en même temps, de l'habituation à l'horreur. Presque une drogue. Les jours où il n'y avait pas de hurlements venant de la casbah, on était étonnés, ça nous manquait presque. Et pourtant ces hurlements de la casbah, qui était tout près de Bab El-Oued, juste au-dessus, c'était le signe qu'on avait exécuté un prisonnier. La prison de Barberousse était juste à côté. Les exécutions étaient accompagnées de hurlements, de cris, de chants. C'était bouleversant. Quand mon mari était à Barberousse, j'allais le voir et je n'ai jamais pu emmener les enfants. Je tenais à ce qu'ils voient leur père, mais je n'ai pas pu. Barberousse était un lieu d'abominations. Quand la guillotine arrivait la veille de l'exécution, les prisonniers hurlaient. C'était un cri d'horreur, de révolte. C'était terrifiant. Et toute la casbah, qui était à côté, hurlait aussi. C'était pas de la folie, c'était une manière d'exprimer sa révolte et son horreur et aussi d'encourager ceux qui allaient être exécutés ainsi que leurs parents. Quand on pense qu'on peut tuer dans la violence et dans l'action, c'est une chose, mais quand on tue froidement et qu'on coupe la tête, c'est autre chose. C'était tellement violent, cette violence contaminait toute la ville. Il y avait cette négociation : un guillotiné, un attentat. Et personne ne voulait interrompre cette négociation, si on peut dire. C'était affreux.

Un jour, un homme, comment s'appelait-il, un nom comme Borgeaud[1], a été exécuté. Il était très connu en Algérie, c'était un colon très riche et détesté. C'était un attentat ciblé. Le jour de son enterrement à Bab El-Oued, il y a eu des hordes de

1. Il s'agit de l'assassinat en décembre 1956 d'Amédée Froger, président de la Fédération des maires d'Alger.

manifestants et après il y a eu des… je ne sais pas comment on peut appeler ça, des gens qui se sont acharnés sur tous les musulmans qui passaient. J'ai assisté à un attentat au marché de Bab El-Oued. Un garçon a lancé une grenade dans un bistrot et il a été littéralement dépecé. Je descendais la rue de Bouzareah en voiture, j'allais visiter un patient. J'ai dû arrêter ma voiture au milieu de la rue et continuer à pied. Et là, entendre, même pas voir, des gens qui dépècent un être, même si celui-ci avait lancé une grenade, c'est… on a l'impression que l'humain ne peut pas survivre, c'est une impression de déshumanisation.

J'ai été menacée. L'OAS s'est trompée, elle a mis une bombe devant la porte de chez mes parents qui habitaient un étage au-dessus. Il y a eu des dégâts matériels mais ma mère n'a rien eu. L'OAS a commencé à se manifester très lourdement et méchamment. Elle voulait elle aussi terroriser la population. Je me souviens qu'elle a tué un dénommé Marin qui était communiste, je soignais sa mère. L'OAS avait lancé un mot d'ordre : tous ceux qui iront à l'enterrement de Marin seront exécutés. À l'enterrement de Marin, il y a eu une personne et elle a été exécutée. Voilà, aller à l'enterrement d'un ami, eh bien c'était une question de vie ou de mort.

C'était le 11 juin, je crois[1]. Les paras sont venus arrêter mon mari. C'était un dimanche d'été ou un jour férié, je ne me souviens plus. On avait été à la plage, on revenait de la plage, tout plein de coups de soleil, le premier soleil de l'année. Et puis à 11 heures du soir, on ne dormait pas encore, on entend des gens frapper à la porte du bas de l'immeuble et demander le docteur. Persuadés que c'était un malade, on ouvre et c'étaient des paras. Ils étaient un petit groupe de

1. C'est le 10 juin à 21 heures, selon la plainte déposée par son mari et conservée notamment aux ANOM (12cab/231).

paras en voiture, ils n'ont rien montré de leur identité, ils ont poussé mon mari dans les escaliers. J'ai essayé de m'interposer, ils m'ont mis un revolver sur la poitrine en me disant : « Si tu t'opposes, on te tue. » Je l'ai laissé partir, mais lui, il m'a dit : « Prends le numéro d'immatriculation de la voiture. » Je suis descendue et je les ai bien regardés, j'étais tellement troublée que j'étais incapable de repérer quoi que ce soit, mais j'ai quand même pris le numéro d'immatriculation de la voiture. Ils m'ont dit : « Mais qu'est-ce que vous regardez ? » J'ai répondu : « Vous n'avez pas donné votre identité. Donc je vous regarde pour pouvoir vous reconnaître. » Ils ont eu l'air un peu estomaqués, puis ils sont partis. À ce moment-là, munie de je ne sais quel courage, je suis allée au commissariat central, boulevard Baudin. Il devait être minuit, j'ai porté plainte pour enlèvement. J'ai donné le numéro d'immatriculation de la voiture et suis repartie chez moi. Très peu de temps après débarquent des flics en uniforme qui me disent : « On a identifié la voiture, il s'agit d'une voiture volée. » Rien à faire donc et ils sont repartis. Je suis allée coucher mes enfants. Je leur ai raconté un baratin, j'ai dit : « Bah oui papa ne voulait pas partir comme ça mais il y a tellement de blessés à l'hôpital, ils ont besoin de médecins à l'hôpital, ils l'ont forcé à partir. » Ils se sont sentis un peu moins… je ne sais pas ce qu'il s'est passé dans leur tête mais ils ont réussi à s'endormir. Je me suis dit : « Ben moi aussi, il faut que je dorme parce que demain est un autre jour. »

Dès le lendemain matin, je me suis mise à le chercher. Je l'ai cherché partout jusqu'au quartier du général Massu. Je l'ai vu débarquer d'une Jeep. J'étais tellement en colère que si j'avais eu une arme je crois que je n'aurais pas pu m'empêcher de tirer. J'ai été reçue par le lieutenant Mazerat. Il n'a absolument rien déguisé : « Oui, oui, on l'a arrêté ; oui, on l'a torturé. Mais vous n'en saurez pas plus. Voilà, c'est tout. Et d'ailleurs c'est justifié parce que par la torture on obtient des aveux et les aveux nous permettent de trouver des caches d'armes. » Donc, il justifiait totalement et sans aucun état d'âme, c'était très naturel, très normal pour lui. Au moment où j'étais dans son bureau, le téléphone a sonné. Il a pris la communication, il a eu l'air ennuyé et il a dit : « Bon, débrouillez-vous, faites comme d'habitude. » Comme je savais déjà que Audin avait été arrêté et qu'on ne savait pas ce qu'il était devenu, j'ai imaginé que c'était peut-être de lui qu'il parlait, parce que les corps des musulmans torturés à mort, il y en avait beaucoup et on les liquidait sans état d'âme. On les mettait dans de la chaux vive pour qu'ils disparaissent complètement. Je suis repartie mais je n'en menais pas large, je n'étais pas du tout rassurée. J'ai écrit une lettre ouverte au *Monde* en disant que mon mari a été enlevé par les parachutistes à telle date, et qu'à ce jour je n'ai toujours pas de nouvelles, que je suis extrêmement inquiète et que j'ai peur pour sa vie. Ils ont publié ma lettre. Quelques jours après, j'ai reçu une lettre qui n'était pas signée et qui me disait : « Votre mari est en vie. J'ai lu votre lettre, rassurez-vous, il est vivant, je l'ai vu. Il est très mal en point, et moi aussi. » Donc, j'ai su qu'il était vivant et qu'il avait été torturé très durement. J'étais très secouée, très mal et très seule. Ma mère m'avait fermé la porte, ma belle-famille aussi, toute la famille. La prison, ça n'ouvre pas des portes, ça les ferme. Donc, j'étais seule avec mes deux enfants et j'éprouvais le besoin d'en parler. Il y avait des militants du Parti communiste qui habitaient dans ma rue. J'ai été les voir, j'ai montré la lettre de cette personne. La femme qui m'a reçue était absolument bouleversée, mais elle n'a rien fait, elle m'a laissée parler c'est tout. Le lendemain, je la rencontre dans la rue Montaigne, qui était une petite rue derrière la rue Livingstone où j'habitais. Elle me dit : « Simone, il ne faut plus jamais venir chez nous. C'est trop dangereux. » Voilà, c'est tout. Je n'ai plus eu de contacts avec personne à qui je puisse me confier, parler.

Le Parti communiste, puisque l'on peut en parler maintenant, me donnait quelques ordres, enfin il me donnait de l'argent et des enveloppes que j'étais censée porter aux femmes des dirigeants qui, eux, étaient clandestins. J'ai porté cet argent aux familles de Bachir Hadj Ali, en particulier à sa femme, la première. J'avais repris le cabinet médical de mon mari, il fallait quand même bien que je vive moi aussi. Là est arrivé un jeune homme de Kabylie, de Tizi Ouzou, qui était épileptique et qui venait pour le renouvellement de son ordonnance. Il faisait partie de la *wilaya* 4 de Si M'Hamed. À chaque fois, je lui donnais des antibiotiques et des outils de petite chirurgie, des pansements, des choses dont je pensais qu'ils pouvaient avoir besoin. Ça a marché comme ça, il venait peut-être une fois par mois, sans un mot, le pauvre, il était muet. Je recevais des petits mots signés « Si M'Hamed, *wilaya* 4. » Pour eux, je faisais partie de la *wilaya* 4. Je ne m'en suis pas rendu compte moi-même d'ailleurs, je faisais presque innocemment, je dirais.

Mais vous compreniez à ce moment-là que vous apportiez une aide concrète au FLN ?

Bien sûr, je savais, mais je savais aussi que ça ne pouvait aider que les blessés et les malades, ceux de toute façon dont je me serais occupée si j'avais été présente. Donc je ne déviais pas de mes opinions personnelles. Donc voilà, j'ai une petite contribution, pas très glorieuse mais quand même utile. Et puis, un jour, le jeune homme arrive avec un petit papier qui me demandait des longues-vues. Des longues-vues ! Comment est-ce que moi je pouvais en acheter ? Étant donné le climat à Alger, si j'avais mis le bout de mon nez dans un magasin d'optique, je crois que ça n'aurait pas fait long feu, la police aurait été immédiatement au courant. Je lui ai dit que ce n'était pas possible. Si je le fais, je suis arrêtée, et si je suis arrêtée, je suis absolument seule, mes enfants n'ont que moi. Donc j'ai refusé et il est reparti. Et il est revenu avec un petit mot : j'avais trahi, je ne sais pas quoi, je ne me souviens plus des termes, j'avais trahi et j'étais condamnée à mort. Cela m'a paru tellement bête, tellement stupide. J'étais en colère, j'ai pris le papier, j'ai dit au garçon de me suivre aux toilettes et j'ai fait des petits confettis avec son petit mot et j'ai tiré la chasse. Tu diras à Si M'Hamed : « Voilà ce que j'ai fait de sa menace. » C'était tellement ridicule de menacer de mort quelqu'un qui avait refusé de donner quelque chose. Donc, je ne l'ai pas pris très au sérieux. Il est revenu pour son traitement, mais c'était tout. Je n'ai plus eu de nouvelles de Si M'Hamed. Et puis, oui, mon mari était en prison.

*** *En quoi consistait les activités de votre mari en soutien au FLN ?*

Il était un militant beaucoup plus actif que moi. C'était un tellement bon militant que je n'ai rien su de ses activités pendant longtemps. À un moment donné, le Parti a loué une résidence secondaire pour nous. J'étais très contente car je n'avais jamais eu de résidence secondaire. Dans la cave de la maison, il y avait une imprimerie, je crois que c'était pour le journal d'Henri Maillot. Au début, je ne le savais pas, je l'ai su après. Des armes de l'aspirant Maillot ont également transité par cette résidence. Quand Maillot a pris le camion d'armes, il a fallu mettre les armes quelque part et on les a mis dans les caves de la villa. Ce que mon mari avait réussi à me cacher. C'est pourquoi, quand les inspecteurs de la DST sont venus me demander si j'étais informée des armes de Maillot, j'ai pu répondre tranquillement que je n'en savais rien.

Est-ce que cette villa a également servi à héberger des militants ?

Oui, on a hébergé André Moine. Il est resté plusieurs mois. C'était un charmant visiteur.

Votre mari est-il tombé dans une sorte de coup de filet ? D'autres personnes ont-elles été arrêtées en même temps que lui ?

Il a été arrêté pour avoir soigné un militant du FLN. On avait appelé mon mari pour le soigner, il avait une hémoptysie, il crachait du sang. Mais ce garçon a été arrêté. Je ne sais pas qui a dit que mon mari l'avait soigné. Ils l'ont arrêté pour avoir soigné un militant du FLN. C'était la raison invoquée, mais en réalité, c'était pour le torturer et en savoir un peu plus.

**** Pourriez-vous nous parler de la prison de Barberousse ? Quelle était l'atmosphère dans les prisons ? On sent beaucoup de choses, il y a des bruits, des odeurs…*

On sent la Javel, hein. On sent le grésil. Il y a une odeur de désinfectant très puissante quand on rentre parce que la guillotine était au milieu de la cour et le sang coulait, il fallait nettoyer, surtout quand il y avait plusieurs guillotinés dans la matinée. C'était une odeur qui prenait vraiment à la gorge. C'était oppressant et sinistre. Quand mon mari a été incarcéré à Barberousse, j'ai reçu un coup de téléphone d'un avocat qui s'appelait maître Bauer. Je l'ai rencontré, il m'a dit : « Voilà, votre mari est maintenant en prison à Barberousse, mais il est tenu au secret et il est devenu fou. Alors je ne sais pas s'il récupérera, s'il retrouvera la raison ou pas, mais il a perdu la raison. » Je lui ai demandé à quoi il voyait ça. Il m'a répondu : « Il est impénétrable. Il ne parle pas et il lave en permanence. Il lave son slip, ses chemises, enfin ses vêtements, il les lave continuellement. » Je n'ai pas pu le voir tant qu'il était au secret.

Ensuite, il a été transféré dans une cellule où il y avait d'autres communistes, dont Georges Torres qu'il connaissait et aimait beaucoup. Il a retrouvé l'amitié, la camaraderie, la fraternité, là il a trouvé quelque chose qui l'a sorti de son mutisme et il a pu parler. Il a dû lui rester quelque chose de ces moments-là, on ne peut pas oublier. D'autant plus que sous la torture il avait parlé. Chose qu'on ne dit pas en général, mais comme c'est probablement ma dernière occasion de parler, je le dis. Il n'y a aucune honte à ça. Il avait parlé de Maurice Audin qui hébergeait quelques militants, dont Henri Alleg. Donc ça, ça a entraîné l'arrestation de Maurice Audin. Je ne vous ai pas dit une chose importante : il a parlé sous la torture quand ils ont menacé de me prendre moi-même et de me torturer sous ses yeux. Il n'avait pas parlé jusqu'à ce moment-là. Donc après, Audin a été arrêté, torturé, probablement tué, assassiné. Et là il s'est passé des choses monstrueuses. Enfin monstrueuses et humaines en même temps, je ne sais pas. Il y a eu un méli-mélo de personnes plus ou moins compatissantes ou pas. En particulier Mme Audin, elle n'a pas été compatissante du tout. Ça se comprend. Mais tout de même, avec le temps, elle aurait pu changer. Non, elle n'a pas changé, elle est restée comme ça. Elle n'a pas pardonné.

Cela se traduisait comment ? Vous la connaissiez personnellement ?

Oui, je la connaissais, elle venait au parloir à Maison-Carrée voir son beau-frère Buono. À l'entrée de la prison, il y avait pas mal de femmes qui attendaient, dont elle et moi. Elle serrait la main ostensiblement à tout le monde, sauf à moi. Après mon mari lui a écrit une lettre pour lui demander pardon. Lettre à laquelle elle n'a pas répondu. Voilà. Tout ça, ce sont des choses que je ne devrais peut-être pas dire. Je ne sais pas. Je m'interroge mais je l'ai dit. Tant pis, c'est comme ça. C'est pour expliquer que dans ce domaine-là il y a quand même souvent peu de compréhension. C'est très curieux, le FLN était beaucoup moins rigide que le Parti communiste. Les gens qui étaient au FLN avaient pour consigne, quand on les torturait, de parler, de parler beaucoup, de tout et de n'importe quoi. Et ils le faisaient. Parce qu'au fond, c'est la meilleure défense. C'était beaucoup plus humain que de dire « Tiens le coup, tiens le coup », comme Henri Alleg. C'est un bel exemple mais franchement c'était plus intelligent de dire n'importe quoi. Parce que ça soulage et ça égare la police. C'était beaucoup plus malin et plus humain.

En juin 1959, votre mari est libéré et vous êtes expulsée d'Algérie.

Après le jugement, je pensais qu'il allait sortir, mais il a été envoyé au camp de Lodi. On se voyait d'une manière un peu plus proche, on pouvait échanger et se toucher. Je ne me rappelle plus exactement combien de temps il y est resté. On a eu la chance d'avoir un ami qui a fait des démarches pour le faire sortir. J'ai reçu la visite de deux inspecteurs de la DST qui m'ont dit que mon mari allait être libéré. Pour sortir de Lodi, il fallait passer les gorges de la Chiffa où il y avait très souvent des attentats du FLN. Ils m'ont dit : « Vous savez, il est très facile de faire un attentat dans lequel votre mari sera tué. On peut le faire, on peut ne pas le faire si vous nous dites ce que vous savez à propos des armes de l'aspirant Maillot. » Alors, je leur ai dit primo que je n'en savais rien, et secundo : « Vous êtes bien culottés quand même. Vous avez torturé mon mari et il ne vous a pas dit ce que vous voulez savoir. Et moi, sans torture, vous voulez que je vous dise ce que je ne sais pas. » Ils m'ont dit : « Réfléchissez bien Madame, on vous laisse vingt-quatre heures. » Ils sont partis. J'ai presque joué à pile ou face, mais je me suis dit : « Non, c'est du bidon. Ils ne feront pas ça. Il y a trop de barouf autour de tout ça, ça ne me paraît pas possible qu'il fasse un truc pareil. Surtout après m'avoir prévenue. » Donc il est sorti sans problème pour repartir quarante-huit heures après en France. C'est comme ça qu'on s'est retrouvés à Paris. Parce que moi aussi j'ai été expulsée. J'ai appris que j'avais un dossier à la DST quand, en arrivant en France, j'ai fait une demande pour être médecin-contrôleur à la Sécurité sociale. Ma demande a été refusée. J'étais étonnée car j'avais les diplômes. Un médecin, dont le nom m'échappe maintenant, qui avait un peu des accointances, m'a dit que mon dossier avait été à la Préfecture de police de Paris qui a décrété que j'étais une personne dangereuse.

Comment se passe votre arrivée à Paris ?

J'avais mon père à Paris, il était très malade. Il avait acheté un petit appartement dans le 14e arrondissement. On a tous cohabité pendant un bout de temps jusqu'à sa mort. Ensuite, on a loué un petit appartement, on avait trouvé du travail. Mais, entre-temps, mon mari a fait une tentative de suicide collective. On avait un chauffage au gaz. On dormait dans un tout petit lit, donc je sentais très facilement s'il se levait. Quand il s'est levé, cela m'a réveillée. J'ai pensé qu'il devait avoir froid et qu'il allait allumer le chauffage. Il a effectivement ouvert le tuyau de gaz… et je n'ai pas entendu le bruit de l'allumette. Alors j'ai compris. Je me suis levée, j'ai éteint le gaz, j'ai ouvert la fenêtre et je lui ai dit : « Saute ! On est au quatrième étage ! Tu veux mourir ? Ah ben meurs ! Mais pourquoi tu nous tues ? Parce que là tu es en train de nous tuer. » Et vous savez ce qu'il m'a répondu ? « On a mis des agneaux au monde dans un monde de loups. » J'ai dit : « Peut-être, mais les agneaux ont le droit de vivre. » À partir de ce moment-là, le divorce était certain. Je n'ai pas supporté. Qu'il se tue, je pouvais le comprendre, à la limite un peu, mais tuer toute sa famille sous prétexte qu'on est dans un monde de loups. C'est ce qui a fait que j'ai divorcé. Pas tout de suite. J'ai pris mon temps, mais c'était décidé dans ma tête, c'était fini. Je ne pouvais pas vivre avec quelqu'un qui se lève la nuit pour tuer sa famille. Ce n'était pas possible.

Il vivait, j'imagine, très mal le fait d'avoir été expulsé en métropole ?

C'est surtout Audin. C'est ça qui a pesé, la culpabilité. Qu'on lui ait fait porter, non seulement la sienne mais celle qu'on a portée sur lui. C'était odieux. Je comprends qu'il ait été très mal. J'ai consulté un ami psychiatre qui m'a dit la plus grande connerie qu'on peut raconter. Il m'a dit : « Il a la dépression de l'ancien détenu, etc. Tu es la seule à pouvoir faire quelque chose. » J'ai répondu : « Ah bon, il n'y a que moi qui peux faire quelque chose, mais vous, vous êtes où ? Je fais déjà quelque chose depuis des années, je ne fais que ça. Qu'est-ce que je peux faire de plus ? Accepter de mourir ? » Avec ce conseil de psychiatre mal venu, j'ai décidé de faire ma psychiatrie parce que j'ai compris qu'il y a quelque chose qui ne va pas là-dedans. À la mort de mon père, j'ai repris mes études et j'ai fait la neuropsychiatrie. J'avais 39 ans, je crois, quelque chose comme ça, 38 ans. Voilà, c'était l'adaptation après la vie parisienne.

Quand vous arrivez en juin 1959 à Paris, la guerre s'est déplacée en métropole, avec les attentats du FLN, puis bientôt ceux de l'OAS. Qu'est-ce que vous avez vécu à Paris ? Vous avez continué à militer ?

À Paris, j'avais l'impression de changer de monde. J'ai continué à manifester ce que je pouvais, j'ai participé à la manifestation du métro Charonne, par exemple. Mais il y avait la vie quotidienne qui posait pas mal de problèmes. Il fallait que mes enfants s'adaptent, mon fils était dyslexique. J'ai eu le sentiment à ce moment-là que j'avais longtemps négligé ma famille, en particulier mes enfants, pas mon mari. Et que c'était une très mauvaise chose, j'avais été une mauvaise mère pendant longtemps. C'est pas de ma faute mais quand même le résultat était là, il fallait que je m'occupe d'eux pour qu'ils puissent récupérer une vie un peu normale. Ma grande admiration pour les instituteurs français s'est confirmée. Ma fille allait à l'école rue d'Alésia. Une institutrice s'est occupée d'elle d'une telle manière que j'ai senti qu'elle avait compris qu'il y avait eu des choses très dures. Elle lui a fait du bien et elle m'a fait du bien. Je me suis dit à ce moment-là : « Qu'est-ce que je peux faire ? Je vais m'occuper des enfants, des miens bien sûr, mais aussi des autres. » Je me suis donc orientée vers la psychiatrie des enfants.

Comment avez-vous été accueillie par les Parisiens ? Comment vous considéraient-ils ?

C'était très varié. À l'hôpital Saint-Anne, j'ai été très bien reçue par des gens qui m'ont ouvert la porte et qui m'ont vraiment aidée. D'autres, beaucoup plus nombreux, étaient fermés sur leur monde bourgeois. On ne vous reçoit pas, j'ai mis des années, des dizaines d'années à pouvoir rentrer dans un intérieur parisien. On veut bien se voir comme ça, on a des séminaires, des colloques, mais on ne mélange pas les torchons et les serviettes. Je crois que le fait d'avoir été trempée dans cette espèce de chose très très dure leur faisait peur. C'est la peur, ce n'est pas le racisme, c'est la peur. Je me rends compte maintenant, d'ailleurs même en le disant, je me demande si j'ai raison d'en parler, parce que, est-ce que ça peut faire autre chose que peur ? Est-ce que ça peut servir, je veux dire, être utile, d'ouvrir les yeux à ce point-là ? La lucidité, c'est bien, mais quelquefois c'est trop dur. D'ailleurs, je n'ai plus eu peur de rien à cette époque-là, je crois que j'avais dépassé le point de non-retour de la peur, plus rien ne me faisait peur.

À ce moment-là, je ne cherchais rien d'autre que travailler et sortir mes enfants de la mouise. C'était mon idée et rien d'autre. Ça a été finalement bénéfique, je me suis dit : « Je suis morte en Algérie et je renais en France. » Ça me permet maintenant de regarder l'Algérie, qui elle est en train de renaître, d'une manière tout à fait sereine. Je n'ai plus du tout de conflits avec les Algériens, je suis très contente de voir à quel point un pays, ce n'est pas un territoire.

Pour quelles raisons avez-vous décidé de retourner avec votre mari en Algérie après l'indépendance ?

Quand on est partis d'Algérie, expulsés par Massu, on était… on s'est pour ainsi dire remis à travailler, à travailloter je dirais. En attendant le jour où on pourrait rentrer, parce qu'on était en position d'attente, on n'était pas du tout en position d'installation… ça s'est passé gentiment, sans beaucoup de plaisir. J'avoue qu'à ce moment-là, j'étais surtout préoccupée par ce qu'il se passait en Algérie. À tort peut-être, mais c'est comme ça ; on était encore, le cœur était en Algérie. On suivait de très près tout ce qui se passait et on attendait la fin pour rentrer chez nous, on disait chez nous. On est donc rentrés [en 1962]. Alors que les pieds-noirs partaient dans un sens, nous, on est partis dans l'autre. Et on était heureux de pouvoir rentrer. On a retrouvé notre petit appartement de Bab El-Oued qui n'avait pas été pillé. Tout se passait très bien. Bon, j'ai quand même dû quitter Bab El-Oued car je ne supportais pas les pillages toutes les nuits et les ventes sur le trottoir le lendemain matin. On est donc partis. Mon ex-mari, qui était un excellent médecin, a eu un poste de médecin-chef à Beni Messous. Il a été, je veux le dire, presque guéri. Cela lui a fait du bien de travailler. Il a même formé une génération de pneumo-phtisiologues. Il était très apprécié. On était très mal payés mais on s'en fichait royalement.

Et après l'indépendance ?

Ce qui a été terrible, c'est quand Ben Bella a été… fichu en l'air par Boumediene[1] et qu'on a vu de nouveau des tanks sur l'autoroute. On est allés à Port-Gueydon en Kabylie et on a vu les troupes de Boumediene traîner les Kabyles qu'ils avaient tués, de bas en haut du village, pour montrer aux villageois ce qu'on fait des partisans d'Aït Ahmed, parce que c'était Aït Ahmed qui avait pris le maquis, il avait repris le maquis. Mon beau-frère, Jacques, était devenu maire de Port-Gueydon. Il avait commencé à faire des choses formidables, des travaux d'adduction d'eau dans des douars où il n'y avait pas d'eau. Il faisait son travail de façon remarquable. Les gens l'adoraient. Il a été enlevé par les troupes de Boumediene, torturé, amené à la prison d'Oran et ensuite expulsé.

Nous n'avons pas été inquiétés directement par le coup d'État, mais on a été mis sur la touche. Je travaillais au dispensaire de Bab El-Oued, du matin au soir. On travaillait énormément et on avait peu de contacts, parce qu'on était tellement pris par les enfants, le travail. Mais c'était devenu terrible. Les gens étaient démolis. L'armée de Boumediene avait tué des femmes, ils les avaient pendues. C'étaient des horreurs qui étaient aussi terribles que pendant la guerre d'Algérie. Plus rien n'avait pas de sens. Alors, on a décidé de partir.

À aucun moment je n'ai regretté mon retour en France.

1. Houari Boumediene dirige l'État-major général.

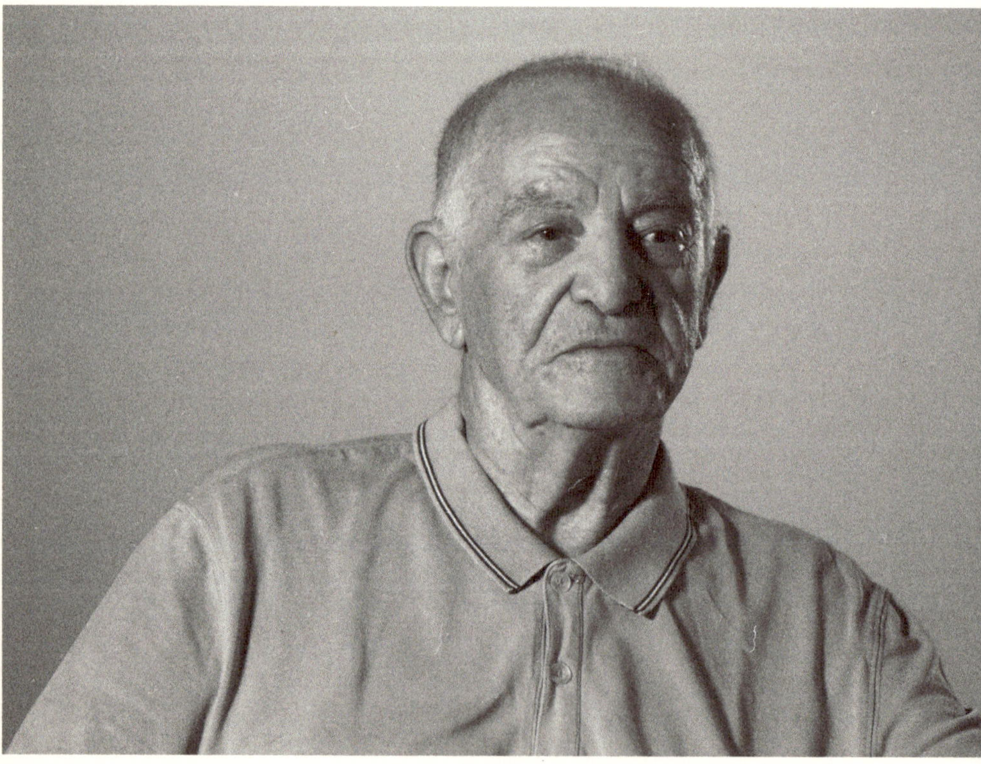

Kamel Ouartsi
Officier de l'armée des frontières

Entretien avec Hamdi Baala[1]

Kamel Ouartsi a perdu son grand frère, assassiné par une milice à Guelma en mai 1945. Cet événement fondateur le conduit à un engagement précoce au maquis. Mais son niveau scolaire l'amène à être rapidement envoyé hors du pays par le FLN qui souhaite former des cadres. Devenu officier, il participe à la mise en place de l'armée des frontières et vit les tensions qui la parcourent. Les souvenirs se bousculent souvent et les mots de Kamel Ouartsi se pressent ou hésitent, à la recherche d'un nom propre qui échappe, de la formulation juste. L'édition n'a pas effacé systématiquement ce rythme heurté qui est aussi celui d'une mémoire sollicitée mais soucieuse de bien dire. Son témoignage est sans fard sur ces moments difficiles de l'histoire de l'Algérie. Kamel Ouartsi choisit de s'exprimer dans un français constamment émaillé de mots arabes.

***

1. Réalisé en Algérie le 18 août 2020 et édité par Victor Delaporte et Lydia Hadj-Ahmed.

Je m'appelle Kamel, enfin Abdelhamid Ouartsi, dit Kamel. Ce n'est pas un prénom de guerre. C'est un prénom que je portais dès l'enfance. Je suis né le 10 décembre 1938 à Guelma. Comme toutes les enfances, ce sont les jeux, le rire, les copains. J'étais heureux. J'ai eu une enfance très heureuse. C'était une ville très agréable, il faisait bon d'y vivre : une ville champêtre, une ville de campagne quoi, une ville agricole. Mes parents, je ne les ai pas connus. Ils sont décédés, je n'avais même pas 3 ans. Ils sont morts quarante jours l'un après l'autre. J'avais un frère dont j'ai peu de souvenirs parce qu'en 1945, j'avais 6 ans. Mais je le vois. Le 8 mai 1945, je me rappelle de lui. Il est rentré de la manifestation. Il avait une arme qu'on a cachée chez les voisins, derrière. Et le soir, ils sont venus le prendre avec mon oncle. Mon frère était trop jeune mais mon oncle était plutôt proche de l'association des oulémas. Mon oncle a été parmi les représentants du mouvement populaire. Il était très arabisant. Il a laissé une bibliothèque très importante à la maison. Tout le monde venait y puiser à l'époque. Ils étaient parmi les premiers fusillés de Guelma. Mon frère avait 18 ans et demi. Il n'était pas le seul. Il y avait beaucoup de jeunes qui sont morts au même âge. Ils ont choisi la jeunesse, celle qui a fréquenté les écoles. Ils les ont liquidés… La future élite en quelque sorte. Ça a été un petit génocide. Ils les ont retenus dans une caserne, jugés là-bas sur place et fusillés. On ne sait pas où ils sont enterrés. Jusqu'à ce jour, on ne sait pas. Leur sépulture, on ne la connaît pas. Tous les Guelmois de mon âge ont été extrêmement marqués par cet événement. Je me rappelle comment les femmes venaient, elles se réunissaient, elles faisaient des pleurs organisés. C'était une tragédie extraordinaire. Ça m'a énormément marqué. En quelque sorte, on a été trahis : une simple manifestation a tourné au massacre. Ils venaient, ils prenaient les gens de leur maison et ils disparaissaient. On n'a pas juste perdu mon frère. On a perdu aussi beaucoup d'autres parents, des amis, des voisins… Pendant quelques mois, ça a été la nuit. Ma sœur pensait toujours, même deux ou trois années après, que mon frère allait revenir. On lui faisait croire qu'il était en prison quelque part alors qu'il a été fusillé le jour même ! Ils ont entretenu un espoir de retour mais il n'est jamais revenu. Après le 8 mai 1945, j'ai commencé l'école à Guelma, à 6 ans et demi. On fait l'école mais, entre-temps, après le 8 mai 1945, les gens s'étaient organisés. Il y a eu la création d'une médersa libre, financée par des notables de Guelma. Donc on faisait aussi des cours d'arabe, après l'école française, de 5 heures à 7 heures. Et c'étaient des cours, pas seulement d'arabe, c'étaient des cours de nationalisme. On avait des médersiens à l'époque, des responsables, qui nous faisaient beaucoup de cours sur le nationalisme, sur le mouvement national. On faisait même des *riwâyat*. Les agents de la France ont voulu le cahier avec les *riwâyat* qui s'est retrouvé à la préfecture. Le professeur, il a été bien sûr embêté. C'est une école qui a remplacé un peu le vide laissé après le 8 mai 1945. La médersa n'était pas gérée par les oulémas mais par l'association de ceux qui ont financé. Ce n'étaient pas forcément des religieux, il y avait des laïcs aussi. Le courant le plus fort à Guelma était le MTLD. C'était l'école du MTLD. J'ai fait l'école primaire jusqu'à 12 ans. Après, j'ai sauté une classe, je suis passé en cinquième directement. Et puis ça a duré jusqu'en troisième.

*** *Comment ça se fait qu'à Guelma le MTLD avait autant de soutien ?*

Je ne sais pas… Après le 8 mai 1945, ils ne croyaient plus aux confréries et toutes ces histoires-là. Mais ils voulaient croire en un parti politique organisé, parce qu'avant, il n'y avait rien. Il y avait les confréries… Les imams, ils sont tous partis. Démonétisés. Et c'étaient les militants du MTLD…

À l'époque, je me rappelle de Saïd l'atomique. Il vendait à Guelma *Algérie libre* et il criait : « *Algérie libre ! Algérie libre !* » Il vendait le journal comme ça, au temps des Français, après le 8 mai 1945. Il avait du courage. Il avait beaucoup de courage. À l'époque, il y avait des militants, ce qui aujourd'hui n'existe pas. Il n'y a plus de militant. C'est-à-dire des gens qui croyaient. Surtout l'indépendance, tout le monde y croyait. Et comme le discours de Messali était un discours de séparation, de rupture en quelque sorte, c'était lui qui était suivi. Les gens y croyaient.

Cette influence est venue beaucoup plus après le 8 mai 1945 ?

Guelma, le 8 mai 1945, a été marquée. On ne pouvait aller que vers l'extrême. On ne pouvait pas aller vers une solution modérée.

Vous rappelez-vous le 1er novembre 1954 ?

Non. La presse, à l'époque, tout le monde parlait des événements. Mais en novembre 1954, j'étais encore à 15 ans, 16 ans même pas. On a entendu parler de ça. Bien sûr. Mais à Guelma, il n'y a rien eu. Le 2 novembre, on a entendu qu'ils les ont tous attrapés et mis en prison. Tous les chefs : incarcérés. Les chefs du MTLD comme Saci Ben Hamla... Ils les ont libérés après l'indépendance, après le référendum. Ils avaient tous été mis en prison.

Mais avant, avant la guerre de libération, votre parcours scolaire s'arrêtait. L'école primaire et puis ?

L'école complémentaire. Je suis allé jusqu'à l'école en troisième. Et, après l'école en troisième, c'est le lycée à Annaba [Bône].

Vous avez fait le lycée à Annaba ?

Moi je me suis arrêté en troisième parce qu'après je suis monté au maquis.

Le lycée, c'était à partir de quelle année ?

La grève… Il y a eu grève en 1956. Donc on a fait grève en 1956 mais après on a repris, parce qu'il fallait reprendre. La grève de mai [1956], quand elle est venue, on était jeunes. On s'est organisés comme ça mais c'était une grève quand même. Après, mon frère est monté au maquis. Donc très souvent, je montais au maquis pour le voir. Je passais deux jours, trois jours, une nuit et je repartais. Mais j'ai repris quand même l'école jusqu'en janvier 1957. En 1957, c'était moi qui avais organisé la grève des jeunes. J'ai été arrêté. J'ai été arrêté par les parachutistes, torturé dans la caserne pendant cinq, six jours. J'ai pu être libéré. Le lendemain de ma libération, je suis monté au maquis.

*** *Votre arrestation, c'était parce que vous aviez organisé la grève au lycée ?*

En fait, il y en avait un qui ne voulait pas faire la grève, je suis allé chez lui et je l'ai frappé. Ils m'ont attrapé et conduit…

C'est vous qui étiez organisateur de la grève ?

Oui, c'est moi qui organisais à l'époque… à Guelma, oui c'est moi.

Ça a été largement suivi ?

À Guelma, oui. Ça a été suivi. Il y en avait qu'un seul qui n'a pas voulu suivre, je l'ai frappé.

Comment vous avez réussi ça ? L'organisation de la grève ?

Avec les contacts. Parce que Guelma c'est petit... On se connaissait tous. C'est les mêmes copains. Tout le monde a suivi. En majorité, ils ont suivi.

Il y avait combien d'écoles ?

Oh il y avait aussi l'école des filles. Les filles ont tenu une partie de... C'est un mouvement qui était suivi. Tout ce que disait à l'époque le FLN était suivi sans hésitation. Moi j'étais le coordinateur en quelque sorte, c'est tout. Mais pas le chef, chef. Rien. J'étais rien. J'étais rien dans l'organisation. J'étais plus l'agitateur, c'est tout.

Vous vous assuriez que tout le monde allait...

Ah oui, il fallait le faire. C'est tout.

Donc on ne vous a pas arrêté spécifiquement pour la grève mais parce que vous aviez tabassé ?

C'était le prétexte mais on ne m'a pas arrêté tout seul. On a arrêté quelques... beaucoup de jeunes avec moi. Les autres, ils les ont relâchés et moi ils m'ont gardé. Au bout de vingt-quatre heures, ils les ont relâchés mais pas moi. Moi je suis resté. Mais après c'est l'armée qui est arrivée. C'est les parachutistes. C'est pas la police, parce que la police nous connaissait tous. C'est des polices municipales, ils connaissent les familles. Mais pas l'armée, non. Ils connaissent personne. Et j'ai pu être libéré par l'intervention d'un médecin français qui était ami de la famille, sinon jamais je n'aurais pu être libéré.

Vous vous rappelez son nom ?

Le docteur Joanne. Le docteur Joanne, le pauvre... On a envoyé un commando, quelque temps après, pour exécuter un vendu. Ils ne l'ont pas trouvé. Le docteur Joanne est passé par là. Ils ne le connaissaient pas : un Français, paf, ils l'ont tué. Mort. Et les colons voulaient… Ils sont partis chez sa femme en lui disant : « Si vous voulez, on tue trois cents Arabes. » Mais sa femme n'a pas voulu : « Touchez personne. » Anecdote. Anecdote.

Vous avez passé combien de jours en prison ?

Pas trop. Cinq jours, six jours. Le lendemain, je suis monté au maquis.

Vous avez subi des violences, de la torture en prison ?

Oui, bien sûr j'ai subi des violences par l'armée. À l'époque, on t'attache les poignets, torse nu… une sorte de canne, avec un bout, ils tapaient sur les côtes. Pas la torture-torture mais ça faisait mal. À l'époque, j'étais jeune. J'étais jeune… Je ne comprenais pas mais bon…

Ils vous posaient quoi comme questions ?

Je ne me rappelle plus là des questions qu'ils me posaient. Je ne vais pas me rappeler des questions qu'ils m'ont posées. Certainement c'est sur l'organisation… J'avais même des cachets dans une cave. J'avais peur qu'ils les trouvent. Des cachets de l'organisation. Heureusement qu'ils n'ont pas cherché dans cette cave-là, sinon… J'aurais été compromis. À ma sortie de prison, on a tout brûlé.

Des cachets de quelle organisation ?

FLN. Des cachets FLN !

Comment que ça se fait que vous les aviez ?

Il y avait quelqu'un, c'était notre contact avec le maquis. On ramassait de l'argent et lui le prenait. C'est tout. Très peu d'argent mais… C'est une organisation de gosses, ce n'est pas une grande organisation politique. On l'avait fait tout seul. Personne ne l'a demandé. On s'est organisé seuls. Initiative populaire, du peuple. À l'époque, chacun voulait bouger. Ça dépend.

*** *Votre frère est monté au maquis quand ?*

Juste après la grève de mai. En juillet, il a été au maquis. En 1956.

C'est un peu le fait que votre frère rejoigne le maquis qui vous a montré la voie ?

Je ne sais pas... Je ne peux pas répondre à cette question mais de toutes les manières... Lui c'est lui, et moi c'est moi. Je sais que lui aussi écrivait sur les murs les slogans du MTLD. Il était dans l'organisation. Moi je ne faisais partie d'aucune organisation. Avec le maquis ou le reste, je serais monté quand même. Parce que c'est pas lui qui... Ça n'a rien à voir.

Mais le fait que vous le visitiez au maquis ?

Non... Le problème c'est que je me suis déjà familiarisé avec le maquis avec lui. De temps à autre, je passais la nuit, je les voyais comment ils chantaient et tout. Je me rappelle de chaque soir : « *Ikwhani matansouch achouhada* » [« mes frères n'oubliez pas les martyrs »]. Ils ne dormaient jamais sans l'avoir chanté, paix à leurs âmes à tous.

Donc vous ne pensez pas que côtoyer ce milieu-là vous a influencé, encouragé pour...

Quand tu as fréquenté ces milieux-là, tu n'as plus envie de revenir et c'est tout. S'il y avait eu des armes... Des centaines ! Pas seulement moi, des centaines qui seraient montés. Beaucoup de jeunes seraient montés. Ils seraient tous montés. Mais il n'y avait pas d'armes ! Monter au maquis... Surtout à

Guelma, ils seraient montés ! La montagne est à côté. On est de la montagne. S'il y avait eu des armes, il y aurait plus de morts que de vivants ! Combien de jeunes sont montés et ont été refoulés ? « Il n'y a pas d'armes, rentrez… »

Donc la première fois, il s'agissait de visiter votre frère au maquis. Vous n'êtes pas monté pour vous engager ?

Non. Non. Il n'y avait pas d'armes. Ils ne nous laissaient pas. Impossible. J'étais trop jeune et ils ne nous laissaient pas. Donc, je disais : je rendais visite. Je passais deux jours, trois jours et je partais. Et, en 1957, j'étais en danger donc il fallait que je parte. Je suis monté au maquis.

Vous aviez 19 ans ?

18 ans en 1957.

Comment ça se passe quand vous rejoignez le maquis ?

Bon le maquis… le maquis… La plupart des chefs, c'étaient des gens de la ville, Guelma. Ils connaissaient la famille. J'étais bien reçu. Mais il n'y avait pas d'armes. C'était le problème : il n'y avait pas d'armes. Et comme il y avait mon frère, suivi de mon cousin, de ses fils, tous, ils ont décidé de m'envoyer en Tunisie, avec une lettre spéciale de Benaouda, chef de zone d'Annaba.

La vie au maquis à Guelma c'était comment ?

Ah… Pas facile parce que Guelma, c'est… C'est pas de grandes forêts. C'est accessible au char. Le char, il peut monter. C'est pas comme les massifs de Collo ou des Aurès. C'est pas facile. C'est 800 mètres de hauteur… Très peu boisé. D'ailleurs ils sont tous morts. Quatre-vingt-dix-neuf pourcents sont morts. Les sections que j'avais laissées là-bas, ils sont tous morts. Et moi là, je suis parti en Tunisie. Ils m'ont envoyé en Tunisie. Je suis resté quatre mois en Tunisie.

Avant la Tunisie, est-ce que vous vous rappelez d'accrochages ou de violences à Guelma, au maquis, avec les Français ?

Moi personnellement, des accrochages, non. Je n'ai jamais assisté à un accrochage. Mon frère, oui. Les amis ont assisté. Parce que je n'avais pas d'arme. J'étais sans arme. Comment faire sans arme ? Mais je sais qu'il y a des accrochages, des attentats, des bataillons de commandos. Beaucoup des gens que j'ai connus personnellement... Mais pour te dire que j'ai assisté à un accrochage... J'ai assisté à des alertes. On fuyait : « Ils arrivent », là oui. Des alertes pour essayer de fuir, de nous cacher, oui. Mais nous accrocher comme ça, non. De toute manière, je n'avais pas d'arme.

Donc vous arrivez en Tunisie quand exactement ?

Fin mars 1957. Là, je suis rentré en Tunisie.

Pourquoi vous êtes parti en Tunisie d'abord ?

Parce qu'il y avait... Comme il y avait l'acheminement, moi ils m'ont dit : « Tu ne restes pas au maquis. » Paix à leurs âmes, à ceux qui ont combattu ! Ils disaient : « On aura besoin de toi au futur. » C'est ça qui m'a toujours marqué : « On a besoin des hommes exceptionnels. » C'est pas... « On a besoin de toi pour l'avenir. » On est partis... Et avec une recommandation, j'ai été bien pris en charge par... Benaouda m'a envoyé en Syrie, parmi les premiers. Première promotion en Syrie. Et on était cinq à faire l'académie militaire : Abdelhamid Brahimi, Abderrezak Bouhara, Hocine Benmaalem et Larbi Lahcène. Les cinq premiers rentrés à l'académie militaire.

Vous n'avez pas fait de formation en Tunisie ?

Non. Il n'y avait pas de formation en Tunisie. Il n'y avait rien. Je ne suis pas resté longtemps. Mars... Juin, je suis parti déjà. Avril, mai, juin. Je suis parti en Syrie, à Damas et à Alep d'abord. Et juste à partir de septembre, on est partis à l'académie de Homs.

Aller vous former en Syrie, c'était une ambition personnelle ou bien pour la lutte ?

Non, je ne vous le cache pas : on n'était pas très, très contents parce qu'on voulait aussi revenir à l'intérieur. C'est-à-dire qu'on a laissé là nos compagnons. On a commencé à prendre conscience que notre place n'est pas à l'académie. Elle est à l'intérieur avec nos frères. Rejoindre nos frères, c'était notre vœu mais on ne pouvait pas.

Donc à partir de septembre 1957, vous commencez la formation ?

On a commencé à faire la formation et ça coïncidait avec l'unité, l'unité avec l'Égypte[1]. Toute notre promotion est partie en Égypte donc on a terminé avec les élèves égyptiens, au Caire. C'étaient les événements. Avec les Syriens on a été… On était considérés comme… La vérité, ils n'ont pas fait de différence entre nous. Ils nous ont bien chouchoutés. Donc on s'est retrouvés en Égypte, au Caire.

Vous étiez passionné par la formation à cette époque-là ou bien vous vous disiez que c'était le devoir ?

Non… C'est-à-dire passionné… On était obligés de… de faire notre métier. C'est devenu presqu'un métier à l'époque. Mais on savait qu'il fallait rentrer, qu'il fallait commencer la formation aussi. Donc… Le niveau des gens était très sérieux. Tout le monde pensait à rentrer. Ils pensaient beaucoup plus

1. Kamel Ouartsi fait référence à la création, en février 1958, de la République arabe unie, unissant la Syrie et l'Égypte.

à rentrer en Algérie qu'à autre chose. On ne voulait pas faire carrière. On n'avait pas un plan de carrière.

Les formateurs étaient des Égyptiens uniquement ?

Égyptiens... C'étaient des Syriens et des Égyptiens. En Syrie, c'étaient que des Syriens. À l'époque, ils ont fait l'école française ensuite la Russie. Comme à l'époque, je me rappelle, Hafez el-Assad était parti en Russie faire une formation. Il est revenu auréolé de son séjour en Russie. Parce qu'eux, ils ont commencé bien avant nous, les formations en Russie.

[Après sa formation, Kamel Ouartsi est affecté en Tunisie. À la frontière avec l'Algérie, les tensions entre combattants sont déjà vives et chacun reste fidèle au chef qui le commande depuis le début.]

Vers avril [1959], on est partis à Chambi. Chambi c'est la frontière vers Tébessa, la frontière algéro-tunisienne. C'est la plus haute montagne. Il y avait une zone où il y avait deux mille hommes. Nous sommes partis pour les former. Malheureusement, c'était une tâche très difficile... Et je me rappelle : Boussouf, Bentobbal, Krim, le commandant Azzedine, ils sont venus pour voir les chefs [de la zone]. Ils n'ont rien obtenu.

Pourquoi étaient-ils venus ?

Pour qu'ils rentrent dans le rang, qu'ils se forment, qu'ils constituent des unités. Il faut les structurer en quelque sorte. Mais il y avait des manipulations politiques à l'époque. Et quand Boumediene est venu... Pfiou ! Deux mois après : tout le monde est rentré dans le rang. Ah, tout le monde est rentré dans le rang. Sans exception. Mais à l'époque, nous, on n'a pas réussi.

[Après avoir évoqué une année 1959 très dure, Kamel Ouartsi décrit le camp qu'il dirige à Oued Meliz.]

Au fond le camp, c'est facile à faire. C'est des tentes, à l'époque. Ce n'est rien du tout. Un camp, c'est des tentes. Chaque section dans une tente et puis c'est tout. C'est pas en dur. Il y a rien de dur. À Oued Meliz, il y avait un peu de dur mais Oued Meliz, c'était la même chose. C'est pas... À part mon bureau, qui était une villa, une petite villa, mais le reste, c'étaient des tentes.

Le recrutement se passait comment ?

Ah ! le recrutement... Il y avait des services sociaux. Ils connaissaient les réfugiés. Ils ont ramené ces jeunes-là. Les familles envoient leurs enfants, comme ça. Ils envoient leurs enfants. C'était de tout âge. À partir de 15 ans, 16 ans, ils sont recrutés. Il y en avait jusqu'à 40 ans, 45 ans. C'est des volontaires et, en même temps, un travail des services sociaux. Ce n'est pas les hommes qui manquaient, hein.

Est-ce qu'il y avait des camps de réfugiés pas loin ?

Des camps de réfugiés ? Oui, bien sûr. C'est plein de camps de réfugiés. Il y avait des organismes du ministère de l'Intérieur qui organisaient ça. Ça n'a rien avoir avec la Défense. Nous, on n'était pas concernés... C'est un peu les problèmes civils. Mais ils étaient bien encadrés. Les familles ne manquaient de rien : le ravitaillement, la formation, des écoles, des services sociaux... Ils n'étaient pas à l'abandon. Mais la plupart du recrutement, c'est les familles de réfugiés.

Pour les camps d'entraînement, c'est-à-dire le ravitaillement et l'armement, ça se passait comment ?

Ça, c'était l'état-major qui s'en occupait. À l'époque, l'état-major… avant Boumediene, il y avait quand même un état-major de l'Est, ce qu'on appelle l'état-major Est. Il y avait Mohammedi Saïd et les services spécialisés, pour le ravitaillement, pour l'habillement, pour les routes… La vérité, ça ne manquait pas et surtout quand nous sommes venus nous, en 1959, 1960, où il y avait du matériel chinois…

De quel type de formation ou d'entraînement s'agit-il ?

On faisait ce qu'on appelle la FDB, « formation de base ». C'était la formation de base… et quelques spécialités comme, par exemple, le mortier, l'artillerie, les bazookas. On n'a pas de blindés. On n'a pas d'aviation. On n'a rien. Mais c'étaient des spécialités.

Votre rôle concrètement, c'était de superviser tout ça ?

Non mon rôle, [c'était de] commander Oued Meliz. J'ai formé le 45e bataillon, celui qu'a pris Larbi Belkheir comme chef de bataillon, parti en zone sud. J'ai formé ces six cents hommes… formés en unités. Bon, les structures, ce n'est pas moi qui les ai faites. Il y avait un bureau d'études qui faisait ça. On a appliqué… Puis les officiers, c'est l'état-major qui les envoie, pour l'encadrement. Mais la formation des *djounoud*, les sous-officiers, c'est moi. On avait des cadres pour ça, avec le même programme que le programme français. On a pu avoir des fiches. Le programme français… Le programme syrien, c'est le programme français en quelque sorte. C'était normal… On était jeunes mais… on s'en est sortis quoi. On a réussi à faire quelque chose.

Avez-vous connu Houari Boumediene à cette époque-là ?

Oui, oui, bien sûr. Boumediene… comme Oued Meliz est à 10 kilomètres de Ghardimaou, pas loin, enfin pas très loin de Ghardimaou. Et comme il connaissait ma famille… Il venait tous les dimanches à Oued Meliz, avec tout son staff : Bouteflika, Madegheri, Bakhti Namous. Abdelghani est également venu, celui qui est devenu ministre de l'Intérieur, Abdelghani. Enfin tout le staff, sauf Cherif Belkacem, tout le reste. Et à l'époque aussi, il y avait encore vivant Fanon, Frantz Fanon. Ils venaient faire du tir, déjeuner et partir… Tous les dimanches. Pendant un an, comme ça, tous les dimanches. Et bien sûr, j'ai assisté aux discussions politiques.

Ils parlaient de quoi ?

Ils parlaient un peu de tout. De la France, de… enfin moi, je n'ai pas retenu les thèmes. Ce que je sais, celui qui avait beaucoup d'influence à l'époque, le charmeur qui savait parler, c'était Bouteflika. Les premiers temps, il était très, très, très proche de Boumediene. C'était un grand charmeur et puis on a appris qu'il était parti au Mali. Ils l'ont envoyé au Mali. Mais sinon les autres, c'est des discussions sur le parti… À l'époque, ça n'a pas attiré beaucoup mon attention. *Khalass !* Je ne vous le cache pas. Ce que je sais, ce que je vous ai dit : Boumediene, c'était un homme de pouvoir. Il savait où il allait et il misait énormément sur les cadres. Les cadres. Il parlait beaucoup des cadres. Les cadres, les cadres.

Vous rappelez-vous la création du GPRA ?

Oui.

Vous en avez pensé quoi ?

On en était contents, nous. À l'époque, on l'a bien accueilli. On commençait à être au courant un peu de ce qui se passait entre eux. Mais avoir un gouvernement, c'était, pour l'Algérie c'était… Elle signait son existence quand même. C'était bon.

Vous étiez au courant des luttes de pouvoir entre le GPRA et l'état-major ?

Oui, on le savait. Les différends… Les crises qu'il y avait, on les a toutes vécues. Moi, par exemple, j'ai pris des positions à l'époque… Ils ont voulu me sortir de l'académie pour m'envoyer au Sahara.

De quelle académie ?

De Homs. Heureusement qu'il y avait Abelhamid Mehri à l'époque. Il était ambassadeur. Il connaissait la famille. Il a réussi à téléphoner à Benaouda. Ils m'ont maintenu.

Pourquoi ils voulaient vous envoyer au désert ?

Des différends… régionaux, bêtes, à l'époque. Mais moi je ne savais pas qu'il y avait ce problème. On était Algériens… à l'étranger et puis c'est tout. Je ne cherchais pas… Il y avait des Chaouis, il y avait des Kabyles, des gens de Guelma. Il n'y a aucune différence ! Ils sont intégrés comme tout le monde. Mais il y en avait d'autres qui voulaient faire des différences… Je n'ai pas accepté…

Par rapport à ces différends, est-ce que vous vous rappelez d'événements précis ?

Des événements précis… Je me rappelle quand Krim, par exemple, Krim avec Boussouf sont venus à Ghardimaou, comment ils ont été reçus par l'état-major. Ça c'était… Ils ne s'entendaient pas, ils ne s'entendaient pas. Ils n'ont rien obtenu. Ils sont partis. Les différends étaient là. On était au courant. Ça s'est le plus aggravé quand il y a eu l'arrestation du pilote. Le pilote a été arrêté. Un pilote français a été arrêté. C'était banal, pas grand-chose. Mais Bourguiba s'en est un peu mêlé. Il leur a dit : « Ramenez-le-moi », parce que les Français lui ont demandé. Le fait que Bourguiba s'en est mêlé, l'état-major a dit : « Non, on le donne pas. » Ferhat Abbas est venu, pour négocier. C'est là où… C'est un des événements majeurs qui a provoqué des crises avec l'état-major.

L'état-major avait aussi ses raisons… Parce que tu crées un état-major général mais tu le laisses uniquement responsable de la frontière… et pas de l'intérieur. C'est quoi ça ? Tu mets au moins un ministère de la Défense clair, net et précis. Au moins, il assume. Ils en ont mis six. Ils se neutralisent. Au comité interministériel de guerre, ils se neutralisent. Les deux, Bentobbal et Boussouf neutralisent Krim Belkacem. Donc il n'y avait pas de chef ! L'état-major est resté seul. Et ça, ça crée des différends bêtes ! Ou alors, en fait, vous mettez un ministre de la Défense qui prend en charge l'état-major et l'intérieur. Tu ne crées pas un état-major en lui disant tu es responsable des réfugiés, des gens des frontières. Et l'intérieur non. C'est quoi alors un état-major général ? Il avait ses raisons, qui étaient valables aussi.

Vous pensez quoi de l'appellation « l'armée des frontières » ?

L'armée des frontières ? Je ne vois pas quoi penser. L'armée des frontières… Oui, on était sur les frontières. C'était une armée qui a été créée aux frontières. Sans la ligne Challe et Morice parce que, comme on dit, « à quelque chose, malheur est bon », je vous jure, on n'aurait jamais organisé une armée. Et si on n'avait pas organisé… Si on n'était pas rentrés en 1962 avec une armée organisée, disciplinée… Celui qui n'a pas vécu la crise de 1962 n'a rien vu. Les pillages, le chaos, dans toutes les villes, dans tout le… Il n'y avait rien ! Il n'y avait pas d'autorité !

Moi, je me rappelle à Constantine, je m'arrache les cheveux. Dans la nuit, des centaines de gens armés, certains avec des haches, d'autres avec des pioches, qui cassaient et rentraient dans les maisons. On était pires que le Congo ! On allait droit vers une guerre civile ! Les gens ne se rendent pas compte que le rôle qu'a joué Boumediene, qu'on le veuille ou non – même si j'étais contre lui après 1967 –, est très important pour l'Algérie. Sinon on serait rentrés dans une division, dans un chaos total ! Personne ne pardonne à l'autre. Où il y avait un peu d'ordre, il y avait une armée. Petit à petit. Petit à petit, avec les faiblesses, les insuffisances... mais sinon il n'y avait pas d'autorité ! Il n'y avait rien. Rien.

Vous pouvez nous décrire l'organisation de cette armée des frontières ?

L'armée des frontières a été constituée d'abord d'un état-major. La composition de l'état-major est connue : il y avait Boumediene, Mendjli qui est très important, Gaïd Ahmed et le commandant Azzedine. Le commandant Azzedine était un peu à l'écart. Et, à l'état-major, il y avait un bureau d'études fait des anciens officiers de l'armée française et de nos officiers qui étaient chargés de la structure des unités et tout ça. Ça, c'est le haut commandement.

Il y avait deux zones. Ils ont conçu deux zones. Une zone : la zone nord, ce qu'on appelle le « bec de canard », la région de La Calle, Souk Ahras. La zone nord était divisée en deux secteurs. Secteur sud, c'est la région de La Calle que dirigeait Chadli. Secteur nord que dirigeait Chabou, c'est la région de Souk Ahras. Une deuxième zone, la zone sud, c'est de Ouenza jusqu'à Bir el-Ater, c'est Salah Soufi avec comme adjoint Saïd Abid. Et chaque zone recèle un nombre de bataillons. Ça dépend. Mais le gros des bataillons, quatre-vingts pourcents des bataillons, c'était la zone nord. Et la zone sud, parce que...

comme c'est désertique, il y a moins de population dans la zone sud.

Dans les bataillons, il y avait des compagnies lourdes. Mais, en 1962, ils ont regroupé trois bataillons, c'est ce qu'on appelle les sous-groupements. Ils sont rentrés avec des sous-groupements. Ils sont rentrés avec un petit état-major du sous-groupement, un chef de sous-groupement et deux adjoints. Et chaque sous-groupement, c'est trois bataillons plus une compagnie lourde. Voilà la structure à peu près. C'était bien organisé. C'était bien structuré. C'était discipliné. Ils avaient vraiment peur de l'autorité. Les gens… officiers ou autre. Quand quelqu'un est convoqué à l'état-major, convoqué à la zone nord, il tremble hein. Parce qu'ils ont reçu une discipline de fer. C'est grâce à cette discipline que nous avons pu créer un État. Sinon on ne l'aurait jamais créé ! Ça aurait été… L'anarchie ne mène pas loin. Malgré ça, on a vu le chaos. On l'a vu.

[Kamel Ouartsi revient sur la formation à l'artillerie qu'il a reçue en Irak et qui lui a permis d'utiliser les canons reçus fin 1961, en Tunisie.]

Qu'est-ce que l'entrée des canons a changé ?

Ils ont fait des opérations avec des canons, avec de l'artillerie. Il y a eu beaucoup d'opérations avec des tirs d'artillerie, El-Hamri a été fait grâce aux tirs d'artillerie. C'était la première fois qu'on a utilisé l'artillerie, l'artillerie lourde. Ça a changé ça… Mais bon ça n'a pas changé le rapport de force avec la France qui, elle, avait l'arme fatale, l'aviation. Que faire avec des canons quand tu n'as pas la supériorité aérienne ? Que faire avec les chars quand tu n'as pas la supériorité aérienne ? Tu ne feras rien. Deux mille chars ne feront rien. Avec quelques avions, ils t'écrasent. Toi tu es détruit et tu ne peux pas les détruire.

Comment était la traversée des frontières ? Est-ce que vous pouvez décrire la ligne…

Maintenant la frontière, la frontière… Ça dépend. La frontière, moi quand je suis passé, il n'y avait pas la ligne Morice. Mon frère a passé la ligne Morice quand il est entré en Tunisie en 1958. Mon frère est rentré lui aussi à la frontière. Il tenait le centre d'écoute avec Boussouf. Il a fait sa carrière au MALG. Mais la vraie frontière, c'est-à-dire la ligne Challe et Morice, ça, c'est impossible de passer. Ce n'est pas le problème des barbelés ou les mines. Il y a le radar, l'artillerie juste à côté, des blindés. En plus, ça s'étend sur au moins 400, 500 mètres. On ne joue pas avec ça. Il y a douze millions de mines qui ont été posées. Douze millions de mines ! On a mis une année et demie, avec les Russes, pour déminer une partie de la frontière. C'est des millions de mines qui ont été posées. Il y a un *no man's land* d'au moins 50 kilomètres. Après, vient la ligne Morice… Que peux-tu faire ? C'est impossible, sauf avec un avion ou je ne sais quoi, sinon c'est impossible. On a perdu des milliers d'hommes, des centaines qui sont morts. C'est une hécatombe terrible. Tu as beau essayer de… mais le courage ne suffit pas.

Comment l'empêcher ? Ils ne pouvaient pas l'empêcher à l'époque. Il ne fallait pas la laisser se créer là, cette ligne. Mais les Français avaient l'expérience de l'Indochine. Ils avaient l'expérience de l'Indochine. Et puis l'Algérie n'est pas loin. Ils ont fait ce qu'ils ont pu faire, sur des centaines de kilomètres. Elle commence à La Calle. Jusqu'à Bir el-Ater, sur des centaines de kilomètres : mines, radars, artillerie, blindés, hélicoptères, forces spéciales. Toutes les forces spéciales ont été amenées là-bas. S'ils t'attrapent, ils t'attrapent ! Tu as nulle part où t'enfuir. Mais ça a été une bénédiction : ils nous ont laissés nous organiser, nous rassembler. Au moins ça. On est rentrés avec une armée organisée. C'est ça le côté positif de la ligne Challe et Morice.

Est-ce que vous vous rappelez l'équipe de football, l'équipe du FLN ?

Oui, je les ai même vus jouer en Syrie ! Ils sont venus en Syrie. Ils ont gagné les Syriens, onze à zéro, je crois. Je me souviens bien d'eux.

Ils ont joué contre la Syrie ?

Oui contre la Syrie, contre l'équipe de Syrie. [Les Syriens] ont pris onze buts ou plus. Ils ont subi une sacrée humiliation. C'était une grande équipe. J'étais là-bas, en Syrie, quand ils ont joué.

Vous avez rencontré l'équipe ?

Il y en avait un de Guelma ! Le seul Noir de Guelma était là-bas. Il jouait dans cette équipe. On l'appelait « Paggo ». Et il était grand ! Et il était très présent… La première balle, il court, il court… Il l'a ratée ! Ah… Je me rappelle toujours, c'est-à-dire… une impression extraordinaire ! Il a raté la balle… Je me rappelle bien. Paggo, paix à son âme, il était de Guelma. Il jouait dans l'équipe nationale… Je ne sais pas quel est son nom de famille mais on l'appelait Paggo.

Vous me disiez que l'équipe du FLN a joué en Tunisie aussi ?

Oui. Oui. Elle a joué en Syrie… En Syrie, je l'ai vue. En Tunisie, je ne l'ai pas vue. Ils sont allés jusqu'en Chine je crois. Ils ont joué partout.

Pour vous, c'était quoi, l'importance de cette équipe ?

Elle a donné une image un peu de l'Algérie. Seulement… C'étaient d'excellents joueurs. C'est bien, surtout qu'ils ont joué, ils ont gagné. Ça fait une super pub à l'Algérie, à la jeunesse…

Elle n'existait pas, l'Algérie ! Et pour nous, c'est quand même une existence là ! Ils ont donné vie à l'Algérie. C'est bien.

[Aux questions sur les différents référendums de 1958 et de 1961, Kamel Ouartsi répond qu'il n'était pas en Algérie.]

Même le référendum sur l'indépendance ?
Non, en fait j'étais coupé complètement de l'Algérie.

Vous rappelez-vous le moment où vous avez appris pour le cessez-le-feu ?
Ah oui. J'étais à la frontière. On est partis tout de suite à Tunis. Je me rappelle. Je suis allé à Tunis. J'y ai rencontré un très grand nombre d'amis là-bas. Ça a été une fête, une très, très grande fête ! L'indépendance ! Le cessez-le-feu.

Qu'est-ce que vous avez ressenti à ce moment-là ?
On était sûrs d'abord de l'indépendance. *Kh'lass !* On était sûrs de rentrer bientôt. C'était la fin de la guerre quoi. C'était le cessez-le-feu, c'était la fin de la guerre. Mais à l'époque, la crise n'était pas encore très perceptible. C'est à la rentrée de… La crise n'était pas perceptible.

Après avoir appris pour le cessez-le-feu, vous êtes partis à Tunis ?
Je suis monté directement à Tunis.

Pourquoi ?
Faire la fête ! Eheheheh. Faire la fête !

Avec qui ?
Je ne sais pas, j'avais beaucoup d'amis là-bas. Un très grand nombre d'amis. Et j'ai rencontré des officiers qui ont eu la

même idée. Une grande fête ! Même les Tunisiens ont fêté. Ils étaient aussi joyeux que nous. C'était une fête d'indépendance, une très, très grande fête, populaire.

De mars à juillet 1962, comment avez-vous vécu cette période ?

Ah là là. Mars à juillet 1962, c'est là où ça a commencé à… J'étais à la frontière quand on commençait à apprendre que… C'est-à-dire les événements se sont accélérés. À la frontière, on ne voyait rien, à part ce qu'on entend, ce qui se disait dans les cafés, dans les rues, dans les ruelles… Quand ça s'est corsé, c'est la crise de Tripoli. Ils se sont réunis à Tripoli[1]. Ils sont sortis divisés. L'état-major disait : « Nous avons la majorité. » La plus grave erreur qu'a faite Benkhedda, la plus grave erreur, c'est d'avoir dissous, non seulement dissous l'état-major, et demandé aux *djounoud* de rentrer chacun dans son douar. Impossible. C'est un homme d'État ? Un homme d'État avec l'expérience qu'il a de la politique ? C'est inimaginable. C'est de la folie ! Comment des *djounoud* structurés, organisés… Chacun part vers son douar ? Que va-t-il faire ? Et l'armée part pour que tu restes, toi, au gouvernement ? Avec quoi tu vas commander ? Quel est l'outil que tu as entre les mains ? Et là, ça a joué en faveur de Boumediene.

À cette période-là, vous étiez toujours à la frontière ?

On était à la frontière.

Et la crise a éclaté au grand jour ?

Et la crise a éclaté.

---

1. Le Conseil national de la révolution algérienne se réunit à Tripoli fin mai 1962. S'y cristallisent les luttes pour le pouvoir entre l'État-major général (EMG) et le GPRA. Lors du vote, la question des procurations données par les absents fait éclater le conflit. Les débats sont interrompus. Fin juin, le président du GPRA, Benyoucef Benkhedda, prononce la destitution de l'EMG.

Comment ça a été vécu aux frontières ?

Comment on l'a vécu ? Nous, c'est soutien total à Boumediene. Donc il fallait le sauver. Ils l'ont mis dans une ambulance. Ils l'ont monté… mis dans une unité bien surveillée, bien protégée. Et, après ça, après 1962, ils sont partis dans un petit village de Souk Ahras. Gambetta. L'état-major était là-bas, en territoire algérien, à Gambetta. Il a commencé à organiser les mouvements d'unités. Ensuite, ils ont décidé d'aller vers Alger mais c'est parti de la frontière, des unités de la frontière.

Vous pouvez nous raconter vos souvenirs des premières heures de l'indépendance, c'est-à-dire après le 5 juillet 1962 ?

Nous, on était à la frontière. Quand il y a eu le référendum et le vote et tout, j'étais encore aux frontières. Juste après, je suis rentré. Je suis rentré par Khenchela. Je ne suis pas parti par La Calle. Moi, je suis passé par Khenchela, la *wilaya* 1 et je suis parti à Guelma. C'était la ville, ma ville natale. J'ai trouvé la famille bien sûr, les gens, la joie, les trucs… C'est indescriptible comme événement vécu !

Comment était la ville de Guelma ?

La ville de Guelma était divisée. Les maquisards étaient pour la *wilaya* 2. Et mon frère qui était maquisard, il devait partir en Russie. Quand il est revenu, ils l'ont mis en prison… ses amis ! Ses compagnons de maquis ! C'était horrible à voir. Tes propres compagnons… Et nous, on ne s'explique pas pourquoi… Tout ça, c'est quoi ? Et je ne leur en veux pas aussi parce qu'ils étaient coupés. Normal qu'ils tiennent fidélité à leurs chefs. Mais comment tu arrives à mettre en prison ton propre compagnon sans discuter, sans débat, sans rien ? Ça, c'est…

Avez-vous été témoin de violences éventuelles après l'indépendance ?

Non, à Guelma non. Quand j'étais au sous-groupement à l'époque, je suis rentré avec le bataillon. J'entre dans la caserne et je trouve une trentaine de vrais militants de Guelma, des maquisards... Ils les ont mis dans la caserne. J'ai dit : « Vous faites quoi ici ? » Ils m'ont répondu : « On nous a arrêtés. » « Qui vous a arrêtés ? Qui ? » Mais moi je savais... Je les ai libérés. C'étaient de vrais maquisards... comme Salah Meddour, un gars très connu sur qui on avait carrément fait des chants ! Et ils ne les ont pas mis en prison. Ils les ont laissés dans la caserne. Et le fait de les mettre dans la caserne, c'est quoi ? Je les ai libérés. Chacun est parti chez lui. C'est triste, vraiment. C'est vraiment très, très triste. On s'est battus entre nous pour rien. Les enjeux sont ailleurs et tout le monde paie là... C'est dommage. Une entrée très divisée. C'est comme ça. On n'est pas le seul pays à connaître des crises. Les crises sont inévitables mais c'est dommage. La joie est partie. Un compagnon d'armes, tu le mets en prison... Et les enjeux sont ailleurs, tu n'es même pas concerné ! Et ça a été le début de la division. Nous y sommes toujours d'ailleurs, on en souffre encore. Dommage.

[Interrogé sur le départ des Français au printemps 1962, Kamel Ouartsi évoque plutôt les colons et même les fonctionnaires qu'il a vu quitter sa ville natale de Guelma après les massacres de 1945. Au moment du cessez-le-feu, il affirme qu'il n'y a déjà plus de Français à Guelma.]

Quand avez-vous été à Constantine ?

Juste... Juillet, oui. Juillet, fin juillet.

Fin juillet 1962 ? C'est là que vous avez vu des départs de Français ?

J'ai vu quelques Français partir. C'est là que je te disais à Constantine : la nuit, 7 heures le soir, par centaines, ils avaient des haches, des pioches. À la queue leu leu : ils cassent, ils rentrent, ils cassent, ils rentrent…

C'étaient des pillages ?

Ils pillaient, entraient et occupaient les maisons. Ils sont venus d'El-Milia, de Collo… Ils ont suivi l'armée. Quand elle est entrée, ils sont entrés avec elle. Et tout un chacun a voulu prendre une maison, prendre une villa… l'occuper… ça y est…

Vous avez pensé quoi quand vous avez vu des Français partir ?

Tant mieux ! Qu'est-ce qu'on aurait fait avec les Français ? Ah non, je ne regrette pas leur départ. C'est mieux qu'ils soient partis. Imaginons… Imaginons une solution, si les Français étaient restés, qu'est-ce qui nous serait resté, à nous ? Parce que l'Algérie, c'est vrai que les Français ont construit l'Algérie. Ils l'ont bâtie, c'est vrai. Mais c'est pour eux ! Ils ne l'ont pas construite pour les Algériens. Ils n'ont rien construit pour nous. Là c'étaient des cités indigènes et ça quand ils avaient besoin des indigènes… Quelques Algériens avaient quelques biens. Très peu. Mais en majorité… Y a qu'à regarder leurs papiers… C'est même pas la peine qu'on en parle ! Les Français dès leur départ, c'est mieux. Laissez-nous entre nous, on va gérer. Sinon, ils auraient tout et on n'aurait rien. Parce que tu sais, on serait obligés de respecter la propriété privée de chacun. Et nous, qu'est-ce qu'il nous reste ? Rien. Aucun Algérien n'avait… très peu d'Algériens… Comme à Alger, quelques familles avaient des villas. Mais rien. Tout est pour les Français. C'est vrai qu'ils ont construit. « Ils nous ont laissé un butin de guerre », comme disait Kateb Yacine. Butin de guerre, oui. C'est un butin de guerre.

Ils sont partis. Il fallait qu'ils partent. C'est mieux. La solution comme l'Afrique du Sud... très difficile à faire chez nous. Déjà, on n'a jamais été comme les Noirs. On n'avait pas le statut... Dans les écoles, on étudiait avec eux, avec les Français, il faut dire la vérité. Mais ça m'étonnerait qu'il y ait une solution politique après sept ans de guerre. Ça aurait été valable après trois mois de guerre, trois mois de maquis, comme au Maroc ou en Tunisie. Là, la réconciliation est facile. Mais sept ans de guerre, de tortures, de haine, de... de génocide. Ils ont fait beaucoup de mal. Surtout toute la paysannerie a été déracinée, complètement déracinée, mise dans des camps de regroupements. C'est de la folie. Quelle réconciliation pouvait-il subsister ? C'est un rêve.

Vous pensez qu'une coexistence n'était pas possible ?

Ah non ! Après la guerre, non. Impossible. Non. Si on avait fait deux mois, trois mois, quatre mois... ou même cinq mois. Disons jusqu'en 1956... Déjà, le 20 août 1955 a été une rupture : c'est le basculement de toute la paysannerie. Ça c'est une chose qu'il ne fallait jamais faire. Si les Français voulaient rester, fallait pas faire basculer la paysannerie dans le truc. En plus, c'était la majorité du peuple. On était tous des ruraux. On était tous des paysans. Ils ont réveillé la majorité du peuple. Et après, tu vas le rendormir ? Impossible.

Vous n'aviez pas encore rejoint le maquis ?

Non. Le 20 août 1955 non. C'est en 1957 que je passe au maquis. En 1955, j'étais à Guelma. Je me rappelle, il y a eu beaucoup de morts. Il y a eu des morts. Les nôtres sont venus avec des couteaux. Ils n'avaient pas d'armes. Ils n'avaient rien. Ils les ont envoyés vers la mort, c'est tout, je te jure. La majorité, c'est des paysans. Des centaines de morts… les pauvres… Paix à leurs âmes. Le mieux loti avait un fusil de chasse. Mais qu'est-ce que tu fais avec un fusil de chasse ? Qu'est-ce que c'est qu'un fusil de chasse ? Non… Un peuple désarmé, complètement. Malgré ça, ils ont fait le mot d'ordre. Ils sont venus… C'est dix ans après le 8 mai 1945 !

Et ça a permis à beaucoup d'autres gens de rejoindre encore le maquis.

Le maquis, oui… Oui, ça a été un élément déclencheur. Surtout que les Français ont opté tout de suite pour la répression. La répression, le 8 mai 1945, qu'est-ce qu'il en est sorti ? Vous continuez à faire de la répression. Elle va régler le problème la répression, hein ? Jusqu'à quand la répression ? Ils l'ont voulue, dehors ! Dieu a scellé leur sort. Allez, bon débarras ! Moi je suis content qu'ils soient partis, je te dis la vérité. Laissez-nous entre nous, on se débrouillera. Ça aurait été artificiel de toute manière. Ils ont fait trop de mal. Trop d'humiliations. Beaucoup rêvent. Ils disent : « Restez, restez… » Garder les Français ? On leur a dit : « Ne restez pas ! » Ils sont partis tout seuls… Juste les quatre derniers mois, les dégâts qu'ils ont faits. L'OAS, ça a été des… Ce sont eux qui ont cassé les accords d'Évian… [Ils ont] cassé les accords d'Évian, les calculs du GPRA. Et tout est parti en fumée. C'est l'OAS.

Vous avez des souvenirs des violences de l'OAS ?

Nous, on n'était pas là. Et quand on est arrivés en 1962, il n'y avait plus d'OAS. Mais… j'ai de la famille à Alger. Ils ont vu. L'un d'eux est mort, ils l'ont tué, Dieu le garde… les Français… un cousin. Ils ont fait des atrocités. La politique de la terre brûlée. Qu'est-ce que… Comment tu vas te réconcilier avec eux ? Même de Gaulle les détestait ! Parce qu'il voulait les garder mais ils ont tout fait pour pratiquement tout brûler…

Tous les atouts qu'ils avaient, ils les avaient perdus. Ils sont allés trop loin.

[Après avoir répondu à plusieurs demandes de précisions, Kamel Ouartsi conclut.]

Tout ce qu'on souhaite, c'est qu'une révolution comme celle-là ne tombe pas dans l'oubli parce que ce n'est pas possible qu'on puisse oublier tant de morts, tant de gens qui ont donné leurs vies, leurs jeunesses. Et quand on pense à ces jeunes qui ont laissé leur vie à 20 ans. Et nous, on a vécu. Je te jure, il m'arrive souvent de les voir, de les revoir comme ils étaient. Ceux qui ont perdu la vie n'ont rien eu, à part le rêve. Et ça ne peut pas s'oublier. Parfois ça hante ma mémoire comme ça… Dieu les garde. Le destin a voulu comme ça. Mais, au moins, ne jamais les oublier. Je te disais au maquis, chaque soir : « *Ikwhani matansouch achouhada.* » « Et maintenant on oublie tout. » C'est ça la vie.

Rachida Miri
Du lycée d'Oujda aux rangs de la *wilaya* 5

Entretien avec Nesrine Dahmoun[1]

Le FLN est particulièrement implanté dans l'ouest du Maroc et notamment à Oujda d'où est dirigée la wilaya *5. C'est là qu'est recrutée Rachida Miri. Citadine, lycéenne, elle s'engage pour aller au maquis. Elle y exerce la fonction de contrôleuse en 1957 et veille à l'implication des femmes civiles dans la lutte pour l'indépendance. Les femmes assurent en effet des activités indispensables à la survie du FLN et de l'ALN telles que la nourriture et l'hébergement des clandestins ou des tâches de renseignement et de liaison. Mais Rachida Miri est aussi chargée d'une mission plus large : s'assurer du bon fonctionnement de la zone qu'elle doit inspecter. Le recours à des contrôleuses est un cas unique dans l'histoire de la guerre. Seules huit femmes tiennent ce rôle ; partout ailleurs le contrôle est réservé à des hommes. Sur ce parcours atypique, les souvenirs de Rachida Miri reviennent en foule. Une phrase chasse l'autre sans attendre d'être achevée, les mots se bousculent. Les émotions de la jeune fille percent sans cesse sous l'ancienne combattante, fière d'avoir œuvré très tôt pour son pays. Par ce témoignage, elle*

1. Réalisé en Algérie le 19 octobre 2020 et édité par Julie Maeck.

s'attache à dire avec précision ce que fut l'engagement au féminin. Pour qu'il ne soit pas oublié.

***

Je suis née le 1er mai 1937 [le jour de la Fête du travail], à Oujda, au Maroc. Tout le monde va fêter mon anniversaire, surtout les travailleurs. J'ai eu une enfance très agréable. Mon père était originaire de Maghnia en Algérie. Il était fonctionnaire, greffier dans un tribunal et interprète : il traduisait les jugements en arabe et en français. On lui a proposé à plusieurs reprises de demander la naturalisation française. Mon père ne voulait pas, il était musulman et son petit salaire lui suffisait. Nous vivions dans une très grande maison de maître, de style arabo-mauresque. Ma mère était originaire de Tlemcen. Elle était très traditionaliste, elle riait tout le temps, elle a eu douze enfants. Mon père était assez sévère, il exigeait que nous allions à l'école, que nous travaillions bien et que nous soyons parmi les premiers. Je suis allée à l'école en arabe et en français. Mon père nous réveillait à 5 heures du matin pour les ablutions, puis on allait à l'école coranique. On apprenait le Coran sur des planches en bois. À 7 heures, on rentrait à la maison, maman nous préparait le petit déjeuner, puis on allait à l'école Berthelot à Oujda. On apprenait le français. Ça a été difficile pour moi car j'ai eu une maladie très grave quand j'étais jeune. J'ai été hospitalisée pendant plusieurs années et je ne suis rentrée à l'école qu'à l'âge de 8 ans et demi, 9 ans. Notre enseignante était extraordinaire ; j'étais l'une des meilleures de la classe. Je m'entendais bien avec les autres enfants. On avait de très bonnes relations avec les Juifs qui parlaient très bien l'arabe. Nos voisins étaient juifs et espagnols. Les Français étaient un peu plus loin ; mon père avait construit notre maison loin des grandes villas.

On allait souvent en Algérie, on passait toutes nos vacances à Tlemcen où on était accueillis par la famille de ma mère. À ce moment-là, on ne voyait pas le drame qui s'y passait. On était trop jeunes. Tout le monde travaillait, on avait des oncles qui avaient des fabriques de tapis ou qui étaient tisserands. Ils gagnaient bien leur vie, ils ne se plaignaient pas. Au début, je ne pensais pas à ce qui se passait en Algérie. J'aimais l'école. J'avais des parents extraordinaires qui nous donnaient tout. J'avais ma bicyclette pour aller au lycée. C'est bien plus tard, quand il y a eu les événements au Maroc, que j'ai commencé à m'intéresser à la situation de l'Algérie. On voyait qu'il y avait une différence entre les Français et les Marocains. La plupart d'entre eux n'avaient pas le droit d'aller à l'école française, ils allaient à l'école indigène. C'est à ce moment-là que j'ai commencé à comprendre qu'il y avait quelque chose qui n'allait pas. Ensuite, on a entendu parler du 1er novembre 1954. À l'école, on ne nous avait jamais appris l'histoire de l'Algérie ni celle de la colonisation. C'étaient nos ancêtres les Gaulois, c'était la France. On avait appris par cœur les rivières de France, les montagnes de France, les régions de France.

Comment avez-vous vécu le 1er novembre 1954 ?

On a appris qu'il y avait des événements mais c'était vague. On était trop loin. C'est au moment de la grève des étudiants que tout s'est déclenché. On nous a demandé de ramasser de l'argent pour le FLN. On recevait des malades, des blessés à la maison. Ma mère faisait à manger, elle avait des personnes qui l'aidaient à nourrir ces moudjahidine blessés. On a donc commencé à être imprégnés de ce problème-là. Le passage vers les frontières était fluide, il n'y avait pas encore la ligne électrique, la ligne Morice. Une fois qu'ils étaient guéris, ils rentraient au maquis et ils nous racontaient ce qui se passait là-bas.

Pouvez-vous détailler la grève des étudiants de mai 1956 ? Comment l'avez-vous préparée ?

On a été contactés par M. Omar Gherbi. Il nous a réunis, garçons et filles, et nous a dit qu'ils étaient en train de former une association de l'UGEMA, l'Union générale des étudiants musulmans de Oujda. Il nous a demandé si on voulait faire partie du bureau. On a accepté. Après les cours, on allait aux réunions. Omar Gherbi était le président, Abdelaziz Bouteflika était le secrétaire général. J'avais une camarade qui était vice-présidente, moi j'étais trésorière. Notre rôle était de sensibiliser les Algériens, en particulier les étudiants. On faisait des tracts qu'on distribuait à la communauté algérienne de Oujda qui a vraiment joué un rôle extraordinaire que beaucoup de gens ne reconnaissent pas. Moi je le défends corps et âme. On était à quelques mois du bac et on était en grève. L'administration du lycée était hors d'elle. Ils ont convoqué mon frère, car mon père était déjà mort. Mon frère leur a dit que j'étais assez grande pour savoir ce que je voulais faire.

Ensuite, le FLN nous a envoyé une invitation, une convocation : « Vous êtes priés de bien vouloir vous présenter, tel jour, telle date. » Mon Dieu, c'est loin ! Je ne me rappelle plus exactement quand. C'était quelques jours avant le mois de janvier. Ils nous ont dit « vous venez, c'est secret, vous ne le dites à personne ». Nos parents n'étaient donc pas au courant. On est arrivés dans une maison avec une grande cour. Nous étions neuf garçons et huit filles. Quelqu'un qu'on ne connaissait pas (il se faisait appeler Nasser) nous a appelés un par un dans une chambre. Ce n'est qu'après que j'ai appris que c'était Boussouf. Il était effrayant. Je ne tremblais pas mais j'avais une crainte terrible parce qu'il avait une tête vraiment sévère. Il nous a dit : « On a besoin de vous parce que vous avez un niveau scolaire assez intéressant. On a besoin de vous pour aller faire une mission au maquis. Mais, attention, je préfère vous avertir, le froid, la faim, la soif, les poux, vous dormirez par terre, peut-être sur les pierres, et il y a les bombardements, les tirs. Vous risquez de ne pas revenir. Est-ce que vous êtes d'accord ? » « Bah oui », on leur a dit, « puisqu'on est là. De toute façon, on a quitté le lycée. On est là, on est prêts ».

On a commencé les cours théoriques à Oujda. C'était Boussouf qui nous donnait les cours théoriques : l'histoire d'abord, l'histoire des différents partis, le MTLD, etc., jusqu'au FLN, l'OS, tous ces renseignements-là. Il nous a un petit peu initié à l'histoire de l'Algérie qu'on ne connaissait pas. On connaissait le Parti socialiste, le Parti communiste, etc., mais pas nos partis. Tout était écrit et on révisait le soir. Quelques jours après, on nous a donné des tenues militaires. Ils nous ont apporté des ballots, ils nous les ont jetés, « débrouillez-vous » du genre. J'étais aux toilettes. Quand je suis arrivée, je me suis retrouvée avec un pantalon qui était large comme ça. J'étais obligée de le porter avec une grosse ceinture. Ils se sont moqués de moi, mais je m'en foutais. On a commencé l'entraînement militaire, les armements, les tirs, etc. C'était très instructif. On a appris toutes les armes, depuis la MAT-49 à la Beretta, le Thomson, les petits pistolets, le 5 mm…

C'était un entraînement de guerre ?

Oui, c'était la technique de la guérilla, c'est-à-dire : frapper et s'enfuir. La guérilla, c'est « tu attaques et tu te sauves », vous comprenez ? C'est-à-dire que vous attaquez par surprise et « tu te sauves », tu essaies de te cacher. C'est ça : frapper et fuir.

Vous n'aviez pas peur ?

Non, non, on était kamikaze, on n'avait pas peur, franchement, on n'avait pas peur. On avait une espèce d'aura qui émanait de nous… On était volontaires, on a tout sacrifié, notre jeunesse, nos études, nos maisons, nos vies. Notre vie tranquille, à l'aise. On a tout laissé pour répondre à l'appel parce que c'était l'Algérie avant tout. Pendant la formation militaire, on apprenait comment tirer. Ils nous mettaient des objectifs : comment tirer et comment se cacher, comment ramper.

Ça a duré combien de temps ?

Presque deux mois. Ensuite, on nous a fait passer un examen écrit. Puis, c'était la pratique : on nous présentait une arme et on nous disait de la démonter. Ils chronométraient. Après, quand on le faisait très très vite, on nous fermait les yeux. Alors « tac-tac-tac », les yeux fermés, et on chargeait, on mettait la balle dans le chargeur. Je ne me mets pas de fleurs, mais j'étais la première, j'étais la plus rapide. D'ailleurs, Boumediene était vraiment ébahi devant mon dynamisme et ma rapidité. Après l'examen, les garçons sont partis d'un côté et, nous, les filles, on nous a donné des lettres de mission. Sur mon ordre de mission, il était marqué « El-Arem ». C'était mon nom de guerre. Du côté de Tlemcen, El-Arem, c'est comme une mégère. J'ai commencé à pleurer, comment ça se fait qu'on m'appelle El-Arem ? Pourquoi ils ont changé mon nom ? Boussouf nous a dit : « Vous oubliez votre nom, votre prénom, votre lieu de naissance, votre famille. Vous êtes des Algériennes, des combattantes, c'est tout. »

Vous avez disparu pendant deux mois. Comment votre famille a-t-elle réagi ?

Ils n'avaient aucune nouvelle parce que c'était la clandestinité totale et vraiment le silence. Ils ne savaient pas où on était, ils sont allés voir le président de l'UGEMA. Il leur a dit : « Je ne sais pas où elles sont. Elles ont certainement été convoquées par le FLN. Je ne sais pas. En tous les cas, je suis sûre qu'elles sont entre de bonnes mains. » Ma mère, la pauvre, était très triste, comme toutes les mamans. Mes frères étaient plutôt fiers. Il y en a deux qui ont rejoint le maquis aussi.

Pouvez-vous me décrire Boussouf ? Vous parlez beaucoup de lui.

Ah Boussouf ! Boussouf était le colonel de la zone, de la *wilaya* 5. Il était, je vous assure qu'il était effrayant. On le voyait, on avait déjà peur. Il ne savait pas rire, du tout ! Très sévère, mais en même temps, il avait des mots quelquefois très agréables, comme, par exemple, au moment de la formation. Il appréciait une de mes cousines qui était venue de Tlemcen. Elle s'appelait Aouicha, elle riait tout le temps (il y a une école ou un collège qui a été inauguré à son nom à Tlemcen). Elle était très jeune, elle était belle. Il lui disait : « Aouicha, toi, ton nom c'est Fouzia, et le premier bateau que nous aurons, nous l'appellerons le *Fouzia.* » La pauvre, elle est morte. Elle est morte au maquis. Boussouf était quelqu'un qu'on appréciait, qu'on aimait et qu'on respectait énormément parce qu'il était très, comment dirais-je, très stratégique. Plus tard, on a appris beaucoup de choses sur lui, mais sur le coup c'était notre enseignant, c'était notre formateur. C'est tout.

Vous a-t-on dit quelle serait votre mission au maquis ?

Oui ! Quand on a ouvert les lettres, on a vu les ordres de mission. Moi, j'étais affectée à la zone 4. Notre travail, c'était de voir comment ça se passe là-bas, c'est-à-dire ramener tous les renseignements concernant le moral des troupes, le moral des populations, l'organisation, etc. S'il y a quelque chose qui ne va pas, on notait. On notait tout.

Comment s'est passée la traversée de la frontière ?

On nous a donné des armes, on nous a donné des Pataugas, des tenues militaires. Tout était militaire, c'est-à-dire kaki, aussi bien les sous-vêtements que les tenues. On avait un sac à dos rempli de balles. Il y avait Aouali, Mme Senoussi Aouali, il y avait donc Aouicha, Aouicha Hadj Slimane et moi. Nous étions trois avec chacune un binôme. Moi, j'étais affectée avec Bouteflika. Aouicha était avec Togo. On l'appelait Togo parce qu'il était noir, je ne me rappelle plus son nom, et madame [Senoussi] était affectée avec Kerzabi qui est le cousin de Bouteflika d'ailleurs. Aouicha, c'était la zone 2, Mme Senoussi, la zone 3, et moi, c'était la zone 4.

On a fait la traversée de la frontière ensemble, le soir, la nuit, à pied. Ils nous ont donné comme instruction de partir en file indienne, l'un derrière l'autre. Il ne fallait surtout pas perdre la personne devant vous. On marchait doucement, en silence. Quand on est arrivés à la frontière, on nous a dit : « Ça y est, c'est la frontière, allez-y doucement parce qu'il peut y avoir des patrouilles. » De temps en temps, on entendait : « Le fil a été coupé. » Ça voulait dire qu'un groupe s'était détaché, donc on s'arrêtait. En attendant, un éclaireur venait contrôler et compter. On était peut-être une cinquantaine avec nos armes, avec notre barda, etc., et donc je vous assure, je vous jure, quand on nous a dit « On s'arrête », je dormais debout tellement j'étais fatiguée. Ensuite, on a marché sur le sable, le long de la plage, Saïdia, Port-Say, etc., jusqu'à arriver dans la zone autour de Msirda. C'était justement ma région, la région de mon père, c'était Msirda.

Nous sommes arrivés. On était toutes les trois fatiguées, on a dormi les unes sur les autres, on ne sait même pas comment on a dormi jusqu'au matin. On était pieds nus. Les femmes nous ont lavé les pieds. On sentait l'odeur du café. Il y en a une qui m'a dit : « Tu sais, on m'a dit que j'ai une cousine qui est montée au maquis. » Je lui ai dit : « Ah bon, elle s'appelle comment ? » « Elle s'appelle Rachida. » C'était moi ! Je ne pouvais rien lui dire, que voulez-vous que je lui dise. On s'est reposés. On ne circulait que la nuit. On a laissé Aouicha à la zone 2 et on a traversé la zone 3. Des fois, on avançait à pied, des fois on nous donnait des mulets. Tout ça se passait de nuit, on ne voyait rien. On ne connaissait pas les villages. Il y avait toujours un guide qui nous accompagnait. De village en village, d'un douar à l'autre, les guides changeaient. Il y en avait un qui nous accompagnait et un autre qui nous récupérait. C'était bien organisé quand même. En tous les cas, je vous assure que vraiment, la révolution algérienne, c'est un exemple.

Vous n'avez jamais été interceptés par l'armée française ? Vous ne l'avez jamais aperçue ?

Non. Quand il y avait, par exemple, des ratissages ou autre chose, on s'arrêtait et on se cachait. Il n'était pas question qu'on se fasse connaître ou qu'on essaie de tirer, sinon ils nous seraient tombés dessus. On n'était pas nombreux, c'est-à-dire qu'on était quatre ou cinq à être armés. Les moudjahidine nous accompagnaient, ils avaient l'ordre de nous emmener jusqu'à l'endroit de notre mission. Quelquefois, on marchait de jour, quand c'était un peu sécurisé. Qu'est-ce qu'on faisait ? On mettait des djellabas, on était comme des hommes. On était avec les bergers, les moutons, on marchait avec eux. C'était comme ça.

Avant d'arriver à la zone d'affectation, il y a eu un petit… je ne sais pas si je vais le raconter, parce que c'est un peu triste. C'était avant la zone. On a rencontré le capitaine de la zone, il s'appelait Abbas, il était en pleine réunion. On avait déjà laissé Mme Senoussi dans la zone 3, on était un peu plus loin. On tombe en pleine réunion. Ils préparaient un coup contre un traître. Il avait fait un ratissage, il avait tous les renseignements, c'était un vrai sanguinaire. C'était un vendu. J'écoutais. On était là, on était de passage. Le capitaine a dit : « Bon, voilà, on va faire comme ça. » Il commençait à donner les rôles de chacun : « Toi, tu fais ça, toi, tu te mets là. » Je leur ai dit : « Moi aussi j'ai été préparée, je suis là, si je dois mourir, je mourrai, mais je participe, j'ai été formée et je peux très bien tirer s'il faut tirer. » Ils ont eu beau faire, je leur ai dit : « J'y vais que vous le vouliez ou pas ! Sinon je vous dénonce tous. » Je rigolais bien sûr. Son lieutenant, qui était de grande taille, je ne me souviens plus comment il s'appelait, a dit : « El-Arem, tu te mets derrière moi. » C'était la nuit, on arrive devant une petite maison. « Tac, tac, tac », il frappe à la porte. Il y a un gars qui lui dit : « C'est qui ? » L'autre lui répond : « Ouvre ! » Le premier répond : « Je viens en claquettes ou en chaussures ? » C'était un mot de passe. Il ouvre la porte, il avait son arme. Il s'est retrouvé devant moi, j'ai tiré. J'ai tiré, je me suis défendue. Je crois que j'ai dû l'éliminer, je crois, parce que je ne sais plus ce qui s'est passé. J'étais dans un nuage. Ensuite, j'ai cherché les autres, je ne les trouvais pas, il y avait des moutons autour de moi. J'entendais des voix : « Donne ça, ramène la hache. » Alors là, imaginez ce qui s'est passé dans ma tête. Je n'oublierai jamais ce moment-là. C'était horrible. D'un seul coup, quelqu'un m'a pris par le cou et m'a appelée : « El-Arem ! El-Arem ! » C'était le lieutenant, c'était Selloum. Il m'a dit : « Vite, vite, on te cherchait. » Alors, la peur donne des ailes, on a couru quelque 20 kilomètres. Je vous jure que j'étais à moitié… C'était le matin, il y avait cette femme habillée en blanc. Je me suis dit « Ça y est, je suis au paradis », parce qu'on nous avait dit que le moudjahid, quand il meurt, il va au paradis. Je me suis donc retrouvée devant cette femme qui était habillée en blanc. Elle me disait : « Tu nous as libérés de ce monstre. C'est un traître qui a fait beaucoup de mal. » Dans un texte pour la revue *L'Horizon*, ils ont écrit : « Elle a assassiné un traître. » Je n'ai pas assassiné, c'était de la légitime défense. Imaginez, il sortait avec son arme. J'ai tiré parce que je le voyais avec son arme en face de moi. C'était lui ou moi. J'ai pas aimé cette expression, « elle a assassiné ». Je n'ai pas assassiné. J'ai éliminé, oui, mais pas assassiné, parce que « assassiner » signifie qu'on te le ramène et que tu le tues, d'accord ?

Comment s'est déroulée votre arrivée dans votre zone ?

Alors, on s'est présentés au capitaine. Il était tout étonné de voir des gamins. Il disait : « C'est des gamins qui sont venus me contrôler. » J'ai répondu : « On n'est pas venus vous contrôler, on est venu pour voir comment ça se passe, comment l'organisation se fait. » C'est-à-dire la répartition entre le politique et le militaire. On notait tout, les imperfections ou les bonnes choses. Parfois je me déplaçais toute seule dans la zone, seule ou avec un guide. J'allais voir les militaires pour vérifier s'il leur manquait des armes ou des munitions. On regardait si l'organisation militaire et politique était correcte, s'il n'y avait pas de défaillances, c'est-à-dire qu'il se pourrait que quelqu'un en ait marre et ait envie de se rendre. On contrôlait le moral des troupes et surtout le moral de la population. C'est elle qui était la plus importante car si la population ne nous recevait pas, on était foutus. La population était extraordinaire. Il faut rendre un grand hommage aux paysans et surtout aux femmes qui ont fait un travail extraordinaire. Elles ont lavé notre linge, elles nous ont préparé à manger. Quelquefois, quand je me retrouvais seule dans un douar, j'allais avec les femmes. Je m'habillais exactement comme elles, je partais avec elle pour aller ramasser du bois, aller chercher de l'eau. Elles étaient étonnées quand je leur disais que les Français, c'est-à-dire les colonisateurs, ont de l'eau, qu'il leur suffisait d'ouvrir un robinet pour avoir de l'eau, qu'ils pouvaient allumer un gaz pour avoir du feu. Elles me disaient : « Non, ce n'est pas vrai. » Elles étaient vraiment étonnées et j'étais malheureuse, je voyais dans quelle misère, dans quel dénuement elles vivaient. C'était horrible. C'étaient des sœurs pour moi, ou quand elles étaient plus âgées, des mamans. On était bien reçus. Très rarement, quelquefois, ils ne nous ouvraient pas la porte. Ils avaient peur ou je ne sais pas. C'est normal. Il fallait voir aussi s'il n'y avait pas des intrus, ils appelaient cela la « bleuite ». On n'en a pas rencontrés. Je posais des questions très adroites.

Quel genre de questions ?

Est-ce qu'il y a des gens qui viennent vous voir et vous donnent des conseils, puis repartent et reviennent et vous demandent si vous voulez aller au maquis ? Les gens étaient organisés. Ceux qui montaient au maquis, ils savaient qui choisir. Donc, on leur disait de faire attention : « Ne recevez pas n'importe qui ! » Il fallait faire très attention. Je leur faisais des recommandations. Il y avait pas mal de filles aussi qui étaient montées, c'étaient des *fidayate*. Elles étaient jeunes. Les pauvres, vous savez quel était leur sort quand elles étaient emprisonnées… Celles qui parvenaient à s'échapper étaient bien accueillies. Il y en avait beaucoup. J'avais justement noté dans mon carnet des recommandations : « Il faudrait veiller à les faire reconduire vers la frontière, soit marocaine, soit tunisienne », parce qu'elles ne faisaient rien, elles restaient dans un coin, les pauvres. Elles n'avaient aucun rôle. Je ne dis pas qu'elles étaient une charge, mais quand même je leur donnais des conseils : « Écoutez, essayez d'aider ces femmes-là. Vous êtes là, vous ne faites rien du tout ! Regardez, moi je travaille avec elles, je ramène de l'eau et du bois avec elles. » Quelques-unes, pas toutes, étaient d'accord. Donc, je leur ai dit : « Voilà, il faut leur parler. Il faut essayer de les instruire, de leur donner quelques cours. »

Quand il y avait des défaillances au maquis, vous faisiez un rapport ?

Oui, on notait tout, on prenait note de tout ce qui allait et de ce qui n'allait pas. On a fait un petit rapport sur le capitaine qui était très… c'était un dictateur en toute honnêteté. J'ai même assisté… je ne sais pas si je vais vous le dire… Un étudiant en médecine d'Alger est monté au maquis, il était lieutenant politique. Il est venu faire un rapport. Le capitaine lui a donné une gifle devant nous. Si vous saviez, j'avais envie de prendre mon pistolet et tirer sur le capitaine. Je n'étais pas du tout d'accord. C'était quelqu'un de bien, plus instruit, et l'autre [le capitaine], je ne sais pas quel était son niveau d'instruction, mais c'était un arabisant. Quand on a quitté la zone, il [l'étudiant] avait les larmes aux yeux, le pauvre ! Et puis après il est mort, il a souffert. Alors on a demandé que le capitaine soit remplacé.

Au maquis, est-ce que vous étiez obligée de vous habiller en homme ?

Ah oui, tout le temps. Il y a une femme, une fille qui a été emprisonnée et qui a dénoncé pas mal de choses sous la torture. Et ben finalement, ils ont dit : « On ne veut plus de moudjahida ! » J'avais peu de poitrine, les cheveux coupés très court, donc je passais plutôt pour un garçon. Je dormais avec eux. Bien sûr, moi, j'étais contre le mur. J'étais un homme, je faisais les tours de garde. On me disait que j'avais une voix de fille, je leur répondais que ma voix n'a pas encore mué. Je me comportais comme un combattant, c'est-à-dire que je jouais le rôle d'un homme.

Comment votre voyage de retour au Maroc s'est-il passé ?

On n'est pas passés par le nord, parce qu'il y avait la ligne Morice électrique. Donc, on est descendus par le sud jusqu'à Bechar. Je vous assure que ce n'était pas facile. On avait soif, on trouvait de petites oasis, des rivières, des rigoles. On était obligés de mettre une gaze pour boire, il y avait plein de sangsues. On était préparé à ça, on ne se plaignait pas. On a pu survivre.

Quand on a commencé à quitter la zone, on était vers la zone des Hauts-Plateaux, c'était la rocaille. Un jour, on se reposait dans un douar. Un éclaireur est venu nous prévenir qu'il y avait un ratissage. On nous a emmenés dans une cachette, c'était un trou où on pouvait juste s'asseoir. On était très serrés. La personne qui nous cachait a mis une plaque sur l'entrée et des herbes et du tabac à chiquer pour que les chiens ne sentent pas. Puis, elle est partie. À un moment donné, on ne pouvait plus respirer. Quelqu'un a allumé une allumette et elle s'est éteinte. Il n'y avait plus d'oxygène. On s'est dit qu'on n'allait pas mourir asphyxiés. Il fallait qu'on se défende, on a chargé nos armes, et on a commencé à essayer d'enlever la dalle. Elle a été entrouverte, chacun à son tour essayait de reprendre de l'air, et en même temps on regardait s'il n'y avait pas de mouvements. On est sortis et il n'y avait rien. On nous a dit qu'on avait pris notre gars. On s'est dit qu'il allait peut-être dénoncer. Il fallait fuir. C'est ça justement la technique de la guérilla : c'est sauve-qui-peut.

Quand les trajets étaient longs, ils nous donnaient des chevaux. Il y avait des *kheima*, des tentes de Bédouins qui étaient installées. Un jour, je suis descendue de cheval de manière très cavalière. Je rentre dans une *kheima* et on me dit : « Comment ça, vous rentrez ici, il y a des femmes ! » J'ai répondu que j'étais une moudjahida. C'était amusant. Pour vous dire que je n'avais pas du tout la tête d'une femme. Quand on a commencé à s'approcher du sud, on avait des chameaux. On est arrivés à Figuig, au sud du Maroc. On a traversé tranquilles, parce qu'il n'y avait pas de ligne Morice, et on a pu rejoindre en voiture le PC à Oujda.

C'était en quelle année ?
Vers la fin de 1958.

Qu'est-ce que vous faites à votre retour au Maroc ?
On nous a donné une quinzaine de jours de repos. Je suis arrivée chez moi, j'avais une djellaba, j'étais un homme. Mon arme était sous la djellaba. J'ai frappé et je suis rentrée. Ma grande sœur ne m'a pas reconnue. On avait dit à ma pauvre

mère que j'étais morte. La pauvre ! Elle allait s'évanouir, elle m'embrassait en pleurant ! Tout le monde était en pleurs. Je me suis bien lavée, je me suis changée, j'ai repris mes habitudes d'antan. On s'est bien reposés et ensuite on nous a demandé de rejoindre le PC. On a donné les rapports à Boussouf. Je ne sais pas ce qu'ils en ont fait, ils ont certainement dû les exploiter. On nous a dit : « Voilà, maintenant on va vous affecter à un travail de clandestinité. » On nous a initiés à l'exploitation des procès-verbaux d'écoutes. Ils écoutaient tout ce qui se passait à l'intérieur de l'armée française, leurs déplacements, etc., et puis les personnes qui étaient des traîtres, tous les renseignements. Tout était noté dans ces procès-verbaux. On recevait une quinzaine ou une vingtaine de pages qu'on devait éplucher pour voir quels renseignements étaient utiles, s'il y avait une embuscade à préparer. On donnait aussi les messages codés aux garçons qui travaillaient à l'étage. Ils les décodaient et les envoyaient ensuite au service d'écoutes. Tout ça, c'était le travail de Boussouf, donc c'était nous. À partir de là, moi, j'ai eu l'idée de tenir un petit journal hebdomadaire. J'ai appelé ça *Avenir*. Je le faisais avec Mme Senoussi, on travaillait à partir des renseignements, on notait les actes héroïques, nos pertes. C'était un petit journal de deux pages. Je savais dessiner, alors je mettais quelques caricatures. On le distribuait à la communauté algérienne. On faisait un travail extraordinaire, un travail très secret. C'est pourquoi je répète que Boussouf était un homme extraordinaire. Son organisation a été considérée comme étant aussi performante que la CIA.

Vous viviez et travailliez dans la même maison ?

Oui et on était comme des prisonniers. Je leur ai dit : « On fait de la prison sans commettre de délit ! » On ne pouvait ni sortir ni rien du tout ! On a vécu en clandestinité pendant trois ans. Non, pendant deux ans, parce qu'en 1960, on nous a libérés et on nous a proposé d'aller faire les secrétaires… pas les secrétaires, les assistantes au GPRA. On a dit : « Non. On est toujours à votre disposition, on est toujours mobilisées. Mais est-ce qu'on peut reprendre des études, par exemple ? » On nous a répondu qu'il n'y avait pas de problème, mais, de temps en temps, ils nous demandaient un petit service. Donc on est restées à leur disposition jusqu'à l'indépendance. Je me suis mariée en 1961 parce qu'il y avait un cousin qui m'attendait. Je me suis mariée et j'ai continué jusqu'à l'indépendance. S'ils avaient besoin de nous, ils nous sollicitaient, ils avaient nos coordonnées. M. Laala était notre agent de liaison. On nous donnait une petite pension. L'équivalent de 100 dinars (c'était quand même une petite somme) mais dans ma famille, on n'en avait pas tellement besoin.

Pourquoi avez-vous refusé d'intégrer le GPRA ?

C'était un travail de secrétariat, un truc du genre, cela ne nous intéressait pas. Le but était de reprendre nos études et ça nous a servi ; la preuve, on a quand même pu avoir des postes tranquilles.

En off, vous m'avez dit qu'au maquis on vous avait donné un petit surnom, la diablesse ou le diable ?

Le diable de Tasmanie. Parce que j'étais très rapide, je répondais tout de suite. J'étais spontanée, c'est peut-être ça. Après, j'ai appris que c'est Boumediene qui m'a donné le prénom de El-Arem. On m'a dit que je lui avais plu parce que j'étais dynamique et débrouillarde. El-Arem, chez eux du côté de l'Est, je crois que c'est « quelqu'un », c'est une dame très dynamique qui est un peu comme la Kahina qui a défendu son pays.

Comment avez-vous vécu l'indépendance ? Où étiez-vous ?

J'étais chez moi à Oujda. On a vu ça à la télévision, c'était magnifique. On a fait la fête à l'ambassade d'Algérie. C'était magnifique, oui, magnifique. Nous sommes rentrés en Algérie en 1963. Mon mari, qui travaillait aux Affaires étrangères à Rabat, a été affecté à Alger. On a travaillé dur. Quand on est entrés dans les administrations, c'était vide. J'étais dans un service qui organisait des examens de l'enseignement technique. J'ai tout organisé, les réunions, les sujets d'examens, mettre les trucs sous enveloppes scellées. Tout était organisé. C'était pour prouver aux Français que nous étions capables de continuer sans eux. C'est un défi qu'on a lancé à la France pour dire qu'on est capables de continuer. Tout a démarré grâce à nous. Nous avons servi l'État sans nous servir. Je me rappelle que je quittais la maison à 7 heures du matin en bus et que je rentrais à 7 heures du soir. Je n'avais pas le temps de me reposer car je faisais tout : je tapais les lettres sur le stencil, je faisais le tirage sur la ronéo, etc. Quand j'étais surveillante générale au lycée Aïcha, on m'a dit : « Toi, tu es une ancienne moudjahida, pourquoi tu ne viens pas à l'UNFA ? » Je suis allée à une réunion, je les ai vues en train de se bagarrer, elles se tiraient par les cheveux. Je me suis dit : « C'est ça, l'UNFA ? Je ne mettrai jamais les pieds là-dedans. »

J'étais chez moi avec mon mari au moment du coup d'État de 1965. C'était le matin, tôt, vers 5 heures. Un cousin éloigné, qui était dans l'armée, a frappé à la porte. Il était pâle. Il nous a dit : « Ben Bella a été mis en résidence surveillée, c'est Boumediene… » Mais vous savez, les magouilles, je vais vous dire, c'est leur marmite. On avait notre travail avec mon mari : il était aux Affaires étrangères, moi, j'étais dans l'enseignement. Je ne m'occupais plus de tout ça. On avait fait notre devoir. On n'a pas cherché à avoir des faveurs ou des privilèges. Toutes, on avait fait notre devoir. On a dit : « Dieu merci, on a obtenu notre indépendance, au revoir. Maintenant, on va faire autre chose, on s'occupe de la famille et du travail. »

Khadidja Belguenbour
Infirmière au maquis

Entretien avec Nesrine Dahmoun[1]

L'enfance heureuse de Khadidja Belguenbour bascule en 1956. La région où elle habite devient rapidement une zone interdite à ses habitants. Dans son récit, le masculin pluriel « ils » désigne tantôt les maquisards étrangers à la région mais combattant pour la libération, tantôt les militaires français redoutés. À 14 ans, Khadidja Belguenbour devient agente de liaison, exposée à tous les dangers, puis infirmière. La jeune fille gaie et joyeuse pointe pourtant encore dans le récit qu'elle livre ici, au milieu des émotions qui se bousculent. Le présent et le passé se mélangent souvent tant les souvenirs sont vifs, aigus jusqu'à la souffrance. La langue française, choisie par Khadidja Belguenbour, cède à l'arabe quand elle fredonne des chants patriotiques célébrant l'engagement tout autant que la wilaya *où elle combat. À la différence des autres* wilayate, *la 2 n'ordonne pas aux femmes de quitter le maquis ; la jeune fille y demeure jusqu'au cessez-le-feu.*

***

1. Réalisé en Algérie le 24 octobre 2020 et édité par Lydia Hadj-Ahmed.

Je m'appelle Khadidja Belguenbour dite Farida, je suis née le 7 décembre 1944 au douar Beni Ftah, commune d'El-Ancer, *wilaya* de Jijel actuellement. J'appartiens à une famille de paysans. J'ai vécu une enfance très heureuse, je n'ai pas connu de colons. Ma famille, c'étaient des cultivateurs, ils étaient nombreux, ils louaient des terres à Mila (Constantinois). Ils étaient des marchands de légumes à Alger. Ma maison était faite avec de la brique, une grande maison avec une cour, la cuisine à l'extérieur… et située dans un endroit magnifique. Et puis il y avait des oncles autour de nous. J'aimais la maison où je suis née mais j'adorais encore plus la maison de mes grands-parents. Elle était grande, l'ambiance, les enfants… J'ai eu une vie heureuse… chez nous, on ne connaissait pas l'étranger. On ne faisait pas de politique, je n'étais pas au courant de ce qui se passait parce que j'étais jeune. Et les étrangers ont commencé à arriver et à être reçus par la famille. C'étaient des gens très respectueux. Je voyais des gens qui se réunissaient, des gens du douar et la plupart étaient des cousins par alliance – comme c'est une grande famille. La nourriture, avec le temps, a commencé à diminuer. Les choses ont commencé à changer. Je voyais des choses bizarres. Il y avait aussi des soldats français que je n'avais jamais vus auparavant, qui préparaient des pistes, des routes parce qu'il n'y avait pas de routes, c'était une zone à l'état sauvage. Ils sont arrivés par El-Ancer.

Vous aviez quel âge à ce moment-là ?

Peut-être 11 ans, je n'avais pas conscience de ce qui se passait. Petit à petit, on entendait des cris le soir. Je crois que c'étaient des cris de torture. Et puis, ils prenaient les gens de la population pour creuser des routes et préparer les camps. L'après-midi, j'étais avec mes frères, mes cousins, on lâchait nos bêtes (on était aisés). Il y avait un avion qui tournait vers l'après-midi, quand la nuit commençait à tomber. On voyait un monstre qui crachait le feu. C'est la première que je voyais ça, il bombardait El-Milia (Constantinois). Ce n'était pas le 20 août, mais le 21 et le 22 août.

C'était en quelle année ?

1955. Et petit à petit, l'armée coloniale a commencé à se montrer. Ils faisaient des rafles. Ils venaient à la maison et posaient des questions, ils prenaient même nos bêtes, pour se nourrir ou par vengeance, je ne sais pas… Je crois que ça a duré près d'une année… Mais je ne sais pas, parce que j'étais trop jeune, pas consciente de ce qui se passe. Après c'étaient les moudjahidine qui venaient, je me rappelle qu'ils cherchaient des gens, des chasseurs parce que dans la région ils ont tous des fusils de chasse à la maison. Et puis, je vois ma famille qui commence à se disperser. Mes cousins, mes oncles s'absentaient pendant des jours…

Ils allaient où ?

Je ne sais pas. Parce que nous, on était nombreux. J'avais quatorze oncles et mon père, quinze. Je ne sais pas où ils allaient. On ne disait rien aux enfants. C'était très discret.

Donc, dans votre famille, ils étaient très proches de l'ALN ?

Très proches. Ils vivaient avec nous. Et pour la première fois, je voyais des hommes qui portaient des *kachabiya*, avec des fusils de chasse. J'étais un peu intriguée : il faisait très, très chaud mais ils portaient des *kachabiya*, ça me paraissait bizarre. Je suis rentrée en courant. Ma mère, elle était en train de préparer la laine. Je lui ai posé la question, j'ai dit : « J'ai vu des hommes avec des fusils. » Elle m'a dit : « Non, non, non, ceux-là, c'est pas des hommes, c'est des anges. » Et après, c'est des jeunes filles qui [sont venues], très jeunes. C'est des filles qui ont étudié. Elles ont fait l'école coranique. Alors, ces jeunes filles-là, c'est celles-là qui venaient nous donner des discours. Elles réunissaient les femmes en disant pourquoi l'armée coloniale s'est installée, pourquoi il y avait des avions, pourquoi ces étrangers qu'on ne connaissait pas étaient dans la région… Chez nous. On les voyait. Elles nous expliquaient et nous apprenaient des chants patriotiques.

Quels chants patriotiques ?

Bon, *Hayyou Ech-Chamal* [« Saluez le Nord »] – j'ai appris plus tard que c'est à la suite du 8 mai 1945… C'étaient des filles qui n'étaient pas de chez nous. Il y avait une moudjahida qui s'appelait Delloula Bouchama, une fille d'une grande famille de Constantine. Elle a fait de l'arabe, elle écrivait les chants patriotiques comme *Ya litt'hab* l'Afrique du Nord [« Toi qui aimes l'Afrique du Nord »].

Vous pouvez nous chanter la chanson ?

« *Ya litt'hab* l'Afrique du Nord, *t'charekna fel wattaniyya, Bentobbal wa 'Abdelkrim, houma li yidjibou el-houria* » [« Toi qui aimes l'Afrique du Nord, viens soutenir notre action patriotique, Bentobbal et Abdelkrim sont ceux qui vont nous ramener la liberté »]. C'est un chant de liberté, oui. « *Drapeauna nedjma wa hlal wa charekna fel wattaniyya, Bentobbal wa 'Abdelkrim, houma li yidjibou el-houria* » [« Notre drapeau, c'est une étoile et un croissant et nous avons participé à l'action patriote. Bentobbal et Abdelkrim sont ceux qui ont ramené la liberté »]. J'apprenais ça… on chantait ça même dans les mariages !

Mais je crois qu'il y avait une suite à cette chanson ?

Oui, il y avait la suite. Beaucoup disaient que : « *Ya Franssa 'aret lejnas, wa habesti khamsa riyas, raki tgouli el-harb khlass wa el-Djazzair dima liyya. Drapeauna nedjma wa h'lal wa charekna fel wattaniyya. Bar'ket rebbi wa rassul, wa h'na li ndjibou el-houria. Drapeauna nedjma wa h'lal, wa ndjenedouh nisa wa r'djal, idha mak'fach el-hal, nzidou m'aahum el-deriya !* » [« La France est la pire des nations, tu as arrêté cinq dirigeants, tu dis que la guerre est finie mais l'Algérie sera toujours mienne. Notre drapeau est fait d'une étoile et d'un croissant de lune et nous avons participé à l'action patriotique. Grâce à la baraka d'Allah et du Prophète, nous ramènerons la liberté. Notre drapeau est fait d'une étoile et d'un croissant de lune, il mobilise des femmes et des hommes et si cela ne suffit pas, nous rallierons les enfants ! »] [*Rires.*] J'adorais ça parce que j'étais très gaie et chez nous, à la maison, on était très gais, on riait beaucoup. Et ces jeunes filles, elles étaient jeunes et belles, très gentilles. Et puis, il y avait des femmes volontaires. Je ne connaissais pas tout le monde… Entre-temps, l'armée coloniale commençait à faire des rafles. Elle brûlait des maisons et elle faisait des choses… Parce que ça me fait mal, j'ai de la peine à le dire… ils ont commencé à commettre des viols. Alors, mes cousins, mes parents, mes oncles, ils ont pris leurs filles, ils les ont mises à Mila, dans les zones libres. Je crois que c'est juste après le 20 août, c'est devenu une zone interdite. L'armée coloniale commençait à utiliser le napalm, tuer des gens, des bergers, de sang-froid. Je sais que nous, on a appris… on a essayé de se cacher parce qu'on n'était pas entraînés pour. Je sais que la première fois où l'aviation a bombardé, je sais que je ne connaissais pas le nom. Y avait un petit, petit avion jaune de reconnaissance. Il volait à basse altitude parce qu'il savait qu'on n'avait pas les moyens de lui tirer dessus. Donc, il repérait les animaux, les personnes… ils ont tué mon ami d'enfance, il gardait ses moutons. Je sais qu'il n'était pas très loin puisqu'on avait des terres avec les voisins et il gardait ses bêtes. L'avion… c'était un hélicoptère. Un hélicoptère noir qui volait à basse altitude. Ils lui ont tiré dessus. Je voyais… je voyais tous ses intestins dehors. Il essayait de s'abriter et de courir. Il avait une main – je voyais bien – une main qui tenait son ventre, pour retenir ce qu'il avait. Il avait son petit frère avec lui… il essayait de courir vers un endroit où il y avait une pierre plate et une pierre énorme… pour se cacher dessous. Ils criaient et pleuraient. Nous, on a essayé de se cacher, mais on ne savait pas, on n'était pas entraînés pour.

Donc vous, vous n'avez pas pu quitter la région ?

Non, non, on ne pouvait pas, non. On ne pouvait pas. Je sais qu'on a appris à se cacher, mais pas très bien… Peut-être que les adultes savaient… Moi, non. Lorsque l'armée coloniale est venue d'El-Milia pour monter dans les montagnes, il y avait à chaque fois des accrochages et, à chaque fois, les moudjahidine emportaient la victoire. Et donc, c'est à partir de là que l'armée coloniale a décidé d'utiliser l'aviation. Elle n'utilisait plus les routes parce qu'elle tombait dans des embuscades. Les accrochages, ça a duré pendant des jours et des jours et des jours. Il y a un endroit qui s'appelle « le Rocher », je l'appelle porte-malheur.

Pourquoi ?

On se cachait là-bas. C'était une montagne très haute, avec des rochers énormes. Après, en arrivant, je voyais le pilote d'hélicoptère. Des casques noirs. Rien qu'en voyant l'avion, j'avais déjà peur. Je touchais… je serrais mon ventre, j'avais l'impression que mon cœur allait sortir par la bouche. Déjà, quand vous voyez son aspect physique, il vous fait peur. Il ne nous voyait pas mais nous, on le voyait. J'ai vu qu'il poursuivait un cousin de mon père qui était responsable aussi. Il était à cheval. J'ai vu comment ils l'ont tué. Ils ont tiré et ils ont pris le cheval. Mon oncle est tombé. J'ai vu l'hélicoptère le tuer, lui tirer dessus. Je crois qu'ils ont vidé le chargeur. Donc, il n'y avait plus de vie familiale, c'était la misère. Après la grève de huit jours [en janvier 1957], on a quitté la maison. On est partis vers Mila. On a dû faire peut-être 20-30 kilomètres dans les montagnes. Il y avait une montagne juste en face : ils ont utilisé le napalm. Il y avait un hôpital, enfin, une infirmerie, où ils cachaient les blessés. Je les voyais, ils essayaient de s'évader… Une odeur horrible. Ils se roulaient par terre et leurs chairs restaient sur les pierres. Ils criaient. Ce cri, encore de temps en temps, il me revient aux oreilles. Avec la grève, au neuvième jour il n'y avait plus de nourriture. Et puis c'était l'hiver, il n'y avait pas d'herbe pour manger, il y avait de la neige. Ma mère, elle sortait pour essayer de nous ramener de la nourriture qu'elle cachait avec l'huile d'olive. Et un jour, les bérets rouges lui ont tiré dessus. La balle a frôlé sa nuque. Elle a essayé de s'abriter tout près de la maison, puisque la maison est construite avec des grosses pierres. Et là, l'avion a jeté la bombe. La maison a été détruite. Donc ma mère a reçu une partie de la maison sur son épaule. Elle est restée coincée là-bas. Comme nous, on ne pouvait pas descendre (on restait cachés), ma mère n'est pas revenue. Elle n'a pas pu revenir. On ne pouvait pas descendre puisque l'armée était là. Des *djounoud* avaient envoyé quelqu'un la chercher, je ne sais pas qui… ma mère ne revenait pas, on ne faisait que pleurer. Il est descendu, il l'a trouvée blessée, coincée sous les planches de la maison, parce qu'avant on avait des planches en bois.

Elle était vivante encore ?

Elle était vivante, oui ! Il est revenu et il a dit : « Elle est vivante, ne vous inquiétez pas. » On ne l'a pas cru. En fin de journée, on est descendus. J'ai trouvé ma mère allongée sur le ventre, dans un bain de sang. Une jolie femme, la quarantaine… on criait, on pleurait. Elle n'avait plus de foulard sur la tête. Le soir, ils avaient ramené des couvertures. Ils l'ont mise dans la couverture, ils l'ont amenée à un endroit, sous un rocher qui n'est pas très loin de la maison. Ils ont creusé. Ils l'ont cachée là-bas. Dans ma tête, ma mère, elle était enterrée vivante parce qu'on ne pouvait pas aller la voir. Le ratissage a duré quinze jours. C'était… [*prise par l'émotion, Khadidja Belguenbour pleure*] après on a demandé… on avait faim. L'ALN nous nourrissait avec du lait Nestlé. Les enfants avaient deux cuillères à soupe et les adultes, une cuillère. Je ne prenais pas la cuillère, je la donnais à ma mère. Je ne mangeais pas les dattes, dans l'espoir qu'elle se remettrait debout. Son épaule a été déboitée. Il y avait une infirmière, elle s'appelait Massika Benazziza, elle n'était pas de chez nous mais de Batna. Elle a essayé de la soigner parce qu'on n'avait rien. Elle avait déchiré un drap, je crois. Elle a essayé de la bander pour qu'elle ne souffre pas… ça a duré quinze jours. J'ai vu les enfants pleurer, ils ne dormaient pas parce qu'ils avaient faim. Nous, les paysans, on mangeait des herbes, certaines bonnes herbes, on creusait pour manger… pour se nourrir. Après le ratissage, j'ai vu la maison de mes grands-parents que j'adorais, où je jouais avec mes cousins… bombardée. Il ne restait pas grand-chose, il y avait eu plus fort qu'eux. Et puis, il y avait des bérets rouges, je les voyais de loin, ils se présentaient, ils nous disaient : « Fatma ! » Ma tante ne comprenait pas le français. J'ai vu comment ils lui ont tiré une balle dans la tête, au front, les épaules – les deux épaules – et les genoux. On la voyait lutter contre la mort et essayer de trouver un abri. Elle avait la quarantaine, l'âge de ma mère à peu près. Après, elle est morte, bien sûr. Et là, c'était l'enfer. Je n'avais plus de vie familiale, je dormais dans les grottes. Et on a creusé, on a caché de la semoule. Et puis, je voyais de loin des blindés. L'aviation : je ne voyais plus le ciel. Des odeurs de bombes. Et on n'habitait pas très loin d'un deuxième camp qui a été installé après 1956, juste en face de la maison. Ils voyaient tout, ils contrôlaient tout. Je sais que presque tous les soirs, les maquisards essayaient d'attaquer ce camp qui était très mal placé et alors ils tuaient des soldats français sur place. Le lendemain, des parachutistes les remplaçaient. Ceux-là étaient de plus en plus virulents, parce qu'ils tuaient même des animaux. Il faisait chaud, c'était l'été. Ils bombardaient, ils tuaient, il y avait trois ou quatre hélicoptères. Je commençais à faire la différence entre les hélicoptères et les avions de reconnaissance… parce que j'ai tellement souffert des hélicoptères à deux moteurs qui jetaient les bérets rouges et les parachutistes. Ils étaient à trois et ils tiraient de chaque côté. Ils avaient tué nos bêtes en août, ça sentait mauvais… y compris une bête à moi, mon père m'en avait fait cadeau. Une vache, vous voyez, sans pitié. Après, ils jetaient des genres de grenades qui dégageaient une mauvaise odeur.

Vous compreniez pourquoi ces Français faisaient ça ?

Non, moi, je ne comprenais pas. Non, non, non, non, non. Après, je commençais à… Je commençais à comprendre. Il n'y avait plus de vie. J'ai commencé à connaître la survie.

Vous aviez quel âge ?

J'avais 12 ou 13 ans peut-être, je ne sais pas. Je n'avais plus de beaux vêtements. J'attendais la fête du printemps. Mon père m'achetait sept robes à cette occasion. Il n'y avait plus tout ça. Mon frère aîné travaillait en ville. Il me ramenait des cadeaux parce que j'étais la seule fille à la maison. J'étais choyée et gâtée. Mon père, je ne le voyais pas. On souffrait avec ma mère, avec sa blessure, on avait du mal à la déplacer. Je ne connaissais pas les dates mais je sais qu'en 1958, avec l'arrivée de De Gaulle, j'ai entendu des adultes dire : « Voilà, les condamnés à mort ont été graciés, ils vont nous donner l'indépendance. » Moi, j'ai commencé à être sympathisante des moudjahidine puisqu'ils avaient un comportement digne, respectueux. Le mari de ma tante paternelle était un commissaire politique qui travaillait avec le cousin de mon père. Ils habitaient à Mila. Un jour, j'ai demandé à ma tante, j'ai dit : « Je voudrais voir ce Bentobbal qu'on chantait. À quoi il ressemble ? » Je connaissais déjà sa famille à Mila parce qu'ils n'habitaient pas loin de chez mes parents. Elle m'a promis de me le faire rencontrer. Avec mon frère plus âgé, on est arrivés à Ouled Asker là où il y a le PC de la *wilaya* 2. C'était impressionnant. Ma tante assurait la logistique avec son mari et un certain Ahcène. Lorsqu'on est arrivés – parce qu'il n'y avait pas moyen de communiquer –, je n'ai pas trouvé ma tante. Bentobbal est arrivé. J'ai vu le bonhomme. Tout le monde en parlait et le chantait. Moi, je pensais que c'était un homme qui faisait 2 mètres. En fait, il était tout petit, souriant, très sympathique. Il nous a dit : « Les enfants, approchez, approchez ! » Ses gardes du corps ne nous ont pas laissés. Il leur a dit : « Laissez-les s'approcher, c'est ceux-là la relève. » Je ne comprenais pas. « La relève », qu'est-ce que ça veut dire ? Lui savait que ça allait durer longtemps. Oui. Je sais qu'il aimait beaucoup les jeunes. Après l'arrivée de De Gaulle, l'ALN n'arrivait plus à nous prendre en charge. Mon père nous a dit : « On doit quitter la région. On doit aller à Mila. » Parce que c'était une zone militaire et c'est devenu encore pire après l'arrivée de De Gaulle. Donc, il fallait se déplacer. Ça n'a pas été facile de faire 40 kilomètres à pied, la nuit.

Où est-ce que vous avez appris à écrire et à lire ?

J'ai appris à lire avec mes cousines qui habitaient à Mila et avec leur père qui était proche de moi. C'étaient des gens riches, des bouchers qui avaient fait des études, c'étaient des francophones. Avant ça [la guerre], j'allais chez eux, j'allais en vacances chez mon oncle et j'aimais ça parce qu'il y avait une ambiance et on jouait avec mes cousines. On faisait des pièces de théâtre. Lorsqu'on est partis vivre là-bas, on a repris les jeux. Alors, moi, j'étais la personne recherchée par l'armée.

Ma cousine était la propriétaire de la maison et l'autre cousine, c'était la traductrice en français, et la voisine, c'était le soldat. Alors, elle jouait le soldat : « Alors oui, toi, le fellagha, je te tue ! » Elle lui disait : « Non, non, non, Monsieur, s'il vous plaît, ne brûlez pas la maison ! » L'autre cousine qui faisait la traduction, elle disait « non, non, la pauvre malheureuse ! Elle fait le ménage ! » Il n'y avait pas de ménage à l'époque ! Et le comble, c'est qu'il y avait une caserne pas très loin, les harkis entendaient ce qu'on disait.

[Après quelque temps passé à fuir l'armée française, la famille de Khadidja Belguenbour se trouve finalement contrainte de vivre dans un camp de regroupement.]

Racontez-moi, comment c'était ?

Lorsqu'on est arrivés, on n'a pas trouvé de maison tout de suite. Il y avait beaucoup, beaucoup de monde. Mais mes cousins avaient loué une ferme… les écuries ont été transformées en chambres, parce qu'ils étaient nombreux. Nous, on a loué une petite maison – on changeait d'endroit à chaque fois. Et comme par hasard, le poste de garde donnait sur la cour de la maison où on habitait. Il y en avait plein, plein, plein, plein [de soldats] à la sortie de la ville ! Alors on ne pouvait pas bouger. Il fallait se présenter à la SAS avec un livret de famille : ils vous lisent vos droits. Mon père travaillait avec un colon, il parlait français, il comprenait. Ils nous ont dit : « Si vous recevez une personne étrangère, il faut la déclarer. Si une personne quitte la maison, il faut la déclarer. » On est arrivés avec une mère blessée. Je crois qu'on avait deux moutons – on les traînait avec nous –, on n'avait pas de couverture, on n'avait rien, on était très pauvres, on n'avait pas de vêtements. Le soir même, ils venaient, ils frappaient… Non, avant ça… avant ça, il y avait une femme, une jeune femme, elle se promenait avec une jupe devant les soldats, elle ne se cachait pas. Elle jouait un peu l'infirmière et soignait les gens qui venaient de l'extérieur, qui avaient tous vécu avec les fellaghas. Et s'ils trouvaient un blessé, ils ramassaient toute la famille. Le chef de SAS a demandé à mon père le livret de famille et il m'a parlé à moi parce que j'étais bien portante – il m'a dit : « Alors ta mère, elle était fellagha ! » – parce qu'il savait qu'il y avait des femmes qui participaient dans les grandes villes – il y avait un service de renseignement. Il a dit à mon père : « Ta femme, elle est fellagha, elle est blessée. » Mon père lui a dit : « Non. » Il lui a dit : « Ta femme, elle est fellagha. » Et il vous parle avec une haine, une vengeance ! Ce n'est pas le soldat qui vous parle, c'est l'interprète. Mon père lui a dit : « Non, nous sommes des victimes civiles », « vous venez d'où ? ». Et si vous venez de la région d'El-Milia ? Hop, vous êtes leur bête noire ! Alors, mon frère plus âgé, on le cachait parce qu'on avait peur qu'ils le prennent, il ne dormait pas à la maison, je ne sais pas où il se cachait. Nous, on a tenté de changer de maison, on s'est déplacés quelques mètres plus loin. Là où on habitait, il y avait le poste de garde qui donnait sur la cour de cette maison, donc, vous n'avez aucune chance de bouger ou de dire quoi que ce soit. Ils contrôlaient tout. Surtout nous, on était contrôlés.

Ils sont venus vous parler directement ? Ils s'en sont pris à vous ?

Ils s'en sont pris à moi, bien sûr ! C'était pour se venger ! Ils venaient tous les jours, hein ! À la fin on ne fermait pas la porte ! On avait une marmite, on faisait la cuisine avec du bois et ma mère me mettait sur le visage de la suie. L'interprète me touchait, il me disait : « Quand est-ce que tu auras des seins ? » des gros mots, des gros mots horribles ! Je ne peux pas les répéter. Je voyais mon père pleurer et me toucher le visage. [*Khadidja Belguenbour pleure.*] Ils me tuaient le moral.

Ils ne m'ont pas frappée mais ils me tuaient le moral... Parce que c'est l'interprète, il vous dit des choses horribles. Ma mère, la pauvre, elle aussi n'a pas été épargnée et mon père ne pouvait pas nous défendre. À la fin, j'avais le sentiment que mon père regrettait d'avoir une fille à la maison et d'être traitée de cette façon, moi qui étais sa préférée... Ça n'a duré, je crois, que trois ou quatre mois et mon père a décidé que je quitte la maison. Les gens de chez nous ont dit à ma tante qui avait de la famille à Mila : « Voilà, on cherche un agent qui sait lire les numéros – on sait qu'elle [Khadidja] sait lire les numéros. Est-ce que son père l'autorise à partir ? On peut la recruter ? » Ma tante leur a dit oui. Mon père m'a dit : « Voilà, il y a des gens qui vont venir. Je sais que tu les connais » (parce que j'ai vécu quatre ans dans les zones interdites, que je connaissais plus ou moins tout le monde de vue, surtout les gens de ma région). Il m'a dit : « Tonton Ahmed va venir, il va te montrer des choses, il faut que tu quittes la maison. » Mon père m'a dit ça en cachette de ma mère, parce qu'il ne fallait pas lui dire.

Vous aviez quel âge ?

14 ans et demi, mais j'étais bien portante. Alors, il m'a présenté une femme. Elle s'appelait Aïcha. Elle habitait hors du camp de concentration[1]. Elle n'était pas contrôlée. Il me l'a présentée. Elle m'a dit : « Voilà ce que tu dois faire. » À la fin, elle m'a dit : « Tu es décidée ? », j'ai dit oui. Elle m'a dit : « Tu as intérêt de quitter cette maison, sinon ta famille va être détruite, ton honneur va être... » C'était très important à l'époque. Mon père vendait des légumes au marché, je sortais avec lui. Il m'a présenté une jeune femme de Mila, une fille bien, de grande famille, Bouaroudj Zoubida. Son cousin était le chef, c'est lui qui

1. C'est ainsi que Khadidja Belguenbour appelle le camp de regroupement où elle a été contrainte d'habiter avec sa famille.

nous avait recrutées. Ils commençaient à me donner des petits mots [à transporter]. Je connaissais le village, j'allais chez les Boulmerka, j'allais chez Laaraba… Mon père m'accompagnait un peu de loin. Je n'étais pas toute seule et puis les hommes me connaissaient ; moi je ne les connaissais pas. Donc ils m'ont appris si un mot il est caché là et l'endroit où je dois le déposer. Et je ne suis pas censée connaître la personne qui doit le récupérer. Et vice versa. Donc, quand je venais au village, je demandais à la population. À Mila, il y avait une très grande résistance.

[Khadidja Belguenbour raconte ensuite une mission au cours de laquelle elle participe de nuit à l'exfiltration d'une jeune fille, sœur d'un commandant de l'ALN.]

Ensuite, ils ont décidé de m'envoyer chez la bonne femme qui circule en jupe avec les militaires français, ils m'ont demandé d'aller la voir chez elle. Je n'étais pas consciente du danger que je courais, non. Ils m'ont donné un petit mot, l'heure, le parcours par lequel je devais passer et tout était chronométré parce que c'était bien organisé.

Comment vous receviez les petits messages ?

Les petits messages cryptés, je les trouvais dans certains endroits, dans le dépôt de semoule par exemple. Le gardien, que je ne connaissais pas et qui ne me connaissait pas, m'informait : « Il y a quelque chose pour vous. » C'est comme ça que c'était. Je suis allée chez elle, c'était le matin, vers 10 heures. À l'époque, il n'y avait pas beaucoup de monde, je marchais très vite, j'arrivais à la caserne et je voyais que c'étaient des harkis qui tenaient le poste de garde. J'ai entendu des chants chaouis. J'ai trouvé sa sœur. Elle m'a dit : « Elle est là Fatima, tu peux rentrer. » Je suis rentrée. J'avais des tresses et le petit mot était roulé avec de la dentelle autour de mes cheveux.

Elle a fouillé mon épaule, pour voir s'il y avait autre chose aussi. Elle m'a fait entrer dans une des chambres – et dans le poste de garde ils entendaient tout hein. Je suis rentrée, elle a dit : « Bermia, Bermia, donne-lui à manger, la pauvre, cette mendiante. » La galette était prête, elle était encore chaude. Je suis rentrée dans la chambre, et alors j'ai vu un panier dans lequel il y avait des balles. C'était pas impressionnant, pour moi c'était normal. Quelques balles. Il y avait deux chargeurs, je crois, et un colt. Et un drap énorme. Pas un mot. Elle m'a bandée autour de la taille. Je sais que quand j'ai pris le panier, c'était lourd. Je crois qu'il contenait aussi des grenades. Moi, dans mon programme, il fallait que je coure vite, vite, mais ça m'alourdissait, c'était lourd. Avant d'arriver au poste de garde, j'ai entendu des tirs. Des jeeps… ça courait dans tous les sens, avec des coups de feu. Dans le poste de garde, il y avait des bergers allemands ainsi que des pièces [d'artillerie] sur chaque fenêtre. Non, je n'ai pas perdu mon sang-froid, j'ai continué à courir. Là, j'avais l'impression que je n'avançais pas. Je connaissais le chemin que je devais emprunter mais j'étais trop pressée. Je suis rentrée chez une famille. Ils m'avaient dit : « Si tu es poursuivie et qu'on te découvre, ne rentre pas chez ta famille. Ils vont la détruire. Donc, toi et ta chance, essaye de rentrer dans n'importe quelle maison. » Effectivement je suis rentrée chez une bonne femme, elle a compris qui j'étais et sa maman, c'était une Belguenbour. Moi, je ne les connaissais pas. Elle était un peu pâle, elle venait d'accoucher. Alors, il y avait des matelas. Elle m'a mise sur une banquette avec un bébé dessus et a pris le panier. Puis, les soldats français ont fouillé le village. Les enfants qui jouaient dehors leur ont dit : « C'est une fille comme ça ? Elle est partie de l'autre côté ! Elle est partie de ce côté-là ! » Ça a duré des heures. Alors, lorsqu'ils se sont approchés de la maison où j'étais avec le bébé, la mère l'a piqué avec une aiguille. Le bébé s'est mis à crier et les soldats français se sont éloignés. Ça a duré des heures. Je ne voyais rien : que des Pataugas et j'entendais les insultes. Une vingtaine de maisons je crois ou une quinzaine de maisons ont été fouillées, ratissées. Je crois qu'en fin de journée, on m'a dit : « C'est bon, les militaires sont partis, ils sont partis. » Il fallait être sûre. Le mari de la femme chez qui j'étais était réparateur de montres, il avait un laissez-passer [qu'il m'a donné]. Elle m'a mis un voile noir que je n'ai pas supporté, je l'ai jeté parce qu'il était trop long, il me gênait, je ne pouvais pas courir. Je devais emprunter le chemin de la population – parce qu'il y avait des chemins pour les soldats et pour la population, c'étaient des fils barbelés électrifiés. À une certaine heure, le soir, le passage est électrifié. Donc, j'ai couru, j'ai couru, j'ai couru, j'ai perdu ma paire de chaussures – une sandale – et c'était très long de traverser jusqu'à Sidi Boukhzar. Très long et puis très accidenté, il y avait des bosses. Je suis arrivée, j'ai trouvé Aïcha qui m'attendait. Une femme sûre d'elle. Elle m'a dit : « Rentre. » Je n'avais pas peur. Elle m'a fait rentrer dans la cour de sa maison, elle m'a pris le panier parce que ça m'alourdissait. J'étais un peu blessée. Elle m'a dit : « Dans quelque temps, ils vont venir te chercher. Il y a quelque chose à faire, je dois te couper les tresses. Là où tu vas, tu ne peux pas garder les cheveux longs. » Elle m'a coupé comme ça les tresses. Peut-être vers 5 heures, c'était l'été et les journées étaient longues. J'ai vu un monsieur, il s'appelait oncle Nouar Stouti, il est arrivé à cheval. Il a pris ce que j'avais, je lui ai montré, il l'a pris, je suis montée derrière lui à cheval. On est partis, on est arrivés à Ain Nedjma. J'ai passé la nuit, je n'ai pas dormi, je n'ai pas mangé, j'étais effrayée. Lors de notre départ, l'aviation a bombardé.

Vous étiez avec qui ?

Avec oncle Nouar. C'est lui qui est venu me chercher. J'arrive au refuge. Donc, j'ai trouvé des femmes, elles faisaient la galette – la nuit hein, parce que le jour, on ne pouvait pas faire la galette parce que ça donnait de la fumée. Et l'avion était là tout le temps, H24, enfin… la nuit, non. Ils m'ont présenté le chef, il s'appelait oncle Ahmed Chebira, il était un peu comique. Il m'a dit : « Alors ! Ça va ? Bravo ! » Je n'ai rien dit. On m'a donné à manger, un petit morceau de galette, j'avais très froid, le soir dans les hautes montagnes, il faisait froid. Je me suis réchauffée devant le feu de bois… Je suis restée trois ou quatre jours. Après, j'ai été déplacée. J'ai dû faire quelques kilomètres entre les zones libres et la zone interdite. Je suis arrivée, j'ai trouvé une moudjahida, maquisarde, petite de taille, c'est elle qui surveillait. Elle criait très fort. Elle sifflait, moi je pensais que c'était un garçon. On est rentrées. C'était un rocher énorme, une grotte énorme. C'est elle qui surveillait l'endroit. J'ai senti la nourriture, alors elle nous a donné des morceaux de galette. On a dû passer deux ou trois jours, et après ils nous ont ramené le responsable de la santé. Alors, il vous questionne si vous savez lire, pour vous orienter vers une branche. Parce que pour faire la galette et tout ça, j'étais trop jeune. Il m'a dit : « Tu sais lire ? » Elle lui a dit : « Non, non, elle ne sait pas lire, elle vivait dans les montagnes ! » Je me rappelle, il m'avait ramené une boîte d'Aspro bleue. Il m'a dit : « Qu'est-ce qui est écrit ? », j'ai dit : « Aspro. » « Il se périme quand ? » il m'a dit. « Comment il se prend ? Ah on va t'orienter vers la santé. » Donc, j'étais inscrite, je devais faire une formation à Beni Sbih à 50 kilomètres de cet endroit, pas très loin d'El-Milia et Collo. Là-bas, c'était une zone libre, l'armée algérienne y circulait, il n'y avait pas d'aviation qui contrôlait ou quoi que ce soit. Ils étaient sûrs qu'il n'y avait personne. Ils étaient sept ou huit, je ne sais plus combien. Les moudjahidine étaient là, ils préparaient l'embuscade.

Ils ont réussi : ils en ont tué huit ou dix, je ne sais pas. Mais je voyais les *djounoud*, ils allaient courir vite prendre les armes et les chaussures ! Et le chef, il nous a dit : « Il faut prendre les vêtements. » Comme j'avais froid la nuit, je voulais un pull, je voyais le soldat… un cadavre… il portait un pull. Imaginez-vous. La veste, c'est le *djoundi* qui l'avait prise. J'ai essayé de déboutonner le pull… j'ai touché son cou. Il était froid. Un froid glacial. La froideur m'est montée à la tête. Je regardais, je ne le voyais pas, ma mémoire a refusé. Un cadavre. Je l'ai pris rapidement et je me rappelle, il avait une serviette, je l'ai prise aussi, une bouteille de soda et puis on est partis vite avant le lever du jour. On a traversé la rivière. Des rochers énormes, on s'est cachés, on est rentrés dedans puis l'aviation a bombardé toute la journée. Elle a bombardé toute la journée. La nuit, on a pris le chemin sur Beni Sbih. En arrivant j'ai trouvé une jeune fille. Elle s'appelait Zahia Gaoua, elle est toujours en vie. Moi j'étais orientée vers l'infirmerie… parce qu'il faut que je vous dise comment ça fonctionnait au maquis. Il y a le gourbi où on fait la cuisine, la galette… à côté, c'est l'infirmerie, un gourbi plus loin. C'est là où les *djounoud* passaient le soir prendre la nourriture. Il n'y avait pas de mélange, en tant que civile, je n'ai jamais vu les moudjahidine. Ça a commencé à l'infirmerie, je connaissais des techniciens de santé. Le premier que j'ai rencontré, c'était Abdelkader Bouchrit, c'est lui qui était responsable de cette région, la région d'El-Milia.

On vous apprenait à faire quoi précisément ?

La première des choses, d'abord, on commençait par les compresses. Parce qu'on n'avait pas les moyens d'avoir des compresses. J'ai vu ça quand j'étais à Mila, lorsqu'on sortait des boîtes de médicaments, on sortait des rouleaux de Tarlatane pour faire des compresses à l'extérieur. Alors il y avait des rouleaux, on les coupait et on en faisait des compresses. Après on essayait de faire le bandage des blessés. Comme on n'avait pas les moyens d'en avoir beaucoup, je lavais les compresses quand il y avait du sang, je les lavais, je les séchais et je les remettais sur l'autre blessé. Ça a bien marché. Bon, le médicament, y avait pas grand-chose… Comme il n'y avait pas d'étiquette, je faisais la différence entre l'éther et l'alcool à l'odeur. Quand il y avait un blessé, je nettoyais la blessure et je remettais la compresse – pas stérile hein, on n'avait pas les moyens. Je commençais à apprendre à faire les bandages. Les injections, ce n'était pas tout de suite, tout de suite. Après, ils m'ont appris à prendre la température avec un thermomètre. Je notais. Parce que je savais déjà tout ça, je savais écrire. Ça a duré deux mois. Et puis entre-temps je faisais tout. Quand il y avait les accrochages, on faisait tout. On allait chercher des blessés. Comme c'était grand, immense, accidenté, il fallait trouver les blessés ou les morts lors des grands accrochages. Alors, on faisait ça, ça ne me plaisait pas beaucoup parce que parfois l'arme était très lourde, si vous devez traîner le blessé avec son arme… et puis c'était montagneux. Je faisais ça la nuit et je n'avais pas de chaussures parce que je chaussais petit. De temps en temps, mes parents ou mon père m'envoyaient des chaussures, des vêtements. C'était en 1959. Au bout de quelque temps… cinq, six mois après, il y a eu le plan Challe.

Très bien. Donc vous avez commencé à soigner les moudjahidine. Alors, comment ça se passait ?

Moi je suis très honnête, certains blessés graves n'ont pas survécu. Il y a des blessures auxquelles on ne peut rien faire. Je sais que moi j'avais soigné quelqu'un, il avait perdu sa jambe. C'était quelqu'un qui était désespéré d'avoir perdu sa jambe. C'était quelqu'un du commando et son épouse, Hafida, avait fait le maquis avec moi. On s'occupait de lui, on n'avait plus de médicaments, on n'avait plus d'alcool. On lavait sa blessure avec de l'eau chaude et du sel et on mettait de l'extrait d'huile d'olive, et après on mettait le bandage. Il faisait de la fièvre. Il y avait des femmes parmi nous qui pratiquaient la médecine traditionnelle. Il y a certaines plantes que je connais jusqu'à présent. Il y a du miel, le miel aussi… j'ai appris à soigner avec ça. Je sais que j'ai assisté à une opération, un *djoundi* avait été blessé, la balle était coincée au niveau de la cheville. On ne pouvait rien faire.

Est-ce que vous avez bénéficié d'une formation militaire ?

Je vais d'abord vous dire les conditions : il faut être très propre, il faut avoir les ongles très courts et les cheveux très courts. Il faut être très propre et faire très attention. Parce que vous n'avez pas suffisamment d'instruments chirurgicaux. Par exemple, les seringues, les aiguilles ne sont pas disponibles. Le vinaigre était précieux parce que quand on faisait bouillir les seringues, les aiguilles se bouchaient et vous n'aviez qu'une seule boîte. Moi, je sais qu'après la formation, après, ces conditions-là ont été remplies.

Et vous êtes restée longtemps infirmière ? Combien de temps vous êtes restée au maquis ?

Ah bah mon parcours entier. Ça fait trois ans et demi.

De quelle année à quelle année ?

1959-1962.

Alors… vous avez beaucoup parlé des gens qui ont été blessés mais, vous-même, vous avez été blessée ?

Oui, blessée à la jambe, c'était lors de l'opération « Précieuses[1] ». Lorsqu'ils ont jeté la bombe, je n'étais pas très

1. Khadidja Belguenbour évoque ici les opérations du plan Challe qui visaient plus spécifiquement la *wilaya* 2 et que l'armée française avait appelées « Pierres précieuses », entre septembre 1959 et septembre 1960.

loin. J'ai reçu des éclats, ma jambe était trouée, la hanche, le ventre, des éclats, des éclats…

Vous avez été touchée à l'oreille ?

À l'oreille, à l'oreille… c'est parce qu'on n'était pas entraînés. On ne savait pas, parce qu'on n'était pas des soldats. On ne savait pas que quand il y avait des accrochages, il y avait des B26 qui venaient par trois jeter des bombes très importantes… le bruit était énorme ! Je ne savais pas qu'il fallait mordre quelque chose pour préserver les oreilles. Moi j'avais tellement peur ! J'ai fermé les yeux et j'ai fermé la bouche. Je sentais une chaleur, quelque chose de chaud qui coulait de chaque côté, j'ai fait comme ça [*elle touche son oreille*], c'était du sang. Surtout l'oreille droite qui était touchée. Alors je commençais à sentir que ce n'étaient pas des douleurs, c'étaient des brûlures et un vent continuel. Je ne l'ai pas soignée, je n'ai même pas reçu un comprimé d'aspirine. Ça s'est guéri comme ça mais ça a laissé des séquelles.

Comment vous viviez avec toutes ces femmes ?

On ne vivait pas. Vous croyez qu'on vit ? On a le temps ? Non…

Comment c'était ?

Ces femmes-là ont un travail, ces femmes-là préparent la galette. Avec le plan Challe, il n'y avait plus d'animaux, il n'y avait plus de chevaux pour transporter la nourriture, c'étaient des femmes qui transportaient des sacs de semoule sur la tête. À Boudaoud, j'ai vu sept femmes qui faisaient ça, la nuit. Et parfois, on n'a pas les moyens d'avoir de la semoule, le blé était en graines et elles passaient la nuit à pétrir le blé. Ça a laissé des séquelles, les poignets tordus… et puis elles faisaient cuire la galette sur le feu de bois, les sourcils ont été brûlés, ils n'existent plus, c'est parce qu'elles étaient tout le temps près du feu le soir, la nuit.

[Khadidja Belguenbour raconte ensuite les conditions de vie très précaires dans les grottes et la peur du typhus et des maladies, la difficulté de soigner les blessés en l'absence d'eau.]

Alors nous, les filles, on a décidé de peindre les grottes, on allait dans les rivières où il y avait de l'argile blanche. C'est comme du plâtre. C'était très dur à monter parce que c'est des montagnes très hautes. On ramassait ça, on nettoyait des petites pierres, on peignait les grottes. On mettait des bougies à l'intérieur. Même les blessés qui y passaient deux, trois, quatre mois, leur moral, il monte. Il y a de la lumière.

[Khadidja Belguenbour s'est sentie davantage en sécurité auprès des moudjahidine qu'à la maison avec les descentes de parachutistes. Elle évoque également l'interdiction qui était faite aux filles présentes au maquis de se marier, pour des raisons de survie et à cause des difficultés à y élever un enfant. Cette interdiction a été levée vers la fin de la guerre mais les conditions pour se marier restaient strictes. Elle explique ensuite en détail la préparation de la manifestation du 11 décembre 1960 près du camp de regroupement.]

Ça n'a pas été facile, la région était vide, il n'y avait plus de famille, il n'y avait plus personne. On était en mission dans la région d'El-Milia pour trouver quelques épouses de moudjahidine ou de *chahid* qui vivaient dans les camps de concentration. On a réussi, on a réuni je crois quand même des jeunes… des garçons qui sont venus après nous. Donc on était une cinquantaine de femmes… au moins. On venait de toutes les régions. C'est la première fois que je voyais le drapeau.

Je ne l'avais pas vu auparavant parce qu'on ne faisait pas de rassemblement, on n'était pas des soldats. Et là on a organisé le 11 décembre. Je faisais partie de l'organisation.

C'était quoi, l'organisation ? Qu'est-ce que vous deviez faire ?

Réunir les femmes, chanter les chants patriotiques, c'était très important. On avait certaines informations sur les camps de concentration par les enfants. Certains d'entre eux comprenaient le français. Ils sortaient leurs bêtes et ils sortaient les informations. Qu'est-ce qu'ils ont fait ces gosses, ce jour-là ? Ils sont sortis avec nous ; ils attaquaient le camp avec des pierres.

Racontez-moi comment c'était, le 11 décembre ?

Le 11 décembre, c'était une manifestation avec le drapeau, les chants patriotiques, après on entendait des gros mots, ils [les soldats français] nous insultaient. Les harkis traduisaient ce qu'on disait dans les chants patriotiques. À la fin, ils nous ont tiré dessus avec de vraies balles, ils ont touché une moudjahida, une certaine Aïcha. Deux femmes ont été blessées à la tête.

On ne vous a pas capturée. On ne vous a pas arrêtée ce jour-là ?

On ne pouvait pas nous capturer, on courait très vite. Vous croyez qu'on allait comme ça ? Il faut être rapide, très, très rapide. J'ai gardé cette habitude d'être rapide en un clin d'œil. On savait que si on se faisait capturer… Parce que j'ai [connu l'expérience] d'une fille qui manifestait à El-Milia… Je la voyais… une jolie fille, jeune, très jolie, elle a subi des choses… donc on avait peur de se faire capturer, qu'il nous arrive le même sort… parce que là, personne ne pourra vous protéger.

Mais comment ça se fait que vous étiez au maquis et qu'on vous a fait descendre en ville ?

Ah mais ces choses-là se passaient au maquis ! Vous pensez que ça se passait en ville ? Non.

Non, c'est-à-dire pourquoi vous êtes descendue en ville pour la manifestation ?

Ça s'est passé dans les montagnes, là où il y a les camps de concentration et des casernes. C'était un camp de concentration, un des plus grands de la région, il était immense. Là, on est allées, on ne s'est pas trop, trop approchées mais on était sur nos gardes. On chantait et puis le chef harki, il traduisait ce qu'on disait. On disait : « La France est la pire des races, tu as arrêté cinq dirigeants, tu dis que la guerre est finie, mais l'Algérie restera toujours mienne ! » On chantait comme ça et il traduisait ce qu'on disait. Là, ils étaient enragés. À la fin, ils nous ont tiré dessus avec des balles, ils ont blessé deux femmes.

Vous êtes remontée au maquis par la suite, après le 11 décembre ?

Ce n'était pas très loin, je n'étais pas très loin. On était à 6 kilomètres.

Est-ce que vous vous êtes mariée au maquis vous aussi ?

Oui.

Racontez-moi ça ?

[Avant de répondre à cette question, Khadidja Belguenbour raconte d'autres anecdotes de ce qu'elle appelle ses « malheurs » au maquis et narre notamment la révolte des enfants du camp de regroupement ayant mis le feu à une jeep et la panique qui s'en est suivie.]

Le mari qui m'a épousée était étudiant en Irak. Il est rentré en 1958, il a transité par Tunis. Il a été le secrétaire de Krim Belkacem pendant quelque temps. Il a réussi à transiter, je ne sais pas par où, il est rentré, il est parti directement à l'État-major. Quelque temps après, comme il n'avait pas d'expérience, il a été blessé à l'épaule. Il ne pouvait pas écrire. [... Une fois] guéri, le mari a été nommé comme lieutenant ou sous-lieutenant, je ne sais pas. Il a transité là où je travaillais, là où j'étais installée avec l'ALN. Il m'a demandée en mariage...

Vous vous êtes rencontrés là-bas ?

Non, je ne l'ai pas vu. Je ne le connaissais pas ! Je ne sais pas ! Parce que je ne voyais pas les *djounoud*. Je les voyais de loin. Je ne sais pas !

Mais comment vous vous êtes mariée avec lui si vous ne l'avez jamais vu ?

Ah ! On y arrive là ! On va arriver ! J'avais mes oncles, des cousins à mon père qui étaient des responsables de la logistique, militaire, politique. J'étais en famille, presque. Au début je n'étais pas en famille, j'étais loin, mais vers la fin j'ai été mutée pas très loin d'où je suis née. Ça devenait très long. J'étais un petit peu... déprimée. J'ai demandé à mon chef (qui était comme un père), Tahar Bouderbala, si je pouvais aller voir ma grand-mère. J'ai demandé vingt-quatre heures de permission. Il m'a dit : « Non, c'est très dangereux vingt-quatre heures. » J'ai été escortée le matin, très, très tôt. Je suis allée voir ma grand-mère. Elle m'a donné des choses, des trucs... du lait de vache... enfin, ils avaient une chèvre (il n'y avait plus de vaches), avec de la semoule crue, avec de l'huile d'olive. Elle m'a dit : « Tu ne manges pas bien. T'es mal nourrie. » [Au maquis,] il y avait des femmes qui préparaient la galette et qui essayaient de faire la tournée dans les endroits cachés pour nous donner à manger. Et lorsqu'elles arrivaient là où j'étais, il ne restait plus grand-chose. J'avais très faim. J'allais où il y avait de l'eau qui coule, je prenais des plantes. Tout ce qui n'est pas amer, je le mangeais. Je ne savais pas si c'était bon ou mauvais. Puis (je crois que c'était le printemps, le mois de juin), j'ai entendu les oiseaux chanter. J'ai dit : « Mais je crois que les oiseaux ils font les œufs au printemps. » J'ai regardé en haut, j'ai vu des nids. Je suis montée, j'ai mangé les œufs crus. Oui ! Mais c'était nourrissant. Sinon, je ne pleurais pas tout le temps, parce que je trouvais toujours des personnes pour me faire rire. Il y en a qui avaient un dialecte un peu bizarre et d'autres qui étaient déprimés. Moi aussi, il m'arrivait de déprimer mais ça ne durait pas plus de deux heures. Il fallait que je fasse quelque chose. On ne pouvait jamais rester sans rien faire, il y avait toujours quelque chose à faire. Ce que je n'aimais pas faire, c'était aller chercher de l'eau le soir.

Vous n'aimiez pas ça ?

Non, parce que c'était très fatigant et c'était très long à monter. Il y avait des rivières mais il fallait grimper dans une montagne immense avec des bidons qu'on récupère au cours des accrochages. C'était pour les blessés qui, eux, ne pouvaient pas se déplacer pour prendre de l'eau.

Donc, même le 5 juillet 1962, vous l'avez passé au maquis ?

Oui.

Comment vous l'avez vécu, ce 5 juillet 1962 ?

Je vais vous expliquer mon mariage. Le mari était de passage, il m'a vue. Moi je ne l'avais pas vu. Alors, le cousin à mon père m'a dit : « Tu es loin de ton père. » Et puis je crois qu'on avait des liens de mariage auparavant, mais moi je ne le savais pas. Ils me connaissent mais moi je ne les connaissais pas. Il m'a dit : « Ton père va venir te voir. » Je n'y ai pas cru. Il m'a dit : « Si, si. » Je suis montée à cheval, on a dû faire 30 kilomètres. Alors mon père (c'était la première fois après trois ans et demi que je le revoyais), il est revenu avec mon jeune oncle et mon frère de lait. Ils sont rentrés à l'intérieur, là où il y a les chefs, ils ont discuté. Mon père a accepté.

Et vous, vous n'étiez pas encore au courant ?
Non. Non, parce que j'ai été élevée d'une façon très naïve !

Vous aviez quel âge ?
J'avais, je crois, 17 ans et demi. 17, 18 ans. Alors mon père m'avait ramené une savonnette parfumée pour me laver. Il m'a dit : « Écoute… tu as ma bénédiction. Il faut que tu te maries ! Parce que l'armée… l'indépendance, on ne l'aura pas. L'armée ne va pas t'épargner. » Parce qu'il y a une loi : s'il n'y a pas de cessez-le-feu, les filles seront faites prisonnières. C'est ce qu'ils nous ont fait croire, je ne sais pas… ça existe aussi. Au moins, quand la fille est mariée, elle est protégée par le mari. Elle ne va pas subir ce qu'elles ont subi, les autres. Je n'ai pas eu le choix, je n'ai dit ni oui, ni non, j'ai obéi aux ordres de mon père. Mon chef était gêné, il n'osait pas se montrer. C'est lui qui s'est porté garant. Il fallait que j'aille avec lui. C'est là où j'ai vu le mari. Sinon je ne l'ai pas vu. On était dans un endroit du côté de Jijel, Tamesguida, dans une maison un peu à l'abri de tout, qui n'était pas très loin des zones libres. Alors, j'ai eu ma dot, une alliance en or, une chaîne, une tenue neuve, civile. C'est la première fois que j'avais une paire de Pataugas à ma taille. Alors là, il y a le secrétaire qui est venu, il a pris des renseignements sur les parents. Ils ne pouvaient pas faire le livret de famille, c'étaient des certificats de mariage. Puis

j'ai eu cinq jours de permission. Après le mari est parti, moi je suis restée à l'infirmerie. Il venait de temps en temps, juste après. Je me suis mariée… je ne l'ai plus en tête la date… le 9 décembre 1961.

[Khadidja Belguenbour raconte ensuite avoir rencontré beaucoup de moudjahidate et, sur la demande de certaines, avoir préparé le henné pour célébrer leurs mariages. Lors d'un mois très froid, au cours d'une expédition pour chercher de l'eau, elle découvre par hasard le cadavre d'un homme égorgé. Choquée par cette découverte, elle dit avoir été inconsolable et avoir beaucoup pleuré. C'est à la suite de cet épisode traumatique qu'elle prend les cinq jours de permission autorisés après son mariage.]

C'est là que je suis partie, il y a eu la fête… Ce n'était pas la joie. À l'endroit où je suis allée il ne restait pas beaucoup de maquisards, on soignait beaucoup plus la population, il y avait les enfants amputés, et même certains d'entre eux qui avaient reçu du napalm, qui étaient aveugles. Et là, un matin, je me suis levée. Il n'y avait pas de brume. J'ai dit : « Comment ça se fait qu'il n'y a pas d'avion ? » Comme on était isolés de tout, on n'a pas eu la nouvelle. Le jour même, je crois qu'on a appris qu'il y avait le cessez-le-feu, le quatrième ou troisième jour, puisqu'il y avait la radio qui donnait les informations. Bien sûr, c'est moi qui ai fait le henné à Ouarda qui avait épousé Si Amar Chetaibi. Après j'ai discuté avec le responsable, j'ai dit : « Pourquoi vous avez décidé d'un seul coup d'autoriser le mariage ? » Il m'a dit : « Au moins, ils laissent un enfant. » Effectivement à sa mort, il l'a laissée enceinte. Il est mort en martyr le 5 mars. Il n'a pas vu l'indépendance, il n'a pas vu son fils… même quand on est descendus, [mon] mari est venu, il avait un travail à faire, il devait inscrire les morts, les vivants… je ne le voyais pas souvent. Ils ont décidé de descendre en ville, rejoindre Constantine. Moi je suis restée recevoir les familles des *chouhada*, je ne savais même pas à quel endroit ils étaient morts, je ne pouvais pas les satisfaire, je ne savais pas où se trouvaient leurs tombes… c'était très dur. Après, un certain Belaabenni m'a dit : « Il faut descendre en ville » et mes parents sont venus. Ma mère ne les a pas crus. Elle n'a pas cru que j'étais encore vivante. Les cousins du côté de ma mère et du côté de mon père n'étaient pas tristes, il paraît que j'avais grandi, que j'étais en bonne santé. Je n'étais pas malade [malgré] les conditions de vie, les vêtements, qui n'étaient pas de beaux vêtements… Alors le chef a décidé de nous garder. Il fallait rester. Il paraît que c'était une histoire de l'OAS…

[Après le cessez-le-feu, Khadidja Belguenbour continue à soigner des blessés. Elle narre également la rencontre avec sa belle-famille, choquée par son apparence physique et ses cheveux courts. Alors que les violences de l'OAS et les tueries à Constantine se multiplient, s'ensuit une période trouble, durant laquelle elle est détenue dans une caserne par les hommes de l'armée des frontières. Cela dure une vingtaine de jours aux côtés de centaines de jeunes filles : elle se souvient des mariages forcés et de sa peur d'être violée. Elle dit ne pas avoir connu la joie de l'indépendance et reste sans nouvelles de son mari parti au Maroc et de qui elle finit par se séparer des années plus tard. Elle se retrouve contrainte de travailler de clinique en clinique, ce qui la plonge dans une profonde dépression. Son frère l'emmène alors vivre avec lui en Belgique, avant de retourner en Algérie, où elle trouve un travail à la SONATRACH. Elle clôt son récit en déplorant les difficultés des moudjahidate à être reconnues comme telles en Algérie ; tout en nourrissant des espoirs pour les générations futures.]

Nelly Forget
Une métropolitaine aux côtés des plus démunis des Algérois

Entretien avec Julie Maeck[1]

Nelly Forget n'a pas attendu d'être majeure pour s'engager en faveur des personnes frappées par les guerres et la misère. Immédiatement après la Seconde Guerre mondiale, elle œuvre auprès des réfugiés et, en 1951, elle se retrouve à Alger pour le compte du Service civil international. Son récit est encore vibrant des émotions ressenties alors par la métropolitaine totalement ignorante des réalités coloniales qu'elle était. Elle découvre avec effarement l'évidence du racisme et l'ampleur de la pauvreté dans laquelle vivent les Algériens entassés dans les bidonvilles autour d'Alger auprès de qui elle travaille au sein des Centres sociaux éducatifs. Alors que la répression menée par les parachutistes bat son plein à Alger, elle est arrêtée et conduite villa Sésini, déjà réputée comme un lieu de tortures.

***

1. Réalisé en France le 1er juillet 2020 et édité par Julie Maeck.

Je suis née à Paris, il y a quatre-vingt-onze ans, le 11 mai 1929. Je ne sais pas comment caractériser ma famille… Mon père avait une petite entreprise et ma mère travaillait aux PTT. C'était une ardente syndicaliste, penchant très à gauche. Elle a été déléguée du personnel et déléguée syndicale dans son entreprise durant trente-cinq ans. Les engagements de ma mère m'ont certainement marquée et influencée. Elle avait été arrêtée en 1934 au moment de la grève générale. J'étais allée la chercher avec mon père au commissariat. Ce sont des choses qui marquent.

Je garde des souvenirs très forts de l'occupation allemande. Je n'ai pas été victime directement, mais j'ai fait mes études dans un lycée où la moitié de mes camarades étaient juives. Je les ai vues disparaître les unes après les autres. J'ai vécu toute cette période en solidarité avec elles. Je me rappelle très bien le jour où l'étoile jaune a été rendue obligatoire. Nos camarades sont venues avec cette marque sur leur tablier ou sur leur vêtement. La surveillante générale nous a convoquées dans la cour et nous a dit qu'elle espérait bien que nous fassions notre devoir. On s'est toutes jetées dans les bras les unes des autres. En fait, je me dis que j'ai vécu dans la guerre sans arrêt. J'avais 10 ans au moment de la déclaration de la Seconde Guerre mondiale, j'avais 33 ans à la fin de la guerre d'Algérie. J'ai l'impression d'un continuum, parce que la période entre 1945 et 1954 a été une période qui n'était pas pacifique puisqu'on attendait la troisième guerre mondiale. J'ai travaillé dans des camps de personnes déplacées en Allemagne, j'ai vécu le coup de Prague en Tchécoslovaquie. La guerre était toujours présente et je crois que je n'en suis jamais sortie.

J'ai commencé des études à l'université, mais j'avais l'impression que l'université ne coïncidait pas du tout avec ce que j'attendais. J'ai eu envie d'autre chose. L'expérience de la vie avec d'autres jeunes de tous les pays m'avait beaucoup séduite en Tchécoslovaquie. À mon retour de ce voyage, en 1948, je me suis engagée comme volontaire sur le long terme au Service civil international. J'y ai trouvé quelque chose qui répondait à mes attentes, à savoir une rencontre. Alors que je travaillais dans un camp de personnes déplacées en Allemagne, on m'a demandé de prendre en charge la branche algérienne, qui venait d'être créée par Pierre Martin, et de partir en Algérie. J'ai beaucoup hésité, l'idée d'aller dans une colonie française ne me tentait pas particulièrement. J'étais déjà alertée sur ce qui s'y passait et je pensais que la situation était perdue. J'étais une lectrice attentive d'une certaine presse anticolonialiste, comme *Combat* et *L'Observateur*. *Combat* a joué un très grand rôle dans ma formation et dans mon attachement à Camus. Ses éditoriaux et ses articles m'ont beaucoup inspirée. J'ai finalement accepté la mission et je suis partie en Algérie en 1951.

En arrivant en Algérie, j'ai été frappée par la beauté du pays, la lumière. Il y avait une espèce de vitalité qui n'existait pas en France. Il y avait aussi un racisme quotidien et violent qui m'a beaucoup choquée et j'ai été frappée par la chaleur de l'accueil des amis algériens qui attendaient quelque chose des Français libéraux. On avait des discussions parfois violentes, mais il y avait une attente de leur part de ce qu'était la vraie France. Le racisme était partout dans la vie quotidienne, dans les transports, dans la façon dont les gens se regardaient. J'ai eu des relations avec quelques pieds-noirs en dehors du Service civil qui me disaient qu'une Française ne fréquente pas les « bicots ». J'ai dû choisir. Du côté des « bicots », on ne m'a pas posé d'exclusive, alors j'ai décidé de ne plus fréquenter ces pieds-noirs. J'ai vécu ce séjour comme une anticipation de ce qui allait se passer quelques années plus tard. La situation était explosive. L'injustice et la misère sociale ne pouvaient pas continuer. Du côté algérien, on parlait beaucoup des massacres de Sétif et du non-respect des réformes. En 1951-1952, j'ai assisté à un vote dans un village. Je ne sais plus du tout ce que c'était mais je vois l'administrateur qui, à l'entrée du bureau, surveillait les bulletins pris par les électeurs. Pour moi, il était évident qu'il allait se passer quelque chose. J'étais partie pour être la secrétaire de la branche algérienne mais très rapidement je me suis dit qu'il fallait absolument que ce soit un Algérien qui occupe ce poste. On a suivi mon conseil et c'est un civiliste, Mohamed Sahnoun, qui m'a succédé.

À mon arrivée, Pierre Martin m'a expliqué que jusqu'à présent le Service civil n'intervenait que dans des petits villages de Kabylie et que, pour avoir plus de visibilité et recruter des membres, il fallait qu'on travaille à Alger et dans les bidonvilles. C'était difficile d'entrer dans un bidonville et de trouver par quel biais on pouvait faire quelque chose. C'est par l'intermédiaire de religieux, les Petits Frères de Jésus, que j'ai rencontré Marie-Renée Chéné. Elle donnait des soins, sans aucun moyen, dans un misérable local du bidonville de Boubsila-Berardi dans la banlieue d'Alger. Le bidonville était constitué de gourbis faits de branchages et de cartons, avec des tôles dans le meilleur des cas pour servir de toiture. Il y avait quatre points d'eau pour six mille habitants, pas d'enlèvement d'ordures, pas d'école, pas de poste, pas de police, aucune structure administrative. Je lui ai apporté l'aide d'autres volontaires du Service civil qui sont venus d'Angleterre, des États-Unis et de Norvège. Les conditions sanitaires étaient déplorables, plusieurs volontaires ont dû être évacués. On travaillait uniquement avec des moyens privés. Avec le Service civil, on a construit une école pour les filles, puis une pour les garçons, on a contribué à améliorer la voirie en creusant des fossés pour l'évacuation des eaux usées en construisant des marches dans les rues en pente. Le bidonville de Boubsila a attiré tous ceux qui avaient envie de faire quelque chose. Pour beaucoup, ça a été un lieu de révélation, d'engagement, tout ça grâce à Marie-Renée Chéné qui était une personne extraordinaire par son dynamisme, son empathie avec le milieu dans lequel elle travaillait, une femme extraordinaire de générosité, d'entreprise et de modestie en même temps. Suivant les conseils de Marie-Renée, je suis rentrée en France pour faire des études d'assistante sociale. Mon intention était bien entendu de revenir après pour retravailler à Boubsila-Berardi ou ailleurs.

Dans quelles circonstances retournez-vous en Algérie en septembre 1955 ?

Lorsque j'étais en dernière année de mes études à Paris, Marie-Renée m'a conseillé de prendre contact avec Germaine Tillion qui travaillait à la création des Centres sociaux éducatifs. Elle m'a engagée sur le projet et, de retour en Algérie, j'ai été associée à l'équipe qui fondait le service. Ça a été absolument passionnant, je me suis retrouvée avec des gens très motivés qui partageaient le même sentiment d'urgence de faire quelque chose, d'autant plus que la situation s'était aggravée avec le début de ce qu'on n'appelait pas encore la guerre. L'équipe était mixte, il y avait des Algériens et des Français, métropolitains ou pieds-noirs, des hommes et des femmes, des gens venant de l'Éducation nationale, du travail social, des artistes, des sociologues. La situation était telle qu'on ne pouvait pas s'en tenir au train-train ou à la médiocrité. On était obligés d'aller au bout de soi-même. C'est-à-dire que si on ne faisait pas le choix de la lutte violente, il fallait avoir le même engagement et la même intensité dans l'action socio-éducative qu'on menait. Je crois qu'on était poussés aux limites de soi-même.

À l'automne 1955, comment la guerre se manifestait ?

J'ai vaguement l'impression qu'il y avait moins de racisme. J'ai l'impression que la guerre a créé un électrochoc dans la population européenne qui se comportait un peu autrement. Il y avait peut-être plus de violence, mais moins de racisme. Je crois que l'idée que le peuple algérien a été uni comme un seul homme dès le 1er novembre 1954 est un mythe. Il y en avait beaucoup qui espéraient que ça s'arrête, que la violence cesse. Mais il y avait quand même une solidarité. Au moment de l'arraisonnement de l'avion de Ben Bella, on avait l'impression qu'une chape de plomb était tombée sur la ville. Il y avait une telle tristesse chez les Algériens. Je pense que la solidarité des Algériens avec le Mouvement de libération s'est faite au travers d'événements comme ceux-là. Mais, à mon avis, ce qui a été essentiel dans le basculement des Algériens vers la lutte nationale, c'est la répression.

En quoi consistait votre travail au sein des Centres sociaux éducatifs ?

Avec la guerre, une des choses qui a changé, c'est qu'on ne circulait pratiquement pas, les routes étaient peu sûres. Je ne suis pas sortie d'Alger et de sa banlieue durant les dix-huit mois où je suis restée en Algérie. Je travaillais dans l'équipe centrale, je préparais les documents pédagogiques, j'assurais aussi la formation du personnel. On avait des stages de formation pour que les jeunes moniteurs et monitrices soient formés à la pédagogie et aux attitudes qu'on attendait d'eux dans la population. Je devais ensuite prendre la codirection d'un centre dans la banlieue d'Alger mais je n'ai pas pu le faire puisque ça s'est arrêté là. Je n'ai donc pas travaillé sur le terrain, je n'ai eu que des échos de ceux qui commençaient à s'implanter. Durant la première année, nous avons créé des centres à Alger et la périphérie, dans la vallée d'Orléansville, dans la vallée du Chlef. Après, les centres se sont multipliés jusqu'à atteindre le grand Sud.

Quel était l'état d'esprit des centres sociaux ?

C'était un îlot dans lequel la liberté d'expression et de pensée continuait à exister. Je me souviens de discussions assez fortes, quelquefois violentes, avec des amis algériens sur des sujets où ailleurs on ne s'exprimait pas. Je crois que c'est une des caractéristiques des centres sociaux : la liberté et la confiance mutuelle que les gens ont exercées. Les deux communautés présentes dans les centres sociaux se sont protégées dans toutes les circonstances. C'est ce que je disais tout à l'heure, dans la mesure où on ne s'engageait pas politiquement ou militairement, il fallait avoir un engagement total dans l'action pédagogique et sociale, et proposer une alternative crédible qui était la fraternité.

Comment les actions menées par les centres sociaux étaient-elles perçues par les populations algérienne et européenne ?

Je suis incapable de répondre à cette question, parce que comme je vous l'ai dit, je ne suis pas allée sur le terrain à cette période et je vivais dans un milieu très restreint : le milieu des centres sociaux d'un côté, et de l'autre le milieu paroissial d'Hussein Dey, qui était le milieu des chrétiens libéraux, si vous voulez. J'étais incapable de savoir quelle était la position de la population algérienne, en dehors de celle qui fréquentait les centres sociaux, et de la population européenne que je ne fréquentais pas du tout. On était vraiment un petit îlot, aussi bien du côté des chrétiens libéraux que du côté des centres sociaux, deux milieux qui ont été persécutés parallèlement.

Pourriez-vous parler des chrétiens libéraux qui étaient une minorité en Algérie ? Est-ce que vous partagiez leurs idées ? Est-ce que vous étiez dans cette ligne qui est quand même politique ?

Oui, c'était une prise de position politique sans être rattachée à un parti. La paroisse d'Hussein Dey, par exemple, se considérait comme responsable de la population dans son ensemble, y compris les musulmans. Tous les jeunes vicaires étaient tenus de résider dans un quartier périphérique, bidonville ou cité de recasement, etc., pour s'immerger dans ce milieu. Il est évident qu'ils se sentaient solidaires de ceux avec qui ils habitaient. La paroisse a souvent servi de lieu d'hébergement pour des gens qui étaient recherchés pendant la guerre. Quand j'ai eu une première visite des parachutistes chez moi de nuit, le matin je suis tout de suite allée prévenir la paroisse. « Ah merde, il va falloir qu'on fasse partir untel », c'est-à-dire que comme ils avaient des gens chez eux, ils étaient susceptibles d'être visés à leur tour.

Que pensiez-vous de la cause indépendantiste ?

Je voulais que les gens vivent dans l'amitié et la paix, et je pense qu'il y avait beaucoup de pieds-noirs qui avaient leur place en Algérie. La preuve, c'est que tous ceux qui ont travaillé dans les centres sociaux étaient capables de le faire. Ça a été une grande perte pour l'Algérie de se priver de tous les apports de ceux qui auraient pu rester. Je n'étais pas une militante de l'indépendance. J'étais pour la justice sociale, j'étais pour que les choses se passent dans la paix. Mais j'étais obligée quand même de soutenir ceux qui, même s'ils n'étaient pas d'accord avec moi, étaient pourchassés et menacés.

En janvier 1956, Camus a fait un discours appelant à une trêve civile. Est-ce que vous vous souvenez de ce discours ? Pouvez-vous nous le raconter ?

Je ne me souviens pas du discours car je n'ai pas pu rentrer dans la salle. Je ne faisais pas partie des personnes qui étaient invitées dans cette petite salle de la basse casbah. Germaine Tillion y était, mais moi, j'étais dans la foule qui était autour du bâtiment. C'est un souvenir assez fort parce que c'est la dernière fois que les forces de police ou de l'armée ont joué le rôle d'arbitre entre les deux groupes. Je revois encore le cordon des gardes mobiles qui séparait la foule des ultras, des pieds-noirs qui criaient « À mort Camus ! » et qui voulaient envahir la salle pour lui jouer un mauvais tour. Et, de l'autre côté, quelques Européens et les Algériens qui étaient là pour soutenir Camus. C'est la dernière fois, je crois, où les forces de police ont joué ce rôle intermédiaire. Après, elles ont basculé d'un côté.

Ce discours, cet appel à la trêve civile, a-t-il eu un impact important dans les semaines qui ont suivi ?

Je ne pense pas, non. Je ne pense pas que ça ait eu un impact dans la population. Ça a eu un impact dans des petits groupes, comme celui auquel j'appartenais. Mais vis-à-vis de la population européenne, ça a été plutôt l'inverse, ça a mis le feu aux poudres. Et du côté algérien, ça n'avait aucun sens, ça n'a eu aucun écho. D'ailleurs, pauvre Camus, il s'est replié à partir de ce moment-là. Il n'est plus intervenu publiquement, mais il n'a pas arrêté d'intervenir pour sauver des gens.

Est-ce que dans le cadre de vos activités aux centres sociaux vous aviez des relations avec la municipalité d'Alger ?

Non, car le bidonville où je travaillais ne dépendait pas de la municipalité d'Alger. J'ai eu des contacts avec des conseillers municipaux qui faisaient partie de l'équipe de Chevallier, pas en tant que conseillers municipaux mais parce qu'ils étaient engagés dans l'action sociale, comme Paul Houdart qui était le président de l'association qui gérait le bidonville de Bel-Air et André Gallice, qui était le frère de Simone Gallice qui travaillait en tant qu'assistante sociale au bidonville de Bel-Air.

Avant de parler de votre arrestation, pourriez-vous décrire l'atmosphère à Alger au début de l'année 1957, moment où commence ce qu'on a appelé la « bataille d'Alger » ?

J'étais rarement à Alger. J'allais où se tenaient les réunions du service des centres sociaux à El-Biar, en passant par le ravin de la femme sauvage, donc sans passer par Alger. Je vivais en périphérie, à proximité des bidonvilles. J'avais choisi d'habiter dans une cité de recasement. J'étais la seule Européenne dans la cité. J'ai vécu la grève qui a été le début de la bataille d'Alger. Dans ma cité, j'étais la seule à sortir pour aller au travail. Je me rappelle un voisin qui m'avait demandé de l'emmener discrètement jusqu'à son travail parce qu'il risquait sa vie en ne respectant pas l'ordre de grève. C'était très lourd. Il y avait des hélicoptères qui survolaient la cité. Les gens savaient qu'ils prenaient des risques énormes, mais qu'ils ne pouvaient pas faire autrement que respecter la consigne de grève. Alors, je n'ai pas assisté au saccage des boutiques, et tout ça, puisque je vivais dans ce milieu de bidonville où tout ça ne se passait pas.

Avant de vous parler de mon arrestation, il faut quand même que je vous dise quelques mots sur ce que j'ai été amenée à faire, comment je me suis engagée un peu plus. J'étais chez Marie-Renée, deux vicaires de la paroisse sont venus lui demander d'utiliser sa voiture pour transporter des Algériens qui étaient cachés chez eux et qui devaient être accueillis à l'archevêché. Marie-Renée leur a répondu : « Non, non, c'est une voiture de service. Je ne peux pas ! » Et moi, j'étais là, j'ai dit : « Moi je le fais ! » J'ai donc pris dans ma voiture des copains que je connaissais bien, Rachid Amara, Lounis et Mustapha Saber. Ils ont été les premiers étudiants à monter au maquis. C'est un souvenir très fort, ils étaient dans ma voiture, une 2 CV, et ils étaient très apeurés, ils avaient tout le temps l'impression qu'on était suivis, etc. Je leur ai dit : « Mais vous êtes maniaques de vous comporter comme ça ! » Je ne comprenais pas ce que c'était, d'être persécuté. Après, j'ai compris, quand on a vécu ce qu'ils ont vécu. Ils sortaient de prison. Je les ai amenés à l'archevêché. Le lendemain, le secrétaire du cardinal Duval les a emmenés à la montagne. Rachid a été tué quelques mois plus tard. C'est devenu un héros, il y a un lycée qui porte son nom. Les deux autres ont été tués aussi.

Dans quelles circonstances êtes-vous arrêtée en février 1957 ?

La persécution s'était déjà abattue sur les centres sociaux. J'avais deux amies qui avaient déjà été arrêtées. J'avais eu une visite des paras, des bérets bleus, à trois heures du matin une semaine avant mon arrestation. On recherchait ma collègue et amie Chafika Meslem. Une semaine plus tard, ce sont les bérets verts qui sont venus, toujours à 3 heures du matin. Chafi n'était pas chez moi, mais ils ont découvert dans mon appartement tout un stock de médicaments et une machine à écrire. C'était le matériel pour un centre social qui allait ouvrir. Comme le bâtiment n'était pas achevé, on m'avait demandé d'entreposer le matériel pour le dispensaire et le secrétariat. Et ça, tout d'un coup, cela les a beaucoup excités. Ils m'ont dit : « Ça, c'est pour le maquis que tu gardes ça ! » On m'a emmenée à Sésini. Cinq minutes d'interrogatoire, même pas, et après la salle de torture directement.

« Où est Chafika ? » C'est tout. C'était la seule question. « Il est 5 heures du matin, il faut que dans une heure elle soit entre nos mains. Alors où est-elle ? » Je ne savais pas. Pendant la séance de torture, ça a été la seule question. Considérez que Chafika Meslem était, je l'ai appris après, l'adjointe de Ben M'hidi qui était, à ce moment-là, le patron de la zone d'Alger. Ils la recherchaient très activement. Moi, je n'avais rien à dire, donc je n'ai rien eu à dire. La séance de torture était à l'eau et à l'électricité. J'étais étendue sur une échelle avec les mains qui trempaient dans un bassin. Tout ça, ça se passait non pas dans les locaux principaux, mais, paraît-il, dans ce qui s'appelle le café maure. La villa Sésini était l'ancienne ambassade d'Allemagne. Il y avait une petite construction dans le jardin qui devait permettre de prendre le café en étant à l'air libre, presque dans le jardin. Donc, c'est là apparemment que se passaient les séances de torture, mais je ne peux pas savoir parce que tout se passait avec une cagoule sur la tête. Toutes les circulations à Sésini se faisaient avec une cagoule sur la tête. Je ne sais pas quel est le sens de cette cagoule. Je me suis toujours posé la question. Je pense que c'était une protection pour les tortionnaires, parce qu'on n'avait pas d'image d'eux. On ne pouvait pas savoir qui était là. Et puis peut-être que c'est donner une âme de donneur à celui à qui on met la cagoule. Il devient anonyme lui-même, il peut parler sans être lui-même. J'étais donc allongée sur une échelle avec des électrodes qui donnaient des décharges. Ce n'était pas la baignoire, ce n'était pas l'étouffement. Ça m'a fait penser au supplice du Moyen Âge où on voyait le ventre du supplicié qui grossissait. C'était ça : verser de l'eau, de l'eau, de l'eau. Je ne sais pas combien de temps ça a duré. Je pense que ça a duré une heure à peu près. À la fin, j'étais sur le point de perdre connaissance. Je ne pouvais plus tenir debout, il a fallu qu'on me porte à ma cellule. Il a été très gentil le bourreau parce qu'il ne m'a pas traînée par les pieds, il ne m'a pas traînée par les cheveux, il m'a portée. Voilà. Et la seule question, c'était : « Où est Chafi ? » C'est tout.

Aviez-vous des relations avec d'autres détenues de la villa Sésini ?

Oui, je n'ai jamais été seule en cellule. Il y a eu au moins une dizaine de personnes qui sont passées pendant que j'y étais. Toutes celles que j'ai connues ont vécu exactement le même sort que moi, c'est-à-dire qu'elles avaient été torturées avant tout interrogatoire. C'était comme une sorte de conditionnement préalable à la suite des opérations. Ce n'était pas *in extremis* parce qu'on ne voulait pas parler. Non, on commençait par ça. On vivait en permanence dans cette atmosphère de torture, puisque dans la cellule arrivait une fille qui allait être torturée ou qui revenait de la torture. On entendait des hurlements jour et nuit. Enfin, c'était surtout la nuit, la journée était plus calme. Pendant les quatre semaines que j'ai passées à Sésini, je vivais vingt-quatre heures sur vingt-quatre dans ce climat de torture, en attendant que ça recommence, puisque c'était toujours la menace : « Tu vas voir, ça n'est qu'un préalable. » Ce qui est intéressant, c'est que j'ai eu mon premier interrogatoire d'identité au bout de quinze jours. On m'avait arrêtée, torturée, internée sans savoir vraiment qui j'étais. Pendant cette période, il y a sûrement eu des morts à Sésini. Une fois, un médecin est venu chercher un brancard avec un air absolument affolé et je crois que cette nuit-là, il y a un gars qui est mort sous la torture. J'ai su, après, qu'il y avait un médecin qui avait protesté et qui était parti. Ma cellule donnait directement sur le corps de garde des légionnaires. Il y avait des manifestations de solidarité de la part des légionnaires qui nous passaient une cigarette, une barre de chocolat ou une orange. Ils avaient une radio et j'ai entendu les nouvelles concernant le général de Bollardière qui avait protesté contre la torture. C'était chouette d'avoir cette nouvelle. J'ai été heureuse de pouvoir lui dire directement, quand je l'ai retrouvé en Bretagne.

Après Sésini, pour se refaire une santé, pour être un peu plus présentable, j'ai été pendant une semaine à la villa Mireille occupée par des paras. On y était beaucoup plus libres. On était un peu à la lumière aussi, pas dans une cave. Ensuite, j'ai été présentée au juge d'instruction et détenue à Barberousse. La prison de Barberousse a été une autre expérience très dure aussi, mais plus confortable au niveau de la sécurité personnelle parce que là, on ne craignait rien. Sauf qu'une fois, des gardes mobiles sont venus garder la prison parce qu'il y avait une menace d'attentat des ultras pour venir massacrer les prisonniers. À chaque fois qu'on circulait pour aller chez le juge d'instruction, il y avait des voitures-sirènes qui nous précédaient car, disait-on, on risquait d'être attaqués en cours de route. Mais la prison était un lieu relativement sûr, où il y avait une grande liberté dans notre vie – en dehors du fait qu'on était derrière des murs. On pouvait s'organiser comme on l'entendait. J'ai connu toutes les détenues importantes : Djamila Bouhired, Jacqueline Guerroudj, les condamnées à mort, Djamila Bouazza. Il y avait le groupe des communistes, le groupe du FLN et le petit groupe des chrétiens libéraux, tout petit. Il y avait des tensions quelquefois mais, dans l'ensemble, il y avait une solidarité très forte. Par exemple, quand on recevait des colis alimentaires, ils étaient scrupuleusement partagés entre tout le monde. Il y avait une grande solidarité sur ce plan-là, avec quelquefois des conflits qui restaient internes. Par exemple, moi, j'ai été mise en quarantaine parce que je refusais d'applaudir quand les ambulances passaient. En général, le passage des ambulances signifiait qu'il y avait eu un attentat. Je n'approuvais pas et j'en ai subi les conséquences. Vis-à-vis de l'administration, on était toutes toujours solidaires. J'ai été une fois convoquée par le directeur de la prison qui aurait voulu que je le renseigne sur la vie de la prison parce que Germaine Tillion était passée. On a eu plusieurs visites de commissions. Il y a eu la visite du Comité international de la Croix-Rouge et de la Commission internationale contre le régime concentrationnaire de David Rousset, et donc Germaine qui était venue et nous avait apporté énormément de victuailles. Elle avait aussi trouvé le moyen de me dédicacer son dernier livre, *L'Algérie 57*. Le directeur de la prison voulait utiliser cette occasion pour avoir des renseignements sur la vie interne. Comme, bien entendu, je m'y étais refusée, il m'a dit : « Ma fille, je ne vous donnerai pas ce livre ! » Si bien que cet exemplaire du livre de Germaine a dû rester au greffe de la prison de Barberousse.

C'était aussi le moment des exécutions capitales.

Alors ça, c'est la chose la plus terrible qui rendait la vie insupportable. Les exécutions étaient très nombreuses, j'ai vécu treize exécutions capitales. C'était vraiment un cauchemar de sentir que des hommes en pleine possession de leurs moyens allaient être tués de sang-froid comme ça et au nom de la France. La prison vibrait de protestations, pleurant, chantant, s'accrochant aux barreaux, du côté des femmes comme du côté des hommes. Les hommes entendaient le quartier des condamnés à mort, ils se rendaient compte qu'il y avait une, deux, trois, quatre personnes qui étaient prélevées du groupe et ils commençaient à avertir les autres. Toute la prison des hommes se mettait à chanter, et, à ce moment-là, le quartier des femmes était averti, nous chantions aussi. C'était vraiment le cauchemar absolu cette expérience, très, très violente. Alors après, la casbah qui était toute voisine se mettait à youyouter et à chanter. Il y avait une atmosphère de folie. Le lendemain d'une exécution, nous étions systématiquement en grève de la faim. Je me disais : « Je ne pourrai pas continuer à vivre dans ce milieu-là. Je préfère devenir folle que de continuer à vivre ça en pleine conscience. » Et ça continuait. L'année 1957 est une année terrible. Germaine Tillion avait tout à fait raison de penser que c'était nodal dans les événements et qu'il fallait absolument suspendre les exécutions. Vis-à-vis de ceux qui étaient en prison, mais vis-à-vis aussi de la population, les exécutions capitales étaient vraiment faites au nom de la France. C'est quelque chose qui a été irrémédiable, parce que quand il y avait des exactions commises par l'armée, etc., c'étaient quand même des personnes qui étaient impliquées, tandis que là, la condamnation, l'exécution de condamnés à mort, c'était fait au nom du pays. C'était vraiment la France en tant que telle qui était responsable et, à mon avis, ça a été une des choses qui a rendu la situation irrémédiable.

Vous passez ensuite en jugement. Pouvez-vous raconter cette séquence du procès ? De quoi étiez-vous accusée ?

D'atteinte à la sûreté de l'État. Les motifs de mon inculpation étaient « aide à la rébellion » et puis la chose majeure, c'était d'avoir hébergé Raymonde Peschard. Raymonde Peschard était une militante communiste qui, par campagne de presse et probablement une manœuvre politique, était accusée d'être la responsable de tous les attentats commis contre la population civile à Alger. Ce qu'elle n'était pas. Mon amie Chafi m'a demandé de l'aider à l'héberger. Je lui ai dit : « Non. Une fille qui commet des attentats, je suis contre. » Chafi m'a assuré que ce n'était pas Raymonde. Je me suis donc occupée de faire héberger Raymonde par les Sœurs blanches qui ont accepté de l'accueillir. Puis, comme son portrait ressortait constamment dans la presse, les Sœurs blanches risquaient d'être dénoncées. Elles l'ont transportée dans un autre couvent où je suis allée la chercher pour qu'elle prenne d'autres contacts. Elle est partie au maquis à ce moment-là. C'était grave d'avoir cette inculpation mais, trois semaines avant mon procès, Raymonde Peschard a été déclarée innocente à titre posthume. C'est un grand mystère parce qu'elle n'était pas morte à ce moment-là. Elle a été tuée effectivement, mais trois mois plus tard. Et je suis persuadée qu'il y a une femme européenne qui est morte sous la torture et qu'on a prise pour Raymonde Peschard. Qui ? Je ne sais pas, cela reste un mystère. Pourquoi a-t-on déclaré cet acquittement à titre posthume ? Du coup, toutes les accusations contre moi tombaient parce que le reste, c'étaient des broutilles. Initialement, je risquais dix ans de prison, puis après plus grand-chose. J'ai eu un avocat qui est venu de Paris. Je crois que c'est le seul qui soit entré à Sésini, parce qu'il était lui-même un ancien para et qu'il avait sauté en Normandie en 1944. Il a excipé ce titre pour entrer à Sésini.

C'était quand même assez extraordinaire d'avoir la visite d'un avocat là-bas. Il ne faisait pas partie du collectif des avocats qui a été constitué entre le PC et le FLN. Il a décidé de défendre mon amie Chafi en même temps que moi. Il a fait une plaidoirie commune pour nous deux. Ce qui a probablement été très important pour lui permettre d'avoir le sursis. Chafi a été condamnée à cinq ans mais avec sursis. Ce qui était très avantageux parce qu'elle a quand même eu des responsabilités. Il a joué sur ça : « Ne séparez pas la France et l'Algérie, il y en a une qui représente la France, l'autre l'Algérie et voyez comme elles s'aiment, alors ne les séparez pas, mettez-les toutes les deux en prison ou libérez-les toutes les deux en même temps. »

Est-ce que dans sa ligne de défense, votre avocat a parlé de la torture ?

Je ne crois pas. Écoutez, c'est incroyable, mais je n'ai aucun souvenir du procès, j'étais anesthésiée, je crois. J'ai vaguement le souvenir de la salle, mais où j'étais ? Après, j'ai vu des dessins de presse, on était trente-cinq au procès, et je ne me souvenais absolument pas où j'étais placée, auprès de qui, comment ça s'est passé, c'est vraiment un trou noir, le procès. Donc, je ne peux pas vous en parler.

À l'été 1957, vous retournez en France. On ne vous a pas demandé de quitter l'Algérie.

Non, je n'ai pas été expulsée, mais ça m'aurait été difficile, à mon avis, de continuer à travailler tranquillement là-bas parce que j'avais eu mon portrait dans les premières pages de journaux en Algérie. On avait parlé de moi, j'étais *persona non grata*, ça m'aurait rendu les choses peut-être possibles, mais difficiles. D'un autre côté, j'avais ma famille qui souhaitait beaucoup que je revienne. Je suis donc rentrée en France avec Chafika qui, elle, très vite, a filé au Maroc. Elle voulait continuer à militer. J'ai continué à travailler pour les centres sociaux pendant un an. Nous avons organisé un stage de formation pour le personnel en France avec Marie-Renée qui, elle, avait été expulsée d'Algérie. Ça a été une expérience passionnante. La formation se déroulait à Levallois. On a vraiment fait appel à des personnes remarquables pour donner les cours : la directrice du CEMEA, des conseillers d'État, des sociologues de premier plan sont venus parler à nos stagiaires. Ça a été une formation très intéressante, sauf qu'au moment de repartir en Algérie tous les hommes ont pris la tangente et sont partis en Tunisie ! On était en mai 1958. Je crois que si ça avait été à un autre moment, il y aurait eu des sanctions terribles, mais là, c'était effacé par les événements beaucoup plus importants du 13 mai. On n'a pas renouvelé l'expérience de la formation en France et j'ai commencé à travailler pour Chombart de Lauwe, une équipe de sociologues, jusqu'au début de l'année 1959. À ce moment-là, Germaine Tillion m'a demandé de venir travailler avec elle. Elle était entrée au cabinet de Boulloche, le ministre de l'Éducation nationale. Elle savait qu'elle continuerait à s'occuper de choses sensibles et ne voulait pas avoir comme secrétaire une fonctionnaire dont elle ne serait pas absolument sûre. J'ai passé une année passionnante à travailler avec elle. C'était quand même une expérience un peu bizarre de me retrouver au cabinet du ministre alors que je sortais de prison. J'occupais le bureau de Germaine parce qu'elle était très malade et restait toujours chez elle. Je prenais scrupuleusement en compte les demandes du ministre : « Alors Germaine, il y a une note à faire pour ceci, une réunion pour ça. » – « Très bien. » – « Alors, passons à autre chose. » Et, autre chose, c'était toujours travailler sur le dossier d'un condamné à mort, essayer d'éviter une exécution, obtenir la libération d'un autre, etc.

Germaine Tillion a profité de ce poste pour lancer deux projets très importants : d'une part, des bourses pour les étudiants algériens qui n'entraient plus dans les critères des bourses françaises parce qu'ils étaient allés en prison. Elle a créé un système de bourses en France beaucoup plus ouvert que les critères habituels. Le deuxième chantier non moins intéressant a été la mise en place de l'enseignement dans les prisons, pas mise en place parce que ça existait, mais leur donner une importance et une extension plus grandes, en transférant notamment le personnel éducatif de l'enseignement dans les prisons à l'Éducation nationale.

Aviez-vous encore des contacts avec vos amis algériens ?

Oui, j'avais beaucoup de contacts avec d'anciennes détenues qui étaient libérées et qui venaient en France. Je passais mon temps à écrire, à me tenir au courant, envoyer des rapports. On avait l'habitude de se retrouver toutes les semaines avec tous les anciens des centres sociaux qui passaient par Paris. On continuait à avoir des liens très forts. D'ailleurs quand il y a eu l'assassinat des six inspecteurs des centres sociaux en 1962, j'ai déjeuné avec un ami qui aurait dû être sur place. Après, il a complètement disparu. Il a été effrayé par ce qu'il venait d'apprendre.

Puisque vous parlez de cet épisode, je propose de faire un petit bond dans le temps. Comment avez-vous appris l'assassinat le 15 mars 1962 de six inspecteurs des centres sociaux par un commando de l'OAS ?

J'ai appris par la radio l'assassinat de mes collègues, les six inspecteurs des centres sociaux. Puis après, bien entendu, on a échangé autant qu'on pouvait les uns et les autres pour avoir plus d'informations. Mais on n'en avait pas beaucoup. Les gens ont fui. Tous ceux qui auraient dû être à cette réunion, ou qui ont échappé à l'exécution, ont fui, se sont dispersés. Parmi les gens qui sont restés, il y a Colette Castagno, une amie, qui était journaliste et qui travaillait aux centres sociaux depuis longtemps. Elle avait créé la première télévision éducative. Elle m'a dit qu'elle est arrivée à Château-Royal quelques instants après le massacre, parce qu'elle avait rendez-vous avec Mouloud Feraoun. Elle n'a pas vu les corps mais elle est allée aux obsèques. Elle m'a dit : « Au moment des obsèques, en dehors des familles et des officiels, il n'y avait personne. Les gens avaient peur. »

Vous connaissiez Mouloud Feraoun ?

Non. Les seuls que je connaissais dans l'équipe qui a été assassinée, c'étaient Robert Eymard et Salah Ould Aoudia qui travaillaient déjà aux centres sociaux en 1956-1957. Les autres étaient arrivés plus récemment dans le service. On a parlé de cet assassinat à juste titre, mais il y en a eu d'autres dont on n'a pas parlé, dont on n'a pratiquement pas de trace. Le centre de Biskra a été plastiqué. Il y a eu des tas d'attaques contre les centres sociaux, mais, dans l'espèce de maelstrom des trois derniers mois qui ont précédé l'indépendance, on ne les a pas relevés. Les centres sociaux ont été la cible de l'OAS d'une façon privilégiée. En 1961, au moment du procès des généraux putschistes, Massu a parlé de cette « pourriture » qu'étaient les centres sociaux. Les engagements humanistes des centres sociaux étaient considérés comme un extrême danger pour les partisans de la guerre à outrance.

Il y a un autre assassinat qui, je pense, vous a marquée, c'est celui de Simone et Émile Tanneur. C'était un peu plus tard.

Oui, c'était en mai 1962. Simone et Émile étaient membres du Service civil ; Émile avait été le secrétaire de la branche algérienne pendant un certain temps. Mais le Service civil a été interdit très rapidement. Je crois qu'ils ont été obligés de fermer tous les chantiers en 1958. Émile avait été expulsé d'Algérie, mais il est revenu. Simone travaillait à Berardi depuis 1952-1953, puis elle a travaillé dans une école privée dans un village de Kabylie. Quand Émile et Simone se sont mariés, ils ont créé une sorte de centre social privé à la Bouzareah où ils vivaient très pauvrement, en rendant service à la population : ils donnaient des cours de formation pour les jeunes, ils apportaient des soins aux familles. Un jour de mai 1962, des Algériens sont venus. Ils ont voulu enlever Émile, mais Simone a absolument voulu accompagner son mari. Ils ont tous les deux disparu. On n'a jamais su ce qu'ils étaient devenus. Par des recoupements, on sait qu'ils ont été tués et que leurs corps ont été jetés dans un endroit où on a depuis construit un immeuble. Il n'y a donc aucune chance de retrouver leurs corps, sauf quand il y aura, dans quelques siècles, des archéologues qui se pencheront là-dessus. C'est l'aspect tragique de ces événements. C'est tellement injuste qu'ils aient été assassinés par ceux à qui ils avaient voué leur vie. J'ai appris tardivement que Simone était Juste parmi les Nations. Pendant la Seconde Guerre mondiale, elle avait sauvé des Juifs en les cachant dans une auberge.

Retournons un peu en arrière. Vous êtes à Paris en 1958. Comment vivez-vous le retour au pouvoir du général de Gaulle ?

Avec soulagement. J'ai peut-être été influencée par Germaine, mais je crois que c'était aussi mon opinion. C'était la meilleure façon d'éviter un putsch fasciste en France qui était tout à fait possible et qui s'est manifesté un peu plus tard en 1961 lors du putsch des généraux. Je me rappelle l'atmosphère à Paris au moment du putsch. On attendait qu'ils débarquent dans les aéroports. On savait très bien que les positions officielles étaient très prudentes et que les gens essayaient d'avoir les pieds des deux côtés, de façon à pouvoir se prémunir contre des accusations. On m'a raconté qu'à l'aéroport d'Orly, on avait mis des chevaux de frise ou quelque chose pour empêcher l'arrivée des avions mais on s'était arrangé pour qu'il y ait suffisamment d'espace quand même pour que les avions puissent passer. Les chevaux de frise étaient là, mais on pouvait quand même débarquer.

Pensiez-vous alors que de Gaulle allait pouvoir résoudre ce conflit ?

Je crois que la partie était rude parce qu'il avait l'armée contre lui. Et puis, il y avait la présence des pieds-noirs qui ne pouvait pas être négligée. Je crois que la partie était extrêmement rude et qu'il a dû jouer au plus fin en trompant quelquefois ses partisans. Une des choses qui a été très importante, c'est qu'un de ses premiers actes de président a été de gracier, en janvier 1959, tous les condamnés à mort. Ça, c'était quand même très important. Peut-être que Germaine Tillion a joué un rôle dans cette décision, parce qu'elle était très présente, aussi bien auprès de lui qu'auprès d'autres autorités pour plaider cette cause. Elle recevait tous les ans les vœux d'anciens condamnés à mort qui lui disaient : « On sait ce qu'on vous doit. »

Qu'avez-vous ressenti au moment des accords d'Évian et de la proclamation de l'indépendance ?

Le moment de la fin de la guerre a été un immense soulagement. Mais, en même temps, je l'ai vécu avec une grande tristesse parce que je sentais que je n'avais plus ma place en Algérie. Alors que mon rêve était de retourner dans mon bidonville ou ailleurs et de continuer à travailler. J'ai su que je n'avais plus ma place à ce moment-là. Ça a été très douloureux. Je l'ai su parce que j'avais des relations très suivies avec des Algériennes. Au milieu de l'année 1961, à peu près, elles ne venaient plus chez moi. Chaque fois que je lançais une invitation, il y avait toujours une raison ou une autre pour ne pas venir. Quand j'ai demandé à une amie algérienne pourquoi elles se comportaient comme ça, elle m'a dit : « C'est à cause de tes relations avec Germaine. » Ce que j'ai appris l'an dernier a éclairé cette position : dans un petit article du *Monde*, une ancienne membre de la fédération de France du FLN, Salima Sahraoui-Bouaziz, racontait qu'elle avait été chargée d'assassiner Germaine Tillion sur ordre de la fédération de France du FLN et que, fort heureusement, cette décision avait été reportée par le gouvernement de Tunis [le GPRA]. Ça coïncide, si vous voulez, cette condamnation de Germaine et ma mise à l'écart, ou l'ostracisme contre moi, à cause de mes relations avec Germaine. Ça a été assez loin, parce qu'autour des accords d'Évian, la CIMADE a été chargée par le FLN de s'occuper des prisonniers algériens en France et de faire le nécessaire pour leur transfert en Algérie. Le secrétaire général de la CIMADE, Jacques Beaumont, m'a alors demandé de m'occuper des femmes. Je lui avais donné mon accord, mais à ce moment-là il a reçu un ordre du FLN : « Pas de Nelly Forget ! Si vous la maintenez, nous rompons les contacts avec vous. » Donc, c'était du sérieux. Au moment même, je n'ai pas compris. Maintenant, j'ai l'explication par ce que j'ai lu dans la presse l'an dernier. Pour moi, c'était la fin de mon rêve algérien, j'étais très triste mais en même temps très heureuse de voir l'Algérie au moment de l'indépendance.

Est-ce que cette guerre a changé quelque chose en vous ?

Elle ne m'a pas lâchée. J'ai continué à vivre ces expériences majeures que j'ai vécues au cours de ces années. Au moins les trois quarts de mes relations sont encore enracinées en Algérie où je retourne régulièrement depuis l'indépendance, en visiteur simplement, sans m'impliquer. Mes amitiés sont toutes liées à l'Algérie.

Robert Deberghes
Appelé et infirmier dans les Aurès

Entretien avec Denis Leroux[1]

Le départ au service militaire oblige Robert Deberghes à interrompre ses activités professionnelles pendant vingt-huit mois. Parti pour dix-huit mois, le jeune homme de Tourcoing fait partie de ces contingents dont la durée sous les drapeaux est régulièrement prolongée en fonction des besoins de l'armée en Algérie. Devenu sous-officier, il sert comme infirmier militaire dans des endroits très reculés des Aurès. À ce poste d'observation privilégié, il soigne des civils algériens comme des militaires français. Il partage aussi le quotidien d'une troupe française ordinaire : mal préparée, isolée, et peu équipée pour comprendre la situation dans laquelle elle est projetée. En métropole, les proches sont encore moins aptes à saisir ce qui se passe en Algérie : le retour n'en sera que plus compliqué pour Robert Deberghes comme pour tant d'autres appelés.

***

Je m'appelle Robert Deberghes, c'est un nom d'origine belge. Je suis né le 24 juin 1936. Je suis issu d'une famille modeste et

1. Réalisé en France le 1er juillet 2020 et édité par Victor Delaporte.

ouvrière. Mon père était ferronnier. Travailler le fer, c'est un art. Ma mère était cantinière, en réalité cuisinière, mais elle a cessé son travail le jour de ma naissance. Il reste toujours une sœur qui est onze années plus âgée que moi. Mon enfance a été une enfance heureuse. La Seconde Guerre mondiale, j'ai subi sans m'en rendre compte, puisque lorsqu'on est jeune, on ne se rend pas compte des événements. On a en tête le jeu. Ma mère, qui était seule – mon père étant prisonnier –, a dû faire face à tous nos besoins. Les grands-parents nous ont aidés d'une façon très convenable.

Je rentre en classe en 1942, à 6 ans, et je suis un enseignement primaire pendant huit années puisqu'on ne pouvait pas quitter l'école primaire avant 14 ans. Ce qui veut dire que je sors avec mon certificat d'études en 1950, dans une période d'après-guerre où il nous manquait encore pas mal de choses. Nous étions encore ravitaillés. Mon père étant de retour et ayant repris son travail, il avait une spécialité qui lui permettait de gagner sa vie, mais sans excès. Nous étions quand même cinq à la maison, une petite sœur était arrivée six ans après moi. Mon père ne pouvait pas, pour moi, obtenir de bourse, son salaire était trop élevé. Donc, à l'âge de 14 ans, comme j'étais adepte de dessin et de peinture, mes parents ont trouvé un métier qui, en quelque sorte, s'approchait de mes dons.

En 1950, je suis rentré, après un examen, dans une entreprise d'imprimerie et d'édition, et j'ai été formé à la lithographie. J'étais passionné par ce métier. J'ai suivi, en même temps que le travail qui m'était donné et l'apprentissage que je subissais, des cours du soir. À l'époque, nous allions à l'école le soir, gratuitement. Ça nous permettait d'avoir une formation générale supplémentaire et également de faire des cours pratiques qui nous amenaient à un brevet de lithographe. Je passe mon brevet. Et, à ma grande surprise, je sors le premier de la promotion de toute la région de Leest. Malheureusement, le lycée que je suivais n'avait pas de formation complémentaire. J'ai donc opté pour continuer des études, mais dans le domaine toujours des arts graphiques et aux Beaux-Arts de Tourcoing où j'y suis resté, toujours en cours du soir, jusqu'à mon départ à l'armée à 20 ans. Pour toute cette période, je m'arrangeais pour travailler le matin de 5 heures à 13 heures et pour me rendre à l'école l'après-midi. C'était pour moi une expérience intéressante, captivante.

Et est arrivé, malheureusement, l'âge de partir à l'armée en 1956. Dans ma famille, toutes les générations ont fait la guerre. Le grand-père était né en 1861, il a connu la guerre de 1870. Mon oncle, qui était le frère aîné de mon père, a connu la guerre 1914-1918. Mon père a connu la guerre 1939-1945. Cette situation a marqué la famille, ne serait-ce que par les discussions des grands-parents qui rappelaient effectivement ce qu'ils avaient vécu à l'époque. Tout jeune, j'ai entendu les problèmes de 1914-1918, des ravitaillements, des privations. Toute cette situation n'a fait que s'additionner de génération en génération. À tel point que, lorsque je suis arrivé à devoir faire ce conflit en Algérie, j'avais une idée précise de ce qu'était la guerre et des conséquences qu'elle pouvait entraîner, alors que j'étais relativement jeune. Comparativement à certains de mes camarades, j'y étais pratiquement opposé. Je ne voyais vraiment pas ce que j'allais y faire.

À Tourcoing, il y avait des Algériens. C'étaient des gens qui n'étaient pas de chez nous mais qui travaillaient chez nous et qui satisfaisaient l'économie du pays et de la région. Ces gens-là, j'oserais même dire qu'ils étaient exploités, qu'ils étaient mal logés, qu'ils étaient parfois mal considérés, qu'on leur donnait des qualificatifs particuliers : « le bougnoule ». Tous ces qualificatifs qui rejettent l'autre. Mon éducation n'a pas été basée là-dessus, elle était basée sur le respect. C'est toute la différence. Je n'ai pas été trempé par ce rejet de personnes qui venaient travailler chez nous.

Quand la guerre d'Algérie commence, on en discute dans votre famille ?

Ma mère était un peu absente de ces discussions. Par contre, mon père en parlait mais ne voulait pas nous influencer. Il nous établissait les raisons d'une guerre coloniale. Nous avions eu avant, la guerre d'Indochine, ses conséquences. Le grand problème qui se posait à l'époque, c'est comment on pouvait – c'était une réflexion familiale – accepter de lâcher l'Indochine et de garder l'Algérie.

Comment vos parents ou vous-même vous renseigniez-vous sur l'actualité à l'époque ?

À l'époque, au cinéma, il y avait une période d'actualités et un film qui suivait après l'entracte, mais c'était quand même une information dirigée. Si on voulait vraiment faire la lumière sur ce qui s'y passait, c'était très difficile. Moi, je n'avais pas d'autre moyen que de lire la presse, qui était une presse qui était en fonction de la politique qu'elle défendait. Avant tout, je crois que c'est la relation entre mes amis qui permettait d'essayer de faire un peu, excusez-moi du terme, la lumière. Ça donnait vraiment une opinion de ce qui se passait et du danger, effectivement, qu'on risquait de connaître.

Comment ça se passe, quand on reçoit son ordre de mobilisation ?

Sans surprise, parce qu'il y a des précédents. D'abord, vous passez le conseil de révision. À l'époque, vous saviez comment ça se passait. Après, il y a un conseil d'orientation. Dans le Nord, ça se passait à Cambrai, on était convoqués par l'armée trois jours. Ça commençait par une visite médicale.

Ensuite, on avait un examen sur nos connaissances générales. Et puis après, on passait devant un officier orienteur qui nous demandait ce qu'on voulait faire à l'armée. Pour ma part, j'étais sportif de compétition, j'avais une taille correcte, un mètre quatre-vingts à l'époque, c'était déjà une belle taille. Et puis le lieutenant instructeur me trouvait l'aptitude physique pour devenir parachutiste. Moi, le parachutisme, ça ne m'effrayait pas trop parce qu'on avait avec les amis l'idée de faire du parachutisme dans le civil. Le gros problème, c'est qu'il fallait avoir la signature des parents, puisqu'on était majeurs à 21 ans, et que mon père n'avait jamais voulu signer. Alors, on me propose à l'armée de faire du parachutisme et dans le contexte de l'époque, avec le conflit qui se prépare en Algérie, vous pensez bien que je n'ai pas accepté de faire du parachutisme, tout au moins de rentrer comme parachutiste. Et j'ai sauté sur l'occasion (excusez-moi l'expression) pour lui parler qu'effectivement j'avais appris, au travers de mon métier de lithographe, qu'il existait à l'armée un service de cartographie et que je trouvais peut-être utile d'essayer de rentrer dans ce service de cartographie pour y continuer mon métier et pour m'améliorer dans ma formation. L'instructeur ne m'a pas donné de position négative, mais rien n'a suivi dans ce sens-là.

En novembre, j'ai reçu mon ordre de mission qui me dirigeait non pas sur l'Algérie, mais qui me dirigeait sur Colmar dans un régiment qui s'appelait le 42e régiment d'infanterie mécanisée. Mécanisée, c'était un grand mot puisque nous n'avions pas d'essence (c'était l'époque de Suez). À nouveau après un examen, j'ai suivi l'enseignement pour être gradé. Ça ne me chagrinait pas trop. J'y ai pris, je ne vais pas dire du plaisir, mais de l'intérêt quand même de découvrir autre chose. À un moment donné, l'instructeur me demande si je vais faire l'École des officiers de réserve. J'ai une réaction négative en disant : « *A priori*, ça ne m'intéresse pas trop puisque je n'ai pas l'intention de faire carrière dans l'armée. » J'ai l'intention de rentrer le plus vite possible dans la vie civile pour continuer ce que j'aimais faire. Mais à l'époque, j'étais parti pour dix-huit mois. Des dix-huit mois, je suis passé à vingt-quatre mois et ensuite à vingt-huit mois. [...] Je ne suis pas parti avec mon contingent d'instruction. J'ai perdu tous mes camarades de départ qui eux sont partis deux mois avant moi.

Je suis resté en France pour deux mois de plus avec l'idée qu'ils allaient me donner une spécialisation. Laquelle ? Je ne savais pas. Et ma grande surprise, c'est qu'on m'a dirigé pour me préparer à l'examen du caducée. Le caducée, c'est une formation d'infirmier militaire. Moi, j'étais complètement inapte pour ce genre de formation pour la bonne raison que j'étais incapable de voir une goutte de sang. Rien que de parler d'une opération, je me sentais mal, c'est pour vous dire. Néanmoins, je n'avais pas à discuter, c'était comme ça. J'ai eu la chance d'avoir une formation dans un hôpital militaire et dans un hôpital civil. Et au bout de deux mois, j'ai eu cet examen à passer. Je m'étais vraiment intéressé. Il suffit de regarder mes cahiers. J'ai passé l'examen et je suis sorti le premier de la promotion. Pour moi, c'était une aubaine. Vous vous rendez compte ? Moi qui n'aimais pas l'armement, qui n'aimais pas faire la guerre, je me serais trouvé dans un hôpital militaire, dans une SIM, une section d'infirmiers militaires pendant tout mon séjour en Algérie, confortablement installé à soigner des malades et des blessés. Malheureusement, ça n'a pas été le cas.

Après votre formation, vous partez vers Marseille.

J'ai eu, avant de partir en Algérie, une permission de huit jours. C'était quelque chose de tout à fait normal. Avant le départ, on vous renvoyait dans votre foyer pendant huit jours, pendant une semaine. À l'époque, ça me gênait beaucoup parce que je ne voulais pas en parler à mon père, mais mon père s'en doutait. Je ne voulais pas en parler à ma mère parce qu'elle était gravement malade et je ne voulais pas la choquer. J'en ai parlé tardivement, peu de temps avant mon retour. Mon père était du reste un peu scandalisé que je ne m'étais pas confié parce que, moi et mon père, on était très proches et on échangeait beaucoup de choses. Mais là, par pudeur, excusez-moi, j'avais un malaise de lui dire que je partais en Algérie. Expliquer pourquoi, je ne saurais pas vous le dire.

À mon retour, je suis retourné au régiment qui m'avait été affecté jusqu'à ce jour, c'est-à-dire le 42e régiment d'infanterie mécanisée. Et là, nous sommes partis un dimanche soir en direction de Strasbourg. On a passé plus de vingt-huit heures dans ce train. Strasbourg-Marseille, vingt-huit heures. Et nous sommes arrivés à 4 heures et demie du matin à Marseille.

Là, on a été dirigés sur le camp Sainte-Marthe. On a appris qu'on faisait partie d'un renfort qui s'appelait Aumale 2. Ce renfort comportait 70 hommes de troupe et trois sous-officiers. Et puis, on a pris le surlendemain le bateau en direction de l'Algérie, vers 10 heures. C'était le *Djebel Dira* qui nous a emmenés en direction de Philippeville. C'est là, justement, que j'ai appris que je ne faisais plus partie du 42e régiment d'infanterie mécanisée, mais que j'étais affecté au 18e régiment de chasseurs à cheval.

Quelle était l'ambiance entre les conscrits dans le train pendant ce voyage ? Ça discutait un peu de ce qui allait venir ?

Très peu. C'était enfantin, même. Il y avait une insouciance qui planait. On n'avait pas l'impression qu'on partait et qu'on allait rencontrer des choses… Ça dépend dans quel milieu on vit. On avait tellement dit de choses sur la guerre d'Algérie. On n'avait pas parlé de guerre, on avait parlé de forces de police et de maintien de l'ordre. Ce n'est pas pareil. Dans certains esprits, on avait l'impression d'avoir affaire à des libérateurs, des gens qui allaient apporter la civilisation en Algérie. Vous voyez qu'ils n'attendaient pas après nous pour se civiliser. Ils avaient des hommes beaucoup plus à même que les nôtres bien plus tôt, des mathématiciens, des physiciens…

Vous embarquez dans le Djebel Dira *?*

Le *Djebel Dira* est un bateau mixte. Ce bateau mixte, comme son nom l'indique, transporte des hommes, principalement à l'époque des hommes de troupe, mais également des marchandises. Le pont est envahi de grands paquets, de caisses, entourés de grands filets. On nous sert un repas sur le pont dans des grands plats, des plats de lentilles. Ce n'était pas très brillant comme repas, mais enfin. Ensuite, on nous emmène dans nos quartiers. C'était le fond de cale où étaient installés des transats, un peu comme les sièges que vous trouvez au bord de la mer.

Et puis, le départ a lieu vers 10 heures. Sur notre gauche, on voit passer le château d'If et on atteint la haute mer, mais la haute mer qui est calme. J'avais entendu parler du mal de mer. Je n'avais jamais traversé la mer, c'était ma première traversée. Au cours de la nuit, on a subi du vent. La mer est devenue mouvementée. Le bateau bougeait dans tous les sens. Et puis, c'est là qu'ont commencé les problèmes qu'ont rencontrés les camarades avec le mal de mer. Moi, je n'ai pas été tellement touché.

En fond de cale avec ce climat surchauffé, ces odeurs de mazout, les gens étaient malades, les escaliers étaient glissants, des escaliers en fer, vous vous rendez compte un peu. Et moi, je me suis mis dans la tête que je n'allais pas rester dans ce trou. Je suis allé sur le pont en pleine nuit et là, malgré le vent, j'ai trouvé un endroit calme. Je me suis réfugié dans un coin et j'ai passé le bras dans les filets qui retenaient ces grands paquets qui étaient sur le pont. J'y ai passé la nuit jusqu'au lendemain matin, à 10 heures où on a débarqué à Philippeville. Quand j'ai débarqué, j'étais toujours sur le bateau, sensation de tangage.

Vos premières images de l'Algérie, qu'est-ce qu'il vous reste en souvenir ?

Une grande surprise. D'abord, c'est un pays que je ne connaissais nullement. Vous arrivez après une mauvaise nuit, vous arrivez dans une situation assez particulière. Moi, l'Algérie, on me disait que c'était le soleil. Il faisait un temps maussade, gris. Pas d'accueil, personne ne s'occupe vraiment de nous. Il n'y a personne qui nous tend un café ou un casse-croûte. On est là. On est soixante-dix bonshommes, plus les trois sous-officiers à attendre que ça se passe.

Ça dure quelque temps jusqu'au moment où il y a un jeune qui vient vers moi et qui veut à tout prix me cirer les godasses. Ma mère, quand j'ai embarqué, c'était le 29 mai, c'était le jour de son cinquante-quatrième anniversaire. Elle était malade. Vous pensez bien que je n'avais pas l'esprit à me faire cirer les chaussures. Une réaction que j'ai eue après coup, et après l'avoir repoussé plusieurs fois gentiment en disant que mes chaussures étaient bien comme elles étaient, je me suis posé la question : « On est mercredi aujourd'hui, qu'est-ce qu'il fait ce gosse à vouloir cirer des godasses ? Il devrait être à l'école. » Je me suis dit : « Pourquoi il n'est pas à l'école, on est en France ? » C'était presque un contact qui m'a provoqué, en me faisant valoir qu'il y avait un problème d'égalité. Un gosse, en pleine semaine, personne ne lui dit quoi que ce soit, il cire des godasses et il ne va pas à l'école. J'ai appris par la suite que tout le monde n'allait pas l'école et que ce n'était pas obligatoire chez les petits musulmans. Mais c'était la France.

Et… les paysages… la ville… les pieds-noirs… les odeurs… ?

Vous savez, ça ne change pas beaucoup du paysage d'une gare maritime en France. C'est des stockages. Après, on nous engage dans des camions et on nous envoie sur Constantine. J'y suis resté quelques heures. J'ai gardé un souvenir qui m'a marqué parce qu'on était installés sur le pont qui traverse les gorges. Si vous connaissez Constantine, c'est magnifique. Peu de temps après, on nous a embarqués. C'était un train un peu particulier. Dans les voitures, il n'y avait pas de portes, il n'y avait pas de fenêtres. C'était à tout vent. Ça roulait sans s'arrêter. Ça nous permettait de voir l'environnement. On voyait des gens qui circulaient, des habillements qu'on n'a pas l'habitude de voir chez nous. Et puis, il y avait de la circulation un peu partout. On avait des gens qui circulaient le long des voies, qui se baladaient avec leur bourricot. C'était un peu particulier.

À une [gare], on a été repris par des camions qui nous ont emmenés à Khenchela. Mais plus on avançait, plus le terrain devenait accidenté. On se rapprochait des atlas, et plus particulièrement des Aurès. Khenchela, c'était la base arrière du régiment. La base arrière où se trouvait le 10e régiment de chasseurs et se trouvait également une autre unité, de la Légion. On était souvent avec eux. À tel point, c'est qu'ils nous appelaient la « petite Légion ». On avait quand même cette chance qu'ils étaient sur le terrain puisque c'était une armée de métier. Ils avaient le privilège de faire, ce qu'on appelle dans l'armée, « le travail ». Ce n'est pas un travail mais de se mettre en première ligne et, nous, on était en bouclage. Néanmoins, ils n'étaient pas toujours sur place.

À Khenchela, c'était la base arrière. C'est un beau bourg. Il y avait un peu de tout sur Khenchela. On a été logés sous des tentes 46. Le premier travail qu'on nous a demandé de faire, c'était de construire autour de la tente 46 des murets en pierre. Parce qu'il fallait nous protéger, une fois couchés, d'une éventuelle attaque de balles. On y a passé quelques jours. Et puis, un matin très tôt, on nous a à nouveau embarqués. Et là, on était armés. On était armés d'armes américaines alors que nous n'avions jamais tiré avec ces armes-là. Moi, j'avais fait toute mon instruction au peloton avec des armes françaises. Et là, commençaient un peu les problèmes que l'on rencontre quand on ne sait pas en quelque sorte maîtriser une arme. C'est grave d'avoir une arme entre les mains. En montant dans un camion, il y a un camarade qui avait engagé une cartouche dans un fusil. Il s'est accroché, le coup est parti et, heureusement, personne n'a été touché. Mais, en pleine nuit, lorsque vous avez un coup de feu qui retentit, c'est un peu particulier.

On a été dirigés sur Kheirane. Deux escadrons s'y trouvaient. C'était l'endroit où on nous dispatchait. On avait un officier qui nous demandait un peu nos appréciations de parcours et qui avait pour mission de nous diriger sur différents postes. Comme j'avais ce diplôme, le caducée, au départ, j'ai toujours été affecté à l'escadron de commandement mais, pendant tout mon séjour, j'ai fait des détachements. De Kheirane, je suis parti à Kalaat El-Trab puis à El-Oudja. C'était le poste le plus déshérité du régiment où on était ravitaillés par parachutage. Sur la fin, je suis remonté sur Zoui.

C'est quoi, la journée d'un appelé qui est infirmier comme ça, dans le bled ?

Moi, c'était une excellente expérience. D'abord, j'avais une certaine autonomie, une certaine liberté d'action. J'avais pour mission de soigner les malades, les blessés militaires. Tout ce que je pouvais faire à mon niveau, alors que je n'avais pas un brevet d'infirmier civil. Je n'avais qu'une formation de base. J'en ai fait plus que ce que je pouvais faire. À l'armée, on ne vous dit pas « Vous n'avez pas le droit de faire ceci », on vous dit « Tu te débrouilles ». Par exemple, il était interdit de faire des piqûres intraveineuses. Je me suis trouvé un jour avec un garçon qui avait besoin qu'on lui fasse des piqûres intraveineuses. Le médecin qui était sur place m'a dit : « Je vais te faire voir comment on fait. Tu te débrouilles. » La première piqûre que j'ai faite, je l'ai ratée parce que je n'étais pas moi-même. J'avais en mémoire qu'effectivement, c'était interdit et que c'était dangereux. Ensuite, c'est devenu pour moi une habitude. Dès le moment qu'il y avait quelque chose de vraiment grave, j'avais toujours l'occasion par radio de m'adresser au médecin du régiment qui s'appelait Simonet, qui était lieutenant.

Vous participiez aussi à l'aide médicale gratuite, l'AMG ?

L'AMG, je pouvais et j'étais très intéressé à le faire dès le moment où je me trouvais au poste. Mais comme j'étais opérationnel, j'étais plus souvent sur le terrain que je n'étais au poste. Quand vous êtes en opération, vous suivez l'opération parce que vous portez secours s'il y a un blessé. Pendant mes périodes où je me trouvais au poste, quel que soit le poste, quel que soit le régiment où j'étais, je faisais de l'AMG, de l'assistance médicale gratuite, où je recevais des civils. J'avais des consultations nombreuses. J'avais cinquante personnes parfois sur une journée. Des gens qui me parlaient difficilement, parce que je ne pratiquais pas le chaoui, de leurs problèmes par des signes. J'avais toujours un interprète mais en général, il ne connaissait pas très bien le français. Ou, quand il ne voulait pas répondre, il disait : « Il ne parle pas comme moi. » Enfin, il avait toujours une excuse, donc il a fallu que je me débrouille.

L'interprète qui était avec vous, c'était un soldat, un harki ?

Un type qui était là, harki. Ces gens que certains ont dénommés des traîtres. On revient toujours au même contexte. C'étaient des gens qui avaient été rassemblés autour des postes, qui avaient perdu leurs habitudes, qui n'avaient plus leur élevage, qui n'avaient plus leur terrain à cultiver et qui dépendaient de l'armée. Et c'est pour ça qu'il y avait une [Section administrative] spécialisée. On était là pour leur apporter de la nourriture, pour les soigner et parfois même pour leur apprendre à lire et à écrire.

C'étaient des paysans chaouis qui avaient été regroupés à proximité du poste ?

Oui, des rassemblements de population. Ils étaient autour du poste. J'étais partie prenante d'aller les voir. J'ai eu des patients qui ne pouvaient pas se déplacer, auxquels je ne pouvais pas apporter grand-chose. Il y a une chose à laquelle j'ai pu échapper, ce sont les accouchements.

Pourquoi ?

Pourquoi ? Parce que ça n'a pas été l'occasion que j'en fasse un. J'aurais bien été tenu d'aider la femme à accoucher mais ils avaient leur entourage. Ils avaient leurs façons d'être, de faire. Paraît-il que la femme accouche à genoux, les bras relevés accrochés à une potence. Je ne sais pas comment ça se passe, mais disons que je n'ai pas assisté à un accouchement là-bas.

J'ai eu à intervenir parce que j'ai eu une femme qui n'avait pas évacué le placenta. Ce n'était pas évident, mais enfin. Ce n'est pas risible ce que je vais vous dire là. Dans le feu de l'action, il y a des moments où vous vous dépassez. J'ai reçu par exemple des gens qui avaient reçu un coup de sabot de cheval. Pour se soigner, ils n'avaient qu'un seul remède, c'était de mettre un emplâtre dessus, qui sentait un peu la résine de goudron. En quelque sorte, la plaie n'était pas refermée. Donc, il fallait nettoyer ça. Et puis, il fallait suturer. J'ai agrafé des gens, j'ai suturé.

Vous participiez aux opérations également. Vous pouvez raconter un petit peu comment ça se passait, un départ en opération ? Des anecdotes ?

Ça dépend de l'échelle de l'opération. Est-ce qu'elle est locale ? Locale, on le faisait parce qu'on sortait pratiquement continuellement à une soixantaine sur le terrain. C'est ce qu'on appelle maintenant les commandos. L'autre effectif restait au poste pour le protéger et s'occuper des choses indispensables : le nettoyage, l'occupation d'un poste, ce n'est pas évident, et surtout, la garde. Nous, quand on rentrait d'opération, on avait aussi à se répartir cette fonction.

Lorsque j'ai eu un grade, j'étais chef de quart, ça veut dire qu'on montait deux heures de garde. On mettait en place nos sentinelles, on allait voir l'un ou l'autre, on discutait avec. Il faut passer le temps, pendant des heures. Et puis, on allait chercher après le gradé de quart qui nous suivait… Le poste de jour partait de 6 heures du matin 18 heures. Et à 18 heures, commençait le poste de nuit. Le clairon sonnait, on changeait les postes de jour et de nuit.

Vous me questionnez sur la façon dont s'organisait une opération. C'était toujours sur l'action d'un TO, télégramme ouvert, c'est-à-dire qu'il y a eu un civil qui a rencontré l'armée, qui a fait état effectivement que dans tel secteur, il y avait des troupes rebelles (parce qu'on appelait ça des « rebelles » à l'époque). De ce fait, on montait une opération pour rechercher, arrêter et maîtriser ces gens-là. Comparativement à ceux qui nous étaient opposés, on avait un armement, on avait un effectif important. Eux étaient des petits groupes.

Dans le camp, comment se passait la discipline ? Les rapports avec les officiers ? Est-ce qu'il y avait des sanctions ?

Très relatives. Dans une situation telle que je l'ai vécue, chacun se méfie de l'autre. On ne va pas pénaliser un simple soldat pour le plaisir de lui infliger une punition parce que ça peut vous retomber dessus. Les officiers, ce sont des gens intelligents quand même qui se méfiaient un peu de ces réactions. C'était de l'autoprotection. Moi, la vie de la caserne, je ne l'ai connue que pendant mes classes dans mon peloton. Je l'ai connue avec toutes ces bêtises que l'on peut faire dans une caserne avec des sous-officiers bien souvent qui ne sont pas très clairs.

Vous disiez que parce que vous soigniez les civils, vous aviez de bonnes relations et vous êtes venu sans préjugés. J'imagine que ce n'est pas le cas de toute la troupe.

Dans la mesure où vous n'avez pas de contacts, vous pouvez très bien vous laisser influencer par les idées de l'armée. On est habillés, on est soldats, on représente la France, on a des armes, on est donc les plus forts. Et eux, c'est quoi ? Ce sont des sous-hommes et on peut les qualifier de n'importe quoi. On peut dire que ce sont des « bougnoules », tous les qualificatifs qu'on a pu entendre. Mais dès le moment où vous êtes en contact avec ces gens, que vous voyez qu'ils ont des difficultés et qu'ils souffrent, votre état d'esprit est totalement différent.

Ces gens-là ont le sens de l'hospitalité. Dès le moment où vous leur faites du bien, ils veulent à tout prix vous aider – dans la démarche – ou, tout au moins, vous apporter quelque chose, c'est un principe. Moi, quand je faisais de l'AMG et que j'étais au poste pour une journée, je recevais cinquante consultants. J'ai eu un petit chat. J'ai eu un petit lapin. J'avais un monsieur qui avait un poulailler. Parfois, il m'invitait, il tuait une poule et on mangeait la poule ensemble.

Vous avez été confronté à des violences illégales de l'armée ? Je pense tortures, exécutions, prisonniers maltraités, des choses comme ça, dans votre unité ?

Honnêtement, quelques maltraitances, oui. On revient toujours au contexte. Quand vous avez un camarade qui a été blessé, un camarade qui a été tué, en vous, il y a une certaine révolte qui s'installe. On a tendance, vis-à-vis d'autres, à se venger. Ça n'a pas été mon cas, mais c'était le cas de certains de mes camarades. Au cours d'un accrochage, on accroche une troupe qui venait de passer quelques jours avant la frontière tunisienne – d'Aurès en Tunisie, on n'est pas bien loin. C'étaient des garçons qui étaient très jeunes et qui n'avaient pas été tellement bien instruits au combat. On s'en sort sans que nous ne soyons atteints et personne n'a été blessé, ni tué dans le groupe.

Le soir, on fait une descente à l'endroit où avait eu lieu l'accrochage. C'était un endroit où il y avait d'énormes rochers qui permettaient à ces gens de se protéger. Le gros problème qui s'était posé à l'époque, c'est que, bien souvent, on éliminait les gens qui se trouvaient là. Et là, effectivement, trois s'étaient rendus parce que… Soit on les acceptait comme prisonniers, soit certains les refusaient. La guerre, ce n'est pas très net, ce n'est pas propre. Et parmi ces jeunes, on en avait récupéré trois qui avaient été blessés, dont un qui avait attrapé une balle dans le poumon. Je lui ai fait un pansement compressif parce qu'une balle dans un poumon, c'est assez grave. Il a fait partie des prisonniers. Il est parti. Mais qu'est-ce qu'il est devenu ? Je ne le sais pas. J'ai eu des réactions négatives de certains de mes camarades. Pourquoi ? Parce que je m'étais occupé d'un opposant. Je peux vous dire : moi je n'ai pas connu ces problèmes de torture mais néanmoins je crois qu'on en était un peu les artisans, parce que les prisonniers qu'on a faits, qu'est-ce qu'ils devenaient ?

Cette question de la torture, vous en entendiez parler ?

Pas beaucoup, non. Le cas dont j'ai entendu parler, c'étaient les corvées de bois. Vous avez entendu parler des corvées de bois ? Ce n'est pas nous qui faisions ça. Le prisonnier était emmené avec les gens qui, soi-disant, partaient faire la corvée de bois. Et puis, on avançait que le prisonnier avait voulu s'enfuir et avait été abattu.

Ça se pratiquait dans votre unité ?

Non, on n'a jamais connu ça. J'ai eu simplement un écho d'un harki qui était sergent mais je n'ai pas vu l'acte. Paraît-il qu'un prisonnier, il lui a fait creuser son trou et il l'a tué dans son trou. Je ne l'ai pas vu.

Dans votre poste, quels moyens vous aviez pour vous tenir un peu au courant de ce qui se passait ?

Très peu. On ne pouvait pas avouer n'importe quoi. Le courrier qui venait de France comme celui qui partait de là-bas, il y avait une censure, c'est indiscutable. On savait ce qui se passait avec le poste transistor. Le seul problème qui se posait, c'est qu'il fallait alimenter ce poste et on était très surveillés. Pour faire marcher un poste transistor, il faut des piles. On n'en avait pas. On se chargeait de brancher ça sur des piles de poste 300. Ce sont de très grosses piles. Ça nous servait à la fois comme prise de rasoir et de pile de transistor. C'est le seul moyen qui nous permettait... À part quelques journaux, il y a eu *Le Bled*, je ne me souviens plus en avoir eu entre les mains. J'en ai ramené un exemplaire. Après, il y avait des journaux interdits. *La Vie ouvrière* et *La Vie catholique*, c'était interdit parce qu'on dénonçait la guerre d'Algérie dessus, et d'autres éditions qui n'étaient pas permises.

Vous apprenez comment les événements en mai 1958, le retour de De Gaulle au pouvoir ? Quels sont les sentiments dans votre unité sur le sujet ?

L'avènement de Charles de Gaulle a été pour nous un espoir. L'espoir que cette guerre d'Algérie se termine. Après tout, à l'époque, on ne parlait pas d'autodétermination, mais on parlait de paix. Ce qui veut dire que si on avait su rassembler à la fois les opposants, nous et nos adversaires, on pouvait retrouver un climat de vivre ensemble. Alors, quand de Gaulle annonce « Je vous ai compris », cette déclaration laisse entrevoir un tas de perspectives importantes et intéressantes.

Le référendum de septembre 1958, vous avez des souvenirs, vous y avez participé ?

Les souvenirs que j'ai, c'est qu'après tout, on a affaire à une population qui ne sait pas ce qu'est voter et qui n'a jamais eu de carte d'identité. Pour voter, il faut avoir une carte d'identité, il faut avoir un domicile, il faut s'appeler Pierre, Paul, Jacques, il faut avoir une date de naissance. Là, on a eu pendant quelque temps un travail de fourmi. Ce n'était pas toujours facile parce que beaucoup vivaient sous des guitounes et ce sont des semi-[nomades]. L'hiver, on les retrouve dans le désert et, l'été, on les retrouve en montagne. Donc il fallait numéroter la guitoune avant qu'elle ne se déplace. Il fallait numéroter les gourbis. Il fallait leur donner une identité. « Tu t'appelles comment ? », « Et ton père, il t'appelle ? », « Mon père m'appelle Ben ceci », « Tu es né quand ? », « Je ne sais pas ». Tout ça, c'était confus. Il fallait qu'on donne un nom, qu'on donne une date de naissance, qu'on crée une carte d'identité.

Et après, on faisait des contrôles de nuit. Vous vous rendez compte ? Toute cette population qui dormait était réveillée, les gosses criaient, c'était affreux. Et on réclamait les cartes d'identité. Alors, le pauvre chef de famille disait : « Tu viens avec ta mitraillette, tu me demandes ma carte d'identité. Mais hier, il y en a un qui est venu avec une mitraillette aussi, qui n'est pas de chez vous. Il m'a demandé ma carte d'identité, je la lui ai donnée. » Il y a eu la pression du FLN qui ont récupéré les cartes d'électeurs, qui ont menacé également leurs semblables pour ne pas voter. Vous vous rendez compte dans quelle situation ils se trouvaient ? Et il y a eu le vote.

Les opérations de vote ?

Le vote, ça a été une mascarade, excusez-moi du terme. On était dirigés par des gens qui venaient de l'extérieur, ce n'étaient pas forcément les gens du poste qui dirigeaient le vote. On allait chercher des habitants dans des secteurs éloignés, en camion. À l'époque, on votait à 21 ans. C'est la première fois que j'ai voté, j'avais 22 ans à l'époque. Il y avait un bulletin violet et un bulletin blanc. Alors j'ai cru savoir (c'est encore à vérifier) qu'effectivement, ce n'était pas anodin que le bulletin soit violet parce que, paraît-il, c'est une couleur qui n'est pas très appréciée par ce monde. Le violet était une couleur qu'on rejette, qui n'attire pas. De ce fait, la plupart des gens qui votaient ont voté « oui ». Je crois que les « non » qu'on a pu recueillir, qui étaient très légers, c'étaient peut-être des gens du contingent qui avaient voté. Quand on a eu rassemblé ces gens qui ont voté, au lieu de les conduire d'où ils revenaient, on leur a dit : « Maintenant, vous pouvez rentrer chez vous. » Ces pauvres bougres sont repartis à pied jusque chez eux. Ben oui.

Vous disiez qu'il y avait des tensions parmi le FLN…

J'ai eu une période où j'étais à Zoui où les « diches », ça veut dire les soldats, voulaient se rallier à la France et ils se sont ralliés. On les a retrouvés dans des sections de harkis à nos côtés. Ils luttaient contre leurs semblables. J'ai eu, du reste, chez le caïd, une surprise. Je ne sais pas si je vais en parler.

Allez-y.

Le caïd, qui avait beaucoup d'argent et qui avait cinq femmes, était environ à 200 mètres du poste. Il souffrait d'un ulcère à l'estomac. Il avait fait appel à un médecin qui lui avait prescrit des piqûres. L'officier qui me commandait m'a dit : « Il faudrait que tu ailles tous les soirs lui faire une piqûre. » J'avais 200 mètres à faire le soir en pleine campagne. Et puis, j'arrivais chez eux et j'étais accueilli par les femmes parce qu'avant d'aller voir le caïd, il fallait que je me restaure. Après, je pouvais aller voir le caïd et lui faire sa piqûre. Un soir, je rentre et on me dirige. Il y avait une grande salle. Le caïd était en face de moi et, tout autour de lui, qu'est-ce qu'il y avait, d'après vous ?

Sa famille, ses proches ?

Non, il y avait ceux qui recherchaient à se rapprocher de l'armée française parce que lui jouait l'intermédiaire entre eux et l'armée française. Il m'a invité à m'installer et à boire le café. Vous savez, quand vous avez à côté de vous quelqu'un qui a un fusil, qui est habillé en rebelle. Je vois encore ce fusil. Dans la crosse, il y avait les armes du FLN qu'on connaît actuellement, le drapeau qui avait été incrusté dans la crosse. Ça fait un drôle d'effet. Alors, je me suis assumé. J'ai fait sa piqûre. Je suis reparti. Mais quand je suis rentré, je me suis dit : « Si jamais je viens à déclarer qu'il y a une équipe là et qu'on donne un ordre d'aller les intercepter, on risque aussi d'avoir des problèmes. » Alors, je me suis tu.

Chez lui, j'ai quelques anecdotes assez particulières. Avant mon départ en permission, je suis en contact avec ce caïd qui me dit : « J'ai un très beau bijou, j'ai une montre en or, mais elle ne marche plus. » Il me demande si on pourrait la réparer en France. Je ne réfléchis pas, je dis : « Oui, je vais faire un essai. » J'ai pris possession de cette montre. C'était une montre magnifique. Elle avait énormément de fonctions, il y avait même un système de réveil. C'était vraiment un joyau. Superbe, en or massif. Je suis revenu en France avec ce truc-là. Vous vous rendez compte de la bêtise que j'avais faite ? Si je m'étais fait voler sur la route, si j'avais été… Et quand je suis rentré chez moi et que j'ai fait voir ça à mon père, mon père n'était pas très heureux que j'aie pris ça en charge. Alors qu'il me faisait totalement confiance, il s'inquiétait de l'origine de cette montre : comment je l'avais eue ? Pour lui, ce n'était pas naturel que je la ramène. Donc j'ai trouvé un horloger à Tourcoing qui me l'a réparée, qui m'a demandé 3 000 anciens francs de réparation. Je suis revenu au poste avec la montre et j'ai été rapporter la montre au caïd. Il n'a pas voulu me verser les 3 000 francs, il m'en a versé 5 000.

J'aimerais qu'on revienne un peu sur la vie dans les postes, en particulier le poste de El-Oudja. Si vous pouviez nous faire une petite description du poste, du quotidien ? Et puis vous parliez du ravitaillement par parachutage aussi.

El-Oudja était le poste le plus avancé au sud du régiment. C'était un poste très retiré, il ne pouvait pas être alimenté par la route. Ce qui veut dire que toute l'alimentation qui nous arrivait nous arrivait par air, par parachutage. Rien que d'entendre un vrombissement de moteur, il y en avait un qui criait : « parachutage ! » et tout le monde était dehors bêtement, regardant en l'air, que ça se passe. Ça se passait de la façon suivante. Il fallait qu'on place un pot fumigène pour donner la direction du vent. Donc l'avion faisait un tour, et arrivé à l'altitude, au bon endroit, qu'il souhaitait, il larguait tous les colis qui se trouvaient à l'intérieur de l'appareil.

Quand vous êtes arrivé à El-Oudja, vous êtes arrivé par les airs ?

Non, je suis venu par piste. Cette piste était très peu praticable parce que les pistes étaient tracées au bulldozer à flanc de montagne. Dès qu'il y avait des pluies, dès qu'il y avait du mauvais temps, l'érosion effaçait la piste. Il y avait des trous dans les virages. Il fallait descendre des camions, combler avec des pierres, on passait un temps fou. Les munitions arrivaient toujours par la route, enfin par la piste. On était ravitaillés tous les trois mois, c'est-à-dire qu'on avait un contingent pour trois mois. Et en fonction des actions qu'on menait, ce contingent était suffisant ou insuffisant.

Sur les accrochages, il y en a un en particulier qui vous a marqué ?

Le premier m'a surtout marqué. C'était le 16 septembre. Ça a coûté la vie à un de nos camarades. J'ai perdu un ami, un lieutenant, qui était très proche de la libération, il était libérable dans les douze jours, et qui s'est fait tuer d'une balle dans la tête. On s'est engagés entre deux falaises et, sur les flancs de ces falaises, nos opposants étaient cachés. Erreur de tactique. On nous a laissés passer et après, on nous a tirés dessus. Donc il a fallu qu'on fasse marche arrière au plus vite et lui, malheureusement, a été touché. Il est resté sur place. On ne l'a récupéré que le lendemain.

Et j'imagine qu'un retour au poste, après... ?

C'est-à-dire qu'il n'est pas rentré au poste. Quand on a une perte d'un camarade, il était dirigé sur la base arrière, sur Khenchela, il y avait une antenne chirurgicale. Bien souvent, tout était fait pour qu'il soit inhumé sur place avant d'être rapatrié en France. C'est des moments très pénibles quand on doit, dans la piaule – enfin, ce n'était pas la piaule, c'était le gourbi –, séparer les affaires civiles et militaires, ça pose problème. Oui, des moments difficiles.

Et puis, il y a aussi les morts par accident. Ça aussi, c'est dramatique. J'ai un camarade qui a été tué dans la chambrée. Il y a un camarade qui est rentré de sa faction de jour. Il a enlevé son PM et le coup est parti. Jacques Mandier – c'était son nom – a tout reçu dans le dos. Sur le coup, je ne crois pas qu'il était mort. J'ai paré au plus urgent. C'est un truc que je n'aurais jamais dû faire. C'est bizarre parce que je me pose toujours la question : pourquoi une autorité militaire, un officier n'était pas là ? J'ai pris l'initiative de prendre la Chevrolet, de mettre un matelas dessus, de le charger, on est partis avec un groupe en pleine nuit, et on est allés jusqu'à l'antenne chirurgicale. Quand on est arrivés, je crois qu'il avait cessé de vivre. On est revenus sans savoir par la suite ce qui s'était passé. Dès qu'il y avait un tué, dès qu'il y avait un blessé, on perdait tout contact.

Vous m'avez parlé aussi de l'oued où vous alliez chercher de l'eau. Une tempête, l'oued déborde…

Oui, ça, c'était au début, c'était Kalaat El-Trab. Il y a eu un orage terrible, et cet orage terrible a fait grossir l'oued – qui était un cours d'eau qui faisait 4, 5 mètres, 6 mètres de large –, devenu un torrent de boue. Quelque chose d'énorme, qui a monté de 2, 3 mètres, et qui était large de plusieurs centaines de mètres entre les montagnes. Tout est parti, il a dragué tout ce qu'il y avait sur son passage. On était en corvée d'eau, et il y a un GMC et… comment s'appelle cette automitrailleuse ?

Le Scout-Car ?

Un Scout-Car – pardon, excusez-moi, c'est l'âge ! – qui a été emporté avec l'armement et le personnel, c'est-à-dire qu'on a perdu quatre camarades. On a retrouvé les corps. Il y en a un qu'on n'a pas retrouvé. Avant ça, on avait un camarade qui s'était suicidé. Qu'est-ce qui s'est passé ? Accident ? Dépression ? Je ne sais pas.

Quand vous avez eu votre permission, vous êtes remonté jusqu'à Constantine par vos propres moyens ?

Je vois le commandant de la base qui est à même de me donner ma permission. J'avais quatorze mois d'Algérie à l'époque, quatorze mois de bled. Je ne sais pas si vous imaginez ? Quatorze mois sans pouvoir… Je n'avais jamais vu d'Européens, pendant quatorze mois, sinon mes camarades. J'arrive fier d'avoir cette permission. Je demande au commandant : « Qu'est-ce que je fais pour rejoindre la côte et prendre le bateau ? » Il m'a dit : « Tu te débrouilles. » C'est la surprise la plus totale. Et puis, je rencontre un autre camarade qui était également en permission.

On s'est mis ensemble au bord de la route pour essayer de voir passer un convoi. Et puis, est arrivé un camion civil qui transportait des bidons, des fûts. Mais les civils étaient interdits de prendre des militaires. J'ai parlementé avec le chauffeur. Il m'a dit : « Écoutez, je veux bien vous prendre, mais il faut vous cacher à l'arrière du camion avec les bidons. » Alors, on s'est camouflés derrière avec les bidons. Ensuite, on a eu la chance de tomber sur deux parachutistes qui avaient pour mission de distribuer des colis dans leur secteur. On s'est mis derrière également, parce qu'ils n'étaient pas en droit de prendre des permissionnaires. On est arrivés comme ça, petit à petit… Je suis arrivé à Constantine le 25 juillet. J'étais parti depuis deux jours de mon poste et, quand je suis arrivé à Philippeville, il n'y avait pas de bateau. Il fallait que j'attende trois jours.

Arrivé à Marseille, là commençait ma permission. Mes quinze jours ont été amputés de trois jours. À l'époque, de Marseille à Tourcoing, il fallait un jour et demi de voyage. Je suis arrivé chez moi à 11 heures. Mon père m'attendait avec ma sœur. Ma sœur était presque méconnaissable. Elle avait grandi. C'était une jeune fille. Ce sont des surprises auxquelles vous ne vous attendez pas. Et puis, j'ai passé des journées formidables, toujours avec la réserve de ne pas parler à mon père de ce qui se passait. Et puis, je suis reparti au bout de douze jours.

La quille, ça se passe comment pour vous ?

La quille, on l'attend. On désespère parfois parce qu'on vous donne, parfois, des informations qui sont un peu fausses. On nous dit : « Vous serez libéré plus tôt parce que vous n'avez pas eu de permission. Donc on va en déduire un peu. » Ça se passe et il n'y a rien qui bouge. Et puis, on se retrouve au bout de vingt-huit mois à être libéré. Alors bon, c'est un grand soulagement. On sait qu'on va regagner la France. D'un autre côté, on a nos camarades qui restent là, qui nous voient partir. C'est délicat.

Il y avait une sorte de fête organisée pour ceux qui partaient ?

En 1958, j'ai passé à nouveau un Noël et un Nouvel An en Algérie. Et ce Noël a été passé sous une tente 46. C'est une tente grand format qui avait été en quelque sorte aménagée en salle de réception. Il y avait une estrade, il y avait des tables, il y avait des chaises, il y avait tout ce qu'il fallait. On a mangé normalement, même mieux que d'habitude. Avait été invité le second du chef du régiment, qui s'appelait le commandant Morris-Albert. Ce fameux Noël avait été du reste aidé par la maréchale de Lattre de Tassigny. On avait reçu chacun un petit colis. J'ai gardé la lampe de poche. Vous savez, les petites lampes de poche Wonder ? Je l'ai toujours. Il y avait également un tourne-disque, donc on écoutait de la musique. On a fait la fête entre garçons. Après est arrivé le Nouvel An, j'ai appris que j'allais être libéré. C'est le 15 janvier que j'ai été libéré.

Et donc le retour en famille ?

Le retour en famille, c'était la joie. Quand on est libéré, on croit que tout est arrivé. La seule chose que… Je rentre à Tourcoing. Je suis accueilli, non, pas comme un héros, mais avec la plus grande satisfaction par ma mère, mon père, la famille, tout le monde est là. C'est la fête, on est heureux de se retrouver et de me retrouver intact. Apparemment, je ne suis pas malade. Moi, je me sens bien, mais j'ai quelques appréhensions. Je dis : « Tout a changé ici. Il n'y a plus rien qui va. Ce n'est plus comme avant. » La seule chose que je ne ressens pas, c'est que c'est moi qui ai changé. Rien n'a changé. En France, en métropole, les familles qui n'avaient pas quelqu'un en Algérie ne se rendaient pas compte des problèmes. Et celles dont le fils revenait au bout de quelques mois, c'était fini, on s'était retrouvés en famille.

Et là, j'étais à peine rentré, je crois qu'il y avait deux jours, trois jours que j'étais en France, je suis allé voir mon ancien employeur. Je rentre dans l'entreprise et je rencontre un vieil ouvrier avec qui j'avais fait mes armes, qui s'appelait Gaston Mesprav. Il me dit : « Tiens, tu es déjà de retour ? Tu as eu de la chance, tu as fait un beau voyage. » Je l'aurais pris par le collet, je l'aurais bien secoué. Vous vous rendez compte ? « Tu as eu de la chance, tu as fait un beau voyage. » Les gens ne se rendaient pas compte du problème qu'on avait. Moi, je ne me rendais pas compte de mon état. Je vois mon patron, un brave homme, il s'appelait André Frère. Il me dit : « Robert, on est contents de te revoir. » J'avais eu quelques correspondances avec lui. J'avais de bons contacts et j'étais bien considéré par lui et par l'entourage des gens avec qui je travaillais. Il me dit : « Je suis bien embêté parce que tu sais bien que ton poste n'est plus vacant. On n'a pas pu attendre deux ans et demi. »

Il faut se mettre à leur place, ils n'attendaient pas deux ans et demi pour qu'on puisse retrouver notre emploi. À l'époque, début 1959, il y avait déjà des problèmes d'emploi, il y avait des problèmes de crise. Ça ne marchait pas tellement bien. Moi, sans m'en rendre compte, mais vraiment après je l'ai beaucoup regretté, j'ai été assez agressif. Je lui ai dit : « Vous allez me reprendre. Vous n'avez pas le choix. » Lui qui était un peu paternaliste, avouez que ce n'était pas élégant de ma part. Il dit : « Comment ? » Je dis : « Oui, parce que j'ai reçu un papier, un livret à la sortie du bateau qui me donne mes droits civils. Lorsqu'on est employé dans une entreprise avant son départ à l'armée et qu'on revient d'Algérie, le patron est tenu de vous reprendre six mois. » Et j'ajoute : « Et vous paierez en plus mes quatre semaines de congés payés. » Ce n'était pas très élégant. Bref, ça s'est passé comme ça.

Je ne me suis jamais rendu compte que j'étais psychotraumatisé. Je crois que ce qui m'a sauvé, j'en suis persuadé, c'est que j'ai eu ce support parental. J'étais accueilli par mes parents. J'étais entouré par ma famille, par mes amis. J'ai continué à faire du basket. Je me suis occupé et j'ai beaucoup travaillé. On m'a repris vraiment comme si j'étais un jeune apprenti parce qu'ils étaient obligés de me reprendre. Au bout de quelques mois, j'ai retrouvé une fonction normale et j'ai progressé continuellement. Mais je me suis vraiment battu. Je prenais les postes qui étaient vacants, je n'étais pas gêné par mes horaires, par les heures supplémentaires. Enfin, j'étais toujours volontaire.

Ce traumatisme se manifestait comment ? C'étaient des souvenirs qui revenaient ? Vous aviez du mal à dormir ?

J'ai eu quelques insomnies, mais c'était passager. Vous savez, dans la mesure où votre esprit est occupé par le travail, par l'environnement, par l'accueil que vous avez reçu autour de vous, votre famille qui vous aide, ça fait beaucoup. Il faut aussi soi-même se reconstruire, il faut se battre. Ce sont de vieilles histoires.

Comment vous avez suivi les événements de la fin de la guerre ? Vous vous souvenez de l'indépendance en Algérie ?

Oui bon… Si vous voulez, dans le grand public, et surtout pour ceux qui avaient connu un fils ou un neveu, un ami qui avait participé à la guerre d'Algérie… Le grand public souhaitait qu'une chose, c'est que ce conflit s'arrête. Quelles que soient les conditions. C'est pour ça que, dès le moment qu'est arrivé le cessez-le-feu du [19] mars, ça a été un grand soulagement populaire. Un grand mouvement populaire de soulagement parce qu'enfin, on arrêtait la guerre. On avait été en guerre depuis 1939, sans arrêt, sans interruption. Il y a eu 1939-1945, il y a eu l'Indochine et après l'Algérie. Et je n'ai pas l'impression politiquement que les gens s'intéressaient à ce que l'Algérie soit française. Eux ne voyaient qu'une chose, c'est qu'avant tout, on soit débarrassé de cette… Oh je vais pas dire ce fardeau : ce serait des horreurs. Non je crois qu'il fallait que ce pays retrouve un peu son indépendance quoi.

Georges Cochet
Un avocat au service de tous

Entretien avec Marc André[1]

Jeune avocat lyonnais, Georges Cochet commence son activité professionnelle avec les derniers procès liés à la Seconde Guerre mondiale. La guerre d'Algérie occupe une place importante dans son parcours et ses orientations. À la différence des avocats engagés aux côtés du FLN, ce catholique refuse de se limiter à la défense des militants d'un parti. Son engagement est d'une autre nature : au service du droit et de l'humain. Plusieurs de ses clients ont été condamnés à la guillotine. Son témoignage donne un aperçu précis sur l'instrumentalisation du droit pénal et de la justice par l'État français en lutte contre les nationalistes algériens. Il est aussi l'occasion d'une réflexion sur la peine de mort et le droit de grâce tel que pratiqué sous la Ve République.

***

Je suis né dans une famille de notables de Lyon en septembre 1930. Les Cochet avaient siégé dans les parlements de

1. Réalisé en France le 25 juin 2019 et édité par Julie Maeck.

Bourgogne puis de Paris. Ma mère était une Mouisset et avait pour oncle un médecin célèbre dont on a donné le nom à une rue de Lyon. Elle avait aussi un frère avocat, mon oncle Albert Mouisset, qui a orienté ma carrière : alors que j'hésitais entre la profession d'avocat et l'enseignement de l'histoire, il m'a conseillé de m'inscrire au barreau à l'essai. Ce que j'ai fait… et le hasard a voulu que je sois peu après désigné d'office dans une affaire célèbre, « l'affaire de la Gestapo de Lyon ».

Cette affaire avait été retardée car on espérait arrêter le principal accusé, Barbie, alors en fuite, qui sera condamné à mort par contumace. On jugeait donc ses collaborateurs : des officiers allemands et deux petits Français qui s'étaient laissés embrigader sans comprendre et avaient exécuté les ordres reçus. J'étais commis pour l'un d'eux, Pierre Grand, qui a été condamné à mort et exécuté, alors que tous les Allemands ont été graciés… parce que l'Allemagne était redevenue une grande puissance qui pouvait s'opposer à l'exécution de ses ressortissants. J'ai plaidé avec ce que je pouvais donner à ce garçon dont on me confiait la vie. Il avait tout avoué : il avait tué dans tous les villages du Vercors, il avait fusillé des paysans otages. J'étais chargé de défendre la barbarie d'un type qui, d'une rafale de mitraillette, avait abattu tous ces gens. Je l'ai fait et je n'ai pas gagné. Le jugement a été rendu en octobre-novembre 1954, l'exécution en juin 1955. Pendant six mois, je lui ai rendu visite en prison toutes les semaines. Il y a eu entre nous des sentiments d'amitié, nous avons parlé de choses essentielles. Je l'ai accompagné le jour de son exécution.

Après ces événements, je ne me suis plus posé la question de ce que j'allais devenir : je serais avocat en ayant conscience que la justice humaine n'est qu'une valeur relative et qu'elle est bien impuissante à aller au fond de la réalité humaine.

Le procès de la Gestapo de Lyon coïncide avec l'éclatement de la guerre d'Algérie. Comment avez-vous pris conscience de la guerre d'Algérie ?

Au début, au barreau de Lyon, nous l'avons totalement ignorée. J'ai découvert la guerre d'Algérie car, en tant que jeune avocat, j'avais pas mal d'Algériens dans ma clientèle. Il y avait déjà eu un mouvement d'immigration vers la France. C'était une classe sociale de travailleurs qui avaient, comme tous les Français, des procès pour des choses de droit commun. Ils étaient souvent indigents et ne pouvaient pas se payer d'avocat. Ils écrivaient au bâtonnier pour qu'on leur désigne un avocat d'office. Les jeunes avocats de ma promotion avaient presque toujours pas mal d'Algériens dans leur clientèle. On était en contact avec les Algériens avant qu'ils ne soient nationalistes. On s'est même posé la question de la décolonisation avant eux. J'étais dans un milieu où l'on y pensait, le milieu de la démocratie chrétienne. J'ai très vite été embauché comme collaborateur du bâtonnier Gounot. J'étais aux côtés de sa fille Emma, nous étions de la même famille spirituelle, du même esprit ouvert, nous étions… certains disaient : « Ah, c'est les chrétiens de gauche ! » On nous reprochait d'être des « crypto-communistes ». Donc on pensait à la décolonisation, mais on pensait qu'il y aurait des étapes et qu'on allait devoir ménager ces étapes. Les Algériens qu'on rencontrait alors n'étaient pas du tout partisans de l'indépendance immédiate de l'Algérie. Pour eux, il y avait un mot, ils étaient « messalistes », Messali Hadj était leur leader. J'avais étudié ses positions politiques : Messali n'était pas pour l'indépendance de l'Algérie, il était pour l'égalité des Algériens avec les Français, c'était tout autre chose. On pensait que pendant une période provisoire, il pouvait y avoir dans une même organisation politique des Français et des natifs d'Algérie, qui, peu à peu, pourraient acquérir les mêmes droits et devenir égaux. Ces citoyens égaux, c'était pour moi, à l'époque, l'image que pourrait devenir l'Algérie dans l'avenir. J'ai été, dans ce sens, pour l'Algérie française, mais je crois que tous les Français étaient alors pour l'Algérie française.

Vos premiers clients sont donc des droits communs ?

Oui, des droits communs, mais cela se mélange très vite car ces gens qui venaient nous voir parce qu'ils s'étaient disputés avec un voisin ou un client, entrent, un beau jour, dans la politique. Ils distribuent des tracts : premier délit. Ils collectent des cotisations : deuxième délit. Si les copains ne payent pas les cotisations, ils se livrent à des brimades ou à des exactions. À l'époque, on ne connaissait pas le FLN. Le FLN, je l'ai connu en 1956 ou en 1957 quand je suis entré dans une défense politique de mes clients. Je dirais que pour nous, jeunes avocats, la guerre d'Algérie a commencé en 1957. Il y avait eu des affaires avant (c'est ce que je viens de citer, collectes de fonds, etc.) mais les affaires importantes c'est, je crois, en novembre-décembre 1957.

Un beau matin, on apprend qu'il y a des arrestations à Lyon, que le gars qui tient le bistrot au coin de la rue a été arrêté, on le connaissait, il était bien ce gars. Un clerc de notaire arrêté, deux dans l'Éducation nationale. C'était une rafle systématique d'Algériens. Il y en a eu quatre-vingts arrêtés ce week-end-là. C'étaient tous des intellectuels, des cadres de la communauté algérienne de Lyon qui commençaient à penser en termes politiques. Ce n'était pas encore le FLN, c'était simplement de la politique : on voudrait telle réforme, on voudrait, etc. Ils organisaient ou participaient à des réunions. Alors, pourquoi on les arrête ? On se renseigne : « Ah, il n'y a rien contre eux ! C'est un juge d'instruction d'Alger qui a délivré un mandat d'arrêt. » Un juge d'instruction d'Alger ! Mais ils n'ont rien à faire à Alger ! Alors, entre juristes, on fait le lien tout de suite : il y a un décret qui soumet aux pouvoirs spéciaux le territoire de l'Algérie, mais pas le territoire de la métropole. Pour la police, c'était gênant car on voulait se débarrasser des gens qui avaient une certaine mentalité mais ils étaient en métropole. Il fallait absolument se débarrasser d'eux, les faire venir en Algérie. Alors on a inventé une procédure : le juge d'instruction militaire d'Alger recevait l'ordre de délivrer un mandat d'arrêt contre une liste de personnes, et hop, ils étaient tous embarqués en Algérie. Pourquoi ? Pour apprendre que le juge d'instruction n'avait aucune charge contre eux et qu'il délivrait une ordonnance de non-lieu. Mais, à la sortie de prison, en vertu des pouvoirs spéciaux, la police les attendait et les mettait dans un camp d'internement qui ne nécessitait pas de procédure judiciaire. Donc, abus de pouvoir, détournement d'une législation en dehors de son application normale. Nous nous insurgeons. À ce moment-là se forme à Lyon un Comité de défense des droits de la personne qui a été le premier collectif d'avocats. Il était formé au sein de la Chronique sociale de Lyon. Son président était Joseph Folliet, personnalité bien connue à l'époque, son vice-président, maître Bernardin, un avocat pour montrer qu'on allait s'occuper de questions juridiques. La première mission a consisté à envoyer des avocats à Alger pour protester contre cette action des juges d'instruction. Emma Gounot et Jean Delay ont été les premiers avocats désignés par le Comité. Ils ont rencontré le procureur général, le préfet d'Alger, etc., et sont revenus en disant : « Ah, ils sont tous bloqués par les instructions du gouvernement. Il faut marcher dans les clous et continuer à défendre ces gars. » J'ai été le troisième avocat envoyé à Alger. Je suis parti en décembre 1957. Je rencontre le juge d'instruction qui me dit : « Mais oui mon cher Maître, c'est vrai que c'est de la rigolade. Je n'ai rien contre eux. » Il me donne une série de rendez-vous avec chacun et me laisse simplement le temps d'aller les voir en prison et d'échanger des nouvelles de leurs familles. Quand je lui fais remarquer qu'il aurait pu dire « non », il me répond : « Vous avez une situation dans le civil pour moi ? » Il savait que, compte tenu des règles de la discipline militaire, il serait révoqué et perdrait son grade dans l'armée. Les internements administratifs se sont multipliés en Algérie.

Je suis rentré à Lyon et j'ai été mêlé aux retombées de la guerre en métropole. En février 1958, le Comité des droits de la personne organise une réunion dans la salle du Guignol Mourguet, avec deux orateurs – maître Bernardin et maître Cochet. Maître Bernardin explique la loi sur les pouvoirs spéciaux et dit que c'est le début de la guerre d'Algérie, parce qu'avec les pouvoirs spéciaux on ne peut plus s'arrêter dans l'escalade législative. De mon côté, je devais raconter mon voyage en Algérie. J'y suis allé, j'étais tout fier de faire une partie de la conférence, mais je n'ai pas pu. Il y a eu des jets de bombes lacrymogènes dans la salle. Tout le monde a été évacué sur le quai de la Saône, en train de pleurer, etc. Cet incident, relaté dans la presse lyonnaise, a été organisé par un groupe d'extrême droite qui disait : « Ah mais si on a fait cette manifestation, c'était pour bien montrer ce que les catholiques et les communistes sont en train de faire ensemble, main dans la main : la fin de l'empire français. » Ça a été le prétexte pour dire que les catholiques sont mêlés à l'action en faveur de la révolution en Algérie et qu'il faut par conséquent lutter contre eux. D'où l'intervention du cardinal Gerlier la semaine suivante qui a fait lire un communiqué dans toutes les églises de Lyon pour dire : « Il y a eu une manifestation où on a évoqué le rôle des catholiques. C'est inadmissible, je proteste et je condamne cette attitude. » Cet événement de février 1958 a été suivi d'autres événements qui vont conduire à l'affaire du Prado.

Pourriez-vous présenter ce premier comité ? Qui le composait ?

À l'origine, c'étaient des catholiques regroupés autour d'un prêtre jésuite. C'était un engagement spirituel débouchant sur une action, mais une action qui prévoyait une ouverture à tout le monde. C'était ouvert à des gens plus marqués à gauche. Il y avait Bendi Merad Kebir, un personnage intéressant. C'était un jeune Algérien d'une famille oranaise, qui était venu s'inscrire au barreau de Lyon étant donné qu'il aurait été méprisé par ses confrères des barreaux d'Alger ou d'Oran. C'était très net. Le simple fait de s'appeler Bendi Merad Kebir fait qu'on ne pouvait pas réussir dans la profession d'avocat, si on n'était pas Européen à 100 % (je vous signalerai après le rôle qu'il a joué dans la création du collectif d'avocats du FLN).

Il faut savoir que le FLN n'existait pas au début. On était un groupe d'avocats qui défendait des Algériens qui ont commencé à se battre les uns contre les autres. On a été engagé dans des affaires de plus en plus criminelles suscitées par les mouvements algériens sur le territoire métropolitain. Ça a changé la nature de la guerre. Nous sommes commis, on y va et, petit à petit, des positions personnelles vont nous amener à des divisions qui ne remettront jamais en cause l'amitié du groupe. C'est-à-dire que pour défendre ces gens, il y a le problème de nos honoraires, on ne peut pas laisser son cabinet trop longtemps pour défendre des criminels au tribunal militaire. Et puis, il y a les clients d'Algérie. En plaidant des affaires devant le tribunal militaire de Lyon, on se fait connaître de toute l'Algérie, on reçoit des lettres d'Algériens qui nous disent : « Vous ne pouvez pas venir me défendre ? Je ne peux pas trouver d'avocat à Alger, ils sont tous contre nous. » Donc, on commence à voir plus loin et aller à Alger, ça suppose un minimum de financement. Sans qu'il y ait création de comité, il y a des financements qui sont arrivés. Et, un beau jour, Bendi Merad, dont je vous ai parlé, nous a posé directement la question, à chacun d'entre nous : « Voulez-vous être payé par le FLN ? » Entre-temps, il était devenu correspondant du FLN auprès des avocats du barreau de Lyon. Certains ont accepté, d'autres non. J'ai été du côté de ceux qui ont refusé. Je peux expliquer pourquoi car c'était une décision réfléchie, commune avec Emma Gounot. Nous avons refusé parce que les Algériens n'étaient pas d'accord entre eux et que, par conséquent, si on voulait continuer, il fallait ne pas tenir compte de telle ou telle orientation politique qui, immédiatement, nous aurait amenés à reconnaître des divisions, des oppositions. Nous avions déjà une clientèle, et c'était trahir certains de nos clients que d'accepter le FLN, si eux avaient refusé son autorité. Donc, il y avait les divisions des Algériens, nos divisions à nous, nos réactions différentes, et notre conception, je crois, de nos responsabilités d'avocats, car nous restions responsables de la défense en face des tribunaux français. Nous tenions à mettre cela en premier point de notre idéal : donner une image de la défense qui soit la défense de l'homme, de tous les hommes, et qui ne peut pas être limitée par des considérations de partis. Nous tenions donc à rester au service de la personne humaine, et il nous semblait que cela supposait que nous restions toujours indépendants de tout engagement partiel, quel qu'il soit.

Je suis resté, je crois, l'un des principaux défenseurs dans les affaires de crimes commis sur le territoire national et jugés à Lyon. Je voudrais parler d'une affaire qui m'a amené à retrouver le problème de la peine de mort que j'avais vécu en 1954 et qui était resté profondément marqué dans mon esprit. C'est l'affaire des « étrangleurs de la Doua ». Ce sont les journalistes qui ont trouvé le titre, vous lirez le *Progrès* de l'époque, vous verrez ça en première page : « Les étrangleurs de la Doua ». C'est une affaire qui a ému les Lyonnais parce que, quand ils traversaient les ponts pour aller au boulot le matin, ils voyaient passer des cadavres dans le Rhône. C'étaient des cadavres d'Algériens qui avaient été étranglés par un fil de fer. Pour la police, c'était du pain béni parce que des cadavres qui descendent avec cette cicatrice ont forcément été flanqués à l'eau en amont de Lyon, près de la rive du fleuve. Ils sont allés inspecter les rives. Ils ont vu à la Doua un bidonville sur lequel régnait souverainement le FLN. À l'intérieur du bidonville, ils ont pu clarifier et mettre au point les faits suivants : le FLN avait organisé un tribunal dans le bidonville, avec une police qui leur amenait les gens considérés comme des traîtres. Et ils jugeaient ces traîtres. Ils faisaient une procédure pour savoir ce qu'ils avaient fait et, s'ils le décidaient ainsi, ils les condamnaient à mort. On les étranglait avec un fil de fer. Les organisateurs, les étrangleurs de la Doua, sont passés assez vite au tribunal militaire. J'ai été désigné d'office. Trois ont été condamnés à mort, ils s'appelaient Bougandoura, Makhlouf et Aberah Rabah, voilà, trois condamnés à mort. Je suis commis d'office parce qu'ils ont choisi comme défenseurs les avocats de Paris qui s'étaient rendus célèbres comme constituant le collectif des avocats parisiens du FLN : Vergès, Benabdallah et Oussedik. Ces trois avocats parisiens avaient été, après un certain nombre de procès, écartés de leurs fonctions par le bâtonnier car ils avaient été considérés comme ayant eu une attitude incorrecte vis-à-vis du tribunal de Paris. Leurs incivilités avaient été sanctionnées par une radiation du barreau. Ensuite, ils ont été assignés à résidence et internés dans des camps d'internement.

Les étrangleurs de la Doua se retrouvent donc sans avocat. Nous sommes commis par le bâtonnier, je suis commis pour le troisième, Aberah Rabah, qu'on a toujours cité comme le troisième. Je crois que c'est la seule raison pour laquelle il a été gracié et que les deux autres ont été guillotinés. On avait tellement l'habitude de dire « Bougandoura, Makhlouf et Aberah Rabah » que quand le président de la République, de Gaulle, a eu à signer les grâces, il a décidé d'en faire exécuter deux pour une raison strictement politique. Le FLN avait exécuté deux otages français peu de temps avant. Il fallait qu'il y ait deux victimes algériennes pour faire le pendant des deux victimes françaises. C'est pourquoi mon client, qui était le troisième, y a échappé.

Cela m'a donné l'occasion d'aller voir comment ça se passait chez de Gaulle parce qu'on sait que le droit de grâce figure dans la Constitution comme une prérogative du chef de l'État. Le chef de l'État, après les rois de France, a le droit de grâce, et tous les présidents de la République l'ont exercé en respectant la profession d'avocat, c'est-à-dire en convoquant en audience privée l'avocat du condamné à mort. Donc, on va être convoqués par de Gaulle. Mon ami Yves Berger, qui défend les deux premiers, est convoqué en même temps que moi, même jour, même heure. On y va ensemble, on est bons copains, mais c'est difficile : comment pouvais-je essayer de dire qu'Aberah Rabah n'était pas seulement le troisième de la liste, mais qu'il était aussi le moins coupable sans aggraver le cas des deux clients d'Yves Berger ? Je crois que cette question a été un cas de conscience. Nous étions entendus séparément. Bref, mon client a été le seul gracié, mais il faut dire dans des circonstances qui font que de Gaulle n'a pas eu le temps d'y réfléchir. Pourquoi ? Nous étions introduits les uns après les autres dans le bureau de De Gaulle par le colonel Bonneval qui était son aide de camp et jouait un rôle de secrétaire personnel à ses côtés. On attend donc dans le bureau du colonel Bonneval. J'entends ses conversations téléphoniques. Il était bien ennuyé, je vais vous expliquer son cas de conscience. Il a prévu l'emploi du temps de l'après-midi de De Gaulle : cinq avocats à recevoir, trois qui viennent d'Alger, deux de Lyon. Il faut qu'il ait le temps de causer pour statuer sur le recours en grâce et, le soir, il doit être à l'aéroport de Villacoublay pour recevoir le chancelier Adenauer. La réconciliation avec l'Allemagne est un grand moment pour la France. La visite du chancelier Adenauer est un événement historique, il ne faut pas rater la poignée de mains entre les deux chefs d'État. Il faut donc que les avocats respectent le temps qui leur est consacré. Je suis le cinquième avocat. Je suis dans le bureau de Bonneval quand Berger est dans le bureau de De Gaulle. Et l'imprévu, c'est Chaban-Delmas, le président de l'Assemblée nationale. Il débarque à l'improviste en disant : « Ah, ça y est, j'en ai terminé, ouf, fin de la session parlementaire de juillet 1960. Je viens rendre compte au Président. » Le colonel Bonneval se gratte la tête. Quand Berger sort, il demande : « Le président de l'Assemblée nationale vient d'arriver mais vous avez encore un avocat à recevoir. » De Gaulle répond : « Faites entrer le Président. » Chaban-Delmas entre et Bonneval me dit : « Vous savez, ça va durer longtemps, ce sont de vieux copains de la guerre, ils ne se mettent pas à discuter pour moins d'une heure, donc on va être en retard. Votre rendez-vous va certainement être reporté. » Une heure après, je le vois téléphoner : « Allô, il faut que je vous dise qu'on va être en retard. Alors ne faites pas décoller l'avion du chancelier parce qu'il va être obligé de tourner en rond à Villacoublay. » Vous voyez la situation : je suis là, j'attends mon tour pour parler à de Gaulle. Selon ce que je lui dirai, il va y avoir grâce ou pas d'un homme à qui on va couper la tête. La politique française de cette année s'achève avec la session parlementaire. De Gaulle en parle avec Chaban-Delmas. Le chancelier Adenauer va monter dans l'avion pour sceller l'amitié de la France et de l'Allemagne. Qu'est-ce que je suis, moi, dans l'intervalle ? Quand Chaban-Delmas sort, il s'excuse gentiment auprès de moi en me disant : « Maître, je vous ai fait attendre, excusez-moi, etc. J'avais oublié que vous étiez là. » Bonneval, par la porte entrouverte, crie à de Gaulle : « Il y a encore un avocat mais on devrait déjà être à Villacoublay. » De Gaulle répond avec un calme imperturbable : « Faites entrer l'avocat. » Je me suis demandé après si de Gaulle ne s'était pas dit : « La belle occasion de faire attendre un peu l'Allemagne avant de se réconcilier avec elle. » J'entre dans le bureau de De Gaulle. Il m'écoute, mais il laisse passer le temps prévu sans poser de question, sans manifester la moindre marque d'intérêt ou même de désapprobation à ce que je dis. Il est impassible. Quand arrive la fin des douze minutes que j'ai trouvées longues, il dit : « Je vous ai entendu, je vais pouvoir prendre ma décision. » Il se lève et me raccompagne. Je me demande encore à quoi pensait de Gaulle en m'écoutant. Est-ce qu'il pensait à la politique française de l'année qui venait de s'achever ? Ou s'il pensait déjà à l'alliance de la France et de l'Allemagne qui allait commencer ? Ou s'il a un tout petit peu fait attention au gars dont on risquait de couper la tête ? Il a signé la grâce, c'est tout. Je raconte cette histoire pour vous dire que confier le droit de grâce à un seul homme, même s'il est le chef de l'État, eh bien, c'est vraiment une justice rapide, et qu'il faut voir que les considérations politiques l'emportent toujours à ce moment-là. Les hasards de la politique l'emportent sur les raisons profondes.

Pouvez-vous me raconter la défense que vous avez adoptée au procès des étrangleurs de la Doua ?

La défense était tout à fait particulière. Les clients ont déclaré au tribunal : « Nos avocats sont absents » – c'était l'équipe de Vergès – « Nous ne sommes pas défendus et vous ne pouvez pas nous juger. Vous n'êtes pas un tribunal algérien, vous êtes un tribunal français ». Donc, refus de défense, refus de s'expliquer et de répondre à l'interrogatoire. Donc, pas de défense et nous, on est là, commis d'office. Il y a une suspension d'audience. Nous avons fait intervenir le bâtonnier qui nous a dit : « C'est moi qui répondrai au tribunal. » Il a dit : « La défense est là, elle est prête à jouer son rôle, mais la défense, c'est aussi l'expression d'une volonté d'un client qui a le droit de dire à son avocat de se taire, et, dans ce cas, le silence de cet avocat peut devenir une défense. » Cette scène, je l'ai vécue plusieurs fois car il y a eu une série d'affaires qui se sont déroulées de la même façon. Le bâtonnier n'étant venu qu'à la première affaire, il nous a dit : « Vous reprenez mes paroles si vous voulez. »

Étiez-vous en sympathie avec la stratégie de défense de Berger, de Vergès ?

Dans ce cas-là, j'étais en sympathie. Mais cela n'a pas toujours été le cas. Le désaccord venait de l'excès adopté plus par les Parisiens que par les Lyonnais. C'est un désaccord qu'il y a eu entre le collectif parisien de Vergès et le collectif lyonnais de Berger. Le collectif de Lyon avait décidé de ne pas se permettre d'attaque verbale trop vigoureuse contre les juges. Avec Vergès, ça allait trop loin. C'est tout juste s'ils n'accusaient pas les juges de faire comme les nazis. C'était violent. Cette violence de Vergès, je dirais que mes confrères lyonnais ne l'ont jamais approuvée ni imitée.

On appelait cela la défense de rupture. Est-ce que vous pouvez me faire une petite synthèse sur la défense de rupture et m'expliquer celle que vous avez adoptée à Lyon ?

Quand on disait « défense de rupture », on opposait la défense de rupture à la défense de connivence. La défense de connivence présentée par Vergès consistait à établir une complicité entre les juges et la partie adverse. Vous vous faites les complices de la politique française en Algérie. Ce mot « connivence » voulait dire « complicité » dans la langue de Vergès. C'est là qu'on ne pouvait pas suivre. Je ne sais pas si Berger dirait la même chose, mais moi je dis « non » si vous entendez, par « connivence », « complicité ». Notre connivence, c'était simplement notre souci d'évoquer toujours la personne de notre client, la défense de la personne, le nom du premier comité, c'était « Défense de la personne ». On devrait toujours défendre la personne en la plaçant avant la cause politique qu'elle a épousée. La personne, c'est toujours plus que l'opinion politique, et par voie de conséquence, que les crimes politiques.

Est-ce que vous avez visité votre client, Aberah Rabah, à la prison de Saint-Paul ou à la prison de Montluc ?

J'ai le souvenir de deux visites, je crois que c'était à Saint-Paul. L'une, avant le recours en grâce, où il m'a dit qu'il ne voulait pas que j'aille voir de Gaulle. Il s'opposait à ce qu'on plaide, non seulement parce qu'il refusait un tribunal français, mais aussi parce qu'on n'était pas les avocats qu'il avait choisis. Aberah Rabah avait choisi maître Oussedik, avocat à Paris, qui n'était pas en état de venir. À Saint-Paul, j'ai le souvenir d'un dialogue très fruste, où il disait : « Je veux pas que t'ailles chez monsieur de Gaulle ! » C'était comme ça, il disait « monsieur de Gaulle » : « Parce que je suis un soldat de l'armée algérienne, et puis je veux mourir pour l'Algérie. » Après la condamnation, il m'a regardé avec un visage où il y avait à la fois du recul et de la sympathie ; il m'a regardé et il a dit : « Merci. » C'est tout. Un mot. J'ai proposé qu'il s'assoie, qu'il me parle, mais non, il ne m'a rien dit de plus qu'un mot : « Merci. » Ce mot, j'y ai vu après, peut-être dans mon imagination, des nuances qui voulaient dire : « Merci, c'est moi l'homme qui vous dit merci. »

Vos collègues vous ont-ils parlé des exécutions à Lyon ?

Maître Delay est celui qui m'a le plus raconté. L'histoire la plus macabre s'est passée lors d'une exécution où il était avec Berger. Le bourreau les a fait approcher du panier en leur demandant de reconnaître la tête de leur client parce qu'il ne voulait pas mélanger les têtes et les corps. Delay n'a pas pu lui répondre. La brutalité de la question a fait qu'ils ont refusé de répondre. Chaque tête était peut-être enterrée avec un corps qui n'était pas le sien.

Je voudrais qu'on revienne un petit peu en arrière. Vous avez parlé de l'affaire du Prado en 1958 et que d'une certaine manière vous avez connu cette affaire et qu'elle a eu une place pour vous. Est-ce que vous pouvez m'expliquer ?

L'affaire du Prado a éclaté exactement [au moment] où l'on parlait de l'affaire que je vous ai racontée, c'est-à-dire l'affaire de la salle du Guignol Mourguet où je devais intervenir. C'est un lien qui a été fait par certains opposants qui accusaient la collusion de l'Église catholique avec le Parti communiste. Leur thèse était qu'il y avait des catholiques qui fricotaient avec les communistes. Le cardinal Gerlier avait pris position en notre faveur. Le même problème se pose quand éclate l'affaire du Prado : deux prêtres compromis, c'est encore mieux que des avocats présumés catholiques. Les pères Magnien et Quarteron étaient accusés par les gens de droite d'être devenus complices du FLN. Il nous fallait obtenir le soutien du cardinal. Le hasard a voulu – c'est le côté drôle de l'histoire – que le pape Pie XII soit mort à ce moment-là. Quand un pape meurt, tous les cardinaux se précipitent à Rome pour tenir conclave. On les enferme dans une salle du Vatican dont ils ne sortiront qu'après avoir élu le successeur du pape. Maîtres Delay et Bernardin, je ne crois pas me tromper, ont été chargés par notre groupe de sauter dans un train pour rattraper le cardinal qui était déjà parti pour Rome. Delay et Bernardin ont voyagé de nuit pour trouver le cardinal le lendemain matin et lui demander de faire une déclaration en faveur des pères Magnien et Carteron.

J'ai une question qui peut lier les deux affaires que vous nous avez racontées, l'affaire du Prado et l'affaire des étrangleurs de la Doua. Dans les deux cas, on a parlé de violences policières, voire de torture. Est-ce que vous en avez connues ? Je crois que Bougandoura a été violenté et également Semmoud Djilali dans l'affaire du Prado. Est-ce que vous pouvez m'en parler ?

Il y a eu des violences policières dans de nombreuses affaires, elles ont commencé avant la guerre d'Algérie. Les Algériens étaient victimes de violences policières simplement parce qu'ils étaient Algériens. J'en ai des souvenirs.

Pouvez-vous me parler de souvenirs précis justement ?

C'étaient les paroles de nos clients. Je ne peux pas vous donner de récit précis. Ce n'étaient pas comme les violences organisées par la Gestapo. Ils nous disaient qu'ils avaient reçu des coups et qu'ils pouvaient nous montrer un œil au beurre noir.

Une question me vient en vous écoutant. Vous avez parlé du procès de la Gestapo, vous avez parlé de violences qui n'étaient pas comme celles de la Gestapo, vous avez parlé des rafles. Est-ce que, pendant la guerre d'Algérie, on a fait des connexions entre la Seconde Guerre mondiale, les Allemands, le nazisme, le colonialisme, les violences françaises ?

Sûrement, sûrement, mais je ne peux pas… Je dirais, dès le début, et c'est ce qui fait la différence entre les violences de la guerre d'Algérie et celles de la Gestapo, c'est que celles de la Gestapo, on a attendu la fin de la guerre pour le savoir, tandis qu'on a protesté tout de suite contre les violences de la guerre d'Algérie. Il y a eu en France non seulement des ecclésiastiques, des prêtres, des pasteurs, mais aussi des philosophes, des écrivains, Albert Camus, etc. Il y a eu un mouvement d'opinion contre.

Est-ce qu'en plus de votre activité d'avocat, vous avez eu une activité à Lyon visant à expliquer, à informer ? Est-ce que vous avez eu une action dans la société civile ?

Je dirais que non. On avait dans notre groupe des porte-paroles comme maître Bernardin et Emma Gounot qui étaient un peu plus âgés que nous. Nous, on allait défendre les gars à l'audience, mais, par-derrière, Bernardin représentait un courant de pensée. Joseph Folliet était une grande parole lyonnaise. Il faut savoir qu'à l'époque, comment dirais-je, le christianisme social a été une forme du christianisme lyonnais qui a joué un rôle de pensée au niveau de la France, que Joseph Folliet et Jean Lacroix ont été des maîtres à penser. Et qu'on avait tendance, nous, à dire : « On est leurs élèves, on les suit. » Ça nous dispensait un peu de ce côté intellectuel de la situation.

À Lyon, il y a eu onze exécutions d'Algériens. Est-ce qu'il y a eu un mouvement contre la peine de mort ou de protestation contre ces exécutions ?

Un mouvement d'opinion, non, car la violence dépassait largement le problème de la peine de mort. Il y a eu des milliers de victimes, il y a eu, paraît-il, quatre mille Algériens tués en métropole pendant la guerre. Je ne suis pas historien de la guerre d'Algérie, mais les morts étaient tellement nombreux qu'on ne pouvait pas les lier au problème de la peine de mort.

Le procès des étrangleurs de la Doua a lieu en 1960, il reste un peu moins de deux ans de guerre. Est-ce que vous avez vu la guerre se modifier avec l'OAS, avec l'extrême droite à Lyon ? Est-ce qu'il y a eu des fractures dans la société lyonnaise ? Est-ce qu'il y a eu des attentats de l'OAS ?

Pratiquement pas. Je dois dire que je n'ai jamais été saisi dans les affaires de l'OAS. Il y en a eu, mais peu.

Est-ce que vous défendez des Algériens jusqu'à la fin de la guerre ou votre carrière se modifie-t-elle progressivement ?

Ma carrière n'a pas été celle d'un avocat politique. Je dois dire que, pendant que je défendais des Algériens, j'avais d'autres clients. J'ai d'ailleurs été un peu un spécialiste de la famille, du droit de la famille. Ce que j'ai vécu au cabinet du bâtonnier Gounot m'a laissé, disons, cet héritage idéologique. J'ai été le dernier collaborateur du bâtonnier Gounot à sa mort et j'ai conservé une partie de sa clientèle. Pendant la guerre d'Algérie, je n'ai pas oublié mes intérêts, voilà, pour vous parler très franchement.

Comment définiriez-vous, en conclusion, ce qui vous a motivé dans ces défenses politiques, le nerf principal, si vous deviez for-

muler ou synthétiser ce qui a caractérisé votre métier d'avocat politique ?

La défense de l'homme. Il n'y a pas d'homme qui n'ait pas de circonstances atténuantes, parce que la vie est faite de circonstances, et que les circonstances sont toujours atténuantes. C'est ça, le rôle de l'avocat, c'est pour ça que je suis contre la peine de mort, parce que je l'ai vécue un jour et que j'ai assez d'expérience pour penser que la justice humaine ne peut décider de la vie d'un homme.

Roger Saboureau
L'Algérie française au cœur

Entretien avec Raphaëlle Jaillet[1]

Engagé dans l'armée par goût de l'aventure virile, Roger Saboureau observe de très près l'évolution de la situation militaire et politique en Algérie. Après un premier séjour en 1956, il sert de 1958 à 1961 dans la 25ᵉ division parachutiste. Il a l'occasion de vivre la plus grande bataille de la guerre, à la frontière de la Tunisie, en 1958, et de participer aux opérations du plan Challe ensuite. Comme officier de renseignement, il est aussi confronté à la question de la torture. Après l'intervention de son régiment lors de la semaine des barricades, il se politise peu à peu. Son fervent engagement en faveur de l'Algérie française le conduit à s'opposer à la politique d'autodétermination voulue par le gouvernement. Il participe au putsch d'avril 1961 et soutient activement l'OAS. Toujours souriant à l'évocation de ses souvenirs, Roger Saboureau pose les mots de l'analyse sur ses actions de jeunesse et expose avec distance les évolutions politiques et militaires qu'il subissait alors.

***

1. Réalisé en France le 12 juin 2019 et édité par Victor Delaporte.

Je m'appelle Roger Saboureau. Je suis né il y a bientôt quatre-vingt-quatre ans, dans une région de l'Ouest, les Deux-Sèvres, d'origine vendéenne. Mon enfance a été assez triste puisque mon père est décédé de maladie alors que j'avais à peine 2 ans. Ma mère s'est remariée quelques années après. J'ai été très majoritairement élevé par ma grand-mère.

Compte tenu de la mort de son fils, ma grand-mère m'a choyé, entouré, un peu trop peut-être. C'est ce qui a probablement provoqué ma carrière. Le fait d'être un peu choyé, entouré, est agaçant pour un petit garçon. Comme je lisais beaucoup, j'ai rêvé d'aventure toute ma jeunesse. Je me suis gorgé de romans de Jules Verne, de Walter Scott et autres... Je me suis évadé du milieu un petit peu triste dans lequel je vivais, du milieu un peu calme et froid de ma région. Et je rêvais d'Afrique, d'exotisme, de combats, comme beaucoup de jeunes gens mais enfin, pour moi, c'était très marqué.

Très sincèrement, je n'avais pas au départ imaginé l'affaire au travers d'une carrière militaire. Je rêvais plutôt de partir en Afrique mais c'était faire beaucoup de peine à ma grand-mère de la quitter très tôt. Donc la seule façon de la quitter, ou de tenter l'exotisme, sans lui faire de peine, c'était en m'engageant à Saint-Maixent. Saint-Maixent était à deux doigts de Niort, où j'habitais, et donc ce n'était pas un grand départ. Ce n'était pas le grand départ. C'était acceptable pour elle.

Comment êtes-vous entré dans le conflit algérien ? Vous vous êtes engagé ou vous avez été appelé ?

Non, non, pas du tout. Je me suis engagé dans une école qui s'appelait l'École des sous-officiers d'active de Saint-Maixent qui était destinée en fait à préparer des sous-officiers de carrière mais également permettait de concourir à la carrière d'officier. Il y avait deux façons d'y concourir. Il y avait soit faire Saint-Cyr direct, soit faire ce qu'on appelait Saint-Cyr corps de troupe. Et c'était cette voie que j'avais choisie.

Vous aviez déjà entendu parler de l'Algérie avant ?

Alors l'Algérie, c'était l'exotisme. C'étaient les romans d'aventures que j'avais lus. C'était *L'Escadron blanc*. C'étaient toutes ces choses qui faisaient rêver bien entendu. Et donc, quand la guerre d'Algérie a débuté, en 1954, c'était au moment où j'étais déjà militaire. J'ai rêvé tout de suite de pouvoir la rejoindre, ce qui n'était pas très compatible avec les études que j'étais censé faire. Et ce qui a un peu compliqué ensuite ma carrière.

Vous aviez commencé quelles études ?

Non. Les études, c'étaient les études de préparation justement au concours d'entrée de ce qu'on appelait le Saint-Cyr corps de troupe et donc qui était à Saint-Maixent. Et donc je me suis débrouillé en 1956. Lorsque les rappelés ont été… enfin les soldats ont été… le contingent a été rappelé par le gouvernement Guy Mollet, il y a eu un manque de cadres importants dans ces unités. Et donc j'ai posé ma candidature pour rejoindre une unité qui est partie en Algérie. C'est ce que j'ai fait : je suis parti en mai 1956 avec un régiment de rappelés qui était le 6e régiment d'infanterie.

Alors, qui étaient les rappelés ?

C'étaient des garçons qui avaient terminé leur service militaire un an ou deux ans auparavant. Et comme il y avait un manque d'effectifs pour quadriller… ce qui était le… ce qu'on appelait en Algérie le quadrillage d'ailleurs. Pour occuper le terrain, il y a eu donc le rappel des classes. Et donc des garçons qui avaient quitté depuis un an ou deux ont été rappelés.

Entre-temps, ils s'étaient mariés. Ils avaient trouvé une situation, une carrière. C'était donc difficile pour eux et donc leur encadrement n'était pas très simple. C'était un peu compliqué mais bon, ça s'est très bien passé. Enfin, ça s'est très bien passé… au plan de la discipline. Pour d'autres raisons, nous avons eu des problèmes lourds et graves. Je peux en parler si vous voulez ? Bon alors, c'est une des aventures malheureuses dans laquelle j'ai été mêlé en Algérie. Celle-ci date de septembre 1956. À ce moment-là, les unités dites de quadrillage avaient comme fonction, comme leur nom l'indique, d'occuper le terrain, d'avoir le contact avec les populations, d'identifier les adversaires, éventuellement de les réduire, mais dans un cadre très réduit, très restreint. Ce n'étaient pas des unités qui naturellement étaient destinées à combattre. Ou, en tout cas, d'une façon très, très modeste. Lorsqu'en septembre 1956 une information, qui s'est avérée exacte, donne une bande rebelle importante, c'était dans la région de Palestro… dont on avait parlé peu de temps avant, au mois de mai, où il y avait eu une embuscade célèbre.

Donc, en septembre 1956, nous menons une activité très, très modeste de… d'occupation du terrain, de contact avec les populations, de petits petits petits accrochages. Et là, la compagnie, compte tenu de cette information, qui est une information A1 (comme on dit dans l'armée), c'était une information sûre, il manque d'effectifs pour occuper ce terrain et monter cette opération. Il manque d'effectifs dans les unités dites destinées à cette mission. Donc ma compagnie et d'autres, de ce régiment, partent pour cette opération à proximité, mais pour une mission de guerre. Parmi les membres de la compagnie, il y avait une section qui était particulièrement mal commandée et un peu… et surtout avec de fortes têtes. Elle était commandée par un type dont l'oncle était connu : c'était Bernard Gavoty, le critique musical. Et ce garçon, qui s'appelait Alain Gavoty, n'était pas, en plus, officier d'infanterie. Il était officier d'artillerie antiaérienne. Donc toute bonne raison pour dire qu'il n'était pas à sa place dans cette chevauchée, dans cette aventure. L'opération se déroule avec des garçons qui n'étaient pas non plus entraînés physiquement pour des efforts aussi longs et aussi lourds. J'ai vécu, après, avec les parachutistes. J'ai connu la différence.

Et dans la matinée, moi je commandais une section d'appelés qui venaient de rejoindre. Dans la matinée, il y a des tirs intempestifs sur ma gauche. J'étais en liaison directe à vue. Puis à ce moment-là, je ne vois plus la section. J'essaie d'avoir la liaison radio. Je ne l'ai pas. Les tirs continuent. Mais comme les rappelés avaient l'habitude d'avoir une discipline de feu très, très, très aventureuse. J'en déduis qu'ils se conduisent très mal ce matin-là. Et puis le tir s'arrête. Et soudain, il reprend cinq minutes après, avec une violence inouïe. Là, l'inquiétude quand même me gagne. J'essaie d'avoir la liaison radio. Je ne l'ai pas. Les postes radio dataient de Mathusalem. Et il ne se passe rien. J'essaie encore, sans succès. Je suis dans un fond d'oued en plus. Et à ce moment-là, du côté de la section Gavoty, je vois un groupe d'hommes innombrable. Soixante, quatre-vingts, je n'en sais rien. Certains en djellaba, d'autres en tenue de combat, nos tenues certains. Et j'aperçois sur les épaules des garçons notre insigne de reconnaissance, parce qu'on avait un insigne de reconnaissance pour ne pas se tromper avec les… les adversaires, les rebelles. Et ils étaient à 500 mètres, 800 mètres peut-être. Dans la matinée, là, qui étaient… Le son portait. Ils parlaient en arabe. Ils s'invectivaient en arabe.

J'arrive à avoir enfin les liaisons radio avec mon…, le PC du bataillon. C'était un capitaine, d'origine vétérinaire, qui en était le patron. Je n'ai rien contre les vétérinaires mais pour ce métier-là, ce n'était pas forcément leur affaire. Et je lui explique l'affaire. Et il me dit avec prudence : « Prudence, nous avons perdu depuis ce matin le contact avec le GMPR de Palestro. » Le GMPR, c'est le Groupe mobile de police rurale, c'étaient les premiers harkis, qui était un groupe mobile de police rurale, composé de musulmans. Bon. Évidemment je ne bouge pas. Je laisse passer sous le feu de mes fusils-mitrailleurs le groupe en question. Et puis on recommence. On redémarre l'action. Et une ou deux heures après, on arrive à la fin du ratissage. Mais il manque une section. Et là, j'explique à mon commandant de compagnie ce que j'ai vécu dans la matinée. Et avec quelques-uns de mes appelés, qui étaient moins fatigués que les autres, je reviens par la ligne de crête en direction de l'endroit en question. Et là, le drame affreux. Il y avait d'abord deux types de tués de chez nous et deux types de chez eux, en tenue de combat. Tout à fait, en tenue de combat classique ! Et dans le petit oued, juste derrière un petit ravin, il y avait des corps entassés et nus. Des gars qui étaient tous en tas. À tel point que le chef de section, on lui avait tiré dans la tête. J'ai pu reconnaître son nom, Gavoty, parce qu'il avait son petit… sa petite médaille, Alain. Voilà, c'était affreux.

Donc qu'est-ce qui s'était passé ? Il y a un des gars qui a réussi à s'évader… un des sous-officiers qui avait réussi à sauter au moment où ils ont tiré. Ils ont été dans la matinée… mauvaise troupe… mal commandée… Ils se sont arrêtés à un endroit qui n'était pas normalement… qui était un endroit pour faire un pique-nique mais pas pour faire la guerre. Et, à ce moment-là, la bande rebelle, qui effectivement était dans le coin, est tombée sur eux. Ils n'étaient pas en situation de se défendre. Il y en a qui ont tiré. Il y a quand même eu deux tués. Mais ils sont immédiatement tombés dans ce petit ravin. Et le chef rebelle, qui était un sous-officier déserteur de l'armée française, a vu les galons de sous-lieutenant sur l'épaule du chef. Et il lui a dit : « Mon lieutenant, rendez-vous. Il ne vous sera fait aucun mal. Nous ne vous voulons pas de mal. » Et les gars, qui n'avaient pas très envie de se battre, disent au lieutenant : « Mon lieutenant, c'est vrai qu'on ne s'est pas battus contre eux. Il faut. » Voilà. Et ils se sont rendus. Et ils ont été déshabillés… rendu leurs armes bien entendu… Déshabillés, ils se sont fait mettre en ligne et ils ont été assassinés. Il y en a eu dix-neuf… Je crois c'est dix-sept ou dix-huit ou dix-neuf. Et donc c'était un spectacle abominable quoi, vraiment. Donc ça, c'est… c'est ma… une expérience malheureuse au 6e d'infanterie.

Vous avez ressenti quoi, exactement, après cette journée ?

Je vais vous dire. J'étais venu en Algérie d'abord par goût de l'exotisme mais également parce que le milieu militaire me convenait bien. J'avais vécu dans un milieu de femmes et je voulais… Voilà… mais cette expérience avec les rappelés m'avait un peu douché. Non pas tant par le drame que je viens de vivre, mais parce que ce n'était pas le milieu dans lequel je me sentais porté. Et donc j'avais décidé à ce moment-là de quitter l'armée. Et mon capitaine me dit : « Mais vous n'allez pas partir comme ça, vous allez partir avec les épaulettes de sous-lieutenant, faites donc les EOR. » Les EOR, c'étaient les élèves officiers de réserve qui étaient en fin de contrat… aussi pour les types, les gens de carrière comme moi.

Et donc je suis parti à ce moment-là, après cette aventure malheureuse, à Cherchell, qui était l'école qui formait les officiers de réserve, où je suis resté six mois. À la sortie, j'ai rejoint les parachutistes et là je suis tombé dans le milieu qui m'allait bien. Et j'y suis resté jusqu'à la fin de mon séjour algérien. J'y suis resté quatre ans. Un peu plus de quatre ans.

[Répondant à différentes questions, Roger Saboureau évoque ses attentes vis-à-vis de l'armée avant de s'engager. Il parle aussi de l'unique figure militaire de sa famille, le frère de sa grand-mère, un officier installé en Algérie, qu'il a très peu connu. Il décrit ensuite son arrivée en Algérie : son émerveillement en découvrant Alger et son étonnement devant le dénuement des habitants du bled.]

Vous étiez en contact avec ces populations ?

Le contact avec les populations. Dans ce premier séjour-là, le contact avec les populations était plus important puisque, dans les missions qu'il y avait en Algérie, il y avait les missions dites de quadrillage et puis les missions dites d'intervention. Les parachutistes, par exemple, avaient une mission très différente.

Vous pourriez décrire justement ces missions de façon précise ?

En Algérie, je peux dire qu'il y avait grossièrement deux types de missions. Les réserves générales, auxquelles appartenaient les parachutistes et la Légion étrangère, et qui étaient destinées à détruire des bandes ou des rebelles identifiés. Et les unités dites de pacification, comme leur nom l'indique, ou de quadrillage ou de pacification, qui étaient destinées à occuper le terrain.

Vous avez fait des rencontres intéressantes dans ces douars, dans ces villages ?

Oui, bon. Oui, des rencontres. Des anciens combattants qui venaient se présenter. Des anciens combattants qui venaient avec leurs médailles, etc. Oui, bien sûr. Oui, oui. Enfin j'y suis resté assez peu de temps puisque je suis parti rapidement, après une histoire très très douloureuse, qui s'est passée en septembre 1956. Je quitte donc mon unité et je rejoins à ce moment-là, à Cherchell, les EOR, où j'ai été admis sur titre. Et donc j'y reste six mois, où là nous faisons des missions mais c'est surtout de l'instruction, bien entendu. Et à l'issue, je rejoins les parachutistes. Je suis sous-lieutenant et, en définitive, il me reste quelques mois pour terminer mon contrat. Je suis destiné à quitter l'armée. Et quand j'arrive aux parachutistes, je tombe dans un autre univers, dans un autre monde. Et là je découvre ce pour quoi j'avais rejoint l'armée : c'est-à-dire l'efficacité mais également l'aventure. Enfin des hommes de talent et des garçons qui étaient là pour vivre l'aventure ! Et c'était un moment formidable. Et je suis resté.

[Interrogé sur son quotidien au sein des unités parachutistes, Roger Saboureau évoque brièvement les longues marches nocturnes et les opérations où les militaires sont déposés par hélicoptères. Il raconte ensuite en détail la seule fois où il a été parachuté. Confronté à un jeune engagé qui panique et refuse de sauter de l'avion, Roger Saboureau saute en retard et atterrit seul, loin du reste de sa compagnie, au milieu d'un douar. Alors qu'il s'attend à être tué, les Algériens lui offrent une collation et le ramènent jusqu'à son régiment. Puis, questionné sur ses permissions, il évoque les ambiances des permissions, qu'il prend d'abord en France puis en Algérie, à Philippeville, Alger ou Souk-Ahras.]

Vous pourriez me parler de Souk-Ahras ?

Alors, Souk-Ahras, ça s'inscrit, cette période, dans ce qu'on a appelé la bataille des frontières. C'est-à-dire début 1958, il y a eu énormément de bagarres tout le long de la frontière. Pourquoi ? Parce qu'en Tunisie, après l'indépendance qui a eu lieu en 1956, les rebelles (le Front de libération nationale) s'étaient implantés, avaient des unités militaires importantes, équipées, armées, à la fois par les Soviétiques, les pays de l'Est, mais également par le monde arabe de Nasser, il faut le savoir. Elles passaient en Algérie pour alimenter la rébellion intérieure.

La conscience ayant été prise par le gouvernement de l'époque – en particulier par M. Morice, qui était ministre des Armées –, il y a eu la création de ce qu'on a appelé la ligne Morice, qui était une ligne, un barrage électrifié, miné, tout le long de la frontière. Alors on n'interdit pas le passage par un barrage électrifié mais au moins il est signalé. Et on peut intervenir après pour détruire les bandes qui sont passées. [...] Et nous qui étions les unités parachutistes, en arrière de ce barrage, qui étions en réserve permanente pour détruire les bandes dès qu'elles étaient repérées. C'est ça. Et ça s'est passé pratiquement tout le long de la première période 1958 : février, mars, avril. En avril, devant la destruction systématique des unités rebelles qui passaient, le groupe, le commandement de l'ALN en Tunisie a décidé un passage en force.

C'est ce qui s'est passé le 28-29 avril, 30 avril 1958. Et à ce moment-là, nous étions – mon régiment, le 9e régiment de chasseurs parachutistes – à Souk-Ahras, comme base arrière. Le 29 avril... Le 28 avril 1958, nous accrochons une katiba, que nous détruisons, comme d'habitude. Dans la nuit du 28 au 29, on reste sur le terrain pour essayer de récupérer, en embuscade, les quelques types qui ont échappé. Et au petit jour, dans la grande tradition, on ratisse le terrain pour voir s'il ne reste pas des armes ou des types blessés qu'on n'a pas vus la veille. En fin de matinée, on est appelés sur les radios. Les radios entendent qu'il se passe des choses. Nous sommes appelés pour dire : « Hop-là, une compagnie va être héliportée. » Il y a des accrochages un peu partout. On ne sait pas de quelle importance, ni quoi ni qu'est-ce, mais ça accroche.

[Roger Saboureau raconte ici en détail les rotations d'hélicoptères pour transporter les sections appelées en renfort. L'atterrissage se fait en plein milieu des combats, sous le feu de l'ALN. Il rejoint alors le capitaine Beaumont, qui commande la compagnie et qui est déjà gravement blessé. Celui-ci lui donne l'ordre de secourir la section du sous-lieutenant Thierry, en difficulté.]

Il y a déjà des types tués dans les broussailles un peu partout. C'était épouvantable. Et ça tire. Et à un moment donné, dans les broussailles, se lèvent des dizaines de casquettes en laine. C'est les casquettes en laine des rebelles, de l'ALN, qui viennent de Tunisie. C'est impressionnant, très impressionnant. J'arrive à Thierry. Il est déjà tué. Autour de lui, il y a deux, trois gars qui sont complètement désorientés. Je replie. J'essaie de replier vers le capitaine. Je replie avec mes gars. J'ai deux tués. J'ai mon radio qui est tué. Enfin bon, c'est vraiment un moment extrêmement difficile. On n'est pas en position du tout de… même de pouvoir se défendre ou presque. C'est vraiment… On est au champ de tir quoi, hein. Donc je reviens vers le capitaine. J'arrive à sa hauteur pour essayer de prendre des ordres, pour savoir ce qu'on va faire… Tout ça dure très peu de temps : je dirais quelques… dix minutes, un quart d'heure, je ne sais pas… Même pas… Un peu plus peut-être… Je n'en sais rien. Le temps est… Le capitaine me dit… Il ne me dit rien. Il me dit : « Je suis blessé encore. » Et il tombe mort. Il se trouve qu'à ce moment-là, le reste de ma section vient de rejoindre. La troisième section, par contre… La première section est décapitée. La mienne, heureusement, je n'ai perdu que deux, trois types, deux je crois à ce moment-là, trois. Mais mes sous-officiers sont tous les deux blessés, très grièvement tous les deux. Il y en a un, il a le bras qui coule, qui tombe comme ça. L'autre a une balle dans le ventre… Je donne l'ordre de replier en essayant d'emmener le corps du capitaine. Impossible, les types qui essaient d'emmener le corps sont blessés immédiatement. On est dans le feu complet. Et puis bon, j'ai passé des moments hein… On finit quand même par… à un moment donné il y a un avion de chasse qui passe au-dessus de nous. Ça doit faire baisser la tête un peu aux rebelles. Ils nous poursuivent moins. On réussit à échapper.

[Roger Saboureau raconte ici le retour sur les lieux du combat le soir pour récupérer le corps du capitaine Beaumont. Il souligne que l'opération de Souk-Ahras est importante car c'est la première démonstration de force de l'ALN venue de Tunisie. Ensuite, il évoque l'ambiance au sein des unités de parachutistes. Il revient sur l'opération où a été tuée la section de Gavoty et sur les sévices commis dans le camp sur les prisonniers, à ce moment-là. Puis, il est interrogé sur l'arrivée du général de Gaulle à la tête de l'État. Il explique avoir été enthousiasmé par l'accession d'un militaire au pouvoir. Il parle alors de ses souvenirs du 13 mai 1958, à Souk-Ahras, et mentionne des dévoilements de femmes de harkis.]

Je reviens sur l'arrivée de De Gaulle au pouvoir, est-ce que ça a changé quelque chose dans vos missions, que de Gaulle soit arrivé ?

Non, alors les missions, le type de mission a pratiquement été le même. C'est à partir de 1959 que le plan Challe s'est mis en route – le plan Challe, c'est du nom du commandant en chef en Algérie, le général Challe – où nous avons traité des zones précises les unes après les autres.

Qu'est-ce que vous entendez précisément par « traiter une zone » ?

Alors traiter la zone, par contre, c'est effectivement faire en sorte de détruire les unités rebelles qui s'y trouvent encore, avec les renseignements dont on dispose. [...] Et, à partir de là, on met en place ce qu'on appelle des opérations d'envergure, à base d'unités de secteur. Alors, les unités de secteur, c'est elles qui ont les informations sur la région donnée, parce qu'elles y vivent. Et donc elles se mettent en bouclage, ce qu'on appelle en bouclage, c'est-à-dire qu'elles entourent la zone à traiter. Zone à traiter dans laquelle on imagine qu'il y a des unités rebelles ou ce qu'il en reste. Et nous, les unités dites de réserve générale, c'est-à-dire parachutistes, nous encerclons ces zones et nous progressons. Et nous nettoyons le terrain, si vous voulez, en quelque sorte. Nettoyer le terrain, c'est affronter les rebelles. C'est les éliminer ou les faire prisonniers. Et là, par cette méthode-là, qui est une méthode de coups successifs, on a réduit la rébellion de l'intérieur d'une façon drastique.

Quelle était votre fonction précise à ce moment-là ?

Alors j'ai été, jusqu'en fin 1958, j'ai été chef de section, donc trente types. En 1958, j'ai été chargé d'encadrer et de former ce qu'on appelle des commandos de chasse. C'est-à-dire à l'intérieur des unités traditionnelles, non parachutistes, non légion, il y avait des unités qui ont été formées, dites de commandos de chasse, pour un peu faire le même métier mais dans le secteur.

Et après ça, je suis revenu à mon régiment, où j'ai pris les fonctions d'officier de renseignement. J'ai été officier pendant presque... l'année 1959... Attendez, que je ne dise pas de blague... Six mois à peu près, six mois, six, huit mois comme officier de renseignement. Alors, c'est quoi, officier de renseignement ? En deux mots, c'est évidemment le renseignement. C'est d'abord le renseignement physique, c'est-à-dire quand on fait des prisonniers, on les interroge. On les interroge sur le but… Qu'est-ce qu'ils ont fait ? Quel est leur chef ? Quelle est leur mission ? Où sont-ils ? Où ils ont l'habitude de… ? Enfin, tous les renseignements possibles et imaginables. C'est évidemment aussi des renseignements d'écoute. L'écoute, c'est des renseignements qui viennent aussi de… de la hiérarchie. Et puis on communique ça aux unités, au fur et à mesure, pour orienter leur action, hein. C'est ça. Alors majoritairement, c'est au travers d'interrogatoires de prisonniers ou de « suspects », entre guillemets, qu'on arrive à obtenir les bonnes informations, qu'on communique à ce moment-là au haut-commandement pour orienter la mission.

Vous avez été amené, vous, personnellement, à interroger des suspects ?

Bien sûr, bien sûr.

Vous pourriez m'en parler un petit peu ou pas ?

Alors c'est… C'est difficile d'en parler parce qu'autour de ces interrogatoires de prisonniers, il y a toute une logorrhée et toute une activité de mensonges divers et variés, qui s'est formée. Pourquoi ? Oh, vous êtes sûre qu'il faut qu'on parle de ça ?

Je trouve que c'est intéressant d'avoir votre avis là-dessus et votre expérience.

Sur le terrain, comment obtenir des informations ? C'est très majoritairement au travers d'interrogatoires, ou de suspects ou de prisonniers, ou de populations, tout simplement. Quelquefois, des populations donnent les informations le plus naturellement du monde, sans être du tout contraintes. Mais il est évident aussi qu'il n'y a pas que des sympathisants. Qui plus est, les gens ont peur, en donnant des informations, d'être ensuite égorgés dans la grande tradition. Donc les informations ne sont pas faciles à obtenir. Alors elles passent très majoritairement par l'interrogatoire des suspects et des prisonniers.

Alors comment se déroulent ces interrogatoires ? C'est d'abord la façon très urbaine de parler, de poser la question, etc. Et puis très vite, lorsqu'on s'aperçoit que… il faut faire vite en plus ! Il n'est pas question d'avoir des informations sur des durées. On ne demande pas quelle va être l'histoire de France cinq cents ans après. On demande « où habitent les fells ? Où sont-ils ? Combien sont-ils ? À quel endroit vont-ils ? Qu'est-ce qu'ils ont fait, etc. ? Quels sont leurs soutiens ? ». On demande des renseignements d'action immédiate. Donc on a besoin d'informations rapides. On ne peut pas laisser un type huit jours dans son coin, en disant : « Est-ce qu'il va nous dire la vérité ? » Dans huit jours, il n'a plus d'intérêt, je dirais presque, ou beaucoup moins.

Donc on a des moyens de rétorsion, soyons clair. Les moyens de rétorsion classiques, c'est la paire de baffes du flic, du policier, hein, bon, OK. Et puis il y a les moyens de rétorsion plus… plus… plus sophistiqués, je dirais. C'est ce qu'on a appelé la « gégène ». La gégène, c'est quoi ? C'est un poste radio qui délivre un courant déplaisant. Je le sais. Je l'ai essayé sur moi pour voir, avant. Et ça, ça a beaucoup beaucoup fait parler. Et puis c'est ce que l'on a appelé la « torture ». Et autour de cette image de torture, il y a une véritable… de véritables campagnes qui sont créées pour dire « ils torturent », ceux qui ne nous aimaient pas. On peut appeler ça comme ça. C'est vrai que la contrainte, quelque forme qu'elle prenne, est une forme de torture. Alors appelons-la comme on voudra mais si nous n'avons pas utilisé ces moyens-là, nous n'avons pas d'informations. Et si nous n'avons pas d'informations, nous n'obtenons absolument aucun résultat.

On en a beaucoup parlé, de cette affaire, au cours de la bataille d'Alger. Je n'y étais pas mais rappelons-nous que la bataille d'Alger… Simplement, pour illustrer cette… cette affaire de torture, ou de campagne de torture. La bataille d'Alger… Alger est une grande ville, « européenne » entre guillemets, enfin une ville de caractère européen, avec une population européenne importante, était l'objet d'attentats permanents, permanents. Le gouvernement de monsieur Guy Mollet (parce que c'était encore le gouvernement Mollet, c'était en 1956) fait venir la 10e division parachutiste, c'est-à-dire la division… La sœur de la nôtre. Nous, nous étions dans le Constantinois. Et la 10e division parachutiste investit Alger et règle le problème du terrorisme. C'est-à-dire que, en quelques mois, à deux reprises, les unités, les camarades de la 10e division parachutiste, du général Massu, règlent le problème comment ? Comment ? C'est là où évidemment il faut… Il faut parler de choses qui sont… qui sont dures et qui existent. C'est avec des interrogatoires extrêmement poussés, extrêmement rudes, avec la majeure partie du temps, ce qu'on a appelé la gégène, c'est-à-dire le poste électrique qui envoie des ondes, des ondes très, très déplaisantes. Alors ce n'est pas mortel, ça ne laisse pas de traces, mais c'est extrêmement… extrêmement déplaisant. On peut appeler ça la torture, si on veut bien donner un nom à ce nom-là… enfin la question, parce que c'est le terme qui a été employé. Et donc, Alger, en 1956-1957, a réglé le problème de la… le problème de la rébellion. Autant, il y avait dans cette période-là des attentats permanents. De 1957 jusqu'à la fin de la guerre, il n'y a plus eu d'attentats dans Alger. C'est ça. Parce qu'on a éliminé, par ces moyens effectivement un peu rudes, on a éliminé toute l'organisation dite politico-administrative qui tenait Alger. On voit les images partout de Yacef Saâdi, de tous ces gens-là. C'étaient ces gens-là qui ont été faits prisonniers ou éliminés sous des formes diverses. Enfin Yacef Saâdi a été arrêté et il a fini… il est député. Il doit l'être encore, algérien. Voilà, donc ça, c'est la partie… Dans ce métier de renseignement, il y a les bonnes âmes qui disent : « Il ne faut pas faire ça, c'est pas bien. » Et ils ont raison. À ce moment-là, on ne fait pas la guerre, ou pas celle-là. On dit qu'on la perd. Ce n'est pas la peine d'y aller.

Surtout que les gens d'en face n'hésitent pas, eux, à [employer] la coercition sous toutes ses formes. La gorge tranchée, la langue arrachée, des trucs abominables, j'en ai vu. J'ai une anecdote abominable à ce sujet. Un jour, on était dans un cantonnement… Enfin on était dans la montagne et il y avait un petit douar tout près, tout près du bled, alors on y va. Les gens nous accueillent merveilleusement : « Bonjour mon lieutenant, comment tu vas ? » Enfin on était souvent très bien accueillis la plupart du temps. Dans un petit douar, un petit douar bien modeste, hein. Tout va bien. Le lendemain, arrive un caporal de tirailleurs, du douar, qui venait en permission. Et il vient nous saluer : « Mon lieutenant bonjour. Qu'est-ce que… ? De quelle unité tu es ? » Enfin on bavarde. On raconte, etc. C'est un type qui était caporal de carrière, dans une unité de tirailleurs, arabe. Deux jours après, on l'a retrouvé au coin d'une piste. Égorgé jusqu'à l'os. Eh bien, quand on est passés dans le village, plus personne ne nous a dit bonjour ! Les gens étaient tétanisés de peur. C'est ça, la réalité.

C'est comme ça qu'on arrive à… à prendre une population en main aussi. On la prend par des slogans. On la prend aussi par la terreur qu'on impose. Je me rappelle toujours ce petit caporal de tirailleurs. Il est tellement sympathique.

Égorgé pour donner… pour montrer qu'on n'est pas du côté français. Il faut choisir. Eh bien ce douar, il n'a plus jamais… il était tétanisé. Il n'a plus jamais dit… Il ne nous a plus jamais salués, c'est fini. Ils n'étaient pas des adversaires. Ils étaient ailleurs.

Ça a été compliqué pour vous d'avoir cette fonction d'officier de renseignement ou pas ?

Eh bien, je vais vous dire, non. Alors maintenant, avec le recul, quand j'y réfléchis, j'aurais dû, parce que c'est quand même un métier un peu difficile. Et puis notre tradition chrétienne n'est pas forcément en adéquation avec ce qu'on est amenés à y faire. Mais on vivait dans un tel milieu, dans un tel moment, que ça m'est… Non, ce n'était pas seulement non plus… J'ai évoqué les interrogatoires poussés mais il y avait bien d'autres choses évidemment intéressantes.

L'étude du terrain, etc., enfin… et puis il y avait aussi des renseignements qui nous arrivaient de façon tout à fait… non… non contraintes, hein. Donc c'était un métier tout à fait intéressant en plus. Non, non, c'était… mais évidemment il y avait cette partie des interrogatoires qui était un peu rude. Ceci étant, on s'y habitue très bien et très vite. C'est comme ça.

Et comment ça se passait, le renseignement autre que le renseignement acquis avec des entretiens ?

D'abord il y avait les renseignements aériens. On avait des moyens aériens considérables, des photos, des trucs. On avait des renseignements de population qui nous donnent… qui étaient tout à fait sympathiques. Enfin qui n'étaient pas du tout dans le… qui étaient non contraintes, hein.

Et puis il y avait tous les documents qu'on récupérait sur les prisonniers et sur les tués. On récupérait… Les rebelles…

l'ALN avait énormément… faisait beaucoup de papiers, beaucoup de documents. Il y avait des tas de documents. On avait les listes exactes de leur nombre, de leurs types. Comment est-ce qu'ils faisaient ? On avait des documents qui, comme nous presque, tout aussi équipés en infrastructure papiers, paperasseries de tous genres. Donc on avait des informations de tous genres. Mais enfin, l'essentiel des informations, c'étaient quand même les renseignements d'habitants, ou volontaires ou contraints.

Comment vous faisiez pour avoir des informations de la part des habitants ?

Oh bah tout simplement. Parce que, quand on arrivait dans un douar, il y avait là les quelques personnages un peu qui comptaient. Il y avait aussi – ce qui était fréquent – beaucoup d'anciens combattants de la Deuxième Guerre mondiale ou leurs familles. Et ceux-là, ils étaient naturellement proches de nous. Ils avaient vécu dans l'armée française dans la Deuxième Guerre mondiale. Et donc avec eux, on avait des relations, c'était facile d'obtenir des informations. Ils les donnaient volontiers. Les autres, bah on essayait d'avoir ça par les chefs de villages. Mais au fur et à mesure évidemment que l'ALN a pris… enfin que la rébellion s'était étendue, ces informations, disons sympathiques, devenaient difficiles parce qu'il y avait la crainte. C'est ce que j'ai raconté dans cette abominable tragédie de ce garçon, de ce caporal, la crainte.

Après officier de renseignement, vous avez exercé quoi comme fonction ?

Alors après je suis retourné à ma compagnie. J'ai été l'adjoint au commandant de cette compagnie, la 3e compagnie. Je l'ai commandée à deux, trois reprises pendant plusieurs mois. Commandant de la compagnie, cent trente types à ce moment-là, bien sûr.

Vous étiez où à peu près en janvier 1960 ?

En janvier 1960, nous sommes dans la région nord du Constantinois. On est en opération. Je rentre le soir et on me dit : « Tiens… » Il y a une radio qui me dit : « Ah mon lieutenant, ça tire dans Alger. » C'était donc le… le 24 janvier 1960. C'était l'affaire dite « des barricades ». On écoute ça à la radio avec intérêt […] et à 10 heures du soir, ou 9 heures, ordre pris : « Demain matin vous êtes pris en hélicoptère et vous partez sur Alger. »

La population pied-noire avait compris, après le discours de septembre 1959, qu'en fait le vent tournait en leur défaveur. Évidemment, les « résistants », entre guillemets, du moins les Européens, les étudiants, etc. se sont enfermés dans les facultés. Et ils ont fait ce qu'on appelle « les barricades », c'est-à-dire ils se sont installés là. L'ordre [de donner l'assaut] aurait été donné aux régiments de parachutistes qui étaient là. Mais la 10e division parachutiste, comme je l'ai dit tout à l'heure, vivait dans Alger, enfin elle avait ses centres de repos tout près. Elle fréquentait la population d'Alger. Elle était sympathisante. Et donc on a dû dire à de Gaulle qu'ils ne se sentaient pas chauds pour aller attaquer les pieds-noirs. Donc s'est installée une espèce de poche de résistance. Et autour, se sont installés les régiments parachutistes mais qui n'ont pas bougé.

Et nous, nous sommes arrivés le lendemain parce que, dans l'idée du gouvernement, ces régiments de la 25e division parachutiste étaient beaucoup moins noyautés « Algérie française » que ceux d'Alger, la division d'Alger. Et donc nous venions, en quelque sorte, pour remettre de l'ordre dans tout ça. Et c'est là qu'on est restés… C'est là, à partir de là, qu'on a basculé politiquement, je dirais. Je me retrouve avec ma compagnie. Et nous sommes dans des missions diverses et variées. C'est-à-dire interception de populations, etc. Enfin bon, garder tel entrepôt, garder le truc… Et les gens d'Alger sont… se prosternent. C'est les parachutistes. Pour eux, les parachutistes, c'est les sauveurs, quoi ! Et on découvre une population charmante, de très jolies femmes, de très jolies filles. Les filles d'Alger étaient superbes. C'est un très bon souvenir. Et donc on reste là, je dirais en interception, en maintien de l'ordre en quelque sorte, sans avoir de mission précise.

[Roger Saboureau raconte ensuite en détail comment il en est venu à exfiltrer d'Alger le représentant du pouvoir politique, le délégué général Paul Delouvrier. Il explique aussi qu'après la semaine des barricades, le 1er RCP, qui était auparavant à Alger, est affecté dans le Constantinois et que son régiment remplace le 1er RCP à Alger. Il évoque alors ses nouvelles conditions de vie à Alger.]

Est-ce qu'à ce moment-là, vous avez pris conscience que de Gaulle ne voulait plus ?

Alors c'est la bonne question. Jusqu'en janvier 1960, malgré les bruits qui couraient, malgré les lettres des copains, on hésitait à penser que de Gaulle avait tourné sa veste, car il avait été quand même catégorique au moment où il était arrivé ou, en tout cas, on l'avait jugé catégorique. […] Pour nous, nous en étions certains, quand de Gaulle est arrivé, qu'il était venu pour faire l'Algérie française, sous une forme qui restait à définir. On était bien conscients que la forme ancienne, avec le pouvoir complètement important… enfin essentiel des pieds-noirs… était peut-être passée, qu'il fallait donner plus de place aux Algériens. Mais, en tout cas, elle restait dans le cadre français. On n'était pas plus… Ce n'est pas plus compliqué que ça.

C'est qu'en septembre 1959, il sort ce discours, qu'il fait en septembre 1959, j'ai oublié la date exacte, dans lequel il évoque trois possibilités, la possibilité de l'intégration, la possibilité d'une association, enfin, et d'autodétermination, qui en fait est une porte ouverte à l'indépendance. C'est évident. Mais dans le bled, nous ne sommes pas au contact rapproché des... On ne lit pas le journal. On n'écoute pas la radio. On a des informations par les gens qui rentrent de permission, etc. On est vraiment ailleurs. À ce moment-là, quand il dit ça de Gaulle, en septembre 1959, nous sommes convaincus que c'est pour tromper l'ONU. Car il faut dire qu'à l'ONU, nous avons tout le monde contre nous. Par contre, à Alger, où on vit au contact des événements, des politiques, des journalistes et du monde pied-noir, l'analyse est tout à fait différente. L'analyse est au contraire celle : « Ça y est, il a commencé à lâcher. » Mais en septembre 1959... D'abord on n'a pas beaucoup le temps. On a autre chose à faire. On est dans la montagne. On est fatigués. Quand on rentre, si on va dans une ville, on essaie de trouver des copines, ce qui n'est pas facile. Donc on n'a pas cette conscience-là. Par contre, votre question est : à quel moment ? Alors en janvier 1960, nous sommes d'abord... Nous restons affectés à la division parachutiste d'Alger. Nous nous installons dans la banlieue d'Alger, à Aïn Taya, nos bases arrière, superbes, somptueuses, très différentes [des endroits où on] est habitués à vivre. On rencontre des pieds-noirs, des jeunes femmes charmantes, des copains pieds-noirs. Enfin, on rencontre la réalité du monde européen d'Alger. Et là également, évidemment, les chefs militaires ou les camarades qui sont, eux, de la division d'Alger, en particulier le 1er REP avec lequel j'ai beaucoup de camarades, qui eux ont déjà évolué, plus vite, plus rapidement et avant nous. Et donc cette affaire des barricades, je dirais, en fait c'est le détonateur. À partir de là, nous avons une prise de conscience qui se fait de la duplicité, puisqu'il faut bien parler de duplicité, du pouvoir.

À titre personnel, est-ce que vous vous dites que vous êtes prêt à prendre part à ce qui pourrait ressembler à ce qui sera plus tard le putsch ? À vraiment vous battre jusqu'au bout pour l'Algérie française ?

Alors en 1960… à la fin de 1960… fin octobre je crois, il y a un gros nettoyage des cadres qui sont là depuis longtemps. Ils pensent mal, forcément. Donc il y a une campagne à l'intérieur du régiment qui vise tous les officiers qui sont là depuis longtemps. Ce qui est mon cas puisque je suis là depuis quatre ans et quelques. Non, je suis là depuis trois ans et quelques à ce moment-là. Je dois dire que rentrer en métropole à ce moment-là, alors qu'on avait un engagement formidable, ce n'était pas du tout mon truc. Bon, je pose ma candidature pour être à Calvi, aux hommes-grenouilles. Pourquoi pas ? Et huit jours après, on me dit : « Non. Non, vous ne partez pas aux hommes-grenouilles. Vous restez ici, vous prenez le commandement de la base arrière. » Alors la base arrière, c'est quoi ? C'est tous les services administratifs, comptables, cuisine, cuistots, intendance. C'est tous les services. C'est la gestion des personnels qui sont en permission, qui partent en permission, des blessés qui rentrent. Enfin c'est typiquement une mission administrative. C'est en général une mission qu'on confie à un vieux capitaine qui est sorti du rang, qui connaît toutes les finasseries, etc.

C'est complètement ridicule de me donner ce commandement mais ça m'oblige ou ça me… ça m'aide à ne pas partir. Je n'avais pas envie de rentrer en métropole et donc je reste à Alger comme commandant de la base arrière, à Aïn Taya. Voilà. Alors là qu'est-ce que je ressens ? Alors à ce moment-là, je deviens vraiment très engagé « Algérie française ». Parce que toutes mes relations sont des gens, des pieds-noirs, sont des copains du REP, etc. Donc nous sommes devenus d'un antigaullisme forcené, malade. La haine, mais vraiment ! C'est ça. Après, donc, arrive le putsch. Moi je suis à ce moment-là à cette base arrière d'Alger. Bon, alors peut-être on va en parler deux minutes, de ce putsch.

Vous prenez part au putsch ?

Alors le putsch. Je suis installé donc à Aïn Taya. J'ai une villa superbe, réquisitionnée, et qui donne sur la mer. Et je dois dire que je suis… C'est un peu Capoue. Après les années rudes que je viens de vivre, je passe quelques mois, là, agréables depuis la fin 1960. J'avais l'habitude d'aller à Zeralda très souvent, où était cantonné le 1er REP. Et là, comme j'allais souvent chez eux et qu'ils ne venaient pas chez moi, un soir, je leur dis : « Venez, je vous reçois dans ma villa… » Et je fais venir, la veille du putsch, tous les officiers et sous-officiers célibataires. Enfin ils étaient tous célibataires ou presque. Ils ramènent les hôtesses de l'air d'Air Algérie qu'ils avaient récupérées en ville. Je fais venir des copines du coin. Et on fait une fête terrible. La veille du putsch.

Vous étiez au courant que le putsch se préparait ?

Pas du tout. Pas du tout. Pas plus les uns que les autres. Rien. Pas du tout. J'ai été prévenu dans la nuit suivante. On est venu me réveiller en me disant : « C'est ça. » Mais j'étais sans instructions. Ça a été… ça a été très improvisé ce putsch. Alors, il a été improvisé. Il ne pouvait pas l'être autrement. S'il n'avait pas été improvisé, bien entendu, il n'y aurait pas eu de putsch du tout.

Qui vous a demandé de prendre part au putsch ?

Oh, on connaissait mes sentiments, qui étaient ceux de la plupart des camarades, d'ailleurs. Et donc il y a un capitaine, de l'état-major de la DP, un tringlot (un officier du train), qui m'a demandé de mettre à disposition des unités. Mais je n'avais pas d'unités, moi, disponibles. Je n'avais que les services administratifs et les blessés, enfin les blessés, l'équipe qui rentrait et qui partait de permission. J'ai réussi à monter deux petites sections de vingt types chacune et que j'ai envoyées… que j'ai mises à disposition du putsch, des putschistes, du 1er REP. Par contre, j'ai accueilli dans mes cantonnements, à Aïn Taya, le 2e REP qui s'est installé dans mes… pour faire le putsch également.

Quelle a été votre participation précise au putsch ?

Bah extrêmement nulle, je vais vous dire, au bout de deux jours, ça s'est arrêté. Moi, le 22 avril, ils ont… Le 22 avril… C'était donc le… j'ai mis cette section à disposition, je crois, alors, de mémoire, je n'ai plus de souvenir précis… mais le 22 ou le 23. Et ça s'est terminé le 25.

Qu'est-ce qui s'est passé après pour vous, après le putsch ?

Alors après le putsch, j'ai rapatrié mes deux sections, bon. Et puis il y a eu, quelques jours après, une commission d'enquête qui est passée. Commission d'enquête pour essayer de discerner quel était le niveau d'engagement de tel ou tel. Ils m'ont demandé un compte rendu des activités pendant le putsch. Alors j'ai mis : « 22 avril, début, mise en état d'alerte. 23 avril, suite de l'alerte. 24 avril, suite de l'alerte. 25 avril, fin de l'alerte. » C'était une pichenette, bien entendu. Alors le patron de la commission d'enquête me dit : « Votre compte rendu est pour le moins sibyllin. » J'ai dit : « Oui mais c'est la réalité. » « Oui, me dit-il. Mais les deux sections que vous avez emmenées à Alger. » Il y avait un type parmi ceux qui avaient été interrogés avant moi, qui avait cafté, si j'ose dire. Alors, ça m'a valu, je crois, c'est quarante-cinq jours d'arrêt, dit de forteresse, ou d'arrêts de rigueur, je ne sais plus, qu'on n'a pas faits. Personne ne les a faits.

Mais ça voulait dire à ce moment-là que… et ça a été la conséquence immédiate… c'est que tous ceux qui avaient participé au putsch et qui avaient eu un engagement quelconque, aussi modeste soit-il, ce qui était le cas du mien, ont été mutés en métropole, hors TAP, c'est-à-dire hors des troupes aéroportées, hors parachutistes. Alors ça, c'était pour moi la déchirure, c'était la déchirure parce que… Bon, donc ça s'est passé… Donc c'était fin avril, mais cette commission d'enquête, ça a traîné un peu. On a signé nos arrêts. On ne les a pas faits. Et puis en juin ou juillet, début juillet, j'ai été… On m'a demandé où je souhaitais être affecté. On m'a souhaité deux trois affectations en métropole mais pas parachutiste. J'ai pensé qu'aller aux chasseurs alpins, c'était sportif. Et donc j'ai été affecté aux chasseurs alpins à Annecy. Où je suis arrivé en juillet 1961.

Et quand j'arrive à Annecy, Annecy c'est une ville touristique, la vie est chère. C'était épouvantable, alors j'ai demandé à loger au quartier. Et mon chef de corps qui était un type sympa, un commandant, m'a dit OK. Donc j'ai pris une chambre de sous-officier. Mais comme j'avais une chambre de sous-officier, le courrier qui arrivait, transitait par le poste de garde. Or je recevais du courrier qui était très engagé, « Algérie française » et OAS, etc. Donc je ne pouvais pas recevoir ce courrier au quartier. J'ai demandé à une amie rencontrée en ville, que je connaissais un peu… que j'ai connue par ailleurs à cette occasion-là. Je lui ai demandé de recevoir mon courrier. Elle s'appelait Monique Lalanne. Et je lui dis : « Monique, quand tu reçois un courrier où il y a

S, Monique S. Lalanne, S. c'est Saboureau. OK ? » Et donc je recevais le courrier un petit peu « interdit », entre guillemets, par ce canal-là. Entre-temps, évidemment, j'avais le contact avec des camarades qui avaient déserté. Moi, j'étais avec un camarade, à Annecy, qui a déserté en décembre 1961, qui a rejoint l'Algérie et l'Ouarsenis. Le maquis de l'Ouarsenis. C'est un engagement fort, hein ! Moi, je n'étais pas chaud pour partir. D'abord j'allais me marier trois mois après. Donc c'était difficile. Et, avec une hôtesse de l'air d'ailleurs, que j'ai connue à Alger.

Vous parliez de votre camarade qui a déserté pour rejoindre l'OAS en Algérie ?

Oui. Je voudrais terminer sur l'histoire de ce courrier malencontreux. Parce qu'un jour le camarade Godot, Daniel Godot, lieutenant du REP, avait lui déserté. Il était en France. Il est arrêté à une sortie de métro à Paris. Et dans son carnet d'adresses, on voit Saboureau, 27e BCA, Monique, petit point, S, petit point, Lalanne. À 6 heures du matin, ils sont chez moi, toc-toc-toc, et ils me foutent au trou. Un malheur n'arrive jamais seul, je venais de me casser la jambe quinze jours avant. J'étais dans le plâtre jusqu'au genou, jusqu'au ventre. Et là, ils m'arrêtent. Je suis arrêté et inculpé de complot contre la sûreté de l'État et de reconstitution de ligue dissoute. Ça, c'était en février 1962. J'ai peut-être sauté une marche là mais on y reviendra. Et je suis arrêté là, mis devant le juge d'instruction, qui m'interroge. Je n'ai rien à dire. L'OAS, on peut y revenir… de parler de l'OAS… on va en parler si vous voulez, mais c'étaient les copains. C'était plus que ça. Enfin bon, on va y revenir. Mais là, je me trouve un mois en garde à vue, car à l'époque… maintenant quand on met un voyou en prison, au bout de trois jours il appelle les droits de l'homme. Là on était un mois en garde à vue, un mois complet en prison.

Mais comme j'ai la jambe cassée, complètement cassée, je suis à l'hôpital, dans la cellule des droits communs, à Annecy. C'est assez difficile, un moment un peu difficile. Je ne sais pas ce qui va m'arriver. À un moment donné, je viens de me marier quinze jours avant. Je me suis marié fin décembre. Donc j'ai fait un mois de prison. Au bout d'un mois de garde à vue, j'ai été reconvoqué chez le juge d'instruction. Le juge d'instruction me dit : « Vous êtes en liberté provisoire. » Bon, je sors du cabinet du juge. Dans l'entrée, il y avait un lieutenant de gendarmerie et trois pandores, et qui me disent : « Vous nous suivez. » Et c'est comme ça que j'ai été cinq mois supplémentaires en prison, sous la forme internement administratif, voilà comment ça s'est terminé.

Est-ce que vous pourriez revenir sur votre engagement dans l'OAS ?

En ce qui me concerne, moi qui étais à la frontière suisse, on m'a laissé entendre à deux, trois reprises qu'on allait me donner des missions pour passer des gens en Suisse. En fait, je n'ai jamais eu à les remplir. Ce qui fait que lorsque j'ai été arrêté, j'ai trouvé que c'était d'une très grande, c'était… c'était insupportable. C'était pas… Ça n'avait rien à voir.

Qui vous a demandé de rejoindre l'OAS ?

Il y avait le réseau des camarades qui était… l'OAS d'abord à Alger, même au moment où j'ai quitté, existait déjà mais c'était essentiellement, à ce moment-là, beaucoup de pieds-noirs. Il y avait quelques militaires qui avaient déserté déjà, pour aller avec Degueldre. Le lieutenant Degueldre, que je connaissais… Le lieutenant Degueldre, quelques autres qui avaient formé un bout d'organisation secrète en Algérie. Après, en métropole, on a essayé. Enfin on a essayé… Il y a des camarades qui ont essayé de monter une organisation du même type. Mais en métropole, c'était très difficile. Très difficile, d'abord parce que la population ne suivait plus. La population française avait basculé.

Votre engagement dans l'OAS, vous le définiriez comment ?

Par esprit de camaraderie. Je n'ai personnellement pas cru vraiment à ce qu'on pouvait inverser le cours de l'histoire. Mais il était évident que mon cœur appartenait à ceux qui étaient là.

Messaoud Kafi
Harki : les voies de l'engagement

Entretien avec Dorothée Myriam Kellou[1]

Messaoud Kafi habite dans les Aurès, région reculée d'Algérie où l'opposition à la colonisation a toujours été forte. C'est aussi là que s'embrasent les premiers maquis indépendantistes. Le jeune garçon grandit dans un monde rural à l'équilibre économique extrêmement précaire. La répression française y est très précoce et rapide : les populations sont regroupées de force en camp, les maquisards pourchassés. Le petit berger chaouï finit par devenir harki : un engagement dont on mesure bien ce qu'il doit aux circonstances économiques et aux aléas de la guerre. Loin des motivations idéologiques, ce sont les urgences du moment qui ballotent le jeune homme. Alors qu'il réside désormais en France, Messaoud Kafi préfère porter un regard empreint de malice sur tous les hommes qu'il a croisés et qui, à l'époque, tiraient tant de fierté de la moindre parcelle d'autorité.

***

1. Réalisé en France le 12 juin 2019 et édité par Lydia Hadj-Ahmed et Victor Delaporte.

Je m'appelle Kafi Messaoud. Je suis né le 2 septembre 1943, en pleine guerre mondiale. La région où je suis né, c'est un plateau : le plateau des Aurès, dans le Sud-Ouest algérien. Ma mère a accouché toute seule, en pleine montagne. Le seul assistant qu'elle avait, c'était mon grand-père et c'est lui qui a coupé le cordon ombilical. J'étais l'aîné de mes frères et sœurs, et j'étais destiné à être berger et cultivateur d'une terre montagneuse, aride, qui dépendait de la pluie. Quand il avait plu, on récoltait un petit peu d'orge et de blé. Et parfois, il restait plusieurs années sans pleuvoir. Et c'était la dèche. C'était la famine tout simplement, et même le cheptel ne supportait pas la sécheresse. Il mourait. Donc on se retrouvait sans cheptel et sans grains. Celui qui mangeait deux repas par jour, c'était le nanti : celui vraiment qui était gâté. Sinon il y avait des années où il n'y avait rien à manger. Donc je rentrais le soir, ma mère n'avait rien préparé à manger. Les gens mangeaient des herbes comestibles. Il y avait des baies de genévrier qu'on allait récolter et qu'on faisait cuire dans un chaudron en terre cuite et, après, on les pressait et on mélangeait un peu de semoule d'orge dedans et on les mangeait. C'était mon grand-père qui pourvoyait à nos besoins. En 1945 il est mort, parce qu'on mourait de n'importe quelle maladie, de la grippe, d'attraper froid. Il n'y avait pas de médicaments, pas de soins. Il n'y avait rien. À sa mort, on est redevenus disons… dans la dèche. Mon père savait chasser. Il avait un fusil de chasse et il savait très bien tirer. Ma mère, son travail, c'était d'aller puiser de l'eau. Trois ou quatre kilomètres de distance, de descentes et de montées. Elle allait ramasser du bois avec lequel elle faisait la cuisine et on se chauffait avec. Heureusement qu'il y avait le bois, parce qu'on n'était pas bien habillés. On avait un vêtement chacun. Elle participait aussi aux moissons parce que mon père confiait la terre à quelqu'un d'autre qui s'en occupait et qui ne nous donnait que le tiers de la récolte. Et puis, elle fabriquait elle-même les ustensiles, en terre d'argile, et elle tissait des vêtements. Elle faisait des beaux motifs, des couvertures et tout ça, à condition d'avoir de la laine. La vision du monde se limitait à notre tribu. Les jeunes de mon âge, je les voyais rarement puisqu'on était distants les uns des autres, parfois deux à 3, 4 kilomètres. J'étais ce qu'on appelle un « berger de bourse », avec une bourse de 3 000 francs anciens par an. Le propriétaire des troupeaux était un genre de cordonnier, quelqu'un d'une autre tribu qui avait les moyens de payer un berger. J'étais tenu de ne pas me mélanger avec ses enfants, donc je devais passer la nuit parmi les chèvres. Et le grand luxe, c'est qu'il m'avait doté d'une paire de chaussures. C'étaient des sandales découpées dans des pneus, on appelait ça « les Michelin ». Sinon en général je marchais pieds nus. Je n'étais pas destiné à aller à l'école du tout. On nous disait : « Celui qui a été à l'école devient peureux. » Je ne parlais pas un mot d'arabe, ni un mot de français, jusqu'à l'âge de 11 ans. Et évidemment, à 11 ans, on nous a appris qu'il y avait quelque part un conflit, qu'il y avait la guerre en Algérie.

Quand la guerre commence, vous n'êtes pas du tout en contact avec les Français ?

Non, pas du tout. Quand la guerre a commencé… [En fait] il y avait deux guerres. Il y avait celle de 1945 : il y a un soulèvement qui a été réprimé, qui a marqué… Mais nous, on l'a su plusieurs années après. L'information n'est arrivée chez nous que plus tard. On nous a dit qu'il y avait eu un massacre par des mécréants contre des bons musulmans et qu'il y avait eu plusieurs centaines de morts. Ça a commencé comme ça.

Et puis des bruits circulaient qu'il allait y avoir un soulèvement. Et dans ma région… Le principal instigateur habitait dans ma région. C'était un meunier. Alors, il a commencé par recruter… Et j'ai un oncle, grand bavard devant l'Éternel, qui est venu voir mon père. Il lui a dit : « Il va falloir que tu donnes le dixième de ta récolte à la cause. » Mon père était pauvre lui-même. Il n'avait rien à donner. Il a dit à mon oncle : « Alors comme ça, toi tout seul, tu vas virer la France ? Tu n'as même pas de fusil. » Et l'autre lui a dit : « Mais je ne suis pas tout seul. J'ai des gens derrière. » Mon père lui a dit : « Écoute, tu ferais pas mal d'aller t'occuper de ta terre et de ta mère. Arrête de fanfaronner. » Alors, mon oncle est parti en menaçant. Et au fur et à mesure, on a vu des gens s'habiller de la même façon, avec un calot (on ne connaissait pas le calot), avec un manteau (on appelait ça un cache-poussière) qui leur arrivait jusqu'aux chevilles. Et puis ils portaient des fusils, en plein jour, alors qu'à l'époque les fusils étaient planqués. On ne les montrait pas. Et puis ils sillonnaient le village, enfin ce qu'on appelait le village, notre terre. Ils allaient voir les gens. Ils s'imposaient pour qu'ils leur préparent à manger. Avec de la viande, s'il vous plaît ! Et on a dit que, pas loin de chez moi, un couple d'instituteurs en voyage de noces avait été tué avec un caïd. Mais c'est quoi cette histoire ?

C'était ce qu'on vous a raconté à l'époque ?

Oui, en 1954. On m'a raconté ça en 1954. J'avais 11 ans. Et évidemment, à cette époque-là, j'étais hébergé chez le cordonnier et j'ai vu… J'étais sur les crêtes… D'un seul coup, j'ai entendu un coup de tonnerre comme je n'ai jamais entendu. J'en ai entendu des coups de tonnerre, parce qu'à la montagne il y avait toujours du tonnerre, il y avait toujours de la foudre. Mais ce bruit-là m'était inconnu. J'ai ramassé mes chèvres et je suis descendu. Et le tonnerre a recommencé. C'était un mortier. C'était l'armée française qui venait d'arriver dans un village et qui tirait sur les crêtes pour impressionner la population, pour dire : « Vous voyez notre puissance. Et si jamais vous bougez, voilà ce qu'il va vous arriver. » Et ça, c'était le début de la guerre d'Algérie. Ensuite, au fur et à mesure, les choses approchaient. On avait les rebelles, organisés en bandes. Ils s'entraînaient, comme l'armée française. Et ils rackettaient les gens. Il fallait racketter les gens. Il fallait que les gens payent, soit en dattes (parce qu'on avait quelques palmiers), soit en semoule, soit en argent. Et j'ai un oncle qui, lui, s'est engagé dans l'armée française, comme harki, parce qu'une compagnie de l'armée est arrivée dans notre village.

Vous pouvez nous raconter la première fois que vous voyez ces « rebelles » ?

Je ne les ai pas vus d'un seul coup ensemble. Je les voyais un par un, jusqu'à ce qu'ils forment un groupe. Et, pendant un moment, ils ne m'étaient pas inconnus. Je les voyais circuler, tout ça… À part qu'ils rackettaient les gens… Ils s'imposaient chez les gens mais ils ne faisaient pas peur. Je n'avais pas peur d'eux. Seulement je me demandais : « À quoi ça va servir ? » Et les gens me disaient : « Oui mais ce sont eux qui vont libérer l'Algérie. Et l'Algérie après… Tout le monde deviendra riche. Tout le monde travaillera main dans la main… ! » Et ils essayaient d'embrigader les gens. En plus ils demandaient aux gens qui avaient des armes de leur donner. Et ils étaient sélectifs. Ils acceptaient certaines personnes pour aller avec eux et, à d'autres, ils disaient seulement : « Donnez-nous votre arme. » Mon père, évidemment, ils ont pris son arme. Il bénéficiait d'un certain privilège grâce à mon oncle qui avait pris le maquis, qui était bandit d'honneur. Ils pensaient que mon père, un jour, allait être comme eux, allait les suivre, comme il tirait bien. Mais mon père… Je ne sais pas ce qu'il s'est passé. Il n'avait pas tellement envie d'aller avec eux.

Et finalement, là où on les a vraiment connus, c'est quand le colonel Ducournau à l'époque (j'ai su son nom après) a donné ordre d'évacuer toute la région et de créer des camps de regroupement. Ce qu'il s'est passé dans mon village, c'est qu'il y avait des gens qui se sont engagés comme harkis. Et à leur tête, il y avait un capitaine d'origine indigène, qu'on appelait le caïd. C'était un ancien militaire. Et d'ailleurs, il était habillé en uniforme. Le problème, c'est qu'ils l'ont tué pour devenir des maquisards à leur tour. Et c'est là que l'ordre a été donné d'évacuer notre territoire aussi. On s'est retrouvés dans un camp de regroupement. Mais, au début, mon père a refusé d'aller dans ce camp de regroupement, parce qu'on avait appris les atrocités qui y étaient commises : torture, famine, pas d'assistance alimentaire ni médicale, encerclé de barbelés, vous ne pouvez pas sortir… Alors, mon père, il m'a dit : « Nous, on va rester ici. » Donc le jour, on se cachait dans des grottes, à l'abri de l'aviation, parce qu'il y avait des T6, équipés de mitrailleuses 12.7, et l'ordre avait été donné de tirer à vue. Et évidemment, nous, on se planquait. Et on sortait la nuit, comme des chauves-souris. On sortait et on travaillait. On travaillait la terre. On labourait… Il y avait un autre avion qu'on appelait le « Piper ». Il était jaune et, lui, c'était un avion d'observation. Dès qu'il repérait de la fumée ou quelque chose comme ça, il le signalait aux T6, qui venaient de Biskra, pas loin. Ils arrivaient. Ils bombardaient tout. Et ça a duré pendant plus d'un an cette situation.

À ce moment-là, vous avez quel âge ?

J'avais 11 ans. Quand l'armée est arrivée dans mon village… Oui, j'allais oublier ce passage : l'armée est arrivée dans mon village, il y a eu une rafle. Tous les hommes se sont retrouvés ensemble sur un terrain vague. Il y avait un jeune lieutenant, rasé de près, avec une voix douce, qui est arrivé avec un interprète, c'était ce caïd-là, avant [qu'il ne soit] assassiné. Le lieutenant, il leur a dit : « Nous ne sommes pas ici pour vous faire du mal. Nous sommes ici pour vous protéger contre des rebelles, des bandits. » Et le caïd traduisait : « Vous êtes tous des bandits. Vous êtes tous des chacals et l'armée est ici pour vous mater. Vous allez faire la connaissance de la puissance de la France. » Et au fur et à mesure que le lieutenant parlait, l'autre traduisait d'une autre façon. Résultat : tout le monde avait peur. Tout le monde avait la trouille. Ils se sont dit : « Mais qu'est-ce qu'on a fait au bon Dieu pour qu'on nous punisse comme ça ? » Et bon… C'est la première fois que je voyais un Français de près. Il parlait dans une langue que je ne connaissais pas et j'étais impressionné parce qu'il était bien habillé. Je me disais : « Celui-là, il doit manger à sa faim. » C'est le premier réflexe que j'ai eu.

En 1954-1955, c'est votre première rencontre avec l'armée française. En 1954, vous voyez ces premiers « rebelles » qui viennent demander de l'argent, qui commencent à s'imposer c'est ça ?

Voilà. 1955, c'est l'arrivée de l'armée française. 1956, on était à la montagne. On appelait ça la ligne rouge. On s'enfuyait. 1957, on a rejoint le camp de regroupement, chassés par les rebelles qui ont dit à nos parents : « Vous ne pouvez pas continuer à vous enfuir. Vous nous gênez. Partez dans le camp de regroupement. » Et voilà : on s'est retrouvés dans le camp de regroupement. Dans le camp, la vie était très difficile. Il y avait la répression. Il y avait des interrogatoires. Il y avait des Sénégalais pour nous surveiller… Et un jour, un Sénégalais a été tué. Il y avait une guérite qu'ils désertaient la nuit. Le jour, ils y retournaient pour observer la population. Et puis les rebelles, je ne sais pas comment ils ont fait, l'ont piégée avec une grenade, un genre de bombe. Et quand le lendemain un Sénégalais y est retourné, la bombe a explosé. Il est mort. Et là… Là ils sont sortis. Je me rappelle : on était à côté du camp en train d'étudier le Coran, parce que j'étais obligé de commencer à apprendre l'arabe. Ils tiraient à vue. Ils tiraient sur tout le monde ! Et nous, on y a échappé parce qu'on était près du camp. Ils sont allés plus loin et ils en ont fusillé pas mal, jusqu'à l'arrivée d'un hélicoptère dans lequel il y avait un gradé. Je ne connaissais pas le grade à l'époque mais il avait pas mal de barrettes sur l'épaule. Il les a fait arrêter… Il y avait un commando qui est arrivé avec lui. Il leur a enlevé les armes. Ils ont arrêté le carnage. Et ce jour-là, ils en ont tué… Ils en ont tué beaucoup. Après il y avait un genre de harki. On appelait ça les GMS. C'étaient des autochtones, parce que dans le camp dans lequel étaient regroupées les tribus, il y avait des tribus qui étaient ennemies héréditaires. Et parmi les GMS qui sont arrivés, certains avaient des comptes à régler avec des gens qui étaient dans le camp.

Les GMS ?

Les GMS, groupes mobiles de sécurité. C'étaient des supplétifs de l'armée française. Et donc ils sont arrivés et ont arrêté pas mal de supposés suspects, des gens qu'ils soupçonnaient de ravitailler ou de travailler avec les rebelles. Ils se sont mis sur un plateau. Et en contrebas il y avait une maison, sans toit. Ils ont récupéré du bois sec qu'ils ont mis dans cette maison, ont allumé le feu et puis ils ont commencé à interroger les suspects. Et quand un suspect s'évanouissait, ils le prenaient à quatre dans un burnous puis ils le jetaient dans ce brasier. À cette époque-là, moi, j'ai senti l'odeur d'un cadavre, disons d'un être humain qui brûlait. C'est quelque chose qui entre dans les narines et qui reste jusqu'à… je le sens jusqu'à présent. Il y en a d'autres qui ont échappé. Ils les ont tabassés. Moi, j'ai un oncle qui a été tabassé et quand on est allés à sa rencontre… Il y avait un genre de dune. Ils l'ont balancé par-dessus cette dune. On était là avec mon cousin. On l'attendait. Il avait du mal à marcher. Et il nous a raconté. C'est lui qui nous a raconté le supplice mais en fait, derrière ça, il y avait des règlements de comptes qui remontaient à plusieurs années, avant la guerre. Des règlements de comptes entre tribus. Ce jour-là, l'occasion était donnée de régler ces comptes. Les officiers, apparemment, ils laissaient faire. Ils se disaient : « Après tout, ces gens-là, ils règlent les comptes entre eux. On n'en a rien à foutre. » Et à un moment, l'ordre a été donné d'évacuer ce camp.

Revenons sur la période avant le premier camp de regroupement. Pourquoi restiez-vous dans les montagnes ?

Parce que… Les conditions. On a su comment ça se passait dans les camps. Mon père a dit : « Je préfère mourir ici que d'aller vivre dans le camp. » C'est pour ça qu'on a choisi de rester dans notre terre tribale et de nous planquer, au risque de nous faire tuer. Et beaucoup… Beaucoup ont été tués par l'aviation. Parce que les convois… On appelait comme ça les opérations militaires… Ils montaient. Ils ont construit une piste. Ils montaient et puis ils repartaient. Ils ne restaient pas la nuit. Ils montaient le jour. Nous, on savait : on les voyait arriver. Donc on se planquait dans des grottes, dans des endroits inaccessibles. Et ils arrivaient. Ils n'arrêtaient personne. Ils ne trouvaient personne. Par contre, l'aviation, elle, ne loupait personne. Dès qu'ils voyaient… Moi j'ai été mitraillé plusieurs fois avec mon cousin. Et les rebelles, à l'époque, ils nous ont dit : « Quand l'avion arrive, il ne faut pas courir devant lui. Il faut courir vers lui. L'avion tire toujours devant lui avec la mitrailleuse. » On voyait la terre remonter comme de la pluie, c'étaient les balles. Et d'ailleurs, à l'indépendance, moi j'ai vendu, je me rappelle, un quintal de douilles de 12.7. Et voilà, puisque l'ordre a été donné à ce que personne ne vive dans cette région.

Est-ce que vous pouvez nous raconter un peu avec quoi vous alliez vous cacher dans cette grotte ?

Dans cette grotte, on se cachait avec les vêtements qu'on portait et avec le peu de ravitaillement qu'on avait. Quand on avait un peu plus de ravitaillement, on le planquait dans une autre cache. Et on prenait juste ce dont on avait besoin pour la journée dans notre cache. Mais la maison, c'était fini. On n'habitait plus dans la maison parce que la maison était vulnérable, bombardée par l'aviation. Et c'étaient les grottes. On a même construit des grottes nous-mêmes, des maisons planquées dans la montagne, sous des arbres et tout ça… On renouvelait les branches d'arbres parce que les arbres… les branches séchaient. Donc il faut renouveler la branche pour qu'elle soit toujours verte. Et je vous dis, la hantise, c'était l'aviation parce que tout était concentré sur la région des Aurès.

Vous deviez avoir encore plus faim et froid dans ces grottes…

Plus faim, plus froid et la peur… la peur… La peur parfois coupe la faim. Quand on a peur… On a peur… La nuit… Il y avait des visites, la nuit. Des gens qui venaient voir s'il y avait des belles femmes quelque part pour les violer. Et mon père connaissait quelques-uns des GMS. Il était berger avec eux et ils se sont retrouvés sous l'uniforme avec un fusil à la main. Une fois, ils sont descendus là où on était. À peine arrivés, mon père commence à leur parler : « Bonjour untel, bonjour untel. » « Ah ! – ils lui ont dit – tu es là toi, tu devrais venir avec nous. » Et puis c'est ça qui a évité à ma mère d'être violée.

Vous dites que votre père a pu protéger votre mère d'un viol, mais c'était d'un viol de qui en fait ?

Des harkis. Des gens que je vous dis tout à l'heure, les GMS. Les GMS c'étaient… ils étaient en uniforme de l'armée française, armés avec les armes de la France, commandés par un officier. Et la nuit, l'officier dormait. Et, eux, ils se permettaient d'aller régler des comptes et puis voilà. Et mon père en connaissait quelques-uns et ça a évité que ma mère soit violée.

Mais ça dans le camp ou dans les grottes ?
Dans le camp.

Et si on revient aux grottes. Finalement, quand vous étiez dans les montagnes, le danger principal, c'était l'aviation. Mais les « rebelles » n'étaient pas violents ?

Ah, les rebelles non. Non, ce n'était pas un danger pour nous, les rebelles. Les rebelles, eux, ils nous connaissaient. On les connaissait. Ils venaient des autres tribus, avec des gens de chez nous… On cohabitait avec eux. Pas de problème. Et d'ailleurs, parfois ils amenaient de la semoule. Ils disaient à mon père : « Prépare-nous des galettes. » Et ma mère leur préparait des galettes qu'ils emportaient avec eux. Et une galette, ils pouvaient la garder plusieurs jours. Et ils nous en laissaient un petit peu pour nous. Ils disaient : « Ça, c'est pour les enfants. » Nous, on n'avait pas de problèmes avec eux, hein. D'ailleurs ce sont eux qui célébraient les mariages. C'était pour eux un territoire libéré. Et ils avaient leurs officiers et tout, hein. Ils étaient organisés. Non, le problème, on a commencé à l'avoir une fois qu'on était dans le camp de regroupement.

Votre père exécute les ordres des « rebelles » et vous allez dans le camp. Est-ce que vous vous souvenez de la première fois que vous avez vu ce camp ?

On est arrivés… Parce que les autorités laissaient les gens entrer dans le camp mais les empêchaient de sortir. Ou alors les gens sortaient la nuit, en cachette. On est arrivés en plein jour. On a cherché un abri. Il y avait une maison en contrebas, pas loin de là où les militaires s'étaient installés. Alors, à l'époque, pour faire leurs besoins, les gens cherchaient un coin discret, à l'abri des regards, et ils allaient faire leurs besoins dans cette maison. Alors elle était pleine d'excréments. Il y avait une pièce, une pièce mitoyenne… Il y avait trois pièces. Alors qu'est-ce qu'ils ont fait nos parents ? Ils ont creusé presque un mètre de profondeur. Ils ont dégagé toute la terre sale et l'ont remplacée par une terre saine, propre. On était combien de familles ? Quatre familles. Et on s'est installés là-dedans. Chacun s'est installé dans le réduit qui lui était attribué. Mais plus tard on a su pourquoi cette maison était toujours libre : parce qu'elle était proche du camp militaire et la nuit, comme je vous disais, il y en avait qui sortaient pour aller violer les femmes. On s'est abrités dans cette maison. Ça n'a pas tardé. Quand les militaires sont descendus la nuit, nos parents, ils ont décidé d'évacuer cette maison et ils sont allés construire des masures, caillou sur caillou, plus loin, toujours dans le camp. Et on a fui cet endroit. Et c'était la misère. Alors donc moi je sortais. J'allais ramasser du bois, que je portais sur mon dos. Et je le vendais aux Sénégalais, parce que c'étaient des gens frileux et ils avaient besoin de beaucoup de bois pour se chauffer. Ils me donnaient un franc, et avec le franc j'allais acheter des dattes, parce que le camp dans lequel on était concentrés, c'était une oasis. Il y avait des gens qui habitaient dans cette oasis-là et qui avaient une réserve de dattes. J'achetais 2, 3 kilos de dattes avec le franc qu'on m'avait donné (on appelait ça 100 francs à l'époque) et je les ramenais à la maison pour qu'on ne crève pas de faim. Et on avait faim ! Il n'y avait rien à manger. On n'avait même pas la possibilité de manger de l'herbe puisqu'il n'y en avait pas. Ces conditions du camp ont duré quelques mois. C'était en plein hiver. Il y a beaucoup de gens qui sont morts de maladie.

Et à l'approche du printemps, il y a une autre décision qui a été prise. Celle-là, si vous voulez, je vous la raconte.

[Après être revenu sur les liens ténus entre le FLN et son père, Messaoud Kafi raconte ensuite comment sa famille s'est engagée auprès de l'armée française.]

C'est-à-dire qu'une fois qu'on a quitté le camp de regroupement, avec l'ordre d'évacuer ce camp pour aller dans une oasis encore plus grande, là l'armée a fermé la marche. Arrivés dans cette oasis, il y avait encore un camp, qui était déjà habité. Il y avait déjà une caserne qui était là. Il y avait l'armée. On nous a répartis dans un quartier abandonné. Et qui était l'interprète qui accueillait les gens ? L'oncle, le frère de ma mère, celui qui portait des médailles et qui parlait français ! Il était sous-officier. C'était lui l'interprète de l'officier et c'était l'ennemi mortel de mon père. Ils ne pouvaient pas se voir. Avant d'arriver au comité d'accueil, il y a des gens qui ont dit à mon père : « Il faut que tu t'enfuies parce que c'est ton beau-frère qui est interprète. » Mon père a regardé derrière. Il a vu que l'armée fermait la marche. Il leur a dit : « Où voulez-vous que je m'enfuie ? » Ma mère lui a dit : « T'en fais pas. Je vais dire à mon frère de ne pas être trop méchant avec toi. » Et finalement, on est arrivés vers mon oncle… Moi j'étais fier évidemment de mon oncle. Ma mère aussi était fière. Il était habillé avec l'uniforme. Il portait des galons. Il a salué mon père. Mon père, qui craignait le pire, il l'a salué. Et après, il a veillé sur nous pour qu'on soit bien installés.

Le lendemain, tous les adultes hommes ont été raflés. La rafle, c'était réunir tout le monde. Et le capitaine avait comme interprète, outre mon oncle, un autre qui maîtrisait vraiment le français et le berbère, le chaouï. Le capitaine, qu'est-ce qu'il a dit ? « Je ne veux plus vous voir comme civils devant moi ici.

Soit vous nous rejoignez, soit vous les rejoignez, mais vous ne pouvez pas rester dans cet état. » Et finalement, nos parents, ils sont revenus perplexes… Ils ne savaient pas quoi faire, parce qu'il y avait une légende qui circulait, qui disait : « Si on rejoint les mécréants, on ira en enfer quand on sera morts. » Ils réfléchissaient. Qu'est-ce qu'ils devaient faire ? Alors, ils ont envoyé un messager aux rebelles. Ils leur ont dit : « Voilà ce que le capitaine nous a proposé. » Et c'est là que les rebelles leur ont dit : « Engagez-vous, prenez les armes et rejoignez-nous. » Le lendemain, ils sont retournés voir le capitaine pour dire : « D'accord, on s'engage. » Et le capitaine a éclaté de rire. Il leur a dit : « Vous me prenez pour un imbécile. Vous avez demandé leur avis aux rebelles. Les rebelles, ils vous ont dit : "Engagez-vous, prenez les armes et rejoignez-nous." Mais vous allez voir, une surprise vous attend. Je vais vous prendre mais vous allez voir. Alors, premièrement, celui qui est marié doit amener sa femme et ses enfants avec lui. Celui qui est célibataire, il s'arrange pour amener son oncle, sa tante ou une cousine avec lui. Enfin bref, nul n'est accepté en tant que célibataire. » Deuxième chose : des camions GMC, General Motors. C'est des gros bahuts… Tout le monde a embarqué dans ces camions et direction le Sahara. Alors on est arrivés dans une grande ville et les camions se sont arrêtés, certainement pour se ravitailler. Et finalement les camions ont roulé encore presque une journée, une nuit et une journée, pour arriver en plein Sahara. Pour les gens de la montagne, arriver au Sahara, c'est la fin du monde. Ils ne savaient pas comment vivre au Sahara. Ils ne savaient pas comment marcher. C'est la fin du monde et c'est là qu'on a été accueillis par la Légion étrangère.

[Messaoud Kafi revient ensuite sur les conditions de vie précaires dans le premier camp et décrit la terreur qu'il éprouvait en raison des règlements de comptes et des descentes régulières des

maquisards algériens pour exécuter des personnes. Il dit également avoir été témoin de viols de femmes, dont sa propre cousine qui venait de se marier et qui fut violée par un supplétif d'un GMS…]

… Alors là, c'est pour vous dire : j'ai été témoin. Et ça… c'est une chose dont je me rappelle comme l'odeur des cadavres brûlés. Ça, c'est des choses qui marquent à vie. Par la suite, je suis devenu moi aussi supplétif. Je suis devenu moi aussi harki et j'ai… Je me suis rappelé ça et j'ai… J'ai fait en sorte que ces choses-là ne se reproduisent pas devant moi.

Comment ça, vous avez fait en sorte ?

C'est-à-dire que quand je partais en opération, je ne laissais pas mes compagnons de l'armée commettre des exactions sur les civils ou sur les femmes. Il y avait un appelé qui voulait violer une mariée de nomade. Je l'ai menacé avec mon arme de la laisser tranquille sinon je lui tirais dessus. Et il l'a laissée tranquille. Oui, c'était comme ça.

[L'arrivée au camp de légionnaires avec le capitaine Pompidou marque selon lui un tournant : il commence à fréquenter l'école et à avoir suffisamment de nourriture pour vivre.]

Et quand vous arrivez dans l'oasis, avec toute cette population du camp précédent, [tous] deviennent harkis, c'est ça ?

Pas tous. Pas tous. Il n'y avait que les gens qui étaient valides, qui avaient à peu près moins de quarante ou cinquante ans. Il y en avait qui auraient aimé être harkis mais ils ne pouvaient pas. Ils étaient trop âgés ou alors ils avaient un problème de santé. Ce n'était pas comme le recrutement de la légion et de l'armée. Il ne fallait pas passer des examens médicaux… Non, le harki, on le recrutait comme ça. On le regarde, on voit s'il est apte à marcher, à tirer et tout ça… Et on le recrute hein, pas de problème. Mais tout le monde… Tous ceux qui avaient vécu dans le premier camp ne sont pas devenus harkis. Il y en a qui sont restés dans le nouveau camp qui était beaucoup plus grand et ils ont établi leur vie dans ce camp-là. Il y a eu du travail. Il y avait quelques chantiers qui ont été ouverts par la France. Donc les gens travaillaient dans ce camp. Il y avait des exactions aussi qui ont été commises, par exemple rafler des filles. Des filles… Des filles qui sont belles. Ils les amenaient au capitaine pour qu'il en choisisse une pour passer la nuit. Et le lendemain, elle est dégagée. C'est pareil, ces filles-là, évidemment déshonorées, elles ne pouvaient plus se marier. À part ça, il y avait peut-être des règlements de comptes aussi. Mais moi je n'étais pas dans ce camp-là. On n'a fait que passer.

Donc vous êtes passé dans ce camp et vous pouvez nous le décrire. Est-ce qu'il ressemblait au camp précédent ?

Non. Non, il était beaucoup plus grand et on était moins enfermés. Il n'y avait pas de barbelés. Il y avait des commerces. Il y avait un café maure. Il y avait beaucoup de palmiers. Il y avait une rivière où il y avait des poissons. C'était grand mais on n'est pas restés longtemps dans ce camp-là. À peine arrivés, à peine recensés, à peine nos parents se sont engagés qu'ils se retrouvaient en uniforme le lendemain. Et d'ailleurs, ils portaient des vêtements loqueteux, usés, et puis, le lendemain, ils se sont retrouvés en uniforme. Donc ils étaient d'abord habillés correctement. C'est déjà le début de la vie.

Est-ce que vous pouvez nous rappeler le jour où votre père s'est engagé et ce que vous, vous avez ressenti ?

C'était drôle parce que, mon père, on ne l'avait jamais vu en uniforme. Et quand il est revenu en uniforme, il avait honte lui aussi. Il n'osait pas rentrer dans la tente. Il n'était pas le seul. Les autres cousins, c'était pareil et ils essayaient de se cacher. Mais, après, ils sont entrés et on était heureux. On était contents parce qu'à partir de ce jour on savait qu'on n'aurait plus jamais faim, qu'on était en sécurité. Et que désormais on allait vivre une nouvelle vie, la vie qu'on n'avait pas vécue jusqu'à présent, puisqu'avant la guerre, c'était la famine. On avait faim. On a manqué de tout. Il y a eu la guerre. Il y a eu les camps de regroupement, le premier et le deuxième, l'insécurité. Et puis là, du jour au lendemain, c'est l'éclaircie, la paix, la sécurité, l'abondance de la nourriture. Qu'est-ce qu'on veut d'autre ? On était contents, et puis il y a l'école. L'instituteur coranique nous battait et l'instituteur légionnaire, lui, il ne nous battait pas. Et d'ailleurs, il s'est engueulé avec l'instituteur coranique parce qu'il avait un bâton. Il lui a dit : « Je vous interdis de toucher mes élèves avec un bâton. » Et puis voilà. Et là, pendant six mois dans ce camp-là, nos parents s'exerçaient. C'était l'entraînement à la légionnaire. Et ils étaient propres, parce que la douche était obligatoire. Et même pour nous les gosses, il y avait une douche spéciale. Il fallait que, tous les matins, on aille prendre une douche avant d'aller à l'école. On avait parfois du café qu'on allait chercher dans la cuisine, du café et du pain pour tout le monde. Et ça a duré six mois.

Puis, un jour, nos parents ont rencontré les messalistes. C'était une armée d'indépendantistes opposés au FLN et ils se sont rendus à l'armée française. L'armée française leur a laissé leur grade et les a laissés entre eux pour combattre le FLN. Là, les insultes fusaient. Nos parents se faisaient traiter de traîtres par les éléments messalistes, et nos parents leur rendaient à eux. Enfin les officiers ont calmé tout ça. Et après, on a déménagé à nouveau. On s'est retrouvés dans une oasis paradisiaque, au milieu du désert où il n'y avait pas de propriétaire. Il y avait des palmiers, des vergers et on s'est mis à jardiner. L'école continuait… le camp militaire… toujours notre capitaine Pompidou et notre camp de harkis…

On avait notre propre camp. Il y avait un forage pour que l'eau refroidisse pour l'acheminer vers la palmeraie. Et nous, on se baignait. On faisait corps avec la légion. Il y avait le cinéma des armées et toutes les semaines on allait regarder un film. On est restés deux ans dans cette oasis. Un jour, le capitaine Pompidou – il était aux petits soins avec nous, les gosses –, il est venu. Il a rassemblé nos parents. Et puis il avait des larmes aux yeux. Il leur a dit : « Voilà, nous, on s'en va. Une autre compagnie va nous remplacer. » Et c'était donc le 4e REI, l'infanterie de la Légion étrangère, remplacé par le 18e régiment de dragons. Avant qu'on parte, on a repris contact avec nos cousins qui étaient restés dans le civil, dans la deuxième oasis. Le capitaine les a autorisés à nous rendre visite. Et on les a invités tous les soirs. On était une trentaine. Il y avait au moins une dizaine de familles. Et tous les soirs on organisait un repas et on leur donnait… Nos parents leur donnaient chacun… Ils donnaient 5 francs (500 francs à l'époque). Et ils repartaient avec un peu d'argent, un peu de vêtements. Il y avait des mariages. C'était la fête.

On n'était pas conscients du tout de ce qui se passait un peu partout en Algérie. Mais nos cousins qui nous rendaient visite nous racontaient ce qui se passait dans leur camp, qu'il y avait toujours des enlèvements, des exactions… Et il y a eu l'arrestation des leaders, Ben Bella et consorts, ça on ne le savait pas. Alors, il y avait une radio… Il y avait donc le sergent-chef qui a amené une radio, dans laquelle de Gaulle s'exprimait. Et donc le sergent-chef essayait de traduire ce que de Gaulle disait mais son arabe était un arabe marocain, encore pire que l'arabe algérien. La plupart des nôtres n'ont rien compris à ce que de Gaulle disait. D'ailleurs le nom de De Gaulle ne leur disait rien. Pour eux, la France se limitait au capitaine Michel Pompidou. Ça s'arrête là. On ne va pas plus loin. Et, en 1960, on a déménagé, à nouveau. On s'est retrouvés dans un village, pas loin de Biskra. Là il y avait une SAS, un maire de droit commun. Il y avait une école, une vraie… Et nous, les gosses, on avait du mal à cohabiter avec les enfants des Arabes du coin mais ça fait rien. Il fallait qu'on aille à l'école publique. Nous, on était habitués à l'école de la Légion, à celle du 18e régiment de dragons, mais là il fallait qu'on se mélange avec les enfants du civil, avec les enfants du village. Et ça s'est passé mal aussi. Enfin bref.

Quand vous avez découvert le français, c'était donc dans la harka, *avec les légionnaires. Est-ce que vous pouvez nous raconter cette première rencontre avec la langue française ?*

La première rencontre, c'est que… On nous a donné un papier, un crayon, une règle. Ils nous ont demandé de tirer un trait, un trait droit. Apprendre à tirer, à écrire, à tirer des traits. Après, on a commencé l'alphabet, A-B-C-D. Et certains enfants disent A-BI-CI-DI… A-B-C-D jusqu'à la fin. Après on nous a appris, et d'ailleurs ça, c'était pour les adultes aussi, hein… Les harkis aussi dans les premiers temps venaient apprendre l'A-B-C-D avec nous. Il y en avait qui disaient : « Où est-ce qu'il est mon nom dans cet écrit-là ? » L'instituteur leur a dit : « Il faut composer les lettres, les unes à côté des autres. Après il y a les consonnes, etc., etc. » On a commencé comme ça mais on a grillé les étapes. On a commencé par savoir lire et écrire, puis on est passés au calcul : divisions, soustractions, problèmes… Et après, c'était la dictée. Et au fur et à mesure, j'apprenais à m'exprimer en français, petit à petit, jusqu'au certificat d'études, mais ça, c'était plus tard. Je continuais à aller à l'école et j'étais doué. J'ai attiré l'attention de l'instituteur métropolitain qui venait de France. Il était directeur de l'école et il avait envisagé de m'envoyer dans un lycée, plus tard peut-être en France, parce que j'aimais beaucoup les lettres. J'aimais beaucoup écrire.

Mais déjà, mon père n'appréciait pas d'être commandé par des officiers, ni par des sous-officiers, même s'ils étaient issus de notre tribu. Quand on était dans le Sahara, il partait le matin. Il allait se planquer dans l'oasis, jusqu'au soir et il rentrait. Il a été déclaré comme étant malade mentalement, alors qu'il se portait très bien. Mais arrivé dans ce village-là, il n'avait pas d'endroit où se planquer, puisque le village était déjà habité par des gens et tout ça. Les palmiers appartenaient à des propriétaires. Il était obligé de faire le service. Je commençais à avoir 16 ans, 17 ans. Il commençait à me regarder des pieds à la tête et puis il me disait : « Qu'est-ce que ça va te foutre d'aller à l'école ? Ça sert à rien l'école. Va t'engager. » Alors j'ai été voir le lieutenant du camp où on habitait. Il m'a dit : « Non, tu es trop jeune. Tu continues à aller à l'école. » Il n'a pas voulu. Il m'a dit : « Va ailleurs. Va à tel endroit par exemple. » Et je suis allé me présenter dans un camp – enfin c'était une SAS –, j'ai été voir, il y avait une place. Il y avait une place de libre pour délivrer des papiers d'état civil aux nomades. Le maire, il m'a pris pendant un mois. Et il a découvert que je n'avais pas d'expérience, que j'étais novice et que mon niveau n'était pas suffisant pour occuper ce poste. Le lieutenant des SAS m'a dit : « Tu as qu'à t'enrôler dans les formations supplétives, avec les moghaznis » qui sont les agents d'administration. Alors, je me suis engagé dans les SAS. On m'a donné un uniforme, un lourd fusil, qui pesait dans les 7 kilos, et je servais d'interprète à Mme le lieutenant. Parce que, le lieutenant, il a fait venir sa femme de France. Et je continue à jouer un peu l'interprète mais je faisais le service comme tous les… comme… On était trente et il y avait un sergent à moitié fou, qui ne parlait pas un mot de français. Mais il avait été nommé sergent parce qu'il était violent avec les siens. Il les tabassait. Il voyait à peine… Lui-même, il racontait qu'il en a tué en pagaille… Et le lieutenant se servait de lui comme d'un berger allemand. Et ça a duré pendant un an à peu près, de 1961 jusqu'à l'indépendance. On faisait des patrouilles. Et ce lieutenant-là qui avait été dans une autre SAS avant de venir commander cette SAS-là, c'était un vrai criminel. Il était criminel avec les civils et avec nous.

[Messaoud Kafi raconte ensuite les nombreuses exactions commises par ce sergent algérien.]

Finalement, vous remplacez votre père ?

Tout à fait. Mon père a démissionné tout de suite après. Parce que moi je ne voulais pas rester dans ce camp… Quand j'ai vu comment c'était, je me suis dit : « Je vais rester un mois et je vais démissionner. Je vais essayer un autre endroit. » D'un seul coup, mon père, il arrive en civil. Il me dit : « Ça y est, j'ai démissionné. Trouve-nous une maison. On va déménager. » Et là j'étais coincé. Je ne pouvais pas bouger. J'étais condamné à rester jusqu'à la fin.

Quand vous devenez harki, c'est où et quand ?

À côté de Biskra. C'était une SAS… On était dans un périmètre limité, tout autour de Biskra. Et puis voilà… Et puis, comme je vous disais, l'indépendance approchait mais nous, on ne le savait pas. Tout le monde disait : il n'est pas question de laisser tomber les gens qui se sont alignés dans nos rangs… Et puis un jour, le 19 mars, c'est la fin. Le lieutenant nous a tous fait venir pour nous dire au revoir. Et moi il m'a dit : « Toi, tu n'as fait du mal à personne. » Il était conscient qu'il y en avait qui avaient fait du mal sous ses ordres. Il m'a dit : « Comme tu es bilingue, plutôt trilingue, l'Algérie indépendante aura besoin de toi. » Comme je savais déjà lire, écrire l'arabe et le français, et que je parlais le dialecte berbère, il m'a dit : « Tu n'as rien à craindre. » Mais au sergent Ahmed, qui avait commis tant de meurtres sous ses ordres, il lui a dit la même chose. Et du jour au lendemain, on s'est retrouvés à la merci de la vindicte de ceux qu'on nous a fait combattre au nom de la France. Parce que les représailles n'ont pas tardé, à peine. Ils n'ont pas attendu l'indépendance officielle de l'Algérie le 5 juillet 1962. Déjà, dès le 19 mars, les représailles ont commencé. Le sergent Ahmed, il a été capturé. Il a été découpé en morceaux alors qu'il était vivant et chaque civil demandait sa part. On se demandait pour quoi faire.

Au moment où vous avez décidé de vous engager comme harki, qu'avez-vous ressenti ce jour-là ?

Je n'étais pas fier. Ce n'est pas que je regrette de m'être engagé harki, mais d'être mal tombé dans cette SAS. L'ambiance était exécrable. Il y avait une méchanceté incroyable et j'étais très jeune. Parce que je devais faire mon service militaire… parce qu'on est venu me chercher après, on m'a appelé dans cette SAS pour que j'aille faire mon service militaire. Mais le problème : la vie de ma famille reposait sur moi, parce que mon père avait démissionné. Il n'y avait plus de rentrées d'argent. Si j'étais parti faire mon service militaire, ils auraient été virés. Ils seraient retournés dans le camp, dans le deuxième camp qu'on avait quitté, ce que je ne voulais pas. C'est pour ça que je suis resté dans les SAS. Je suis devenu du jour au lendemain chef de famille même si le vrai chef de famille reste toujours mon père. Mais j'avais à charge ma famille, parce que j'avais une solde quand même qui était de… Je crois qu'elle n'était pas loin de 300 francs (30 000 francs anciens) et ça permettait de vivre et de faire augmenter notre pouvoir d'achat. Mais même à l'indépendance, quand il y a eu des représailles et tout ça, je n'ai pas regretté. J'ai suivi la ligne de mon père, parce que chez nous, dans les Aurès, les Berbères, le fils aîné doit suivre les pas de son père. Eh bien, c'est ce que j'ai fait. J'ai emboîté le pas de mon père.

Est-ce qu'on vous a contraint à des pratiques violentes en tant que harki engagé ? Est-ce que vous pouviez refuser ?

Non, heureusement non. On ne m'a jamais contraint de faire quoi que ce soit, ni de commettre des exactions sur les civils. À moi personnellement.

Il y a le moment du cessez-le-feu puis de l'indépendance en juillet 1962. Qu'est-ce que vous avez ressenti à ce moment-là ?

Je n'étais pas content. J'ai eu peur quand j'ai entendu qu'il allait y avoir le cessez-le-feu. Premièrement, le manque de revenus. Je me suis dit : « On va retourner à la misère dans notre montagne. » C'est-à-dire qu'on va finir par retomber dans les conditions d'antan. Deuxièmement, j'ai eu peur de représailles, de la manière dont les choses se sont terminées. Parce que, le cessez-le-feu, de la manière dont il a été annoncé, ça voulait dire : « C'est les rebelles qui ont gagné. »

Comment les gens ont réagi autour de vous, votre mère, votre père ?

Mon père avait peur. Il avait le même sentiment que moi. Donc il fallait déménager à nouveau, mais cette fois-ci avec nos propres moyens. On a trouvé une baraque au milieu des palmiers à Biskra, on a loué un camion, on s'est retrouvés dedans. Et là, il y avait l'insécurité. Il y avait l'OAS qui réagissait à coups d'attentats. Il y avait des règlements de comptes dont les harkis étaient victimes, parce qu'on n'était pas les seuls hein. Les harkis ont afflué de partout. Tous les harkis qui étaient enrôlés autour de Biskra se sont retrouvés à Biskra. La propagande du FLN était pour nous rassurer : « N'ayez pas peur. Il n'y aura pas de représailles. Vous serez pardonnés.

L'Algérie nouvelle vous attend, il faut payer vos cotisations. » Alors ils sillonnaient les maisons des familles de harkis pour récolter de l'argent. Nous on attendait. On a dit qu'on voulait retourner dans nos montagnes : « Ah non, non, non. Interdit. Pas pour le moment. Vous restez en ville. » On est restés en ville. Alors c'était le chômage à nouveau. Il n'y avait pas de rentrées d'argent. Il n'y avait rien. Et on végétait. Le lieutenant et sa femme, ils se sont retrouvés aussi à Biskra, mais dans une villa évacuée par les pieds-noirs. Il y avait du blé, de la farine, qui était destiné aux nomades, que le lieutenant avait stocké dans un entrepôt à Biskra. Il a dit : « Venez le prendre. » Alors nous, les harkis, on y est tous allés. Moi j'en ai pris je ne sais pas combien de quintaux. C'est d'ailleurs ce qui nous a sauvés de la famine.

Ensuite le propriétaire des baraques, dans lesquelles on vivait dans les palmiers, a dit : « Il faut me les libérer. » On est retournés… Vous savez où ? Au deuxième camp de regroupement duquel on était partis ! On s'est retrouvés dans les maisons où on avait été regroupés au début, à notre arrivée des premiers camps. Et là, ça a commencé à se passer très mal. Des harkis commençaient à être massacrés. Le FLN a montré son vrai visage : pas de pardon. Un colonel, qui a fini par être assassiné par les siens pendant l'indépendance, a donné son premier discours à Biskra et il leur a dit : « Mes frères, la lutte continue, mais celle-là, c'est celle des harkis, il faut me les massacrer. Parce que si on a souffert pendant sept ans et demi c'est à cause d'eux ». Et alors là, la foule : incontrôlable. Ils se sont acharnés sur des gens, les pauvres, qui n'étaient pas… vraiment pas harkis. Alors il y avait un tri. Il y avait un tri : les harkis qu'il fallait liquider tout de suite, ceux qu'il fallait déporter et ceux qu'on devait libérer en attendant.

[Après avoir vécu à nouveau quelque temps dans le deuxième camp, Messaoud Kafi et d'autres harkis sont contraints de se rendre au FLN, dont certains représentants diffusent auprès de la population un discours de haine et de vengeance à leur encontre. Très vite, ils se retrouvent soumis aux travaux forcés. Se déplaçant encore car craignant pour leur sécurité, ils fuient la vindicte populaire et rejoignent leur village d'origine à la fin de l'année 1963. Les maisons étant quasiment détruites et sans moyens de subsistance, ils retombent à nouveau dans une grande misère. Après avoir travaillé quelques années pour un chantier franco-algérien, le 30 octobre 1965, Messaoud Kafi embarque seul dans un bateau pour la France, où il vit toujours.]

Stive Modica
Un parachutiste
dans les violences de la guerre

Entretien avec Denis Leroux[1]

Très marqué par l'indépendance de son pays natal, la Tunisie, Stive Modica se politise à l'extrême droite avant de s'engager dans les parachutistes du 3e RPIMa. Son expérience, qu'il évoque avec beaucoup de distance, est celle d'un régiment opérationnel toujours sur la brèche mais aussi secoué par les évolutions de la politique française en Algérie. Stive Modica reste en Algérie jusqu'à l'été 1962 avant de connaître une carrière de mercenaire. Dans le récit de ces années très intenses, l'émotion affleure souvent. L'homme qui témoigne a pris ses distances avec le jeune homme d'alors. Mais il s'efforce de décrire avec une précision choisie sa vision du monde, ses expériences et ses sentiments. Son récit de sa période algérienne est ici quasiment reproduit in extenso.

***

1. Réalisé en France le 6 juillet 2020 et édité par Victor Delaporte.

Je m'appelle Stive Modica, je suis né en 1941, au mois de septembre. Je suis né à Tunis pendant la guerre. Du côté paternel, mon grand-père venait de Sicile. Il a travaillé dans les chemins de fer tunisiens. Il a été contraint de se naturaliser parce que seuls les gens de nationalité française pouvaient travailler dans les chemins de fer. Du côté maternel, ma mère venait d'une famille d'origine maltaise. Ils sont arrivés avant le protectorat français et avaient développé sur Tunis des entreprises de fabrication de voitures. Par la suite, mon grand-père a dilapidé sa fortune et ma mère s'est retrouvée avec quelques petites dettes. Je vivais dans un milieu de prolos, mon père étant aux chemins de fer lui-même. Mon père était à la CGT. Il ne m'a pas beaucoup transmis de ses opinions. Il me disait par exemple que l'Union soviétique, ce serait bien s'il y avait un autre système, mais rien de plus.

Nous vivions à Tunis, dans la ville européenne. C'était un quartier ouvrier peuplé de Français, d'Italiens principalement, et d'israélites. Les rapports avec les Tunisiens étaient économiques : l'épicier, le marchand de casse-croûte, les beignets… Dans ma famille, il y avait la légende des Bédouins qui descendraient de la montagne. Il y avait ces histoires-là, surtout dans la famille maternelle, dont mon grand-père avait quelques métayers en campagne. Il y avait toujours cette crainte de l'arabe, dont on disait qu'il ne fallait pas l'instruire parce qu'il se révolterait si on l'instruisait. Ça, c'était le rapport que nous avions avec les Tunisiens. Il n'y avait pas de mélange. J'ai des souvenirs des manifestations nationalistes tunisiennes. J'habitais l'avenue de Madrid près de la porte par laquelle on entrait dans la médina. C'est de là que partaient les manifestations qui allaient vers le centre de Tunis. Je me souviens aussi de quelques bombes dans le voisinage, principalement dans les pharmacies.

J'ai quitté la Tunisie à l'âge de 16 ans au moment de l'indépendance de celle-ci. Nous sommes arrivés en France, à Marseille, avec le *Kairouan* qui était le principal paquebot qui faisait la navette Tunis-Marseille. C'est un déracinement parce qu'il n'y a pas de lien particulier. Comme mon père était fonctionnaire aux chemins de fer, ça s'est passé moins dramatiquement que dans d'autres situations. Il a fallu passer peut-être un ou deux mois d'hôtel en hôtel. Et puis, par un parent qui était à Arras, nous avons pu avoir son appartement. Nous avons plongé à Arras, ce qui était vraiment un dépaysement, tant sur le plan climatique que culturel. J'avais quitté le collège de Tunis, le collège Émile-Loubet, et on m'a trouvé une place dans un collège. J'ai constaté que mes jeunes collègues ne parlaient pas le français. Ils parlaient le chtimi. Je ne comprenais rien. J'étais totalement isolé. J'ai passé peut-être une semaine dans cette école et puis j'ai refusé de continuer à y aller. C'était vraiment un choc. Je revenais dans la mère-patrie mais elle ne correspondait pas à mes fantasmes. Nous y avons passé peut-être moins d'un an. Ensuite, la SNCF a octroyé un appartement à la famille, mais vraiment exigu, à Maisons-Alfort, banlieue parisienne, mais qui n'était pas adapté à notre situation familiale. C'était une situation difficilement tenable, en tout cas pour moi. Je n'avais qu'un désir : c'était de retourner en Afrique, en Algérie plus particulièrement. La seule possibilité que je voyais, c'était l'armée. Donc j'ai attendu mes 18 ans. Je suivais ce qui se passait en Algérie à cette époque-là. J'aspirais au maintien de la France en Algérie, de Dunkerque à Tamanrasset.

Comment vous vous renseignez ?

Par les journaux. Très jeune, j'ai lu les journaux. J'ai une manie : j'ai de la difficulté à ne pas lire, à rester sans lire. Je lisais beaucoup. J'étais au courant de la politique en France. Mais mes études n'étaient pas folichonnes.

Vous lisez quels auteurs ?

Les auteurs nationalistes : Charles Maurras… Pierre Bourget, pas parce qu'il était… C'était un antisémite maladif. Mais la plupart des auteurs nationalistes. À cette époque-là, j'avais 17 ans. J'attendais mes 18 ans pour partir mais je travaillais comme garçon de bureau : photocopies… C'est la période où je lisais les auteurs… J'ai un peu oublié les noms des auteurs. Notamment, il y avait le *Manifeste nationaliste* qui m'avait enthousiasmé à l'époque, avec des références à la Grèce antique, le ve siècle, Périclès et compagnie, dont nous étions, nous, Occidentaux, les descendants. C'était ma mythologie.

C'était une politisation solitaire ou vous aviez quelqu'un avec qui discuter ?

Solitaire, toujours. À l'extrême droite, j'ai toujours été solitaire, pour plusieurs raisons. C'est que j'ai rencontré des gens. J'ai rencontré des groupes autour de Tixier-Vignancour, par exemple. D'ailleurs, avocat de Pétain en plus. J'avais des sympathies pour le pétainisme aussi. Tout se lie à ce niveau-là. Mais la difficulté : je ne pouvais pas être antisémite ayant vécu avec les Cohen, Levi, autour de moi, dans l'immeuble ou dans la ville ou à l'école. Mais j'étais nationaliste. C'est un peu paradoxal. C'était une contradiction peut-être. Et ça, ça m'a conforté dans mon désir d'aller défendre l'Algérie française. Le jour de mes 18 ans, j'étais dans le train qui m'amenait à Bayonne au centre de formation des paras.

Comment se passe votre arrivée à Bayonne ? Comment ça se passe, un jeune qui s'engage dans les paras ? Qu'est-ce qui lui arrive ?

Ah ! « Chacal puant ». C'était le terme qu'on utilisait envers les jeunes qui commençaient leur entraînement. Le premier jour, c'est essayer de courir pendant une heure autour d'un stade pour voir si on a les conditions nécessaires à suivre un entraînement. C'est un entraînement très dur où on subit en même temps des contraintes physiques très fortes et de l'humiliation. Être appelé « chacal puant », c'est de l'humiliation. Avec toutes les sortes d'insultes. Casser la personnalité et la former à d'autres critères que celles qui nous viennent de la famille. Et donc, l'esprit de corps se bâtit sur ces premiers moments. Voilà. Puis la formation, c'est un peu la formation d'une bande. C'est les copains que… dont on a du mal à oublier.

Quelles sont vos relations avec les autres volontaires qui s'engagent en même temps que vous ?

Euh… C'était un peu la… J'ai très peu de souvenirs de ça. C'est plutôt les copains… Si j'en ai eus, c'était pas pendant cette période. J'en ai très peu… J'ai très peu de souvenirs, sinon les marches dans les Pyrénées sous la neige. On traversait la ville de Bayonne après avoir fait plus de 60 kilomètres toute la nuit. D'ailleurs, le maire communiste de Bayonne a interdit le passage de ces troupes de zombies, qui traversaient la ville à 7-8 heures du matin. Et on allait faire des tirs au Boucau qui était une plage et un champ de tir. Là, ce dont je me souviens, c'est qu'à l'entrée de la caserne du fort de Bayonne, il y a une phrase de Montaigne : « Science sans conscience n'est que ruine de l'âme. » C'est tout. J'ai très peu de souvenirs de cette période-là.

Des souvenirs du premier saut ?

Oui. C'est quelque chose qui ne se répète pas parce que c'est le premier. Après, j'en ai fait d'autres. Le premier, on est un peu dans les vapes. On se jette et, tout à coup, ça s'arrête. Le parachute se gonfle, puis on se balance. Et puis, il faut atterrir.

Ensuite, vous êtes affecté dans un régiment de parachutistes ?

Envoyé au 3e régiment de parachutistes d'infanterie de marine, le 3e RPIMa. Donc j'atterris à Sidi-Ferruch, puis on m'emmène rejoindre ma section. J'étais dans la 2e compagnie, première ou deuxième section, je n'ai plus le souvenir, mais à la frontière tunisienne, juste en face du Chott el-Djerid, un grand lac qui est dans le sud de la Tunisie, et là, sur la ligne Morice. C'était pour tenter d'arrêter les infiltrations de part et d'autre de la frontière.

Quelles sont les activités d'un jeune soldat parachutiste dans cette région-là, à ce moment-là ?

Ce sont des opérations. On part trois, quatre jours avec une ou deux boules de pain, trois ou quatre boîtes de conserve : de la galantine, de la rillette et du pâté. À un moment donné, nous avions les rations musulmanes avec des sardines et du thon, ce que je préférais à la galantine d'ailleurs. Mais la rillette, j'ai des souvenirs.

Les opérations consistent en quoi ?

Marcher, marcher, marcher, marcher dix à douze heures par jour. Se poser en embuscade la nuit. Marcher la nuit parfois. Ça, dans tous les massifs où j'ai été que ce soit les Aurès, l'Hodna, l'Ouarsenis, les différentes régions de Kabylie et puis le sud à la frontière du désert. Ça a toujours été ça ou le ratissage. Le ratissage consiste à déployer un ou deux régiments sur quelques kilomètres et à ratisser pour ainsi dire la population ou les rebelles sur lesquels on peut tomber, les « fells », comme on dit.

Votre régiment participe aux opérations Challe ?

Oui, je faisais partie de la 10e DP, donc j'y ai participé notamment. C'était une période pendant laquelle on partait... La section a été réduite à peu près d'une trentaine à quatorze : dysenterie, fièvre, parce qu'on restait une semaine, quinze jours sur le terrain, et ravitaillés tous les trois ou quatre jours par hélicoptère, c'est-à-dire une boule de pain et les trois boîtes de conserve. Donc on avait faim.

Vous vous rappelez votre premier accrochage ?

Pffff... Il y en a eu quelques-uns... Mais le plus spectaculaire pour moi, ça a été dans les Aurès. Parce que nous avions repéré une katiba à flanc de montagne dans les Aurès. C'est assez fantastique les Aurès avec ses cèdres, il y a des cèdres partout. Ils étaient à 1 kilomètre à vol d'oiseau et ils étaient encerclés par deux régiments. On les avait encerclés. Et on les bombardait parce que nous avions une section d'artillerie para. Ils nous ont bombardés mais quelques bombes sont tombées tout à côté de nous. Ce n'était pas assez précis. Il y a eu des bombardements par avion aussi. Et la chasse... Donc ça a duré toute la journée mais ils étaient protégés par des rochers. Et puis la nuit, ils sont parvenus... Ils ont tâté tout le passage... Et ils se sont échappés. C'était tout à leur honneur. Et puis une autre fois, on avait repéré une bande aussi. On était sur la crête de montagne. Il y avait un coucher de soleil assez extraordinaire et les « fells » sont partis en chantant. Ah ! C'est assez... C'est assez émouvant. On peut dire « chapeau ! » là.

Vos collègues sont des volontaires ?

La plupart étaient volontaires.

Ils ont des motivations politiques j'imagine, entre autres. Est-ce que vous en discutiez ?

Oui, il y avait un groupe qui venait du Sud-Ouest, c'était le plus politisé. Les Marseillais, ce qui les intéressait, c'était la cuisine. Les Bretons et les Charentais ne discutaient jamais de politique. Je pense que la plupart des Charentais et Bretons étaient plutôt des appelés. C'étaient ceux qui étaient les plus discrets et les plus partageurs. Mais les gens du Sud-Ouest, en tout cas dans ma compagnie, je discutais un peu avec eux. On partageait plus ou moins certaines visions, nationalistes aussi.

Les discussions politiques étaient fréquentes ?

Non, pas très. Elles ont plutôt eu lieu vers la fin, lorsque le régiment a été orienté vers le maintien de l'ordre vis-à-vis des pieds-noirs. Ça, c'est pour la fin, c'est au mois de mai-juin, vers la fin, avant le rapatriement du régiment.

Le 3e RPIMa a eu comme chef…

Bonnigal et Le Borgne.

Vous n'aviez pas connu la période avec Bigeard et Trinquier ?

Non.

Vous me parliez d'opérations dans le Nord-Constantinois, de ratissage pour regrouper les populations. Est-ce que vous pouvez évoquer ce sujet ?

Oui. Une des plus grandes, je pense que ce n'était pas dans la Kabylie. Je me demande si ce n'était pas dans l'Hodna. Là, on a ratissé toute la montagne et on a rassemblé la population. Et une bonne partie des hommes, des « mâles » on disait là-bas : « Rassemblez les mâles. » Les mâles ont été dirigés vers le DOP. Je sais que ce sont eux qui pratiquaient la gégène, la torture, toutes sortes de tortures, en masse. La plupart des hommes sont passés par le DOP. Je me souviens, un soir dans les Aurès. Je me souviens de la foule, des arbres, des tentes. On les a fait sortir et c'étaient des zombies qui partaient. Ils avaient été tabassés. Et ils sont partis comme ça dans le soir. Le DOP les a libérés. Et ils sont partis dans le soir comme ça. C'était assez prenant. Ce sont des souvenirs qu'on n'oublie pas.

Vous m'avez parlé aussi, je ne sais pas si vous voulez l'évoquer, mais vous m'avez parlé d'un massacre dans lequel vous avez été impliqué.

Oui. C'est à Jijel. Ça s'appelle Jijel aujourd'hui. C'est Djidjelli en fait. C'était près du village de Strasbourg… Oui c'est ça, Strasbourg… dont on disait que « faire un tabac », c'était natif de la région. Nous avions investi la montagne qui est près de ce village de Strasbourg qui faisait à peu près 1 200 mètres et qu'on grimpait en quelques heures. La première fois, on a mis toute la nuit pour arriver là-haut. Et c'était le village… C'était la tribu des Bocamcam. J'ai cherché, mais je n'ai pas trouvé sur le Net ce village des Bocamcam. Mais dans le bas, près de Strasbourg, il y avait un village dans lequel le commandant de compagnie est tombé en embuscade. Il a ramassé une balle dans la jambe. Il a investi le village en pleine nuit, mais la nuit était souvent l'occasion pour les « fells » du coin pour aller se ravitailler dans les villages. Donc le *chouf* qui était à l'entrée du village a vu arriver la troupe. Il a tiré dans le tas. Il a blessé un voltigeur à la poitrine. Un deuxième a été blessé. Le commandant de compagnie a ramassé une balle dans la jambe – ce qui a réjoui la plupart d'entre nous parce que c'était une peau de vache.

Nous étions à 2, 3 kilomètres de là, sous tentes, puisque c'était un camp que nous avions installé, pas très loin de la mer d'ailleurs, c'est une région magnifique. Et on nous réveille :

« Allez hop ! Tout le monde au village là-bas ! » Alors, on a investi le village. On nous a amenés en camion en quelques minutes au village. On a investi le village. Et les viols ont commencé. Les femmes, quand elles voyaient arriver les soldats français, toutes les femmes se réunissaient dans une mechta, les unes contre les autres. Mais mes collègues arrachaient quelques-unes des plus avenantes pour satisfaire leurs besoins, j'avoue. Je n'ai jamais violé une femme. J'ai tué mais je n'ai jamais violé une femme. Et ils ont commencé à violer et on a passé la nuit sur le village.

Ce village était en pente. Au lever du jour le radio qui était en haut du village, en tout cas c'est comme ça que j'en ai le souvenir, appelle le lieutenant : « Lieutenant, qu'est-ce qu'on fait des mâles ? » Le lieutenant a dit : « Faites-les descendre. » Et le radio qui était avec les collègues là-haut a dit : « Vous pouvez les descendre », parce qu'on avait déjà rassemblé quelques mâles. Et la tuerie a commencé. Moi, j'avais ramassé un homme, et le Ch'ti avec moi. On a amené ces deux hommes vers le lieutenant, vers le centre du village. Et je ne dirai pas son nom, B. qui passe, qui remontait, qui dit : « Allez, foutez-les en l'air. » Et mécaniquement, mécaniquement, on a abattu nos prisonniers. Et là, j'ai ressenti vraiment un dégoût. Je n'ai pas été plus loin que ça. Je n'ai même pas participé au rassemblement des cinquante corps qui ont été amassés au centre du village et auxquels ils ont mis le feu.

Au village et aux corps ?

Non, uniquement aux corps. Je sais que cette tuerie a eu des échos au Parlement. Mais je n'en sais pas plus et je n'ai pas investigué plus loin, mais je sais que ça a eu un écho au Parlement.

Après un massacre comme ça, quelle est l'ambiance dans votre compagnie ?

Il y en a qui se réjouissaient. Il y en a un qui est venu me chercher pour me dire : « Tiens, on va faire courir quelques mecs et puis on va tirer dedans. » J'ai dit : « Non, non, ça va. » Il y a des psychopathes. Il y en a partout. Il y avait au moins une dose de psychopathes un peu plus concentrée chez nous. Et puis, j'ai vu un jeune qui n'avait même pas 19 ans, probablement, qui disait : « Je veux tuer un mec. Je veux tuer un mec. » Il voulait tuer un homme pour être un homme, semble-t-il. Quand même, j'ai vu un jeune Algérien, qui devait avoir 10, 12 ans, qui est venu vers un de mes collègues et qui a dit : « Donne-moi la carte de ravitaillement », celui-là venait d'abattre son frère et ce jeune est venu demander la carte de ravitaillement de son frère. Voilà.

Des histoires comme ça, c'étaient des choses qui arrivaient fréquemment ?

Non, c'est le seul massacre auquel j'ai participé, mais je sais que d'autres compagnies en ont fait, notamment la cinquième katiba. On en a parlé dans le régiment, c'est deux cent cinquante [massacrés], tout un village. Dans quelles circonstances ? Je parle de ce que j'ai vu et de ce que j'ai fait.

Cette cinquième katiba, vous pouvez détailler un peu ce que c'est ?

La cinquième katiba était des volontaires ou d'anciens fellaghas qui avaient été retournés, auxquels on avait donné une formation de parachutistes. Elle constituait la 5e compagnie du 3e RPIMa et participait aux opérations. Pendant une période, on a transporté de la gégène en montagne. Un jour (ça, je dois le raconter aussi quand même), mon lieutenant, qui était un fervent catholique, me demande de faire parler un homme qu'on avait trouvé dans la montagne. J'ai baragouiné deux, trois mots d'arabe : « Où sont tes frères ? » Il me dit : « Modica, faites-le parler ! » Je dis : « Mon lieutenant, il ne sait pas, il dit qu'il est tout seul. » Il me dit : « Modica, je vous demande de le faire parler ». Je sais où il veut en venir, le salaud. J'ai dit : « Mon lieutenant, il ne sait pas. » Il me dit encore, il insiste : « Modica, je vous demande de le faire parler. » « Ah, vous voulez que je le tabasse ? Moi, je ne fais pas ça. Faites-le vous-même. » Alors là, il m'a tutoyé et m'a dit : « Tu n'es pas un vrai pied-noir. »

Lui, il était pied-noir ?

Non, mais il était sorti très bien noté de Saint-Cyr puisque les officiers avaient le choix, les mieux notés, entre la Légion et les paras. C'était un bon Français. Voilà, un pied-noir, ça devait tabasser un Arabe, pour lui, dans sa vision. Ce n'est pas mon truc à moi. Je dois dire que, malgré tout (je suis athée à fond), c'est ma morale chrétienne qui m'a empêché de faire certaines choses, celle qu'on m'avait inculquée. Mon père n'était pas pour mais ma mère était pour. J'ai donc été au catéchisme. J'ai appris les principes, certains principes moraux de la religion catholique, « tu ne tueras point ». Mais là, on peut faire un compromis pour ne point tuer, pour défendre la patrie, on peut tuer. Mais violer et torturer, ça, je ne pouvais pas. Ça, je l'ai gardé.

Quelle était la place de la religion dans votre unité ? Il y avait des aumôniers parachutistes.

Il y avait des aumôniers, bien sûr. Les aumôniers, c'est vrai qu'au début, surtout à Bayonne, j'ai été assister à des messes, à des allocutions d'aumôniers. Mais j'étais encore croyant. J'étais encore croyant puisque j'étais plus ou moins chrétien intégriste. Ça va très bien avec le nationalisme. Mais en Algérie, les aumôniers n'en avaient rien à foutre des viols. Ce n'est pas quelque chose qui torturait leur morale. En Algérie, j'en ai fini avec la religion parce qu'il y avait des tas de choses qui n'étaient pas conformes à cette morale-là. Et c'était quand même toléré, que ce soit la torture ou que ce soient les viols. Mais je dis toujours : « Tuer, on peut toujours faire un compromis. »

Quand vous racontez cette histoire de l'officier qui vous demande de torturer un prisonnier, vous pouvez refuser ?

Oui, c'est une question sur laquelle je me suis penché. Je pense que pour torturer, il faut être volontaire parce qu'il ne m'a pas donné un mot écrit « Tabasse-le » ou « Fais-le parler par tous les moyens ». Il n'a pas osé dire le mot. Il m'a dit : « Modica, faites-le parler » en insistant bien. Quand je suis parti, il y a deux autres de mes collègues qui sont venus le tabasser. C'étaient des volontaires. Donc la torture, tous ceux qui ont pratiqué la torture, à mon avis, sont volontaires parce qu'on ne donnait jamais un ordre explicite à ce niveau-là. Dans le DOP, à mon avis, il n'y avait que des volontaires pour le faire. Il faut être volontaire pour faire ça. Il faut être psychopathe pour faire ça.

Comment se réglait la discipline au quotidien dans votre unité ?

Ça dépendait du type d'officier ou de sous-off qu'on avait. J'ai vu un lieutenant faire régner la terreur dans sa section. Il avait tabassé au moins un de ses soldats par jour. Sa section était terrorisée. Mon lieutenant à moi, il était incapable de nous terroriser. La discipline, c'est la discipline qui est basée sur un esprit de corps, c'est-à-dire c'est l'équipe, c'est quatre, cinq hommes. J'avais une équipe, la section, la compagnie et le régiment. C'est un ensemble qui doit exprimer sa solidarité de la façon la plus probante. Et bon, ça crée des liens entre les individus. Et la discipline, ma foi, on est en montagne, il faut marcher des heures. S'il y a un accrochage, on doit être solidaires les uns des autres. S'il faut aller à l'assaut, on y va. C'est quelque chose qui se vit de façon quotidienne.

La discipline n'était pas tellement formelle ? Par exemple, les marques de respect aux officiers – salut, garde-à-vous –, c'étaient des choses qui étaient pratiquées quotidiennement ou il y avait du relâchement sur le terrain ?

Il y avait du relâchement. À Bayonne et à Mont-de-Marsan, parce que j'ai fait les deux centres. Mont-de-Marsan, c'était la formation pour le saut. C'était réveil à 5 heures du matin, jogging, on n'appelait pas ça comme ça à l'époque. Jogging et entraînement jusqu'à épuisement. Le moindre truc, j'ai fait, on appelait ça… Le terme ne me revient plus. On remplissait le sac et puis il fallait courir jusqu'à épuisement. Donc, j'ai été puni pour ce genre de truc aussi. Un rodéo, on appelait ça un rodéo. Ça, c'est à Bayonne. Et en Algérie, il y avait un certain relâchement puisqu'on était en montagne. On passe avec sous-off et lieutenant dans les mêmes conditions de marche de nuit, de marche jusqu'à épuisement. Marcher avec les yeux fermés quelque part pour récupérer, pour atteindre les camions, parce que parfois les hélicoptères nous lâchaient à certains endroits. Et il fallait trois ou quatre jours pour rejoindre tout en ratissant, tout en mettant le feu à des forêts entières. On a brûlé des forêts comme ce n'est pas possible.

C'était quoi, le but de la manœuvre ?

Destruction. On met le feu. J'ai vu des forêts, mais ça c'était le napalm, complètement pétrifiées. Des montagnes, des forêts entières pétrifiées par le napalm. Je me souviens, on a mis le feu. La folie meurtrière, c'est la guerre. Sale guerre. C'est du terrorisme d'État, puisque c'est sur une population que se pratiquait cette guerre. C'est du terrorisme aussi. Face au terrorisme, il y avait le terrorisme d'État. Quel est le pire ? À mon avis, c'est le terrorisme d'État parce qu'il met en œuvre des moyens que n'ont pas ceux qui se manifestent et se défendent. Il y a eu des massacres aussi du côté du FLN. On ne peut pas nier ça non plus. Ce n'étaient pas des anges. Indépendamment de ça, le vrai terrorisme, c'est celui de l'État. Pour moi, parler de ça, c'est dénoncer cet aspect-là de la guerre d'Algérie.

Est-ce qu'on vous fournissait des justifications morales, théoriques ? Parce que ça ne doit pas être facile à porter pour de jeunes hommes comme ça.

Non. Très peu, au début. À Mont-de-Marsan, on nous a parlé des communistes. C'est la seule fois où on nous a parlé du danger des communistes. C'est tout. Pour le reste, à Bayonne et Mont-de-Marsan, la plupart des chants étaient adaptés de l'armée allemande. Parce que le modèle du para, sans le dire, c'était quand même la SS. La SS à Cassino, la SS qui résiste partout. C'était ça, le modèle. Les chants, c'étaient des chants allemands : « La rue appartient au drapeau du régiment. » La rue, ce n'est même pas la montagne, c'est la rue. « Les paras foulent la boue sombre… » J'ai oublié les chants. Mais c'étaient des chants avec quand même un contenu idéologique de guerre civile à la limite parce que « La rue appartient au drapeau du régiment », à qui on la conquiert, cette rue ?

Ces chants, vous les chantiez en Algérie ?

Non, c'était fini ça. On n'a chanté qu'à Bayonne, surtout à Bayonne.

Vous êtes intervenus en ville, en Algérie ?

Oui.

À quelle occasion ?

Moi, je suis arrivé après la bataille, ce qu'ils appellent « la bataille d'Alger ». Je suis arrivé puisque mon régiment a été déplacé plus tard dans d'autres terrains d'opérations. Mais on est revenus en ville juste avant les accords d'Évian, où il était évident que l'Algérie allait avoir son indépendance et qu'il y avait les manifestations des pieds-noirs en ville. Et là, on nous a enjoint de maintenir l'ordre à Alger. On partait de Sidi-Ferruch en camion. Et là, on n'était pas d'accord. Mes collègues, je ne peux pas dire mes camarades, mes collègues n'étaient pas d'accord. Donc, ce qu'on a fait, on a rabattu le chargeur en disant : « On a enlevé les chargeurs. On va en ville avec des armes parce qu'on était obligés d'avoir des armes, mais il n'y a rien dedans. »

Et à ce moment-là, il y a eu une pétition qui a circulé, que moi j'ai fait circuler dans ma compagnie. Je ne sais pas pourquoi, je ne me rappelle plus exactement. Des sous-officiers sont venus me voir pour me dire, parce que j'étais pied-noir, peut-être le seul : « Voilà, il y a une pétition. On refuse… Cette pétition demande qu'on mette le régiment hors du maintien de l'ordre à Alger : "Si on doit faire le maintien de l'ordre, on le fait hors de la ville et pour les Algériens"… Ou contre les Algériens ! » Donc j'ai fait circuler cette pétition. La plupart ont signé.

Au bout d'un ou deux jours, le commandant de compagnie rassemble la compagnie, il dit : « Il y a une pétition ici. Je veux que le responsable sorte hors des rangs. » J'ai dit : « C'est moi qui l'ai fait circuler. » Et on m'a amené chez le lieutenant-colonel où tous les commandants de compagnie, les cinq commandants de compagnie, étaient réunis là et j'étais face à eux. « Qui a fait signer ? D'où vient cette pétition ? » « Je ne sais pas, j'ai fait signer cette pétition. » Ça a commencé comme ça. Ils étaient tous sur moi là-dessus : « Et dans ma compagnie, y a-t-il une pétition ? » « Mais je n'en sais rien moi. » À un moment donné, j'ai dit : « De toute façon, je suis pied-noir et je suis contre le maintien de l'ordre sur Alger. » Alors là, ça leur a coupé le souffle. « Oh bon, ça va », ça a arrêté et on a arrêté le maintien de l'ordre sur la ville. Et on nous a envoyés dans les quartiers algériens. Là, on s'est retrouvés au bord d'un massacre.

On est à quelle époque, là, à peu près ?

Ça doit être mai-juin 1962.

Je voudrais revenir un petit peu avant. En 1961, votre régiment est en Kabylie pendant le putsch ?

Oui, on était en Kabylie.

Quels sont les échos que vous en avez ? Comment ça se manifeste pour vous ?

J'ai entendu l'allocution du général de Gaulle qui parlait d'un quarteron de généraux. J'ai entendu ça à la radio ce matin-là. Mes collègues étaient tous pour les quatre généraux. Les sous-officiers étaient tous pour la continuation, je les ai entendu dire, ils avaient des pensions, ils avaient des primes pour la guerre d'Algérie ces sous-officiers. En tout cas, c'était leur boulot. Les officiers, c'est autre chose. Les officiers ont disparu dans les jours qui ont suivi.

Pendant que le 2e RPIMa, qui était composé principalement d'appelés, je pense qu'ils ont plus ou moins braqué leurs officiers : pour eux, la guerre était terminée. Nous, nous avions un autre esprit. Nous espérions sauter sur Paris, prendre d'assaut l'Élysée et le PC. Ça, c'était ce que nous attendions de nos officiers, qu'on rejoigne le quarteron de généraux. Le problème, c'est que Le Borgne n'a pas marché dans cette direction-là. Il a neutralisé le régiment puisqu'il n'y avait plus d'officiers, il n'y avait que les sous-officiers. On n'a plus vu les officiers pendant quelques jours. Donc, on est restés sur place. Et puis, tout s'est normalisé.

Je voudrais revenir autour de la figure de De Gaulle. En septembre 1959, quand il y a le discours sur l'autodétermination, vous êtes déjà engagé ?

Oui. C'est en septembre 1959 quand il dit : « Je vous ai compris », puis après…

« Je vous ai compris », c'est en mai 1958. En septembre 1959, c'est le discours sur l'autodétermination où il annonce qu'il va y avoir un référendum où le choix sera posé, d'après ses mots, entre la francisation, la sécession et l'association. Comment c'est perçu, dans votre unité, ce revirement politique ?

Il n'y a pas discussion, à mon avis. J'ai très peu de souvenirs de discussions politiques, à part ce petit groupe du Sud-Ouest. Pour le reste, les gens venaient là pour passer trois ans, parce qu'ils avaient choisi un régiment para. J'ai très peu de souvenirs des discussions politiques avec les autres soldats.

Vous vous teniez informé, vous, à l'époque ?

Oui, je me tenais informé.

Comment vous faisiez pour vous tenir informé ? Parce que les lectures disponibles étaient quand même…

Le commandant de compagnie recevait des journaux, notamment un journal de droite. Par exemple, en Tunisie, quand on a occupé Bizerte, la seule chose que j'ai pillée, c'est la librairie du dentiste dans laquelle nous avions monté un poste avec des sacs de sable en cas de manifs ou d'attaques. Je sais que mes collègues ont pillé. Mais moi, je n'ai pillé que des bouquins. Et là, ce sont mes lectures sur l'ésotérisme, Édouard Schuré,

Les Grands Initiés et compagnie, ce genre de conneries. C'est tout. Pour le reste, c'est la radio qui nous renseignait. Le discours de De Gaulle, je me souviens bien du matin où je l'ai entendu, où on a commencé à tourner entre nous : « Ça y est, c'est parti, il y a un coup d'État militaire, c'est bon. » Ça ne va pas plus loin.

Comment vous avez perçu l'arrivée de De Gaulle au pouvoir en mai 1958 et les événements de mai 1958 ? Vous n'étiez pas encore engagé, mais…

Je me souviens d'une manifestation où je me suis retrouvé. J'étais jeune, je devais avoir 16-17 ans, dans une manif à Paris. C'est ma première grande manif. Je ne me rappelle plus pour qui elle était cette manif, mais je sais que je me suis retrouvé avec un pourtour de manifestants qui me disaient : « Tu as de la chance d'être en démocratie », parce que je défendais le gouvernement militaire, alors que c'étaient probablement des partisans du Parti communiste qui étaient autour de moi. Mais ils se retenaient pour ne pas me taper sur la tête parce que je défendais des trucs… C'était ma première manifestation.

De Gaulle, vous le perceviez comment ?

Probablement comme un grand monsieur à l'époque. Mais très vite, comme la plupart des pieds-noirs quand il leur a dit : « Je vous ai compris » et puis il prépare en fait l'autodétermination, comprenant qu'on ne peut pas garder l'Algérie indéfiniment. C'est la fin des colonies un peu partout dans le monde. On ne va pas garder ce territoire qu'on a prétendu être territoire national avec une population qu'on ne veut pas intégrer, parce qu'elle n'a pas les mêmes caractéristiques que la population métropolitaine. Ce sont des Arabes, des Berbères, on ne sait pas trop. À part Susini, d'extrême droite, qui a essayé de négocier. Vous voyez qui était Susini ? Qui a essayé de négocier la partition de l'Algérie avec le FLN, c'est-à-dire garder la belle partie de la Mitidja pour les Européens, donc faire une espèce d'apartheid sud-africain en Algérie. Ça n'a pas marché.

Vous parlez de Susini qui était un membre actif de l'OAS. Quelle vision vous avez de l'OAS à l'époque ?

J'ai participé, j'ai été poser une bombe. J'avais des contacts avec l'OAS avec quelques collègues. Ils nous ont livré deux pains de TNT, de plastic. Et ils nous ont dit : « Vous allez mettre ça à la poste de Boufarik. » Boufarik était une localité pas trop loin. On a marché quand même une heure, la nuit. On a fait le mur, à quatre ou cinq, je ne me rappelle plus exactement, pas plus. On a posé les deux pains. Et puis, il n'y en a aucun qui a pété. C'est le seul truc que j'aie fait avec l'OAS.

[Le régiment de Stive Modica est ensuite envoyé en Tunisie lors des affrontements autour de la base militaire de Bizerte. Le maintien de cette base française est contesté par l'État tunisien et la base est envahie par des Tunisiens en juillet 1961.]

On embarque sur transport militaire et on atterrit dans la banlieue de Bizerte, au milieu d'un champ de pastèques. Je me rappelle le champ de pastèques. Et puis, on progresse vers la ville de Bizerte. Et là, on est pendant un moment arrêtés par des résistants tunisiens qui étaient cachés dans les arbres. Et puis, on arrive dans la ville. Et là, il y a quand même des combats de rue dans la ville. C'est assez impressionnant dans une ville. Les coups de fusil. Les chars. On a investi toute la ville. Je n'ai jamais su exactement combien de morts nous avons faits. Plusieurs centaines, me semble-t-il.

Le bilan officiel a l'air d'être autour de six cent cinquante morts.

Il y a eu reddition de l'armée. On a occupé la ville, on a installé des postes avec sacs de sable en cas d'interventions inopinées de résistants ou de l'armée. On a tenu la ville pendant une période, quand même. Pas une semaine. En fait, on nous a renvoyés sur la montagne, sur le goulet, on appelait ça le goulet de Bizerte, creuser des trous pour empêcher l'armée tunisienne de passer. Au bout d'une semaine, on nous a ramenés à Bizerte parce que les marsouins avaient du mal à contenir les manifs. Les marsouins ont été creuser dans la montagne. Et nous, nous avons repris le contrôle de la ville. Et ça a duré, je pense, au moins un mois.

C'est nous qui faisions le contrôle de la ville. Il y a eu des manifestations [au cours desquelles] on n'a pas tiré, heureusement. Il n'y a pas eu de morts… En tout cas, les manifestations auxquelles j'avais été confronté, il n'y a pas eu de morts, mais il y a eu des blessés parce qu'on avait des barres de fer pour…

Vous étiez équipés avec des barres de fer pour réprimer les manifestations ?

Oui, des barres qu'on avait ramassées. Des barres qui servaient parfois à installer des barbelés pour canaliser les passages. C'est ça. On a eu comme ça deux, trois manifestations.

Retour ensuite à Sidi-Ferruch après Bizerte ?

Oui. On a repris les opérations.

Quel est votre rapport à l'époque avec les soldats de l'ALN ? Comment vous les percevez ? Est-ce que vous leur reconnaissez une valeur militaire ? Qu'est-ce qui se dit, dans votre régiment à propos des « fellaghas » ?

Un « fellagha », c'est un ennemi, donc il faut le déshumaniser. C'est comme ça qu'on peut tuer sans problème quelqu'un qu'on considère comme son ennemi. J'en ai vu un qui revenait de la torture, du DOP, qu'on nous amenait pour aller montrer une cache d'armes. Leur radio, D., je me souviens de son nom, avait attaché le prisonnier à sa taille, avec les mains. Donc il le traînait comme ça. On est passés près d'une rivière avec un contrebas quand même de plusieurs mètres. À un moment donné, le prisonnier s'est jeté sur la rivière et il a entraîné D. Il a été gravement blessé au crâne et l'autre, on l'a abattu, bien sûr. C'était un acte d'héroïsme, de suicide en même temps, en entraînant son adversaire.

Je pense à des déclarations de Bigeard, qui dit : « Si j'avais été Algérien, j'aurais sûrement été un maquisard. » Souvent, dans le discours de Bigeard par exemple, il y a une reconnaissance de la valeur, c'est peut-être après la guerre qu'il dit ça, mais est-ce que ce genre de discours, c'étaient des choses qui existaient dans votre unité, entre soldats je veux dire ?

Non, je ne pense pas. Non. Non sinon, nous serions… Il faut faire une différence. Chez le militaire en uniforme, c'est-à-dire le soldat en tant que tel… Et celui qui est en face de lui n'est pas un soldat. C'est un terroriste. Il n'a pas d'uniforme. On n'a pas le même rapport avec un civil qui mène sa guerre contre un soldat… qualifié pour le faire. Et donc il n'y a pas ce respect. C'est difficile d'avoir ce respect-là. Sauf dans quelques circonstances où, comme je l'ai dit, ces rebelles qui s'en vont en chantant, en nous narguant. C'est un geste magnifique. On est obligé de ressentir quelque chose, une certaine admiration pour ces guerriers, en tant que guerrier soi-même.

À la fin de la guerre, vous me dites que vous avez été prisonnier du FLN ?

Oui.

Vous pouvez raconter cette histoire ?

Ça doit être au mois de juin. Sidi-Ferruch est un lieu symbolique de la colonisation française. Les Algériens venaient manifester en masse sur la place même où se trouvait le drapeau français, à l'époque où le camp jouxtait la place. Mais pour ça, nous étions confinés. On ne sortait plus. Ça devait être au mois de juin, avant notre embarquement pour la France. Il y a des copains qui m'ont dit : « On va faire un petit tour à Alger. On va dire au revoir à Alger. » J'ai dit : « Oui, pourquoi pas ? »

Donc, on fait du stop. On arrive aux abords d'Alger et on tombe sur le premier gendarme du FLN avec pistolet et tout. Je ne sais pas, on le bouscule. Le mépris vis-à-vis du vainqueur. Alors, on continue, on arrive dans la ville. On va dans le café L'Otomatic. C'est L'Otomatic, je ne m'en rappelle plus. Et on commence à boire. Alors, à un moment donné, je vois passer un gros paquet de flics algériens qui couraient. Ils étaient en train de nous chercher, en fait. On se déplace. On passe dans un grand café et on s'installe. Et alors, ils reviennent. Ils nous voient. Ils investissent le café et nous ordonnent de nous mettre debout. J'ai reçu un coup de pistolet sur ma joue parce que je ne bougeais pas. J'étais assis. Je ne bougeais pas. Donc, alors je me lève.

On traverse en partie la ville d'Alger avec les mains sur la tête avec le FLN qui nous encadre. Et on rencontre des gendarmes français. On leur demande : « Avertissez le 3e RPIMa qu'on est prisonniers des Algériens. » On nous emmène petit à petit dans un fortin, un ancien fortin espagnol. Là, on est déshabillés, tabassés, en nous reprochant d'avoir violé et tué leurs frères, ce qui était… C'était peut-être en partie nous aussi hein. Euh… c'était mérité de toute façon ! Et puis, on nous fait descendre dans le cul-de-basse-fosse, c'est comme ça que l'on dit. On se dit : « Ça y est. Ils vont nous liquider. » Et ça dure comme ça jusque tard dans la nuit. À un moment donné, la cellule s'ouvre, on nous fait monter. On nous rend nos vestes, mais ni nos montres ni rien d'autre. On nous met dans un camion. On s'est dit : « Ils nous emmènent pour la corvée de bois, là. »

Eh bien, non. C'était le commandant de compagnie qui nous attendait. Il était en colère ! Et on monte dans un autre camion et là, on est dans une joie indicible ! « Oh ! On est sauvés ! » Sauf qu'on ne va pas à la 2e compagnie, on va au fortin espagnol de Sidi-Ferruch. On attend là. À un moment donné, la porte s'ouvre et c'est le commandant qui vient avec deux sous-officiers et qui commence à nous engueuler… Parce que c'est un acte d'indiscipline et puis ça avait foutu le bordel quand même. Donc tous contre le mur. Et le lieutenant passe par le premier : « Petit con ! » Vlaaa. Il l'envoie vers les deux sous-offs qui le tabassent. Moi, j'étais le plus vieux de la compagnie pour ainsi dire. J'étais presque au bout de mes trois ans. Il me dit : « Encore vous Modica ! » Il est passé à côté. Tous les autres ont été tabassés, sauf moi et un réengagé qui était là. Les neuf autres ont été tabassés.

Comment se passe le retour en France ?

C'est très difficile. J'ai très peu vécu dans la vie civile. Alors, revenir après l'Algérie, après la montagne, après la bande, après la crapahute, c'était difficile de faire comme tout le monde, se lever tous les matins pour aller au boulot, au chagrin – comme on disait à l'époque –, au charbon. En revenant, j'ai quand même retrouvé un copain de ma section avec lequel j'ai passé au moins un an dans ma section. On rêvait de partir ailleurs. On ne voulait pas s'intégrer. Je me disais qu'au pire, au mieux, je mourrais d'une balle dans la tête, à ce point-là. Il n'y avait plus tellement de motivation idéologique.

Donc avec lui, on a été décharger les camions aux Halles. Et puis, en échange, on nous lâchait sur Bruxelles. On a fait ça deux fois, trois fois, jusqu'à avoir la filière pour le Congo. En fait, l'attaché militaire de l'ambassade du Congo à Bruxelles était un officier belge détaché par l'armée belge pour recruter des mercenaires. J'ai fait trois contrats. Au total presque trois ans, 1964 à 1967.

C'était vous qu'on appelait les « affreux » ?

C'est nous, les affreux, oui. Je n'y ai pas été pour l'argent. Je m'en foutais. Je n'ai même pas demandé combien et c'était bien payé. C'était le salaire d'un cadre supérieur ici, à l'époque. À l'époque, parce que par la suite, j'ai travaillé comme ouvrier, je gagnais 8 000 francs belges par mois. Et là-bas, j'avais 50 000 francs belges par mois. Je m'empressais de vite dépenser mon argent ici en restaurants et bonne bouffe. Je n'avais qu'un désir, c'était retourner au Congo, en Afrique, où la vie était belle quand même pour les mercenaires. C'est le maréchal Montgomery qui disait que la guerre, ce sont de longs moments d'ennui entrecoupés par de courtes périodes d'intense frayeur. C'était à peu près ça, le Congo.

Après, c'est le Biafra en 1967. C'est vraiment par hasard. On a été recrutés par le commandant Faulques, un ancien parachutiste français. Il a toujours été au service du SDECE et ce genre de magouilles. C'est lui qui recrutait pour le Biafra. Mais c'est anecdotique, je le dis quand même. J'avais décidé de travailler. Je me sentais humilié quand j'allais dans une entreprise demander du boulot : « Qu'est-ce que vous savez faire ? » « Je ne sais rien faire. » Je ne pouvais être que manœuvre. Pour un guerrier, un ancien guerrier, un seigneur de la guerre, c'est un peu humiliant. Donc je vais chez Manpower à l'époque.

Intérimaire. Je passe une première fois devant. Je n'arrive pas à rentrer. Je reviens au café. Je prends une tasse de café. Je passe une deuxième fois devant. Je n'arrive pas à entrer, toujours. Je n'y arrivais pas physiquement. Cette fois-ci, j'ai dit : « La troisième fois, j'y vais quand même. » Je passe et je vois un ancien du Congo qui me dit : « Stive, on te cherchait. » J'ai dit : « C'est le Biafra. » Il me dit : « Oui. » Et voilà, je suis parti comme ça. Ma première femme était enceinte de six à sept mois déjà, je suis quand même parti. On a passé trois à quatre mois à reculer constamment jusqu'à prendre la fuite. On est revenus *in extremis* et on a repris l'avion. Je suis arrivé en janvier, quelques jours avant la naissance de mon premier enfant.

Après ça, ça a été fini. J'ai trouvé du boulot comme chauffeur béton sur les chantiers. J'ai travaillé avec des Turcs, des Arabes, des Espagnols comme contremaîtres. J'étais dans le camion, mais je voyais les gens travailler. Et quels gens travaillaient là ! J'étais dans un autre milieu, radicalement différent. J'ai abandonné mes lectures nationalistes et d'extrême droite pour me pencher sur l'anarchisme qui bouleversait totalement ma vision de la vie quotidienne, du couple, de l'individu, de la société. C'est une rupture radicale quand j'ai rencontré un groupe gauchiste parce que j'étais instinctivement antistalinien. C'est là que j'ai rompu et je suis très tôt devenu syndicaliste, au départ.

Comment vous gériez votre passé de mercenaire, de para, de jeune nationaliste, dans ces milieux-là ?

Par honnêteté intellectuelle, dans les groupes d'ultragauche, j'ai toujours dit ce que j'ai fait. J'ai toujours dit quel a été mon passé, pour la bonne raison que c'est un autre moi qui était là. C'est pas le même aujourd'hui. Donc pour moi, c'est simple, quoi. J'ai une capacité de résilience de cette période-là. C'est pour ça que je peux dire tout ce que j'ai fait. J'ai un camarade qui s'est mis à pleurer quand j'ai parlé du massacre du village… Parce qu'il ressentait ça encore plus fort que moi. Moi, ça fait soixante ans que je trimballe ça… Je n'étais pas un massacreur. Je n'étais pas un massacreur congénital. Les circonstances qui m'ont…

Et encore, même les circonstances… Je donne un exemple. Dernièrement, j'ai vu un document sur l'Algérie. Y avait un ancien officier de l'OAS qui disait assumer des massacres qu'a faits l'OAS, mais qui ne savait pas si lui aurait été capable de les faire. Mais il commandait à d'autres de les faire. Ça, c'est la morgue. Et puis un appelé de l'autre côté, l'appelé à qui on a dit : « Tu vas emmener ce jeune en corvée de bois. » La corvée de bois, vous savez ce que c'est ? Et ben ça… Le héros, pour moi c'est… c'est cet homme qui a déserté avec… pfff… attendez…

Il y a des mouchoirs si vous voulez…

C'est ce jeune qui a déserté avec son prisonnier pour ne pas le tuer… Qui a déserté. Ça, c'est un héros. C'est pas les autres. Tous les autres, c'est… Je suis pas un héros de la guerre d'Algérie, hein. Même si j'ai eu des décorations que j'ai jetées à la poubelle quelques années plus tard. J'ai dit : « C'est même pas… Je les renvoie pas. Je les jette à la poubelle. » Voilà. Je ne suis pas un ancien combattant de la guerre d'Algérie… Je suis aussi une victime d'une certaine façon : ma jeunesse… ma… ma crédibilité, ma sincérité… Sincérité que je n'ai pas perdue. Mais tout le reste…

Idir Boudjemil
Pour Messali, jusqu'au bout

Entretien avec Lydia Hadj-Ahmed[1]

Les Kabyles ont formé les premiers contingents de migrants algériens qui ont traversé la Méditerranée pour venir travailler en métropole. Idir Boudjemil suit ce chemin en 1950. Engagé auprès de Messali Hadj, le chef historique du nationalisme algérien, il assiste aux affrontements mortels avec le FLN dans la lutte pour dominer la communauté des migrants algériens et éliminer son rival. Cependant, dans le Nord où Idir Boudjemil s'installe rapidement, le parti de Messali se maintient bien plus longtemps que dans le reste de la métropole. Son parcours de militant messaliste bifurque radicalement quand il décide d'éliminer des hommes ayant choisi de rallier le FLN. Pendant cet entretien où les questions lui sont systématiquement adressées en kabyle, Idir Boudjemil choisit de répondre soit en kabyle, soit en arabe, soit en français. Soucieux d'être juste et précis, il introduit souvent le récit de chaque nouveau souvenir par un « après », comme situé le long d'une chronologie intérieure.

***

1. Réalisé en France le 20 octobre 2020 et édité par Lydia Hadj-Ahmed.

Je m'appelle Boudjemil Idir. Je suis né le 28 décembre 1930 au village de Aït Idir, dans la commune de Taourirt Ighil. Quand j'étais jeune, je vivais avec mes parents et mes quatre frères et sœurs dans la montagne, on ne connaissait ni le vélo, ni la voiture... rien du tout. Mon père tenait un petit commerce et vendait du café, de la semoule et du sucre. Quand j'ai eu 13 ans, il est tombé malade. Il n'y avait ni médicament ni hôpital. J'ai labouré la terre, j'ai semé le blé, j'ai ramassé les olives et les figues et je les vendais à Alger.

La misère est entrée dans mon cerveau et dans mon cœur. Très jeune, j'ai compris ce qui se passait et je n'ai pas oublié : beaucoup d'injustices, beaucoup... Les femmes accouchaient sur la paille. Je me souviens d'une femme de ma famille, elle était veuve, elle était toute seule. Elle avait une chèvre et elle travaillait dans le champ que son père lui avait laissé. Chez elle, il y avait des pots remplis de blé, d'orge, de petits pois et de lentilles... un jour, l'huissier est venu et avec un coup de pied, il a tout fait tomber par terre ! Je l'ai vu moi-même. Ça m'a beaucoup touché.

J'ai vu beaucoup d'atrocités. Des gens crevaient de faim, des gens pauvres qui travaillaient chez les colons du lever au coucher du soleil, sans arriver à gagner un morceau de pain. Quand ils finissaient le travail, ils les foutaient à la porte. Les colons ont fait beaucoup de mal.

Heureusement, on s'entraidait entre nous. Si tu es dans le besoin, chacun te donne quelque chose, de l'huile, un panier de dattes... À cette époque, au village, des gens du PPA venaient de Bougie, d'El-Kseur, de Sidi Aïch collecter l'argent. Et mon père cotisait déjà 5 francs par mois pour le PPA. Tous les gens du village étaient dans le PPA.

Messali Hadj a rendu l'école obligatoire pour tous les enfants. Nous sommes allés deux heures par jour à la mosquée chez le cheikh du village pour apprendre à lire et à écrire l'arabe. On a appris des *nachid*, des poèmes sur Messali Hadj et l'indépendance. Ils disaient, en arabe : « Mes frères, nous devons avoir de la fierté. Amouchas a vécu la misère, le sang y a coulé comme une rivière, les Français sortiront de force. Dis-moi le coût du sacrifice ! Notre jeunesse n'a pas peur de se battre, nous sommes la mort et le martyr, nous vivrons indépendants. Les vieux, les vieux, cessons aujourd'hui les querelles ! Levez-vous et expliquez aux gens. Nous vous faisons confiance. Aujourd'hui, nous saluons les jeunes. Le futur nous appartient, nous ferons revivre le pays, vous vivrez avec dignité. » À l'école, ils nous racontaient que l'Algérie serait libre, indépendante et démocratique. Pour moi, Messali Hadj, c'était le père des Nord-Africains et Ferhat Abbas, un traître.

J'ai vécu avec ma famille jusqu'en 1947 puis, vers 15-16 ans, j'ai commencé à m'intéresser à la politique et à distribuer des tracts du PPA à Alger. Je ne savais pas lire. Ces tracts, c'étaient des dessins, je n'y comprenais rien. À Alger, j'ai fréquenté beaucoup de nationalistes. Le destin m'a conduit à Messali Hadj. Vers 20 ans, j'ai commencé à cotiser pour le PPA avec mon père, on donnait l'argent au chef de cellule du village. Pendant notre révolution, le parti m'a donné le nom de Farid ; personne ne connaissait mon vrai nom.

Où étiez-vous lorsque la guerre a commencé ? Vous étiez au bled ?

Oui, j'étais au bled. On m'a envoyé une convocation pour aller à l'armée française. Mon père m'a donné de l'argent, il m'a dit de partir en France.

Pouvez-vous nous raconter votre voyage en France, à l'âge de 20 ans ?

Je suis venu en France. J'ai pris un bateau qui s'appelait le *Kairouan*. On a payé 5 000 francs et encore, on était dans la cave. Quand je suis arrivé à Marseille, j'ai beaucoup regretté, il faisait froid. C'était le mois de mars… je me souviens, il faisait très froid, je tremblais beaucoup. J'ai pris le train jusqu'à Paris. À Ivry-sur-Seine, il y a le frère de ma mère. Je me suis rendu chez lui. Après quelques jours, je suis parti en Seine-et-Oise, à l'usine Piret à Bonnières. Il y avait des gens de mon village qui travaillaient là-bas, des gens que je connaissais. On a fini par me licencier parce qu'il n'y avait plus de travail. Je suis resté environ huit jours. J'ai reçu une lettre de Mantes-la-Jolie, une convocation de l'armée. En France, je n'ai jamais donné ma carte d'identité à la police. Ils ne connaissent pas mon nom mais je crois qu'ils ont trouvé mon dossier en Algérie. Peut-être que c'est mon père qui leur a dit que je suis parti en France et ils ont suivi ma trace ? Ils m'ont demandé de me présenter à la mairie de Mantes-la-Jolie, pour aller à l'armée. J'ai pris ma valise et je suis parti dans le 18e à Paris. Je suis resté là-bas, clandestin. Vers le mois de mai, j'ai travaillé dans une usine de bière. Il y avait beaucoup d'Algériens qui travaillaient là-bas. Fin septembre, on a été licenciés. Plus de travail. Ensuite je suis parti dans le Nord, j'avais toujours le contact avec le parti. J'ai travaillé dans le charbon à Charleroi, j'ai même été blessé au nez.

À l'époque où vous avez commencé à travailler, avez-vous poursuivi le militantisme pour Messali Hadj ?

Oui, on paye 1 000 francs par mois. Quand tu travailles, tu payes 1 000 francs. Si tu es malade, tu paies 500 francs. Si tu ne travailles pas, tu paies rien.

À l'usine ?

Non, non. L'usine n'a rien à voir. Avec les gens qu'on connaît, qui étaient avec nous dans le parti, on tient le secret.

Vous habitiez où à Bonnières ?

Au foyer de l'usine. À l'usine, ils te donnent une chambre, tu payes deux mille cinq par mois. C'étaient tous des Algériens et tous des gens de mon village.

Vous vous souvenez de la personne qui était chargée de ramasser l'argent à Bonnières ?

Non, je me souviens plus. Tu ne peux pas te souvenir parce que c'est pas la même personne qui vient. Ce mois-ci tu viens toi, l'autre mois tu ne viens pas… Comme ça, personne ne te connaît, comme ça, t'es caché. C'est pour ça que le parti a résisté. Il était solide ! Si on te reconnaît, tu changes de région, tu changes de département.

À ce moment-là déjà on parlait du MNA, Mouvement national algérien ?

Oui, MNA, Mouvement national algérien.

Pouvez-vous nous raconter votre quotidien à l'usine et votre travail ?

Une usine de fer. Il y a des lingots de fer, qui sortent du four et qui entrent dans un tunnel : tu le prends et tu le mets en place. J'ai été blessé à la main. On n'a aucune protection, ni gant, ni chaussure, ni pantalon. C'était comme ça partout, sauf à Jeumont-Schneider qui donnait le bleu de travail et les chaussures. J'ai travaillé dans le terrassement, c'était pareil : ils ne te donnent rien. On ne parlait pas avec les Français, juste « bonjour bonsoir ». On n'avait pas de relations avec eux. On travaille et puis c'est tout.

Toujours à l'usine de Bonnières, est-ce que tous les Algériens qui étaient avec vous étaient du MNA ou étaient-ils du FLN ?

À ce moment-là le FLN n'existe pas ! Il y avait ceux qui suivaient le MNA et d'autres qui suivaient personne, ils s'en foutaient pas mal. Il y avait ceux qui cotisaient et d'autres non, mais pas tout le monde.

Et celui qui ne veut pas cotiser, qu'est-ce qu'il lui arrivait ?

On ne faisait rien ! Il veut pas, il veut pas, on n'oblige personne. Tu veux pas entrer dans la politique ? Tu entres pas ! On te prend pas par force, tu es libre.

Après Bonnières, où êtes-vous allé ?

Après Bonnières, je suis monté à Paris pour chercher du travail. Je suis resté chez un copain de mon père d'un autre village. Il était venu ici en France… il travaillait avec un chariot, il vendait des légumes. Après, il a loué un café. Lorsque je suis venu de Bonnières, je suis resté chez lui un an et demi. Je n'ai pas payé, même pas la chambre. Il m'a dit : « Je connais ton père, c'est comme ça, toi tu travailles pas. » J'ai habité chez lui pour rien du tout. J'ai trouvé du travail de terrassement plusieurs fois… la pelle et la pioche à Paris. À ce moment-là, on faisait des égouts avec les pioches.

À ce moment-là, il y avait la guerre en Algérie, avez-vous senti en France qu'il y avait une guerre ?

Bien sûr qu'on a senti ! On avait des informations. On savait ce qui se passait là-bas. Il y avait des gens qui voyageaient. À ce moment-là ce n'était pas interdit de venir en France. Avec ta carte d'identité, tu vas, tu retournes… Il y avait même beaucoup de gens qui prenaient des munitions ou des cartouches dans la valise – il n'y avait pas de douane en Algérie.

Tu descends de l'avion – c'était rare celui qui prenait l'avion parce que ça coûte cher – tu le prends, il n'y a pas de douane, tu passes et c'est tout.

Après votre séjour à Paris, vous êtes venu ici dans le Nord. Pouvez-vous nous dire ce qui s'est passé ensuite ?

Je suis venu dans le Nord. J'ai travaillé dans une entreprise, à la pelle et à la pioche. J'ai abandonné ça, à cause du froid. Je suis parti travailler en Belgique au charbonnage à Charleroi, Montignies-sur-Sambre. Il y avait beaucoup d'Algériens en Belgique. Mais je n'habitais pas en Belgique, j'habitais toujours en France, en frontalier. Après, la manifestation à Sous-le-Bois [à Maubeuge], je suis resté trois jours, je ne suis pas parti travailler. Ils m'ont licencié. Ils m'ont dit : « Trois jours de mise à pied », j'ai dit : « Donne-moi mon compte. » Après, j'ai travaillé à Feignies aussi dans une usine. Il y avait beaucoup de travail. Mais je supportais bien parce qu'il y avait de la chaleur. Même si le travail était dur, j'étais jeune et fort. Je pesais jusqu'à 75 kilos, 75-70 kilos. J'étais en bonne santé.

Tout à l'heure, vous m'avez dit que vous aviez participé à une manifestation. Pouvez-vous me dire quand et comment cela s'est passé ?

La manifestation… c'était le 16 février 1957, à Jeumont, chacun a manifesté où il se trouvait. Celui qui est à Maubeuge, manifeste à Maubeuge, celui qui est à Sous-le-Bois, manifeste à Sous-le-Bois, celui d'Haumont manifeste à Haumont, Aulnoye, il manifeste… Chacun dans son village. La police, ils frappaient avec lacrymogène, avec les bâtons, les matraques en caoutchouc. Celui qui s'en sort, s'en sort, celui qui est tombé est tombé. J'ai été blessé à la main, juste ici [*il montre sa blessure sur le bras gauche*]. À ce moment-là, de Gaulle, il a lancé : « Un Algérien qui rentre à l'hôpital, il faut pas le soigner. »

Même ça, ça m'est arrivé à moi ici. Je jure devant Dieu et par le Coran que je ne mens pas ! Je suis resté à l'hôpital avec un petit pansement que la police m'avait fait ici. C'est tout et je suis resté à l'hôpital.

Dites-moi, comment vous avez été blessé ?

Dans la manifestation, je ne sais pas comment… je n'ai pas chargé ni sur la police ni sur quelqu'un d'autre… Dans la manifestation, il y a des gens qui viennent corrects, pour la liberté, pour la raison, il y a des gens qui venaient pour voler, y a des gens qui venaient pour casser… Il y a de tout, dans une manifestation tu peux pas tout examiner, chaque personne est venue pour quelque chose, je ne charge personne.

Vous avez manifesté en 1957 puis vous êtes parti à l'hôpital ?

Oui, la police m'a emmené à l'hôpital. Quand tu tombes, la police, ils te ramassent. Mais j'ai connu une personne à Lille, Djaouti et Ali le Blond d'Azzefoun. Ali le Blond, il a été hospitalisé à Lille, c'est un chef cuisinier. Djaouti de Sidi Aïch, lui c'est un infirmier. Plusieurs fois il est venu, Djaouti, et m'a demandé : « Comment il t'est arrivé ça ? » Je ne lui ai pas raconté, je lui ai dit que je suis tombé à moto et qu'un morceau de fer est entré là, c'est ça que j'ai raconté.

Dans la manifestation de 1957, vous étiez tous du MNA ou non ?

Il y avait des gens qui n'étaient pas du parti et ne cotisaient pas, mais ils sont venus. Parce que comme maintenant, on donne des tracts aux gens, dans les bâtiments, dans les foyers, de toute façon la majorité dans les baraques ou les foyers, on donne les tracts, celui qui vient il vient, celui qui vient pas…

Des membres du Front de libération nationale ont-ils participé à cette manifestation ?

Il n'existait pas. *Mohammed Rasoul ellah* [Je jure que] ça n'existait pas le FLN ! On n'a jamais entendu [parler] du FLN, c'est vers 1958 qu'on a entendu parler du nom du FLN.

[Idir Boudjemil bascule dans la clandestinité en 1959. Il vit alors entre la France, la Belgique et la RFA.]

En 1959, vous avez commencé à vivre en clandestinité ? Pourquoi, que s'est-il passé ?

Ce qu'il s'est passé, à ce moment-là j'ai eu peur de la police, parce qu'ils recherchaient les militants du MNA. Ou bien on te connaît, ou bien tu es vendu, ils te prennent à la prison. Après, j'ai vécu comme clandestin.

En 1959, vous pouviez vous déplacer librement ou pas ?

Là où on ne me connaissait pas, bien sûr, je circulais comme je voulais. Je sortais bien habillé, en cravate, avec un cartable, je n'avais peur de personne. Même plusieurs fois (il est encore peut-être vivant), j'ai vu un inspecteur… Je suis venu de Paris. Quand j'arrive à Maubeuge, il est entré avec un autre inspecteur dans le train, un inspecteur algérien. Ils ont commencé dans le train : « Les papiers, les papiers ! » J'ai pris ma mallette près de moi et j'ai pris un journal comme ça que je lisais en regardant vers la fenêtre. Ils ont regardé vers mes pieds et ils sont partis sans jamais rien demander. Ils ne me reconnaissaient pas. Quelquefois je mettais un costume bleu, des chaussons, une musette avec du café dedans et tout, je me disais comme ça si la police m'arrête je leur dis que je vais au travail. Mais je n'ai jamais été arrêté, je te le dis la vérité, je n'ai jamais été arrêté. Sauf une fois à Aix-la-Chapelle, Aachen (ça s'appelle Aachen en allemand). Je venais de Cologne, avec deux Algériens recherchés par la France mais eux, ils avaient des cartes nationales françaises. Quand on est arrivés à Aix-la-Chapelle, il y a eu un contrôle de police, on était sur la banquette comme ça. Eux ils ont montré leur carte : ça va, l'autre il a montré sa carte, ça va. Moi j'ai montré ma carte, il m'a dit : « Viens par là. » Ils m'ont mis dans un autre wagon où j'ai trouvé quatre personnes, une ou deux femmes et des hommes. Ils ont oublié de fermer le wagon… Ma carte a été prise et ils ont continué leurs contrôles. J'ai poussé la porte, elle s'est ouverte et je suis retourné en arrière jusqu'au dernier wagon. Au moment où on est à arrivés à Liège, le train s'est arrêté, j'ai ouvert la porte, j'ai sauté et je me suis sauvé. Je n'ai pas eu peur. Je ne sais pas comment ça se fait…

Ça s'est passé quand cette histoire ?
En 1958… non en 1959, je crois.

Pourquoi êtes-vous allé en Belgique ?
Je rencontrais mes camarades, les copains, je rencontrais les gens du PPA, les gens de l'USTA. L'USTA, c'est le syndicat des travailleurs algériens, j'ai même pris ma carte de l'USTA à la fin de l'année 1958. Mais au moment où il y a eu le cessez-le-feu, l'Algérie indépendante, c'est fini, elle est morte. Elle n'existe pas.

Lorsque vous prenez le train pour des réunions avec des militants, vous vous souvenez de ce dont vous parliez entre vous ?
On prend pas le train, c'était avec des motos… il y a des taxis de partis. Donc quand on fait confiance à quelqu'un, on achète une voiture à son nom et c'est toi qui conduis. En Allemagne, on avait quatre voitures, ici il y en a trois, cinq, en Belgique aussi, à Aulnoye, il y a une traction… à Charleroi, à chaque village il y a toujours des moyens.

C'étaient quoi, vos relations avec les militants à ce moment-là ?
On discutait, c'est tout. On parlait des problèmes de l'Algérie, des problèmes de l'indépendance, des prisonniers… on s'encourageait, pour se donner un petit peu de courage.

À ce moment-là, quel était votre rôle à la cellule du MNA ?
Je ne sais pas, je n'avais pas un rôle, je travaille volontairement, c'est tout. On distribuait des tracts aux portes des usines, à la sortie des ouvriers qu'ils soient français ou non, on donnait à tout le monde, pour dire ce qu'il se passe en Algérie et tout.

De 1958 à 1959, connaissiez-vous personnellement des gens du FLN ?
Non, je ne connaissais personne, je ne fréquentais pas les gens du FLN. J'entendais parler d'eux, mais je ne les fréquentais pas. J'ai connu des gens qui travaillaient avec le FLN, mais je n'avais pas de contact avec eux, je ne parlais pas avec eux, je ne les fréquentais pas. En plus, vers 1958, la fin de l'année 1957, y a des gens du MNA qui sont retournés et qui ont rejoint le FLN.

Vous personnellement, comment voyiez-vous le FLN à l'époque ?
Comment je vois le FLN ? Ils sont pas des gens corrects. Je te dis la vérité. Même la police ne les arrête pas.

Pour vous, les gens du FLN n'étaient pas des gens corrects ?
Ce n'est pas des gens corrects, ceux qui travaillent avec la police, la vérité ! Le FLN travaillait directement avec l'État français. Ils sont venus de Marseille, venus de Bordeaux, venus de Loire, venus du Nord de partout, ce n'est pas un complot ça ? Pourquoi ils vont manifester ? Parce qu'il y

a un couvre-feu ? Il y a un couvre-feu, chacun manifeste dans son village. Eux, ils ont fait un complot avec Maurice Papon[1], chaque personne qui sort de l'usine est morte, elle va à l'usine, elle est morte ! Ce n'est pas un parti politique sérieux, ça.

D'après vous, quelle était la différence entre vous et le FLN ?

La différence est que nous, on travaillait pour l'Algérie, pour le peuple algérien et eux, ils s'en foutent ! Ils travaillent avec la police française. Et c'est la vérité. Comment ça se fait que la France ait pris Ben Bella comme président, pourquoi lui ? Ben Bella a volé 3 millions 60 mille à la banque de Blida et s'est sauvé en Égypte. Messali a commencé en 1926 avec le drapeau à Bruxelles : il a demandé l'indépendance de l'Afrique du Nord ! Messali Hadj a fait le tour du monde arabe, il a été en Arabie Saoudite. On lui a dit : « Je te donne tout ce que tu veux, mais tu restes là, autrement la France va te tuer. » Alors il a dit : « Tu m'aides ou tu ne m'aides pas, moi je meurs devant mon peuple ! »

Vous m'avez dit que vous aviez un surnom, Farid. Quand est-ce qu'on vous l'a donné ?

Ce surnom déjà vers… 1956. C'est les chefs qui m'appellent Farid, ce n'est pas moi qui l'ai choisi. C'est eux qui m'ont donné le nom Farid. Y en a beaucoup qui ont un faux nom comme moi. Comme ça, les militants, on les reconnaissait. Même s'ils te vendent et que la police t'arrête, elle va trouver un nom qui n'existe pas.

1. Préfet de police de Paris, Maurice Papon a décrété un couvre-feu pour les Nord-Africains de région parisienne le 5 octobre 1961. Le 17, le FLN a appelé à un boycott de ce couvre-feu. Plus de vingt mille Algériens résidant en région parisienne ont répondu à cet appel ; une quarantaine ont été tués par la police.

À l'époque, vous vous souvenez des querelles entre le MNA et le FLN ?

Oui bien sûr je me souviens. J'ai dit combien de gens qui sont assassinés ? Oui, je me souviens. J'ai entendu comme ça parler des attentats à Sous-le-Bois, Haumont…

On sait que le FLN et le MNA tuaient et qu'ils faisaient des attentats… Avez-vous participé à cela ?

Non je n'ai pas participé à ce genre de choses. Déjà, en 1958 Messali Hadj a dit à la radio : « Assez, le sang entre vous autres ! »

Vous avez commis un attentat en Allemagne. Racontez-moi ?

Celui qui s'est détourné du parti – on l'appelle Le Glaoui – avait pris 75 millions de marks. Il avait donné l'ordre, à Kaiserslautern, de tuer le chef du bureau politique, Ali Ben Ahmed. Lui, il a changé de passeport et de carte d'identité avec ses compagnons et ils sont partis en Tunisie. Voilà.

Et vous, vous avez eu un rôle là-dedans ?

Oui, là j'ai joué un grand rôle. Un grand rôle. Bon, après je suis parti en Allemagne, j'ai suivi la trace [de Le Glaoui]. À Bonn il y a un grand restaurant français… non allemand. Quelqu'un l'a reconnu, je suis entré, j'ai pris une tasse de thé – en Allemagne, si tu ne veux pas boire de l'alcool il te donne du thé ou du café. Après j'ai parlé avec la [serveuse] qui le connaît, j'ai suivi sa trace. Elle m'a dit : « Il va [aller] demain à Cologne à l'hôtel 90 à la gare centrale. » Elle m'a dit : « Il sera là demain mercredi… » oui, c'était mercredi ou bien mardi. Je suis parti de Bonn à Cologne, j'ai surveillé. J'ai cherché où il se trouvait. Je jure devant Dieu que je vais dire tout ce qu'il s'est passé. J'ai cherché où est-ce que ça se trouve… 90… 90… j'ai trouvé la gare centrale. Le lendemain, je me suis rendu là-bas, et ils sont venus à quatre. Ils avaient tout volé : 75 millions, les machines à écrire, ils avaient tous rallié le FLN. Eh ben, on boit le café. Après quelques minutes, celui sur qui j'ai tiré par la suite s'est rendu aux toilettes. Au retour des toilettes, il avait toujours la main comme ça [*Idir Boudjemil rentre sa main dans sa veste*], moi j'avais mon pistolet chargé. Eh ben, Mohamed Ouramdhane a dit à Le Glaoui : « Il faut que Farid vienne avec nous. » Je lui ai dit non. J'ai dit : « Non, moi j'ai trouvé un travail dans l'usine, je fais plus de politique avec vous autres ! » J'ai dit : « Des milliers de militants sont en prison, des milliers d'Algériens sont morts en Algérie, des milliers d'Algériens crèvent de faim. Vous autres vous avez pris l'argent des militants, vous avez pris les voitures des militants qui travaillent avec la pelle et la pioche, vous vous êtes ralliés avec le FLN ! » J'ai dit : « Si je viens avec vous autres… même le FLN, qu'est-ce qu'ils ont fait pour nous ? » Après il m'a dit : « Je jure, je jure je jure, je vais brûler le foie de Messali Hadj ! » Je lui ai donné deux coups, il est tombé. Le premier coup… le deuxième coup, je le mets là [*il met sa main sur sa tempe*]. J'ai pas regretté. Les deux autres, ils se sont sauvés, je les ai suivis et je leur ai tiré dessus, pom pom pom. L'un, je l'ai touché huit fois et l'autre s'est sauvé, je ne l'ai pas touché, il s'est enfui.

Je suis sorti tout près de la gare, j'ai pris un taxi qui passait tout juste à ce moment-là. Je l'ai arrêté et je suis monté. Je lui dis : « Tu me ramènes à la gare du cimetière, *Bahnhof Friedhof… Klein Bahnhof Friedhof*[1] » en allemand. Il m'a emmené, je lui ai demandé « combien », il m'a dit « un mark ». Je lui ai donné un mark et cent quatre pfennigs. Je suis rentré au café. J'ai bu un café, après ça, la [serveuse] m'a dit : « Si tu veux, j'appelle un taxi », j'ai dit oui. J'ai bu mon café et le

1. Petit cimetière de la gare.

taxi est arrivé. Je suis monté dedans. Je lui ai dit : « Tu me ramènes à *Aachen* » (en allemand, en français Aix-la-Chapelle), à la frontière entre la Belgique et l'Allemagne. Il m'a emmené. Je lui dis : « Combien ? », je lui ai donné 70 marks. Il m'a dit : « *Noch !* Rajoute encore 70 pour le retour que tu dois payer ! » Je n'en avais pas. Je lui ai donné mon nom, ma carte d'identité, je lui ai dit : « Il faut que tu me donnes l'adresse et tout et je te les ramène. » Il a dit : « *Stimmt ?* » Je lui ai dit « *stimmt* » c'est-à-dire « c'est sûr » en allemand, je lui ai dit oui. La douane était un peu plus loin. Je suis descendu avant. J'ai trouvé la douane qui demandait « Papiers, papiers, papiers ! » mais moi je suis rentré directement dans leur bureau, je leur ai demandé : « Où est-ce que je trouve l'autobus qui ramène à Liège ? » On m'a dit : « Mon vieux il est une heure du soir, y en a pas ! Demande là-bas au service de taxi pour passer à Liège. » Je suis entré et ressorti sans passer la douane. Parce que le bureau avait deux portes, une devant et une autre arrière et la douane est à côté du service de taxi. Je suis parti à pied avec pas un sou dans ma poche jusqu'à Jeumont à peu près. Je voulais pas appeler le numéro que m'avait donné le monsieur de la douane, je ne voulais pas, je me suis dis « peut-être que quelqu'un me suit ! ». Sur place, j'ai trouvé la plaque « Service taxi » et j'ai demandé au taxi de me ramener à Liège, place Saint-Lambert. Il m'a déposé pour 400 francs et moi, j'avais pas 1 franc. Je lui ai donné mon manteau et ma carte d'identité, je lui ai dit : « Dans cinq minutes je serai là, je vais voir mes copains et chercher ton argent. » J'ai été chez les camarades à la place Saint-Lambert, il y avait beaucoup d'Algériens, ils m'ont donné 400 francs, je les ai donnés au taxieur. J'ai repris mon manteau et tout et je rentre avec le copain. Après un quart d'heure comme ça peut-être, je crois que j'ai dormi là, je peux pas dire… est-ce le même jour ou le lendemain ? Je peux pas le dire.

Après un journaliste est venu avec une voiture et m'a ramené directement chez Messali à Gouvieux, dans l'Oise. À ce moment-là, il était à Gouvieux. Alors, y avait les services [de sécurité], la police, y avait tout. Il a montré sa carte et moi j'étais bien habillé, ils n'ont rien demandé, je suis rentré. Je suis resté là-bas peut-être un mois et demi ? Surtout la situation n'était pas bonne, je leur avais donné l'adresse du service de taxi allemand, ils m'ont dit qu'ils ne le payeraient pas parce qu'il avait rendu service à la police. Je leur avais dit : « Comment ça, vous payez pas le service taxi ? C'est moi qui vais avoir des problèmes si vous ne le payez pas. Demain si je suis arrêté, qui va payer ? » Il a dit : « Non, on ne le paye pas. » Depuis 1959, le parti a été détruit, chacun pour soi… Comme je t'ai raconté maintenant, je te raconte tout : Mahmoud a pris 12 millions et s'est sauvé au Maroc. Belhadi, l'adjoint de Messali, a pris 10 millions et est rentré en Algérie. Abderrahmane Bensid, je l'ai connu, 12 millions et est rentré en Algérie. Chacun a ramassé ce qu'il pouvait, après c'était fini, le parti était foutu. Mais du moment que je marche franc : moi, j'ai volé personne. Celui qui ne m'a pas fait de bien, je ne lui ai pas fait de mal. Après, l'attentat s'est passé le 24 ou 26 octobre. Moi j'ai été arrêté en 1960, au mois de juillet, je me rappelle. C'est eux qui m'ont vendu aussi ! Autrement je n'aurais pas été arrêté. Ils m'ont suivi là où j'avais pris l'autobus à Liège, [dans la commune de] Tilff. Moi j'étais jeune toujours en cravate. Quand les jeunes partaient à l'école, je sortais et quand ils rentraient, je rentrais avec quelques commissions. Alors, c'est pour ça que je n'ai pas été arrêté tout de suite. Ils m'ont suivi, ils ont pris le numéro du domicile. Un jour, je me rappelle pas quel jour, toc-toc, la police a frappé à la porte. Juste, j'ai préparé l'assiette à manger, je l'ai posée à table, j'ai entendu frapper à la porte. J'ai ouvert la porte, la police « les mains en l'air ! ». Donc je savais que j'avais été vendu, comme quoi j'étais très dangereux. J'ai fait comme ça, les mains en l'air [*il lève les mains en l'air*]. Ils sont rentrés, je portais juste une chemise, je leur donne la veste et ils la fouillent, et le manteau aussi. On me dit : « Puisque tu n'es pas dangereux, mange ta soupe et viens avec nous. » Je leur dis : « Non, je n'ai pas d'appétit, je vais venir avec vous autres. » Ils m'ont emmené jusqu'à Liège, je suis resté trois mois en prison. Je suis passé au tribunal devant le procureur du roi à Bruxelles. Après, ils ont pris une décision, ils m'ont dit : « Tu retournes en France ou tu vas en Allemagne. » Ils m'ont dit : « T'es recherché par Interpol en Allemagne. » Je leur ai dit : « Je vais aller en Allemagne. » Après, ils m'ont lâché, ils m'ont ramené en prison. Après quelques jours, ils m'ont ramené à la police allemande à Aix-la-Chapelle. Le commissaire de Cologne est venu avec un chauffeur et un autre inspecteur de police à l'endroit où j'avais fait l'attentat. Il est venu, habillé en civil. Là, la douane belge ne m'a pas mis les menottes, on ne m'a jamais mis les menottes parce qu'on a vu que je n'étais pas dangereux, j'étais calme. Alors, la police allemande m'a mis les menottes. Là, il y a un journaliste qui m'a pris en photo, je l'ai regardé comme ça, j'ai rigolé, après j'ai fait un sourire et un deuxième journaliste m'a pris en photo quand j'ai souri comme ça. Le commissaire m'a fait monter dans sa voiture. Il m'a ramené à Cologne, on marche comme ça… et le commissaire me dit : *Schwein !* Cochon en allemand [*il rit*]. Je lui ai dit : « Écoute… » – nous, on a marché peut-être un demi-kilomètre –, je lui ai dit : « *Mein Herr.* » Il m'a dit : « *Was ist los ?* » (Que se passe-t-il ?). Je lui ai dit : « *Ich bin nicht Schwein* », je ne suis pas un cochon, « *du nicht weisst nicht was bin* » (toi tu ne sais pas ce que je suis), il est resté bouche bée. « *Du sprichst deutsch ?!* » (Tu parles allemand ?!), je lui ai dit : « *Ein bisschen* » (Un peu). Ils m'ont ramené à Cologne, ils m'ont jugé, sans un mot. Je suis resté au poste de police et le lendemain une voiture est venue avec deux motards. Ils m'ont ramené en prison de Klingelpütz.

Là, après, j'ai payé les pots cassés : le froid, la faim… trois tartines noires comme les feuilles de cigarette. À midi, une louche de soupe. N'importe quoi. Les cellules… la fenêtre tu regardes au ciel, tu ne vois pas ce qui se passe… un jour, j'ai pris un tabouret pour regarder. Un gardien m'a vu et m'a donné un coup de poing là [*Idir Boudjemil désigne sa mâchoire*]. Alors j'ai été au central, quand il est parti, et j'ai tout raconté au chef major. Il m'a demandé : « Tu sais qui a fait ça ? » Je lui ai dit : « Oui, je sais, c'est celui-là. » Il lui a dit « *verboten* », interdit de toucher un prisonnier ! « *Verboten* », c'est-à-dire interdit. Après j'ai souffert de froid et de faim, qu'est-ce que tu veux… Après, ils m'ont ramené de Cologne, je n'ai pas eu de contact ni avec le parti ni avec l'avocat, juste la lettre que m'avait écrite l'avocat… J'aurais bien aimé être en contact… après j'étais dégoûté, je me suis découragé. Au procès, je leur ai dit que je n'avais pas d'ailes pour m'envoler. Le patron du café où j'ai pris le café, moi je ne savais pas, moi je n'ai pas été à la gare centrale… Après, Mohand Outaleb, celui que j'ai blessé au café, est venu témoigner. J'ai dit que c'est moi qui lui avais tiré dessus, je m'en foutais.

Vous m'avez dit que vous étiez en colère quand vous êtes allé en Allemagne pour voir la personne qui a volé l'argent, vous étiez en colère quand elle a dit un mot sur Messali Hadj. Mais au départ est-ce qu'on vous avait donné l'ordre de la tuer ?

Aucune personne ne m'a donné l'ordre ! Personne ne m'a donné d'ordre ! J'ai pris la décision tout seul. Je ne le regrette pas, devant Dieu et devant tout le monde ! Ça, c'est le destin, j'ai décidé de lui tirer dessus ; la mort, c'est Allah qui la tient.

En Allemagne, où avez-vous eu l'arme qui a tué le rallié au FLN ?

L'arme ? Il y a beaucoup d'armes en Allemagne, 7-65, 9 mm, 11-45… y a toutes les armes, ça ne manque pas les armes là-bas en Allemagne. C'est un copain qui me l'avait donnée, mais je ne lui ai pas dit que j'allais tuer, non !

Vous ne l'avez pas regretté ?

Non jamais. Il [s'est] tué lui-même ! Tu rentres dans le parti, tu déplumes les militants, tu remplis tes poches, tu te sauves, tu crois que tu vas te sauver ? Qu'est-ce qui t'oblige à rentrer dans le parti ? Si tu es découragé et que tu veux partir du parti, remets l'argent ! Prends ta veste et fais ce que tu veux ! Personne ne t'oblige.

Lors de votre procès en Allemagne, Messali Hadj vous a-t-il envoyé un avocat ou une aide ?

Oui, il y a un avocat de Sarrebruck, mais il ne m'a jamais rendu visite à moi. Je l'ai vu le jour du jugement.

Vous aviez été condamné en quelle année ?

Je crois en 1963. Je n'ai pas été condamné jusqu'en 1963, parce que j'ai refusé de parler : « Ce n'est pas moi. C'est tout. Pas de preuve. »

En 1963, vous avez été condamné à combien d'années de prison ?

Ils m'ont condamné à quinze ans de travaux forcés, quinze ans. Après 1963, fin 1964, ils m'ont déplacé à Münster, une autre prison, j'ai été déplacé de Cologne à Münster. À Münster, je suis resté là-bas deux ou trois mois, ils m'ont déplacé à Remscheid, Lüttringhausen. Là, j'ai commencé à travailler à la machine à coudre, avec des prisonniers allemands. On coud des vêtements à la chaîne, moi je fais les manches, je le jette à un autre qui fait les boutons, lui-même le jette à un autre qui fait les trous des boutons ainsi de suite… on faisait cinq cents vêtements par jour. Il y a un autre groupe, il répare les pantalons des ouvriers, les bleus de travail, si c'est déchiré il le rapièce.

Je voudrais revenir à l'époque où vous étiez emprisonné avant 1963, à ce moment-là, savez-vous ce qui arrivait à Messali Hadj ? En avez-vous entendu parler ?

Il m'écrit des lettres c'est tout. On ne peut pas parler de politique ou de quelque chose.

Et c'était quoi, le contenu de ces lettres ? De quoi vous parliez ?

Elles sont ici, je ne me souviens plus, les anniversaires, les fêtes religieuses… lui, il m'a envoyé des cartes postales, etc. Chaque fois que je lui écris, j'écrivais « cher père », ou bien « cher père des Nord-Africains », j'ai toujours écrit ça.

En 1962, ils ont libéré Messali Hadj. Quand vous avez appris cette nouvelle, qu'est-ce que vous en avez pensé ?

Rien de spécial, je jure que j'ai pensé à rien. Parce que je souffrais de froid et de faim. J'ai fait trois fois la grève de la faim, une fois onze jours. Ils m'ont passé le tuyau là [*il désigne son nez*] et ils m'ont mis un litre de soupe chaque matin. Je leur disais : « Je suis musulman je ne mange pas de cochon », après quand je suis passé au juge d'instruction, je lui ai dit : « Ils nous donnent la peau de cochon avec le poil »… c'est des choses que je ne supportais pas.

Dans votre lettre, vous écrivez à Messali Hadj que vous avez de l'espoir pour l'Algérie indépendante en 1962. Quand Messali est sorti de prison, vous vous êtes dit que le parti, le MNA, avait de l'avenir ?

Non, non. Quand l'Algérie est devenue libre, Moulay Merbah, le secrétaire général du MNA, a dit à Messali : « On va rentrer en Algérie. » Messali a dit : « Non on ne rentre pas en Algérie. L'Algérie, ça ne deviendra pas comme le Congo où ils se tuent avec les haches et tout. L'Algérie est libre, son drapeau flotte, laisse tomber. » Alors, c'est là que Moulay Merbah est rentré les mains propres en Algérie. Il a été arrêté par les brigades de Ben Bella qui l'ont mis en prison six mois. Après, la majorité des gens qui l'avaient connu ont protesté pour qu'il sorte et il a été libéré. Il est retourné à Chellala, son village natal.

J'aimerais revenir sur la première fois que vous avez rencontré Messali Hadj. Comment les choses se sont-elles passées ?

À la fin de l'année 1958 ou la fin 1957, on lui a rendu visite à Belle-Île-en-Mer. On a loué des autobus, on a rendu visite à Messali Hadj. Quand on est arrivés, il y avait des services là-bas qui nous faisaient passer avec des barques. Quand Messali Hadj est sorti, il y a beaucoup de jeunes qui pleuraient, je me rappelle très bien, Messali a levé la main et a dit : « Mes enfants quand je vous vois tous jeunes, moi je suis jeune avec vous autres, je suis jeune avec vous autres ! » Il l'a dit trois fois. Je me rappelle une fois à Alger… je sais pas quelle date, c'est à ce moment-là que je vous ai dit qu'on marche pieds nus et qu'on distribue les tracts. Il a fait son discours avant d'aller en prison à Belle-Île[1]. Place Mahon, il a fait un discours. Là

1. Messali Hadj a été condamné à plusieurs reprises à des peines de prison tout au long de sa vie politique. Pendant la guerre d'indépendance, il n'est plus condamné mais assigné à résidence dans plusieurs localités, notamment Belle-Île à partir de mai 1956 ou encore Gouvieux, évoqué au début de l'entretien, à partir de l'automne 1959.

j'ai appris deux mots de lui, il a dit : « *A tharwa, ma testaqel Lezzayer, taberwit d ubali berka-yi* » [en kabyle], place Mahon, « *Wladi, idha staqellet El-Djazaïr, lbali wel berwita berkayi f El-Djazaïr* » [en arabe], « Mes enfants », ça, je l'ai appris, ça part pas : « Mes enfants si l'Algérie devient indépendante, la brouette et le balai me suffisent », ça je l'ai appris avant le déclenchement de la guerre. Il parlait en arabe, en kabyle et en français. Une fois, il est parti de Genève pour l'Algérie, avant le déclenchement de la révolution, il a frappé la terre, il en a pris un peu dans sa main, il a dit [en kabyle, puis en arabe] : « Mes enfants, cette terre est la terre de vos ancêtres, elle ne peut ni se vendre ni s'acheter tant que ceux à qui elle appartient sont vivants[1]. »

Je voudrais revenir sur vos relations entre le MNA et le FLN. Est-ce que vous avez essayé de faire une trêve avec le FLN ?

Il n'y avait que Messali Hadj qui essayait de trouver un terrain d'entente. Il disait : « Arrêtez de vous entretuer », c'est tout. Le FLN : tout est mensonges. Regarde ce qui se passe. Depuis Ben Bella, Boumediene, la dictature et tout… Tu fais un petit jardin, tu donnes à ton fils un panier de tomates et un autre d'oranges pour les vendre et s'acheter du pain, le policier passe et les renverse, ce n'est pas la honte ? Boumediene a sacrifié les gens, il y en a beaucoup qui ont vendu leur ferme et sont partis ici en France, au Canada, en Allemagne, en Belgique, en Hollande… ils ont tout abandonné, c'est de la dictature.

1. Idir Boudjemil fait référence au retour de Messali Hadj en Algérie en août 1936. Il s'était auparavant réfugié à Genève pour échapper à la répression française contre son mouvement. Après la victoire du Front populaire en France, il rentre à Paris puis rejoint Alger. Il prend la parole au stade d'Alger et, se saisissant d'une poignée de terre, proclame qu'elle n'est pas à vendre.

À l'époque, vous m'aviez dit que le FLN travaillait avec la police française. Et le MNA n'avait pas de relations avec eux ?

Non jamais. La fédération qui était en haut n'avait pas de relations, puisqu'ils ne pouvaient pas nier la parole de Messali. La police, ils t'arrêtent et ils te ramènent en prison, c'est tout.

À cette époque, vous étiez au courant des négociations avec de Gaulle ? Comment vous vous représentiez de Gaulle ?

Oui, on était au courant des négociations avec de Gaulle. De Gaulle… je vais te dire la vérité, il n'a pas suivi le bon chemin. Il a négocié avec des prisonniers de droit commun, [alors que] ça faisait trente ans que Messali était en prison ! De Gaulle a fait faire un passeport à Ferhat Abbas pour aller en Égypte, pour chercher Boudiaf, Ait Ahmed, etc. Ferhat Abbas a trahi la France et a trahi l'Algérie ! De Gaulle a négocié avec le FLN. Pourquoi est-ce qu'il n'a pas fait une table ronde ? Normalement, les Algériens auraient dû négocier d'abord entre eux, le FLN et le MNA, et après avec la France. Mais de Gaulle ne voulait pas ça, il a négocié juste avec le FLN. Et le MNA, il l'a foutu à la porte.

Comment l'homme que vous étiez se représentait de Gaulle à l'époque ?

Il n'y a personne qui a fait autant de mal que de Gaulle. Les Algériens qui rentraient à l'hôpital… interdit de les soigner ! En Algérie, ils ont brûlé les villages, les femmes, les vieux, les enfants, ils les ont tués, il n'y a pas que moi qui le dis, il y a même un soldat français, qui a été capturé par les moudjahidine, ils l'ont pris avec eux, après ils l'ont relâché… je l'ai vu à la télé, il a parlé des Algériens, ils ne lui ont jamais fait de mal, ils lui ont donné des cigarettes, des boîtes de conserve pour manger, il a parlé lui-même à la télé… Je l'ai vu, il a dit : « Si je retrouve ces gens-là, je leur donne tout ce qu'ils veulent. » De Gaulle a fait plus de mal à l'Algérie… plus que ce qu'a fait Hitler à la France !

Vous étiez en prison lorsque l'Algérie a obtenu son indépendance : qu'avez-vous ressenti ?

J'étais content, mais en ce temps-là j'étais malade, pour ne rien te cacher, j'ai eu la tuberculose. J'allais voir le médecin mais il ne me donnait même pas un comprimé… Mais j'étais content pour les générations à venir. Il y avait des gens avant moi qui s'étaient sacrifiés, des gens qui sont morts dans les rivières, dans les montagnes, partout… moi je ne suis rien devant eux. Des gens torturés, surtout ça ! J'ai dit que ce que de Gaulle a fait, Hitler ne l'a pas fait ! Si tu demandes à n'importe quel résistant français, jamais un soldat allemand ne frappe un enfant ou une femme ou un vieux, sauf s'ils trouvent quelque chose sur toi. Demande à n'importe quel résistant ! De Gaulle a brûlé des villes avec toutes les nourritures dedans, des dépôts de blé, ils coupaient même les arbres, ils ont coupé des arbres en Algérie… qu'est-ce qu'il a fait l'arbre pour le couper ? Ce n'est pas une guerre qu'a faite de Gaulle en Algérie, c'est la guillotine.

Pouvez-vous me raconter comment vous êtes sorti de prison à ce moment-là ? Êtes-vous retourné au pays ?

J'ai travaillé huit ans, c'est fini, j'ai été libéré pour bonne conduite au bout de huit ans. Comment pourrais-je retourner au pays, sans rien dans les mains et rien dans la poche ? J'ai cherché du travail et j'ai travaillé à Jeumont-Schneider comme conducteur de locomotive. Pour acheter ma maison, l'usine m'a prêté un million et demi – un prêt sans intérêt – pour bonne conduite.

Vos enfants vous ont-ils posé des questions sur votre passé ?

Non, ils n'ont jamais demandé et moi je ne leur ai rien dit. Je ne veux pas… rien que les lettres, ils ont trouvé comment… je ne veux pas leur raconter les détails. Je ne raconte pas. Depuis ma sortie de prison, je cherche le pain et le travail, je vais nourrir mes enfants, je ne pense qu'à ça. Le reste ne m'intéresse pas.

Pourquoi vous ne vouliez pas ?

Comment je vais raconter des horreurs comme ça ? Peut-être qu'ils vont avoir peur, etc. Non, il ne faut pas !

Qu'est-ce que la guerre a changé en vous ?

Ça a changé pour le peuple algérien, pour vous, la nouvelle génération. Pour que la nouvelle génération puisse vivre fièrement et dignement. Pour moi, elle n'a rien changé. Je suis content que le peuple soit libre, et qu'il vive comme il faut, et travaille comme il le faut, c'est tout. De toute façon, le peuple africain ne cherche que ça. Ils veulent travailler et vivre. C'est ce que cherche le peuple d'Afrique.

Avez-vous longtemps rêvé de cette période ?

Non, jamais. Si. Des fois ma femme m'a entendu dans mes rêves crier *Raus ! Raus !* (en allemand, « Va-t'en ! Va-t'en ! »), quelquefois. Mais Messali Hadj, je rêve de lui au moins une fois par mois. Je rêve toujours de lui. Même si je ne parle pas de lui, quelquefois quand je dors, je rêve de lui. Je ne l'oublierai jamais, jusqu'à ma mort. Parce qu'il n'a pas travaillé pour lui ! C'est le fondateur de l'Afrique du Nord. Il n'a pas volé la France, il n'a pas trahi la France, il n'a pas trahi son pays, ni les autres pays. Je te dis encore une fois : le FLN, ils ont trahi la France, ils ont trahi l'Algérie.

Slimane Zeghidour
Le petit garçon du camp de regroupement d'Erraguène

Entretien avec Dorothée Myriam Kellou[1]

Enfant dans le camp de regroupement d'Erraguène (petite Kabylie), Slimane Zeghidour retrace les logiques de fonctionnement de cet espace contrôlé par l'armée française, qu'il a découvert à l'âge de 4 ans. Plus de deux millions d'Algériens sont ainsi déplacés et regroupés pendant la guerre : plus d'un quart de la population algérienne, plus encore si on ne considère que la population rurale. En comparant sa vie d'avant et sa vie dans le camp, l'enfant prend la mesure des bouleversements subis. L'adulte qu'il est devenu sait à quel point tout cela a été durable, définitif bien souvent. Soucieux de ne pas nourrir un manichéisme ignorant, Slimane Zeghidour s'attache aux détails pour donner à comprendre les nuances des vies de ces civils arrachés à leur village.

***

Je m'appelle Slimane Zeghidour. Je suis né le 20 septembre 1953 dans la commune d'Erraguène. À l'époque, c'était la

1. Réalisé en France le 6 juillet 2020 et édité par Victor Delaporte.

commune de Ziama Mansouriah, sous-préfecture de Djidjelli, département de Constantine pour l'administration française et *wilaya* 2 pour le FLN. Je suis né dans un hameau qui s'appelle El-Ouldja, ce qui veut dire la boucle d'un oued, d'une rivière. Mais en fait, je suis né dans une mechta qui est surélevée, qui s'appelle El-Ouldja. Une mechta, ça veut dire l'hivernage. Autrement dit, en été, nous descendions au bord de l'oued pour l'eau, pour les troupeaux, la végétation, l'herbe et les feuillages. Et l'hiver, nous montions dans le hameau d'El-Ouldja. Donc, il y avait deux El-Ouldja, un pour l'été et un pour l'hiver.

Je suis de la famille Zeghidour. Dans cette région, la petite Kabylie, chaque hameau rassemble les gens d'une seule et même famille portant le même patronyme. Dans mon hameau d'El-Ouldja, il n'y avait que des Zeghidour. Ça donnait l'impression d'une prise de possession du terroir, comme si c'était une patrie, une petite république, comme si c'était une maison à ciel ouvert avec un très, très fort attachement à la glèbe. Nous sommes de la tribu des Béni Ouarzeddine. Nous pensions que nous descendions d'un ancêtre, un marabout, qui s'appelait Sidi Ali El-Ouarzeddine. Pour autant que je puisse m'en souvenir, dans mon village, le mot *Allah*, je ne me souviens pas que c'était un mot qui était marquant. Par contre, quand on priait ou quand on lançait comme ça des appels intérieurs au secours ou à l'aide, dans mon village, on l'invoquait. On disait : « Oh, Sidi Ali, prends-moi sous le pan de ton burnous ! » Donc j'imaginais un vieillard, plutôt au teint rose, avec une barbe et un énorme burnous. Ça, c'est une image qui a rempli mon enfance. Pourquoi je le voyais blanc ? Parce que j'appartiens à une famille de rouquins. Mon père l'était. Ma mère, qui vient d'une autre famille en dehors du village, était plutôt châtain. Mais mes oncles sont rouquins. Et, les seuls bruns, c'étaient moi et ma sœur cadette. Et, à cause de notre faciès basané, on nous surnommait affectueusement les « nègres » parce que notre basanitude détonnait dans le paysage. Et pour terminer toute la configuration humaine, de l'autre côté, au sud de l'oued El-Ouldja, il y avait les Béni Medjaled qui eux-mêmes descendaient d'un ancêtre éponyme qui leur a donné son nom. Et à l'ouest, vers la commune d'Erraguène, il y avait les Béni Zoundaï qui est une autre tribu. Donc, il y a trois confédérations tribales avec une poussière de clans pour chacun. C'était ça, l'univers, le cosmos tout entier dans mon enfance. C'était ça et rien d'autre.

Le propre de la topographie chez nous, c'est que tout est pentu. C'est un sol schisteux avec du sel, donc il n'y a que de l'orge qui pousse. Et comme arbres, il y a des glands, les figuiers, les grenadiers et du raisin. C'est tout ce que nous avions comme arbres fruitiers. Nous cultivions des fèves parce que la fève, c'est un légume qui nous accompagnait toute l'année parce qu'on pouvait le faire sécher comme les figues ou comme la viande d'agneau qu'on fait sécher après l'avoir truffée de sel. C'était une nourriture extrêmement frugale : galette à midi, couscous le soir. On produisait tout : les burnous… Les guêtres pour les pieds, ce sont des lanières. Vraiment, ça rappelle la France mérovingienne. Les guêtres… On n'avait pas de chaussures. Ils achetaient le pétrole pour la lampe, le café, le sucre, l'huile parce que nous n'avions pas d'oliviers et je crois que c'est tout. Et des dattes sèches parce qu'elles peuvent durer toute l'année. Des dattes qu'on achète au souk. C'est tout ce qu'ils achetaient.

Je me souviens, sur la carte d'identité française de mon père, c'était marqué « cultivateur ». C'était la qualité professionnelle qu'ils donnaient à tous les paysans algériens. « Cultivateur ». Ça donnait une sorte de prestance. Mais, en fait, ils grattaient la terre et ils survivaient avec cela. Mon père, enfant, était berger. Et, quand il a grandi, il a labouré et cultivé l'orge avec son père. La plupart des hommes de notre village ne survivaient ou ne vivaient qu'en étant métayers chez les agriculteurs pieds-noirs de Sétif. Donc mes parents, mes grands-parents, mon père, travaillaient comme métayers à Sétif. Il n'y a pas eu de tués dans ma famille à Sétif le 8 mai 1945. Mais, sur le plan économique, pour le budget de la famille, ça a été un désastre parce que les paysans pieds-noirs sont partis. Mes parents ont perdu leur gagne-pain de deux ou trois générations. Un autre univers s'est ouvert à eux. C'est celui de l'immigration à Alger. D'ouvriers journaliers, *fellahs*, ils vont devenir ouvriers salariés dans le bâtiment à Alger. Ils découvrent la ville, l'anonymat des grandes villes. Ils dorment dans le chantier. C'est une autre période qui s'ouvre pour nous. Et ça a duré. C'est ça, je crois, le grand changement. Nous ne vivions plus de la terre mais seulement des mandats qui venaient d'Alger. Sétif a été un tournant majeur dans l'histoire économique, si je puis dire, de ma famille.

Vous, vous naissez en 1953. Vous n'êtes pas encore conscient quand le début de la guerre commence. Quels sont les premiers souvenirs de la guerre ?

Quand j'étais dans le hameau, le plus ancien souvenir, c'est que je suis devant, assis. On est en fin d'après-midi puisque je revois un ciel d'une couleur qui me fait penser à ces casseroles de bronze qu'on voit dans certains grands restaurants. C'est-à-dire un bronze très lisse, très brillant, un ciel comme ça. Et j'entends vaguement au loin une sorte de gémissement. C'est le bruit d'un avion, je crois. Un bruit un peu nostalgique, très, très lointain. Ça, je crois que c'est un des plus anciens souvenirs liés à la guerre. Ensuite, l'autre souvenir : j'ai une de mes tantes, qui a manipulé une grenade, l'a ouverte… qui a été blessée. Je me revois encore dans l'El-Ouldja d'en haut et, elle, elle était dans l'El-Ouldja d'en bas. Je revois un mulet et des gens qui s'agitent autour. C'est une image fixe. Il n'y a aucun bruit. Il y a très peu de mouvements. Il y a le gris dominant du schiste, qui est dominant chez nous, le vert, la boucle de l'oued Djen Djen. C'est l'image fixe, un peu sépia, que j'ai. J'ai appris plus tard qu'un hélicoptère est venu la prendre à l'hôpital, à Djidjelli [Jijel], où elle a été soignée. Ça, c'est les deux images de la guerre dont je me rappelle. Mais l'idée de la guerre, on en reparlera tout à l'heure, est restée très vague jusqu'à la fin. C'est-à-dire que même quand on était en pleine guerre, je n'avais pas conscience de ce qu'était une guerre et de la réalité de l'enjeu dans lequel j'étais.

Est-ce que vous pouvez me parler de votre quotidien ? Comment vous occupiez vos journées ? Est-ce que vous alliez à l'école coranique ? À l'école française ?

Alors, école coranique, école française... Nous ne savions même pas ce que ça voulait dire. Et ça, je suis formel là-dessus. Comme je l'ai dit, dans cette épreuve de retrouver ce qu'a été ma vie, l'Algérie dans laquelle j'ai grandi, j'ai un souci obsessionnel de restituer des choses comme elles étaient, avec le moins de pollution possible, même consciente, de cette époque. Non, il n'y avait ni école, ni route, ni électricité, ni médecin, ni transistor. Il n'y a absolument rien du tout. Il y avait, par contre... J'apprendrai plus tard, qu'aux alentours de ce village qui vivait pratiquement au néolithique, il y avait des villes qui s'appelaient Strasbourg... Je ne sais pas, à 50 kilomètres... Strasbourg, Chevreul, Jemmapes, La Fayette, Gravelotte, Waldeck-Rousseau... Chacun de ces villages avait son kiosque à musique, sa mairie, son église. C'étaient des petites France provinciales. Sa salle de casino, son petit cinéma. C'était la France. Et nous, nous étions comme des îlots, comme ça au milieu, traversés par aucune route, par aucun câble électrique, absolument rien du tout.

Bien entendu, je tiens à préciser qu'en disant cela, nous ne sentions pas que nous étions brimés. Et d'ailleurs, moi je le raconte, non pas pour accabler qui que ce soit, mais par souci d'exactitude historique. Et seulement cela. Quand je dis, je ne sentais pas que nous étions pauvres, et encore moins brimés, parce que nous n'avions pas de termes de comparaison. Il n'y avait pas de riches chez nous. Nous ne voyions pas les Français. Nous n'avions aucun terme de comparaison. Le souvenir que j'ai, c'est que nous avions une vie normale. Et vu la beauté de la nature, et moins par tempérament, par je ne sais quoi, j'ai toujours, très, très tôt, eu un sentiment de joie d'exister dans la nature. C'est-à-dire, les arbres, les branches contorsionnées, les herbes, les fleurs, les odeurs… J'ai toujours été hyper sensible à cela et de façon charnelle, jouissive, et consciemment jouissive. Le quotidien, des souvenirs dont je me souviens, c'est-à-dire les quatre premières années… Je suis né en 1953 et on a quitté le hameau en 1957, pour aller dans le camp. […]

Avez-vous des souvenirs de ce premier contact avec les moudjahidine dans le village ? Où votre père était-il engagé politiquement et les soutenait ? Où votre mère préparait à manger pour eux ? Que vous pouvez-vous nous raconter comme souvenirs ?

Dans le hameau, jusqu'à l'âge de 4 ans, je n'ai aucun souvenir, sauf ceux que mes parents rapportent. Il y a eu, une fois, un bombardement aérien. Et mes parents, comme tous les Zeghidour du village, se sont enfuis pour se cacher dans la forêt, juste à côté. Il paraît qu'en passant devant le jardin d'une des maisons, j'ai vu une grappe de raisin. Et une fois caché dans la forêt, j'ai commencé à pleurer en demandant qu'on me ramène une grappe de raisin. Or, en pleurant, je risquais d'attirer l'attention. Mais mon père ne savait pas comment me faire taire. Mais ça, c'est mon père qui me l'a raconté.

Maintenant, pour la grande histoire, il y avait un cousin maternel de mon père, qui s'appelait Tahar Mezenner, qu'on surnommait « Négro », le « nègre », parce qu'il était très, très brun. Très brun, chez nous, ça ne passe pas inaperçu. Moi-même, j'étais surnommé « le nègre ». Ce Tahar était un supplétif de l'armée française… parce qu'il y avait plusieurs types de supplétifs : des harkis qui étaient dans des unités de combat, c'est-à-dire armés et qui participaient à des combats ; il y avait les moghaznis qui étaient des espèces de gardes champêtres ; et il y avait ceux que nous appelions chez nous « les habillés ». Il s'est habillé, c'est-à-dire qu'il portait l'uniforme français mais n'était pas armé. Juste l'uniforme. Et lui, il était un de ces supplétifs. […] Et c'est plus tard que j'apprendrai que le « Négro », comme on disait, était en fait un agent double. Il travaillait pour le FLN. […] Il sera démasqué plus tard et il disparaîtra. […]

Est-ce que vous aviez le souvenir de votre famille essayant d'apporter une aide au FLN ? Ou quelque chose qu'on vous aurait raconté ensuite ?

Alors maintenant, le contact avec le FLN, c'est-à-dire le contact visuel pour moi, il est venu beaucoup plus tard. Quand on nous a installés dans le camp d'Erraguène, c'était une énorme cuvette entourée de montagnes, avec le village des ingénieurs qui était en train d'être construit, protégé par des parachutistes, par des tirailleurs sénégalais, par des légionnaires, dont j'apprendrai plus tard qu'ils étaient hongrois et allemands, et des harkis venus d'autres régions, plus des supplétifs, des habillés sans armes, recrutés chez nous. Ça faisait une pléthore de gens en uniforme.

Dans le camp, il y avait six mille cinq cents habitants. Ils ont ramené aussi les Béni Medjaled et les Béni Zoundaï. Donc les trois grandes confédérations tribales ont été ramenées là. Quand je pense à la topographie du camp, je me dis que ce n'est pas possible que ça n'ait pas été planifié : parce qu'on nous a mis, nous, les Béni Ouarzeddine ensemble, les Béni Medjaled de leur côté et les Béni Zoundaï aussi. Donc c'était nettement séparé.

Et je remarque aujourd'hui (mais là c'est l'adulte qui raisonne), nous qui considérions ces clans comme des ennemis héréditaires pour d'obscures raisons totalement oubliées, [ils] vont contracter les premiers mariages mixtes. J'ai une de mes tantes qui a épousé un Béni Zoundaï, ce qui était une quasi-révolution. Il y a eu d'autres croisements comme ça, entre clans. […]

Autre chose, on a dû construire des paillotes. Nous, nous avions une paillote, c'est-à-dire en branchages, en chaume et avec des poutres en bois, bien entendu. Et nous avons construit une baraque avec des murs en bois, avec des planches et des toits en tôle ondulée. Et la tôle ondulée me donnait un sentiment de sécurité dont je me rappelle encore nettement. C'est-à-dire qu'on n'avait pas cette horreur de voir des infiltrations d'eau de pluie par le toit. Ça, ça a été, pas un cauchemar, mais un sentiment d'inconfort permanent dans mon enfance, de dormir la nuit et voir ma mère qui pose des bassines autour de la couche où je dormais et d'entendre le bruit des gouttes qui tombent du plafond. Ça donne le sentiment de nudité, de précarité. Ça me donne presque des frissons jusqu'à maintenant. C'est pour ça qu'il y a une chanson de Charles Trenet qui, pour moi, a un sens très, très précis. J'ai toujours souhaité rencontrer Charles Trenet pour le lui dire, mais je ne l'ai jamais vu. C'est une chanson qui s'appelle *Il pleut dans ma chambre*. Je sais ce que c'est que pleuvoir dans une chambre. Et donc, ces tôles ondulées, c'était radical. Aucune goutte ne passait. Et quand je regarde aujourd'hui les photos du camp, nous sommes parmi les très rares familles qui ont une baraque en tôle ondulée. Parce que j'ai retrouvé des diapositives, en couleurs, où on voit très bien notre baraque.

Et là, je vais arriver à un constat qui est paradoxal mais qui est très humain et conforme à toutes les guerres. Notre départ dans le camp a été un arrachement, une perte de nos champs, de nos bêtes, d'une vie, du cimetière ancestral, du marabout. Et surtout, nous avons perdu un peuple en route. C'est le peuple auquel je croyais dur comme fer, celui des esprits bienveillants qui patrouillent dans le village et dans les champs la nuit pour nous protéger des mauvais esprits. C'est-à-dire qu'une fois le soleil tombé, deux peuples se réveillaient : le peuple hostile, une sorte de Gog et Magog, et les bons esprits qui nous protègent. Et, en partant, nous avons laissé mourir ce peuple d'esprits protecteurs. C'est comme si nous étions orphelins et désarmés. Nous avions maintenant les tirailleurs sénégalais, les légionnaires, les harkis et les parachutistes français. Tout ça, c'était confus mais la sensation de ne plus faire allusion à ces esprits m'avait marqué. Parce que, par exemple, quand nous étions dans mon village, quand on mangeait de la viande (et la viande, c'était un luxe faramineux), il fallait se laver les mains au savon et se frotter les dents pour qu'en sortant la nuit pour un besoin naturel, les esprits qui veillent sur nous ne sentent pas l'odeur de la viande et en conçoivent de la tristesse en disant : « Ils mangent de la viande sans nous en donner. » Donc l'idée qu'il n'y a plus ces gens-là, ces esprits, c'est quelque chose qui m'avait marqué.

Et dans le camp, qu'est-ce qui se passe ? En face de notre baraque, l'armée avait creusé un puits avec une pompe. Et donc, le robinet, la pompe à eau était à 5 mètres. Le luxe. Parce que dans mon village, il fallait faire 200 mètres. Il fallait attendre son tour parce qu'il y avait un mince filet d'eau. Il fallait mettre les jarres. Chacun avait son tour. Il y avait même une loi sur la distribution, la répartition de l'eau de l'unique source. Là, on l'avait en face. Et donc, c'est le paradoxe de cette guerre, c'est que j'avais attrapé la tuberculose. J'ai été soigné par des médecins militaires. Arrivant dans le camp, mes parents, mon père et son frère Saïd, son frère aîné, deux cultivateurs illettrés, empruntent de l'argent. Ils créent la première épicerie du camp, dans le souk du camp, parce qu'il y avait un souk dans lequel il y avait un coiffeur, un boucher, un petit abattoir et des boutiques. Donc ils ont créé une boutique. Et après quoi, ils ont acheté un petit camion avec lequel ils allaient acheter à Djidjelli, ou à Sétif ou à Bougie [Béjaïa], des marchandises pour leur boutique. Ils allaient une fois par semaine dans les autres camps vendre leurs produits. Ce qui veut dire que dans cet arrachement, dans cette guerre, mes parents sont passés du stade de cultivateurs à épiciers. Donc, nous découvrons l'économie de marché. Et donc, paradoxalement (comment le dire sans donner l'impression de faire l'éloge des conflits ?), donc, une certaine évolution matérielle.

Et le camp de regroupement, contrairement à ce que dit un certain discours militant primaire algérien, ce n'était pas un camp de concentration pour tuer des Algériens ! Ce n'était pas un Club Med non plus ! C'était un des éléments constitutifs d'un plan de guerre anti-insurrectionnel, dont l'enjeu, c'était la population. C'est-à-dire que le leadership français a réalisé qu'en cent vingt ans de présence française, un pan entier de l'Algérie était resté dans le néolithique et que c'est dans ce pan-là de population que se cachait la révolte, que la révolte puisait sa force, ses hommes, sa rage d'en finir. Donc il fallait prendre cette population et le camp était un lieu de francisation accélérée. Il fallait nous franciser, nous soigner. Il y avait des officiers des affaires indigènes qui parlaient l'arabe et le kabyle. Il fallait donner un visage humain de la France. Et, par certains aspects, ça a marché, parce que ça a marché au niveau local, humain, pas au niveau général puisque l'indépendance… Le FLN a gagné l'indépendance. Mais le souvenir que j'ai, c'est que nous avions une expression. On disait : « Un vrai Français. » En français. « Un vrai Français. » C'est une expression qui voulait dire « un homme bon ». C'est-à-dire qu'un Français ne pouvait être que bon et, quand j'y repense, la division du travail dans le camp était que les Français étaient instits, infirmiers ou officiers des affaires indigènes, c'est-à-dire celui qui allait parler en arabe aux gens tous les matins, aider les gens à remplir un formulaire, à obtenir un papier. Et les méchants, les forces combattantes, c'étaient les légionnaires allemands, les tirailleurs sénégalais et les harkis. Mais les parachutistes, on ne les voyait pas, ils protégeaient le barrage, le site du chantier du barrage. Donc dans mon enfance, la projection que j'avais devant moi : les Français, c'étaient les bons.

Alors, il y a les moudjahidine, les *djounoud*. Nous ne disions pas les *djounoud*, nous ne disions pas les moudjahidine. Nous disions *nizâm*, qui veut dire l'ordre. Plus exactement, l'organisation. Et ce dont je me rappelle nettement, c'est qu'en regardant les montagnes alentour avec leurs forêts très, très denses… Il faut dire que la région des Babors, du point de vue hydrologique, est la région où il pleut le plus en Méditerranée. Il y a 1 400 millimètres de pluie par an, c'est-à-dire trois fois plus qu'à Paris et à Brest. Donc c'est d'une verdeur, d'une végétation luxuriante. Et je me souviens : je regardais avec un mélange de peur, de fascination. J'imaginais que, dans ces forêts, il y avait des hommes. Il y avait quelque chose. Il y avait une force presque supérieure. Un mélange d'admiration et de crainte et d'appréhension. Ça, je m'en rappelle. On disait *nizâm*. Rien que le nom, c'était un nom abstrait. C'est un mot arabe, très très loin de notre patois berbéro-arabe quotidien. C'était quelque chose d'impressionnant. Mais tant qu'on était dans le camp d'Erraguène, je n'en ai jamais vu.

Je me rappelle juste d'une nuit de pleine lune… Et vers une montagne du sud, il y avait l'ombre noire, mais vraiment noire de goudron. Il y a eu un accrochage entre l'ALN et l'armée française et je voyais dans ce tableau noir derrière lequel se tenait une grosse lune, pleine lune, des zébrures de lignes rouges, c'est-à-dire des balles traçantes. C'était impressionnant.

C'est comme si quelqu'un, avec un morceau de craie rouge, faisait des hachures. C'était impressionnant de voir la rapidité de ces éclairs. Et après, j'ai vu un feu dans un gourbi. Et, après quelques heures, j'ai vu le premier mort de ma vie, c'est-à-dire le mari d'une de mes tantes qui était un habillé, ce qu'on appelle « un habillé ». Pauvre bidasse qui a reçu une balle perdue. Et je le revois encore avec son treillis, les yeux fermés, comme s'il dormait. Ça, c'est le premier mort que j'aie jamais vu de ma vie.

Et le fameux « Négro », quand ils ont appris, quand le renseignement militaire a appris qu'il travaillait pour le FLN, ils sont venus l'arrêter. Il y avait deux hélicoptères : celui qu'on appelait la banane aujourd'hui. Ça s'appelle un Sikorsky, je crois. C'est un transport de troupes qui est venu. Il s'est posé. Des parachutistes sont descendus, sont allés chez lui. Il y a un autre hélicoptère avec une boule de verre comme ça. C'est un Alouette, peut-être. Et nous, nous étions fascinés par ces deux hélicoptères. Ils sont allés le chercher et alors l'image vraiment que j'ai, d'une précision incroyable, c'est qu'ils l'ont menotté. Les deux pilotes, je crois qu'il y en avait deux dans l'hélicoptère, dans cette boule de verre… Lui, il était derrière eux, les mains derrière le dos. Et comme il voulait nous saluer quand l'hélicoptère s'est levé comme ça, il l'a fait de sa tête, comme ça. C'était la dernière image que j'ai de lui. D'après ce qu'on nous a dit, il a subi ce qu'on appelait à l'époque la « crevette Bigeard ». C'est-à-dire qu'on leur mettait un plot de béton et on allait dans la mer et on les balançait. Très probablement, il a fini comme ça. […]

Est-ce que vous avez le souvenir de bombardements au napalm, de forêts brûlées autour du hameau ou du camp, si vous aviez la possibilité d'en sortir ?

Non, non. Il faut dire que le camp dans lequel nous étions, c'était une cuvette dans laquelle il y avait un barrage très stratégique. Je n'en ai pas fini avec ce barrage, parce qu'en fait, les deux tournants de notre vie, c'est Sétif et le barrage. Sétif, c'est la fin du travail de métayer, l'immigration vers la grande ville. Erraguène, c'est le barrage. Parce que, par chance, à la différence des autres camps de regroupement où les gens végétaient dans la dépression, la dèche, le dénuement le plus total, nous, nos hommes, dans notre camp, ont tous trouvé du travail au chantier chez Campenon et Bernard. J'ai mis du temps à savoir que c'est Campenon et Bernard, parce que nos aînés disaient *Camblo*. *Camblo*, c'est une algérianisation de Campenon. Ils étaient tous salariés. Ce qui veut dire, encore une fois des ambiguïtés de la condition humaine, ce qui veut dire qu'ils sont passés de *fellahs* vraiment ultra-démunis au statut de salariés avec un salaire régulier, des visites médicales, sur fond de guerre. Sur fond de guerre psychologique où la France devait leur montrer qu'ils sont mieux lotis sous le drapeau français qu'avec ce que l'état-major appelait les hors-la-loi, les bandits, les coupeurs de route et les fellaghas, etc. Et que nous, nous appelions un *nizâm*.

Ce barrage, il est ultra-protégé. Et les routes qui reliaient au sud à Sétif, à l'est à Djidjelli et à l'ouest à Bougie étaient des coupe-gorge, parce que c'étaient de grands ravins, des forêts extrêmement denses, sombres. Les premières années où nous étions dans le barrage, le barrage était ravitaillé par avion. Il y avait une piste d'atterrissage dans le camp. Ce qui veut dire que, du point de vue technologique, j'ai vu l'avion avant de voir une brouette. Ou avant de voir un camion. C'est d'abord l'avion que j'ai vu. Notre baraque n'était pas loin de la piste d'atterrissage. Je le voyais atterrir. Des caisses de légumes, de fruits, descendaient. Et comme mon père était un des épiciers… il n'était pas le seul… un des épiciers… nous avons découvert des produits totalement inimaginables : les carottes, les courgettes, le chou-fleur, les haricots verts. Tous ces produits étaient totalement inconnus chez nous. Le grand changement, c'est que nous nous mettions à manger des produits nouveaux, des produits totalement inconnus. Nous ne produisions plus rien de ce que nous mangions. C'est ça la grande différence aussi.

Et tous les objets que nous découvrions, nous leur donnions des noms que nous ne connaissions pas. Soit c'est des mots français déformés. Par exemple, la lampe électrique, on disait *lampétrique*. La lampe à pétrole, c'était *lamba*. Le pétrole, c'était *el-gaz*. La limonade, *el-gazouz*. L'eau gazeuse ou boisson gazeuse, on disait *gazouz*. D'ailleurs, pour dire de quelqu'un qu'il est très sympa, on dit c'est un homme *gazouz*. C'est-à-dire qu'il est aussi bon qu'une boisson gazeuse.

Donc le camp était ultra-protégé à cause du chantier. J'ai appris plus tard qu'il y a eu deux ou trois attaques de commandos de l'ALN sur la cité, ce que nous appelions la « citi ». C'est-à-dire là où habitaient les Français, les ingénieurs, leurs familles, qui était entourée de gardes d'accès, de barbelés, de sacs de sable, de chicanes. Par exemple, mon école était au contact de l'entrée de la cité, juste là où il y a le barrage militaire. Nous n'avions pas le droit d'y entrer. Par contre, les enfants au-dessus de mon âge, eux, avaient le droit d'étudier au niveau supérieur avec des Français dans les mêmes classes. Il y a eu des accrochages qui ont tué des soldats à l'intérieur de cette cité.

Chez nous, je me souviens d'une opération coup de poing à l'aube par des légionnaires. Par des parachutistes. Les parachutistes qui portaient la tenue léopard et les bérets rouges, je crois. Eux, c'était la terreur. C'étaient vraiment ceux qui me faisaient le plus peur, comme enfant. C'étaient eux, parce qu'ils avaient cette tenue léopard, dont le général Bigeard était très fier, dans laquelle il y avait des taches vert foncé, vert clair, beige et rouge. Et cette couleur rouge a fait que les gens appelaient cet uniforme l'uniforme de sang. C'est-à-dire tout le monde était convaincu que le couteau et la baïonnette… Parce qu'ils pensaient que l'armée française égorgeait aussi… Qu'une fois qu'ils tuaient des gens, ils essuyaient le couteau sur l'uniforme et que les taches rouges venaient de cela. Donc on disait : « Les uniformes de sang arrivent. » Ça, c'était une vraie terreur.

Ils sont venus, nous ont sortis de nos gourbis. Nous, de notre baraque. C'était une confusion énorme, des pleurs, etc. Et après, j'ai un flou, j'ai un oubli total. Et la séquence du souvenir revient. L'autre bout du souvenir revient. Ils nous ont volés. Ils ont volé un gadget que je trouvais absolument miraculeux. C'était un parfum, un flacon, comme ça, rond, vert. On dirait de l'alcool de menthe, vert, avec un petit tuyau, une pompe, et on faisait pssttt pssttt. Et ça brumisait du parfum. Ils ont piqué ça. Ils ont piqué un paquet d'argent en espèces de mon père. Je ne sais pas quelle somme. Ils ont piqué mon burnous d'enfant que ma tante, Torkia, la femme de mon oncle maternel, avait tissé à la main pour moi, pour ma circoncision. Ils l'ont piqué.

Et le troisième incident, c'est qu'un jour, je rentrais de l'école et au moment d'arriver, je vois des parachutistes, avec l'uniforme de sang, autour de notre gourbi, de celui de mes oncles et de ma grand-mère maternelle. Je vois un grand corps de soldats. Et l'un d'eux – dont je me rappelle très, très bien du visage : il avait des yeux noisette, des cheveux blonds comme ça, le béret –, il me disait… Je ne me rappelle pas en quelle langue je lui parlais mais, en tout cas, je lui faisais sentir : « Je rentre chez moi. » Il me disait : « Dégage ! Vas-y. Vas-y. » Il ne voulait pas que j'y aille. Et, comme j'ai insisté, il a sorti de cette poche une pâte de fruits qu'il m'a donnée. Alors évidemment, tout de suite, j'ai ouvert la pâte de fruits, je l'ai mangée et je n'ai pas insisté.

Après, le souvenir devient complètement évanescent. En fait, ce qui s'est passé, c'est que quelqu'un a donné ma grand-mère maternelle, l'a accusée d'être la receleuse des cotisations du FLN, parce que le FLN existait. Il y avait un service de renseignement, dont mon oncle, Tahar Mezenner, dit le « Négro », était le chef. Ils ont accusé sa tante, ma grand-mère maternelle, d'avoir gardé l'argent. Ils ont pris toute ma famille : mon père… Le seul homme, c'était mon père. Les autres n'étaient pas là… mon père, ma mère, les femmes de mes oncles, ma grand-mère et une tante qui est venue chez nous pour quelques jours. Elle est venue de l'autre bout du camp en séjour chez nous. Ils sont restés, je crois, deux jours ou trois jours en prison.

Un jour, je descendais de l'école. Non, je ne descendais pas de l'école. Je me souviens de mon père, le pauvre, pleurant à chaudes larmes. Il avait une chemise blanche, pantalon gris. Il pleurait. Moi, je me disais : « Mais pourquoi il pleure ? » En fait, il pleurait parce que lui, il a été libéré avec la famille Sahi. Il a été libéré avec les enfants et tout. Ma grand-mère était retenue, parce qu'ils voulaient l'interroger, etc. En fait, ce qui le faisait pleurer, c'est que quelqu'un est venu lui dire : « J'ai trouvé ta mère qui est sortie de prison. Elle est en train de venir à pied. » Et je crois que le fait d'avoir appris par quelqu'un d'autre que sa mère était libre l'a fait exploser. C'est d'ailleurs la première et dernière fois où j'ai vu mon père pleurer, mais vraiment pleurer à chaudes larmes. Comme dit ma mère, ma mère a une expression pour les larmes, elle disait : « Ses larmes descendent de ses yeux, gros comme des poings. » Et après, quand ma grand-mère s'est installée, quelques jours après… Je me revois avec elle parce qu'ils ont brûlé son gourbi… Et la pauvre, dans sa naïveté de paysanne… J'avais pris des petits branchages et nous cherchions dans la cendre s'il n'y avait pas des billets de banque qui n'avaient pas brûlé. Donc c'était un aveu qu'elle était bien la receleuse. La « receleuse », c'est le langage des soldats. Mais en fait, elle était la trésorière des cotisations du FLN. […]

Je voudrais aussi dire ce point très, très, très important pour les gens comme nous, qui étions peut-être la majorité. J'ai dit que, dans le camp, nous étions dans un cocon, nous étions sous vide, en apesanteur. Nous n'avions pas de transistor, pas de journaux. Contrairement aux Algériens des villes qui écoutaient *La Voix des Arabes* de Nasser, qui écoutaient les radios du FLN, de Tunisie et du Maroc qui leur expliquaient qu'ils sont en guerre, qu'il y a une soldatesque coloniale qui tue, qui bombarde, que tel jour à Biskra il y a eu ça, qu'à Alger il y a eu ça, telle bombe, tel bombardement, le napalm. Eux, ils étaient informés. Nous, nous n'avions absolument rien de cela. Ce qui fait que dans mon esprit, le mot « Algérie », comme pays, *Al-Jazā'ir*, je ne l'avais pas entendu. Pour nous, *Jazā'ir*, c'était la capitale… C'était Alger, pas la capitale. La capitale, c'est trop abstrait. Alger, je l'imaginais comme une ville qui ne vit que la nuit, une ville scintillante. Je ne pouvais pas l'imaginer le jour. C'est juste quelque chose de scintillant, comme des lucioles comme ça, à l'horizon. […] Donc, je n'avais pas l'impression que nous étions, les Algériens, en lutte contre la France et les Français. Absolument pas.

Par contre, l'autoreconnaissance, je savais. Nous nous appelions « les Arabes », mais pas dans le sens ethnique. Dans le sens presque d'une espèce. Il y avait *Nassârâ*, au pluriel, ça veut dire les Nazaréens, c'est l'appellation classique arabe des chrétiens. Mais pour nous, chrétiens, ça ne veut rien dire. *Nassârâ*, c'était une espèce. C'est au pluriel. Il n'y a pas de singulier pour *Nassârâ*. Et individuellement, *Roumi*, le Romain. Il n'y a pas de pluriel de *Roumi*. Donc un Français tout seul, c'est un *Roumi* et il appartient aux *Nassârâ*. Mais je ne me sentais pas et, encore une fois, je trouve très important d'insister sur la manière dont nous percevions le monde. Je sentais que ce n'étaient même pas deux mondes. Je ne sentais pas que le *Roumi* ou les *Nassârâ* venaient d'un pays qui est le pays des *Nassârâ* ou des *Roumis*, qu'ils sont venus chez nous et qu'ils nous occupaient. Non, je sentais deux espèces. Il y avait nous et eux, c'était une espèce venue de nulle part ou ayant toujours existé, un peu comme les esprits que nous avions. Mais, quelque part, nous savions qu'ils étaient plus propres, plus nets, mieux, plus forts, mieux habillés, qu'ils mangeaient bien, qu'ils nous traitaient bien. Je veux dire… Parce que comme enfant, j'avais affaire à des infirmiers et à des instits. Et je dois dire que ces instits et ces infirmiers, je peux réfléchir d'ici des siècles, je n'ai jamais trouvé chez eux la moindre expression… je ne garde pas dans ma mémoire la moindre expression de défiance ou de mépris. […] Mais, dans le côté primaire de l'enfant rudimentaire, innocent, encore vierge, ce n'étaient pas deux peuples en lutte. C'étaient deux catégories de l'existence mais je ne les sentais pas comme étrangers. En dehors de nous mais pas des étrangers. C'est-à-dire parmi nous mais pas avec nous.

L'autre souvenir que j'ai dans le camp (maintenant, je sais la date), c'est le 28 septembre 1958. Quand il y a eu le référendum pour la Ve République. Je crois que c'est la première et dernière fois où mes parents ont voté. Et le propre de cette Ve République, c'est qu'elle faisait de nous des Français à part entière. Ça veut dire, de 1830 jusqu'à ce jour-là, nous étions juridiquement des sujets français dans notre propre pays, c'est-à-dire des étrangers vivant sur un territoire de la République française. Nous étions des étrangers sur notre propre terroir, alors que le moindre Maltais ou Sicilien ou Andalou qui venait émigrer en Algérie, lui, devenait français tout de suite. En fait, la chose la plus incroyable de la colonisation française en Algérie, qu'il faut retenir pour la morale de l'histoire, pas pour les règlements de comptes, puisque les morts ne reviennent pas malheureusement. Les dégâts commis ont été commis. Il ne faut pas continuer les dégâts mentaux de cette situation. Par contre, si on doit tirer la morale de l'histoire, la plus grande erreur de la France en Algérie, c'est que, tout simplement, la France a piétiné ses propres lois fondamentales en Algérie. Elle s'est comportée comme un État de non-droit sur son propre territoire. Parce que qu'est-ce qu'un État démocratique qui a deux populations, qui maintient deux statuts juridiques sur son propre territoire ? Un statut de non-droit et un statut de citoyen plein et entier. Et tous les malheurs viennent de là. Donc, en 1958, nous devenons français. Je me souviens du commandant de la région, on disait : « Le commandant est venu. » On nous a donné des bonbons, un petit drapeau français. Et je me souviens d'un grand *jamboree* comme ça, par un petit matin ensoleillé mais froid, où on a voté. On est devenus français. Mais, comme l'a dit Oscar Wilde : « Le propre des bonnes résolutions est qu'on les prend toujours trop tard. » Et le grand paradoxe, c'est que de Gaulle, la France, nous donne la nationalité française pleine et entière au moment où elle entame des négociations secrètes avec le FLN pour que nous devenions des Algériens. Ça, c'est un des grands trous noirs de l'histoire franco-algérienne.

Est-ce qu'on peut revenir sur cette journée du 28 septembre ? Est-ce qu'il y a une sorte d'enthousiasme ? Comment s'organise ce vote ? Quels sont ces souvenirs un peu plus précis sur cette journée spéciale ?

Alors, à mon échelle personnelle et au niveau de mon souvenir, je me souviens que cela avait été précédé par une rumeur la veille. Ça, j'en suis sûr parce que ça résonne encore dans ma tête. La rumeur, c'est : « Le commandant va venir. » Je ne sais pas ce que c'est que le commandant. Mais c'était une sorte de messie, de visiteur étrange, une sorte de démiurge, de magicien qui va venir. « Le commandant va venir demain. » Je ne me rappelle pas de conversations politiques de mes parents avec les voisins, tellement le mutisme était total. Dans cette journée, je me rappelle d'un énorme *jamboree*, c'est-à-dire tous les gens sont sortis de leur gourbi. [...] Et je ne vois pas l'image du bureau de vote. Je ne l'ai pas. Mais je sais que j'avais un petit drapeau français, des bonbons sous cellophane transparente. Pas de bonbons avec un dessin où il y a des fraises. Non, des bonbons transparents avec un petit noyau au milieu comme ça. J'avais ce drapeau. L'atmosphère, c'était une atmosphère assez débonnaire. Oui. Un peu fébrile mais pas tendue, telle que je la garde dans ma tête. Mais ça n'a rien changé. Nous devenions des Français à part entière mais, le lendemain, le camp a continué à être le camp, c'est-à-dire des barbelés autour, le couvre-feu, les officiers des affaires indigènes. [...]

Est-ce qu'on peut revenir sur ce barrage que vous avez décrit ? Est-ce qu'on peut un peu reprendre l'historique de ce barrage ? Et puis, les effets de ce barrage sur la région, en termes économiques, peut-être politiques. Ce dont vous vous souvenez.

Le barrage d'Erraguène, comme je l'ai dit, était une prouesse technologique sans précédent : un barrage à voûtes multiples. On avait utilisé aussi pour la première fois les premières vannes de béton. Et c'est l'ingénieur Freyssinet, dont on est en train d'organiser la Halle Freyssinet, dans le 13e arrondissement. C'est l'un des plus grands architectes du XXe siècle. Et je dois dire, je ne sais pas pourquoi, j'ai une sorte de fierté d'avoir grandi à côté d'un chef-d'œuvre de l'art architectural moderne, sans le savoir. Ce barrage a fait que le camp d'Erraguène était un des plus importants d'Algérie avec six mille cinq cents habitants. Même s'il y a eu 10 % de morts chez les enfants, dont deux de mes frères et une sœur (moi-même, j'ai attrapé la tuberculose), ce barrage a donc permis à nos hommes de passer au stade de salariés. C'est énorme. À tel point qu'en quelques mois, le mot « fellah » est devenu une insulte chez ces fils de *fellahs* ! [...]

L'autre effet du barrage, c'est que quand il a été rempli… Je l'ai vu se remplir et venir vers le camp. Je m'y suis, mais ça, c'est plus tard… je m'y suis noyé. Quand il est arrivé vraiment, il a recouvert l'abattoir. Il a recouvert le souk. Il remontait vers chez nous. Quand il est arrivé à 40 mètres de nos baraques, l'armée nous a forcés à un autre exode. Les six mille cinq cents sont partis à 6 kilomètres, cette fois-ci vers le nord, au pied d'une montagne qui s'appelle Taghrout, dans un camp qu'on a appelé « la carrière ». Pourquoi la carrière ? C'est que cette montagne de Taghrout, c'est là que les ingénieurs prélevaient le gravier qui allait, par téléphérique, jusqu'au barrage d'Erraguène, 6 kilomètres au sud. Nous sommes allés dans le camp de la carrière. […] Pour moi, ça a été une déchirure énorme de quitter Erraguène pour la carrière. […]

Je vais revenir à ce barrage, est-ce que vous pouvez me décrire une fois encore, mais peut-être de façon plus détaillée, qui le protégeait exactement ?

Alors, j'ai trouvé le nom exact de l'unité qui le protégeait. C'était le 45e régiment, je ne sais pas si c'est de Nantes ou de Rouen. C'était un régiment des forces d'élite de l'armée française qui le protégeait, et de façon stable, statique. C'étaient des positions retranchées et, autour de cela, il y avait les commandos de chasse, donc les parachutistes […], les tirailleurs sénégalais, les harkis, dont certains étaient dans des unités de combat mais n'étaient pas de chez nous. Chez nous, c'étaient les gardes champêtres, ça oui. Et j'ai une anecdote très intéressante sur les tirailleurs sénégalais. Dans mon hameau, il n'y a pas de mosquée. Nous avons le marabout de Sidi Ali. Nous nous considérons comme musulmans, nous le sommes, mais le seul rite que nous pratiquons, c'est le ramadan. Je n'ai jamais vu quelqu'un se prosterner : ni à mon hameau, ni à Erraguène, jamais dans la famille… Partout. Donc, la première fois que j'ai vu un homme appeler à la prière et des hommes se mettre en rang pour faire la prière musulmane, c'étaient des tirailleurs sénégalais sous uniforme français. C'est ça aussi, la guerre d'Algérie. Les premiers musulmans que j'ai vus prier en rang, de façon canonique, c'étaient des soldats français et sénégalais. [...]

Et pour revenir en fait à cette disparition de Tahar, dit le « Négro », est-ce que vous vous souvenez de l'effet que ça a eu sur votre famille ? Peut-être l'effroi que ça a pu créer ?

Donc après la disparition de Mezenner Tahar, dit le « Négro », je ne me rappelle pas de la trouille ou de la peur. Peut-être parce que j'étais trop petit. En revanche, dans le camp de la carrière, là c'est autre chose. On est en 1961. J'ai déjà 8 ans et les négociations sont avancées entre le FLN et l'armée française, le gouvernement français. Il n'y a pas de barbelés dans le camp de la carrière. Il y a juste une caserne au-dessus du camp. Il n'y a plus d'officiers des affaires indigènes. C'est fini. Il n'y a plus d'infirmerie dans la carrière. C'est-à-dire, le *soft power* psychologique de la contre-insurrection s'était déjà évanoui au fur et à mesure que les pourparlers se rapprochent (ça, c'est l'adulte d'aujourd'hui qui déduit tout ce que j'ai vécu). [...] Au fur et à mesure, l'effet social du *soft power*, dirait-on aujourd'hui, reculait. C'est-à-dire moins d'instits, moins d'officiers des affaires indigènes, moins d'infirmiers itinérants, moins d'ambulances, plus de FLN.

Dans le camp d'Erraguène, à aucun moment, on n'a vu de responsables du FLN. Par contre, dans la carrière, ils venaient tous les soirs. Je me rappelle une fois d'un homme... Il y avait un *souk* dans le nouveau camp, qui n'était pas au-dessous comme à Erraguène mais au-dessus du camp, où mon père avait sa boutique et son camion. Et un jour, un des commerçants m'a insulté. Donc je suis descendu en pleurant et j'ai dit à mon père : « Il m'a insulté. » Mon père est monté et a discuté avec lui. Le ton est monté entre eux et mon père lui a donné un coup de poing sur la tempe. Le type s'est évanoui. Eh bien, le soir même ou le lendemain, je vois entrer chez nous vers les coups de minuit une escouade du FLN avec des mitraillettes, des fusils de chasse et un gourdin, et un manche de pioche. Donc, ils se sont assis. Ma mère a commencé à leur faire du café et ils ont dit à mon père : « Pourquoi tu l'as frappé ? » Et après, tout s'est dispersé dans ma mémoire. Ce qui est intéressant, c'est que le FLN commençait déjà à faire de l'ordre. Donc il a été informé qu'il y avait eu une bagarre et il est venu. Et il a fait une amende à mon père. Est-ce qu'il l'a payé ? Je ne sais pas. [...]

J'aurais voulu vous demander ce que vous appreniez à l'école ?

À l'école, nous n'avons eu ni des cours de géographie, ni d'histoire. Seulement la langue. La langue et évidemment écrire. [...] À l'école, on apprenait le français. Je me rappelle par exemple quand Mme Cabanal a écrit « voici ». Elle m'a demandé de lire, j'ai lu « voiki ». [...] Donc après Mme Cabanal m'a dit : « Voici. Quand le C est entre deux voyelles, on ne dit pas K, on dit C. »

Et le jour du cessez-le-feu, le lendemain des accords d'Évian, dans le camp de la carrière, un petit avion est passé. Il a fait une lancée de tracts. J'ai ramassé un de ces tracts et dans le petit pâté de paillote où j'étais, j'étais le seul qui savait lire. Et on m'a dit : « Lis-nous. » Je retombe sur le C. Et j'ai lu : « Kesseze le feu. » Je pensais qu'il fallait prononcer le Z. J'ai dit : « Kesseze », puisque le C n'était pas entre deux voyelles. J'ai dit : « Kesseze le feu », mais tout le monde avait immédiatement compris et s'est mis à hurler de joie. J'ai vu, encore une fois, mon père danser pour la première et la dernière fois. Donc, au cours de cette guerre, un homme aussi réservé que mon père, je l'ai vu pleurer pour la première et dernière fois quand sa mère est sortie de prison et je l'ai vu danser à l'indépendance. [...]

*** Ce jour de l'indépendance, j'ai vu mon père danser, lui qui était si réservé, danser, chantonner. On a organisé un petit défilé, mais nous n'avions aucun drapeau. Pas un seul. Moi, j'avais sorti une serviette, une serviette. Et nous marchions sur une allée du camp qui longeait la piste qui nous ramenait vers la grande route départementale. Nous étions peut-être cinq cents, six cents, femmes, enfants. Nous portions des serviettes, des draps au bout d'un bâton. Et, à un moment donné, un de mes cousins m'a désigné la forêt des Babors, au-dessus du barrage. [...] Et il m'a dit : « Dans la forêt. Tu vois dans cette colline là-bas, il y a un drapeau algérien. » [...] Je n'avais jamais vu de drapeau algérien en réalité mais il m'a dit : « Il y a un drapeau. » Et ça, je me rappelle jusqu'à maintenant de la frustration que j'ai eue. [...] Et je ne l'ai pas vu. [...] Je pense qu'il n'existait pas : je ne vois pas pourquoi le FLN aurait été le planter en pleine forêt, si loin des villageois qui étaient dans la liesse et qui jubilaient d'être indépendants. Qui jubilaient d'être indépendants. [...] C'était ça, l'indépendance, l'avion qui passe, la danse, [la caserne] qui part, le drapeau que je n'arrive pas à voir dans la forêt. Mais la liesse !

Est-ce que vous êtes retourné dans votre village à l'indépendance ?

Juste après le tract, peut-être deux ou trois jours après, nous avons pris nos baluchons. On n'avait pas de meubles, pas de tables, pas de chaises. Nos deux casseroles, trois ou quatre assiettes, des cuillères et des nattes. C'est tout. Pas de lits, pas de bancs. Et je me souviens d'un retour absolument féerique, le printemps était éclatant, des fleurs partout, un peu de neige encore sur les sommets des Babors, des rivières, quand on entendait le bruit des cascades. Et nous sommes rentrés dans cet univers fleuri. Il n'y avait plus de guerre, plus rien, plus de contrôle, plus de barrage.

Et on arrive au village. Et on a trouvé que les portes étaient enlevées. Et les cours devant les gourbis étaient envahies d'herbes sauvages, de broussailles. On s'est mis à débroussailler, à nettoyer, etc. Donc on s'est installés dans nos maisons, sans portes. Mais mon père donc n'avait plus d'épicerie. Il n'avait que son camion. Et on est retournés à l'agriculture. Ça paraissait inconcevable. Les champs étaient déjà empierrés, remplis de pierres, d'herbes sauvages. Quand on a déjà mangé de la brioche, des biscuits et des bananes, c'est fini. Et surtout, mon père me l'a dit après. On était au mois de mars. L'école était arrêtée parce que les Français sont partis sans dire au revoir. Rien du tout. Toute la sollicitude des officiers des affaires indigènes, tout ça était évaporé. On n'avait plus maintenant que le FLN mais le FLN n'est pas venu dans nos villages. Il était déjà dans la bataille pour le pouvoir. Une guerre avec les Français se terminait. Bonjour la guerre entre Algériens. Et nous, on était déjà largués. Dans le village, mon père, comme tous les adultes, s'est dit : « Et les enfants ? En septembre, ils vont aller dans quelle école ? Où ? Plus d'infirmerie… Si on tombe malade, on va se soigner où ? » Questions énormes.

Et trois ou quatre jours après, nous sommes allés à Erraguène. Et alors là, franchement, malgré mon jeune âge, j'avais probablement 9 ans… je ne sais pas, j'ai senti un choc mais incroyable. Le village – la cité où habitaient les ingénieurs – était fait de chalets en préfabriqué, mais de couleur pastel, avec des jardins, des roseraies. Mais ça me paraissait comme le paradis. On arrive. Il n'y a plus de village ! Plus de village, c'est-à-dire… Déjà, il y avait une mafia suffisamment organisée pour qu'en si peu de temps, on démonte une ville entière, qu'on mette ça sur des camions pour aller la vendre ailleurs, à Sétif, à Constantine, partout. […] Mais cette « citi » qui, pour nous, était un miracle, avait disparu alors que nous,

nous étions dans des gourbis. Personne n'a pensé à nous loger, nous, dans ces maisons. Non, on les a détruites. [...]

Erraguène est parti. Il reste le barrage et nous au village. Mon père part à Alger. Tous mes oncles partent à Alger, sauf mon oncle Larbi, le plus jeune, qui venait de se marier, sa femme qui était enceinte, et ma grand-mère. Et là, va se produire un truc tragique. C'est que mon oncle Larbi... Mon oncle Saïd est marié à une femme des Béni Medjaled, Halima. C'est-à-dire, on est dans l'El-Ouldja supérieur. La pente dégringole. Il y a la boucle de l'oued Djen Djen. Et, de l'autre côté, après trois ou quatre rebonds de falaise, il y a le village des Béni Medjaled. Ma tante Halima voulait aller voir ses parents et mon oncle Larbi lui dit : « Je t'accompagne. » [...] Elle est allée chez ses parents. Normal. Le lendemain, très tôt, je descends avec... je ne sais pas : une vache qu'on avait achetée, deux ou trois chèvres. Je descends dans la boucle d'El-Ouldja d'en bas. Je vois des gens qui arrivent de Béni Medjaled et qui me disent : « Tu es un Zeghidour toi ? » Je dis : « Oui. » Ils me disent : « Va leur dire que Larbi a été tué. » Alors, la pente est raide comme ça. Je commence à courir et j'avais l'impression de faire des pas de géant, vraiment. Plus tard, j'ai regardé sur un vase grec. Il y a des coureurs marathoniens avec des jambes comme ça, énormes. Et j'ai repensé, c'est exactement l'image que j'avais en courant. J'avais l'impression que je faisais des pas de 10 mètres. J'arrive. Je vois ma grand-mère qui avait une robe jaune avec des fleurs, des coquelicots comme ça. Je lui dis : « Mon oncle Larbi a été tué. » Et je la vois se jeter dans la pente pour descendre. Et le soleil venait à peine de se lever. Et elle hurlait, la pauvre. J'avais l'impression que son hurlement remplissait l'univers. Et après, ça s'est dissipé. Et ils sont allés le ramener, ramener son corps. Il a été tué à coups de hache, coupé en morceaux. À tel point qu'on ne savait pas comment l'enterrer. Pourquoi ils l'ont tué ? Il était en train de dîner, ils l'ont sorti dans le jardin. Tac ! La tête, les épaules, les jambes… Coupé en morceaux… Il y a deux explications possibles. La femme qu'il a épousée, ils voulaient la demander, eux, à un de leurs cousins. Ou alors parce qu'il a porté l'uniforme. Mais tout le monde a porté l'uniforme. En tout cas, il a été tué. Sa femme était enceinte. Il n'y a jamais eu d'enquête. Ni de rapport. Ni d'interrogatoire. Le FLN n'était plus là. Le FLN était dans la lutte pour le pouvoir. Et donc ces tueurs, ces assassins, ont vécu bon pied bon œil toute leur vie. Personne n'est jamais venu les interroger ou les embêter. […]

Et ensuite, vous êtes allé à Alger.

Alors ensuite, après ça, mon père nous a dit de partir à Alger. Mon père était déjà à Alger. Il avait trouvé une baraque. Il avait trouvé un boulot et il nous a dit d'aller à Alger. Ma mère ne voulait pas. Et, à l'algérienne, il l'a menacée de divorce, si on ne part pas. Et donc, un jour, peut-être en juillet 1962, nous sommes montés dans une voiture. Et en partant, il y avait des chênes verts qui faisaient des petits bouts de glands, presque comme de la céramique. J'ai vu une petite branchette où il y avait des petits glands comme ça. Magnifiques. Ça me faisait de la peine de partir sans les voir mûrir, les mettre au feu et les manger comme des châtaignes. J'ai coupé une branche et je suis parti avec. C'est la seule chose que j'ai emportée d'Erraguène pour aller vers Alger.

Gérard Rosenzweig
L'OAS à 18 ans

Entretien avec Denis Leroux[1]

Issu d'une famille espagnole, ayant grandi dans le quartier populaire d'Eckmühl, Gérard Rosenzweig a une conscience aiguë du lien qui unit les espaces et les identités. Eckmühl n'est pas exactement Oran, Oran n'est pas Alger et l'Algérie n'est pas la métropole, qu'il regarde de très loin et sans la connaître. Le jeune homme se radicalise politiquement après septembre 1959. Il s'engage ensuite dans l'OAS d'Oran pour y servir l'Algérie française avec dévouement et absolu, animé par le désir de tuer les ennemis que l'organisation lui désigne. Son récit ne fait pas l'économie des assassinats auxquels il a participé et qu'il raconte avec force détails, répondant sans fard aux questions précises qui lui sont posées.

***

Je m'appelle Gérard Rosenzweig. Je suis né en 1942, à Oran. J'ai un frère cadet et une sœur aînée. Le nom de Rosenzweig provient d'un ancêtre qui est arrivé en 1842 en provenance de

1. Réalisé en France le 18 juin 2019 et édité par Victor Delaporte.

Lviv, en Ukraine. À l'époque, c'était en Pologne. Il a émigré suite aux persécutions subies. Il arrive à 22 ans en Algérie et s'installe à Tlemcen. Tous les Rosenzweig d'Algérie, d'Afrique du Nord, proviennent de cet ancêtre-là. Mais la particularité, c'est que toutes les mères sont d'origine espagnole. Ma mère, mes grands-mères, mes arrière-grands-mères sont toutes d'origine espagnole. Toutes ces femmes ont un lien avec l'Andalousie où il y a eu, dans les années 1895-1900, une période de famine. Il y a alors eu, incitée par la France, une grande émigration du sud de l'Espagne vers l'Afrique du Nord.

Tous les Espagnols arrivés en Algérie sont très vite naturalisés, ce qui était à l'époque le plus suprême honneur qui pouvait arriver à mes ancêtres. C'est la sensation d'être reconnus comme Français par la France. C'était un lien d'attachement dont on ne mesure pas la puissance. Ça complexifie un petit peu l'origine et ça donne exactement l'image de ce qu'était un pied-noir : une personne aux origines multiples et, surtout, avec toujours un grand amour de la France, une grande pression d'attention et d'être toujours prêt à la défendre, à l'aimer, à essayer de la comprendre, et surtout, à lui obéir. Nous étions tellement honorés d'être devenus Français que tout ce qui venait de France, de la France légale, toujours, c'était positif.

Nous étions constitués d'éléments très populaires, des gens qui n'avaient pas fait d'études. Mon père et ma mère avaient pour tout diplôme le certificat d'études, passé à 12 ans. Donc, il y a une étroitesse au point de vue économique qui est très présente mais qui, pour nous, est une situation normale. Mon père est né en 1904. Il a travaillé à l'âge de 14 ans. Ses deux ans de service militaire, il les a passés dans une guerre totalement incompréhensible et totalement oubliée : la guerre du Rif. Puis, en 1939, il est mobilisé pendant un an pour faire, contraint, une guerre en Syrie et au Liban. Il travaillait à l'usine Berliet, dans le quartier Saint-Eugène. Il était mécanicien ajusteur, un rang d'ouvrier très classique dans cette usine de camions. Je me souviens les quelques fois où nous sommes allés le voir. Nous rentrions dans ces immenses bâtiments où il y avait un bruit absolument infernal et une odeur épouvantable, avec les moteurs diesel qui tournaient partout, et mon père, maculé de cambouis, les mains absolument noires et la tête toujours plongée sur un moteur.

Mon père était syndiqué à la CGT au début, lorsqu'il a été engagé dans cette usine. Je me souviens, quand j'étais enfant, il m'avait emmené à des manifestations, des défilés du 1er mai où les véhicules de la maison Berliet étaient presque ornés. Je me souviens aussi que, quelquefois, ces défilés finissaient mal. Il y avait de la cogne. Il y avait des coups qui étaient échangés avec la police. Puis mon père, peut-être au début de la guerre d'Algérie, quitte la CGT, comme d'ailleurs pratiquement tous ses collègues et tous ses copains. Il n'en fait plus partie. Mon père est mort en 1957 des suites d'une maladie. Il est mort en France. Donc, je suis orphelin de père à partir de là. Il avait 53 ans quand il meurt.

Ma mère était sans profession jusqu'à la mort de mon père. Ensuite, pour pouvoir continuer à faire vivre la famille, parce que la vie continue dans tous ses actes, elle achète une toute petite épicerie qu'elle a conservée jusqu'en 1962. J'habite à Oran, dans un faubourg de la ville qui s'appelait Eckmühl. C'est un quartier très populaire. Il se situe à l'ouest de la ville, vers la zone où se trouvent les casernes de l'armée française, près des arènes, près d'un stade que tous les Oranais connaissaient bien, le stade Montréal. Il y a un marché couvert, une salle de cinéma qui s'appelait le Plaza. Nous avons des jardins, des endroits très animés. C'est un endroit très agréable à vivre mais qui se trouve aux limites de la ville, donc près du quartier des Planteurs, qui est un quartier à très forte dominante musulmane.

Je suis scolarisé dans le groupe scolaire de mon quartier. J'ai une scolarité en primaire très normale. Après, je suis entré en sixième au lycée Lamoricière, seul établissement secondaire d'Oran. Il y avait un concours d'entrée et j'ai été reçu, ce qui était déjà une sorte de fête pour moi, de me dire que j'allais pouvoir continuer à étudier. En troisième, mon père vient de mourir. Se posent de grandes questions d'un avenir sans la présence d'un père et sans la présence de l'argent qu'il apportait dans la famille. Comme je veux poursuivre mes études, je me dirige vers le concours d'entrée à l'École normale d'instituteurs, où je suis admis deuxième dans ma section en 1959.

Je me souviens toujours, ça, je tiens quand même à souligner, que nous étions dans un quartier disons plutôt à dominante européenne, avec une population européenne. Il y avait toujours dans ma classe en primaire – ce qui d'ailleurs ne posait pas question, parce que ça nous paraissait très naturel – au moins un tiers à peu près d'enfants d'origine musulmane. Nous étions copains sans état d'âme. Au lycée Lamoricière, il y en avait un peu moins. En étant très honnête, je dirais plutôt le quart. Peut-être même, selon les classes, un peu moins. Par contre, à l'École normale d'instituteurs, j'ai retrouvé cette proportion du tiers. Nous avions des copains au début qui, pour certains, ont viré FLN.

La guerre, à Oran, est très différente de ce qui se passe à Alger. La guerre n'atteint Oran que vers 1957, je dirais.

Il y a bien quelques attentats entre 1954 et 1957. Ils sont quand même relativement épisodiques, c'est-à-dire, disons qu'il y a un ou deux attentats individuels par semaine, ce qui peut paraître énorme aujourd'hui en France. [...] Je parle de la ville même, parce que ce qui se passait dans les zones de campagne, je n'ai pas connu.

Avez-vous eu l'occasion, durant votre jeunesse avant la guerre, d'aller dans les campagnes autour d'Oran ?

Ma mère était née dans un village qui s'appelait Chanzy, qui se trouve à 80 kilomètres d'Oran. J'avais une tante qui habitait à Sidi Bel Abbès, donc la cité plus proche. C'est les seuls endroits que j'ai connus avant l'indépendance auxquels nous nous rendions en train ou en car. Mais des voyages qui deviennent très vite impossibles parce qu'il est très dangereux en fait, très risqué, de quitter la ville. La ville avec son entassement d'hommes, de soldats, c'est comme un banc de poissons, la ville. Le banc protège. Là, la ville protégeait. Quitter la ville pour aller en campagne présentait quelques dangers dès 1955. Donc à l'époque j'ai 13 ans. [...] Les seuls atteints de la famille sont des cousins au second degré que je connaissais un peu – mais c'est un souvenir très vague – qui étaient gardes forestiers à une centaine de kilomètres d'Oran et qui, dans les années 1959-1960, rentrent en famille dans Oran parce que l'exercice de leur profession devient impossible, trop risqué. Et donc, ils rentrent à Oran. Ils tombent sur un barrage et les deux parents sont... Lui est tué par balle. La femme est égorgée. Et les deux enfants sont massacrés. C'est le premier enterrement auquel j'ai assisté. Quatre cercueils, deux petits cercueils blancs. J'en rêve encore.

[Gérard Rosenzweig explique ici que, si la guerre commence en 1954, à Oran, cela inquiète mais paraît d'abord relativement lointain, théorique. Ce n'est qu'à partir de 1956 que les attentats se multiplient. Il décrit ensuite la société oranaise de son enfance, notamment ce qu'il percevait des relations entre les différents groupes sociaux qui la composent. Enfin, questionné

sur la manière dont il s'informait, il explique que cela passait principalement par la lecture des journaux locaux et l'écoute des radios. Mais que, plus la guerre s'est intensifiée, plus les informations ont été censurées.]

J'imagine que dans un cas où la presse est censurée ou orientée, les discussions dans la rue, pour apprendre les événements qui se passent localement, jouent un rôle important également. Sans parler forcément de rumeur, mais le bouche-à-oreille, est-ce que c'est quelque chose qui…

Le bouche-à-oreille fonctionne beaucoup et les discussions à tendance politique commencent à apparaître, effectivement, à partir du moment où, à Oran, la guerre commence à être présente, c'est-à-dire vers 1957. Je m'en souviens. Peut-être avant, mais je ne me souviens que de cette époque parce qu'en 1957, j'ai 15 ans. Donc je commence à ouvrir les yeux, à essayer de comprendre ce qui se passe autour de moi. Et à 70 ans, j'essaie toujours de comprendre, d'ailleurs. Mais il y a progressivement une prise de conscience politique. Le seul espoir pour le milieu dans lequel je vis, le milieu oranais et le milieu d'Eckmühl, c'est qu'il nous faut rester français. Le seul destin que nous ayons, c'est celui de la France. Les immigrés espagnols de l'époque vers Oran ont tous rompu leur lien avec l'Espagne. Il n'y a pas de liens de famille. […] Mais cette pression qui se manifeste toujours vers l'idée de dire qu'il faut que nous restions Français, qu'il faut se battre pour rester Français. L'Algérie est française. La question ne se pose pas. Elle l'est depuis l'aube des temps. C'est une façon de sourire pour moi en le disant, mais je suis quand même la quatrième génération qui naît en Algérie. Donc notre terre, notre patrie, c'est celle que nous avons sous nos pieds. Nous aimons la France comme une patrie théorique, une patrie lointaine, une patrie vers laquelle personne ne va jamais. Dans les milieux à économie réduite dans lesquels je suis, je vis, il n'est pas question de prendre des vacances en France. La question ne se pose pas. La France est de l'autre côté de la mer. On en entend parler par les journaux, par ceux qui y ont fait un voyage. On nous dit qu'il y fait froid, que même en été on a froid… Il y a une relation filiale curieuse vis-à-vis de la France, en ce sens que c'est une mère, mais une mère qu'on ne voit pas, qu'on ne voit que par les personnes qu'elle nous envoie. Et donc, au début de la guerre d'Algérie, notre seul espoir s'est tourné vers la France. C'est-à-dire, nous avons une confiance absolue envers la France, vis-à-vis de ces « événements », parce qu'il faut corriger à l'époque du temps, ce n'est pas la « guerre ». Personne ne parle de « guerre ». On parle simplement « d'événements », où il y a quand même des morts. Il y a un million de pieds-noirs français en Algérie, disons, à cette époque. Peut-être un peu moins : autour de neuf cent mille. Un million, c'est en 1962. Et neuf millions d'Algériens qui y vivent. Donc nous sommes conscients de ce déséquilibre. Nous sommes conscients de ce que cela implique. Nous sommes conscients aussi que l'Algérie a été une terre qui a été conquise, non par les pieds-noirs, mais par la France qui, ensuite, a besoin d'avoir une présence européenne pour justifier sa présence militaire. Donc elle crée une zone qui est française. L'Algérie n'est absolument pas un protectorat comme le Maroc. L'Algérie est une succession de départements français. […]

Comment se transforme votre quartier face à la guerre ?

Je sais que dans les cafés, on va mettre des grilles aux fenêtres pour éviter les jets de grenades. Il va y avoir des mesures de sécurité, des barrages policiers pour faire des contrôles d'identité. Je pense aussi à la relation avec la cité des Planteurs, qui se trouve dans le quartier musulman le plus proche.

J'imagine que les relations doivent se tendre avec ce quartier. Comment ça se manifeste ?

Les relations se tendent effectivement parce que, c'est malheureux à dire, mais je ne vois pas pourquoi je ne le dirais pas : progressivement, tout musulman devient un terroriste en puissance. C'est ce qui s'appelle la séparation des communautés. Peu à peu, nous prenons conscience que la menace est impossible à déterminer, à découvrir à l'avance. La situation, je ne dis pas qu'elle se tend mais, progressivement, elle va vers la séparation. On parle moins avec ses amis musulmans. En attendant, on se protège, c'est-à-dire que le Français d'Algérie, même si c'est la France qui gouverne le pays, n'oublie jamais qu'il est minoritaire. Pour un Français d'Algérie, il y a neuf Algériens musulmans. Ça fait beaucoup de monde. Et ça donnait toujours la sensation que nous avons peur d'eux. Au départ, il n'y a pas d'agressivité. Il y a seulement la peur. Nous avons peur de l'attentat qui risque de se manifester, du moindre musulman qui passe dans la rue. C'est très rare mais il suffit qu'il y en ait un dans notre quartier pour plonger le quartier d'Eckmühl dans la peur et l'angoisse.

Par exemple, je vous l'ai dit tout à l'heure, il est dangereux de sortir de chez soi en hiver à 5 ou 6 heures quand il fait nuit noire pour partir au travail. Je le dis précisément parce que je l'ai vécu lorsque j'étais interne à l'École normale d'instituteurs à Oran. […] Il fallait que je quitte chez moi vers 6 heures, 6 h 15. Donc en hiver, nuit noire. Et je faisais quelque chose (d'ailleurs je n'étais pas le seul à le faire) qui, aujourd'hui, peut paraître incroyable : je me mettais pendant dix minutes sur mon balcon. Nous habitions au troisième étage. Et pendant dix minutes dans le noir, j'observais ce qui se passait dans ma rue, pour voir s'il n'y avait pas de mouvements parce que les meilleurs des attentats se faisaient à ce moment-là. Des tueurs attendaient le premier passant avec un pistolet pour le tuer d'une balle. C'est arrivé. Pas forcément dans ma rue, je suis honnête. Mais le risque, dans le cas d'Eckmühl, existait. Je ne dis pas qu'il était présent. Donc, il fallait être très prudent, quitter chez soi en ayant observé la rue pour voir s'il n'y avait pas un tueur qui attendait quelqu'un qui passe. C'était ça, l'atmosphère. Ce qui est important à préciser, maintenant que la France subit et vit le terrorisme, un terrorisme différent mais, d'une certaine façon, encore assez voisin, c'est que le terrorisme rend fou. On ne s'en rend pas compte mais je crois que chaque attentat (je parle de ce que j'ai vécu) ajoute un poids mental, un processus de pensée que, peu à peu, on ne va plus dominer. Mais le terrorisme ne rend pas fous des individus. Il rend fou le peuple qui le subit. C'est un des éléments dont je vous parlais tout à l'heure qui peuvent non pas justifier – il n'y a aucune justification à chercher –, mais juste expliquer ce qui va se passer en 1961-1962. [...]

Vous avez mentionné qu'un élément important pour vous, votre engagement, ça a été les événements de mai 1958, juin 1958. La situation d'Oran, même si elle a déjà été évoquée, est beaucoup moins connue que celle d'Alger. Comment commence mai 1958 pour vous ?

Il y a beaucoup d'agitation politique, c'est-à-dire qu'on sent que le pouvoir à Paris commence à devenir très peu sûr et très incertain sur ses déterminations. Il y a une agitation politique, qui est probablement d'ailleurs téléguidée. À l'époque, je suis tout jeunot. Mais on ne se rend pas compte. On pense naturellement que tout est spontané. En réalité, je pense que tout devait être plus ou moins organisé et prévu. Nous, jeunes gens et jeunes filles, nous manifestons avec des petits rubans bleu-blanc-rouge, que nous nous attachons autour du cou, de très fins petits rubans. Et avec des petits sifflets, nous sifflons « ti-ti-ti ta-ta ! Al-gé-rie fran-çaise ! ». Et nous crions à en perdre la voix. Nous crions : « Vive de Gaulle ! Vive de Gaulle ! Vive de Gaulle ! », partout. Tout Oran est gaulliste. Il y a des drapeaux partout. C'est autour du 13 mai. Le 13 mai arrive. À Oran, il ne se passe rien.

C'est le 16 mai qu'Oran crée son Comité de salut public, sauf erreur de ma part. Je pense que c'est à ce moment-là. C'est une révolution non violente. Une révolution qui va probablement, nous l'espérons tous, apporter la solution à cette guerre d'Algérie qui n'en finit pas… enfin à ces présences de hors-la-loi, à ces événements d'Algérie qui n'en finissent pas et qui commencent… Il y a quand même déjà quatre ans que ça dure. Il y a quand même beaucoup de morts. Il y a des morts réguliers. Les familles commencent à être touchées. Tout le monde connaît un ami qui a été ou blessé ou tué dans un attentat du FLN. […] Le 16 mai arrive à Oran. C'est la solution. Ça y est, nous tenons notre avenir. Nous allons rester français sur une terre qui restera française. Le général de Gaulle va en être l'artisan. Nous attendons beaucoup de lui. Certes, ce qu'il a dit à Alger, les Oranais qui ne sont pas très instruits le perçoivent simplement comme disant : « Il nous a compris. C'est ce qu'on veut. Il va le faire. » C'est probablement certainement plus complexe que ça. C'est la seule partie du discours à laquelle nous nous attachons à Oran. […]

Il arrive à Oran. Il traverse la ville. Il est acclamé follement. Et le premier discours à Oran est prononcé le 6 juin, au matin. Nous sommes déjà présents. La moitié de la ville est là. Il y a cent cinquante mille personnes sur une esplanade qui est proche d'un palais d'exposition. […] C'est remarquable. C'est une sorte de messe. Aujourd'hui, il y a un enthousiasme dont vous ne mesurez pas la portée. Le général de Gaulle descend du ciel puisqu'il vient de France. La France est un ciel. Il descend du ciel. Il vient nous dire que la France nous aime. Il dit qu'Oran est une ville française, ce qui le fait acclamer pendant, peut-être… pendant plus de dix minutes. Et puis, il reprend sa voiture et file vers Mostaganem, qui est à 80 kilomètres d'Oran, avec la moitié de la ville d'Oran. J'exagère, mais disons plusieurs dizaines de milliers de gens qui suivent, dont moi d'ailleurs dans une voiture, et qui arrivent à Mostaganem. […] Et c'est là : après un discours classique où il parle de la grande œuvre que la France doit remplir en Algérie, et qui se manifestera également à Oran et à Mostaganem, il crie le fameux : « Algérie française. »

Ce que j'ai déjà essayé d'exprimer, c'est qu'à Alger peut-être, les gens ayant une culture beaucoup plus française métropolitaine, le droit est un droit écrit, à Alger. À Oran, c'est le contraire. C'est un droit oral. Ce qui engage la personne, c'est sa parole. Un homme donne sa parole, il doit la tenir jusqu'à la mort. S'il la trahit, c'est ce qu'on appelle à Oran, en espagnol, un *falso*. Ça veut dire… Je traduirais en disant que c'est un faux-derche, un faux-cul disons, en français. On appelle ça un *falso*. La langue espagnole est très pratiquée dans les familles, et même dans les rues. Elle est très présente. Elle reste très présente. Lorsque de Gaulle nous dit « Vive l'Algérie française », dans les conditions discutables peut-être dans lesquelles il le dit, je veux bien l'admettre, c'est Hiroshima dans le bon sens. C'est une explosion atomique. De Gaulle vient de s'engager. De Gaulle vient de révéler sa pensée. Il veut sauver l'Algérie. Il veut que l'Algérie reste française, puisqu'ils viennent nous le dire. À ce moment-là (j'ai mis beaucoup de dizaines d'années à le comprendre), l'OAS naît à Oran ce jour-là. C'est-à-dire que si la parole est trahie, elle donne le droit à ceux qui sont trahis d'engager la lutte. C'est tout simple. […]

Quel est le rôle de l'armée à Oran, dans ces grandes manifestations ? Est-ce qu'ils assurent la logistique ? Est-ce que les chefs militaires prennent la parole ? Que disent-ils ? Comment vous les voyez ?

Les chefs militaires ne prennent pas la parole lorsque le général de Gaulle parle. Les chefs militaires, on les entend. Salan est venu à Oran. Jouhaud est présent très régulièrement. Les grands généraux sont présents, les officiers supérieurs, colonels aussi. Mais ils ne parlent jamais en présence du général de Gaulle. Ils font ce que l'on peut comprendre aujourd'hui comme étant des grandes réunions avant ou après, pour conforter la pensée du général. [...] C'est difficile à admettre. C'est vrai qu'aujourd'hui, avec du recul, je me rends bien compte que le destin de l'Algérie était tracé d'avance. Mais à l'époque, on ne le savait pas. On nous avait expliqué le contraire. « La France était là pour toujours. » De Gaulle le dit : « La France est là pour toujours. » Je crois qu'il le dit d'ailleurs dans un des discours, ou d'Oran ou de Mostaganem. Il me semble qu'il dit : « La France est là pour toujours. » Donc une telle phrase... Quand on dit : « La France est là pour toujours », c'est que la France est là pour toujours. La question ne peut pas se poser. [...] C'est absurde aujourd'hui. Je sais bien que c'est absurde. C'est impossible à croire. Le recul, même au pied-noir le plus endurci, le condamne à se rendre compte qu'il y avait un problème sans solution. Mais nous, nous avions choisi, contre vents et marées, la seule solution qui n'était pas viable, c'était la solution française. [...] Mais on ne le savait pas et on nous avait dit, non le contraire, mais l'inverse absolu ! On nous avait dit que ce que nous voulions et ce que nous désirions, la France le désirait aussi. Comment ne pas la croire ? Et, quand on suit, douze mois après ces phrases, le virage commence à être pris en 1959. [...] L'énorme travail que le pied-noir oranais a dû effectuer, c'est l'idée de se dire que la France progressivement, à partir de 1959, devient une puissance ennemie. S'installe à Oran une guerre civile qui va être une véritable guerre civile. Peut-être aussi à Alger mais je n'en sais rien. Ce qui va faire que les groupes d'action et de combat de l'OAS vont se battre contre le FLN mais, dans Oran, vont se battre surtout contre l'armée française [...]. Nous avons vu apparaître une armée qui n'était plus celle du contingent, avec lesquels nos sœurs ou nos cousines quelquefois se mariaient. Nous avons vu apparaître des hommes d'une quarantaine d'années, toujours installés dans les blindés, et qui avaient – je vais le dire comme je le pense – de sales gueules. [...]

J'arrive en 1960. [...] Il y a les journées des barricades. Je suis interne à l'École normale donc je suis amené à me déplacer souvent, [...] entre mon domicile à Eckmühl et l'internat qui était en ville. On se déplace à pied. La ville devient de plus en plus risquée. Un ami me donne, je ne sais pas où il l'a trouvé, un poignard de parachutiste, une belle pièce comme ça – qui est la première arme que je vois et que je garde précieusement au fond de mes affaires. Un peu après mes 18 ans en juin 1960. Je traverse la ville. Il y a une énorme manifestation. Ce sont encore les CRS. Ce ne sont pas les gendarmes mobiles. C'est encore les CRS. Je suis bloqué, fouillé. On trouve cette arme dans mes affaires. Je suis condamné. J'aurais pu prendre beaucoup plus mais, à l'époque, disons que la justice était encore mesurée. Je suis condamné à quinze jours de prison avec sursis. Je reste quand même une semaine, arrêté, en prison. Pas à la prison d'Oran mais je suis emprisonné dans les cellules du commissariat central de la ville avec d'autres manifestants, qui avaient été pris comme moi, pour des raisons différentes. Moi, c'est pour port d'arme interdite au cours d'une manifestation interdite, je crois. [...] Je suis majeur pénalement donc ça va, je... À l'époque, je vous avoue que ça ne m'a pas... Je n'ai pas été gêné de cette condamnation. Il s'est passé quelque chose de curieux. Au bout de cette semaine où je suis enfermé et je retrouve mon internat, les élèves de ma classe, de ma section, je suis acclamé par eux. [...] Je suis frappé par cette réaction parce que j'avais plutôt tendance à en être un peu gêné, parce qu'avoir passé une semaine dans les cellules souterraines du commissariat central, je n'avais pas trouvé ça très honorable. [...] Passé cette époque, j'ai 18 ans. En 1961, l'OAS est créée en Espagne. Elle est créée sur le papier après l'épisode du putsch qui est un nom affreusement mal choisi. Si, à Alger, c'était un putsch, à Oran, ça ne l'était pas du tout. [...] Début 1961 après le putsch, j'ai reçu la visite d'un... je dirais aujourd'hui recruteur, qui avait trouvé ma fiche parce qu'il l'avait cherchée bien sûr, comme il cherchait les jeunes gens qui en principe pouvaient être tentés de se battre. Je me suis comme ça retrouvé inclus dans un commando OAS à Oran. Il faut expliquer quelque chose de fort complexe. À Oran, comme c'était un peu espagnol, c'est-à-dire un peu désordonné, il y avait plusieurs groupes de combat. À Alger, c'étaient les Deltas. À Oran, c'étaient les groupes Collines parce qu'Oran est bâtie sur certaines éminences qui peuvent s'appeler des collines. Donc les groupes sont des Collines. Il y en a à peu près une dizaine sur l'ensemble de la ville, peut-être douze, je dirais, au maximum. Ça, je l'ai su longtemps après. C'est le général Jouhaud qui me l'a expliqué un peu avant sa mort entre 1982 et 1990. Il y en a à peu près une douzaine. Chaque groupe constitue un groupe de dix combattants armés avec un chef. Le chef, la plupart du temps, est un Oranais. Ce sont des groupes civils dirigés par des civils qui vont combattre. Mais mon groupe étonne beaucoup le général Jouhaud. [...] Il m'a expliqué que mon groupe représentait pour lui un mystère. Mais il savait qu'il avait existé des groupes autonomes qui avaient été formés spontanément, notamment le groupe OAS de Juifs du quartier juif d'Oran. Aujourd'hui, quand on dit que l'OAS était d'extrême droite, on passe sous silence le fait qu'il y avait un groupe OAS uniquement composé de

Juifs qui défendait les deux quartiers juifs de la ville d'Oran. C'est simplement une sorte de sourire de l'histoire. Il m'a dit qu'il existait trois groupes autonomes. Il m'interroge. Il recherche dessus et finalement, comme je ne suis joignable à aucun, il déduit qu'il a existé un quatrième groupe autonome. Toujours composé de la même façon. Notre chef, c'est ce qui lui a mis la puce à l'oreille, n'était pas un pied-noir. C'était visiblement un Français, comme on disait un « Français de France », donc un vrai Français, jeune officier, qui à l'époque devait avoir 35-40 ans, dont nous n'avons jamais connu le nom, que nous appelions capitaine. Je ne sais pas quel grade il avait dans l'armée. Il n'en a jamais parlé. Il avait probablement déserté et venait d'Alger parce qu'il connaissait beaucoup de choses sur Alger et avait fondé ce groupe. Mais qu'il avait fondé probablement en toute connaissance de cause avec les groupes qui existaient déjà à Oran. Donc nous sommes à peu près (quand on fait le compte total) environ seize groupes de combat, seize commandos de dix jeunes chacun, ce qui fait disons cent soixante à deux cents personnes qui portent les armes. Si vous connaissez le principe de la clandestinité, pour un clandestin, il faut cinq personnes. Si on multiplie à peu près ces deux cents par cinq, on arrive au nombre à peu près au maximum de mille personnes engagées dans l'OAS Oran, sous les ordres du général Jouhaud. Essentiellement, celui qui compte pour nous, c'est le général Jouhaud. C'est lui qui a remplacé la statue du Commandeur déchu du général de Gaulle. Très vite… Nous sommes amenés à nous battre au début, à quelques reprises, contre des groupes FLN. Mais très vite, mon groupe se trouve engagé surtout en centre-ville. […] En centre-ville, nous n'avons pas tellement à nous battre contre le FLN. Nous nous battons surtout contre l'armée française. C'est en ce sens que je vous disais tout à l'heure que la guerre d'Algérie devient, à partir de 1961, aussi une guerre civile. […] Ce qui aujourd'hui, en le racontant comme mes souvenirs me le rappellent, c'est presque un film. C'est presque un film. Oran avait une architecture particulière […]. Le centre-ville est très difficilement pénétrable par une force armée. Ça, très vite, nos stratèges le comprennent et font qu'en bloquant les deux carrefours d'accès, en les bloquant militairement, nous rendons le centre-ville inaccessible. Ce que l'OAS Alger n'a pas réussi, Oran l'a réussi. C'est-à-dire que le centre-ville devient un centre OAS où l'armée française ne pénètre plus. Je vous parle de février 1962 jusqu'à juin 1962. Pendant presque six mois, le centre-ville à Oran est OAS. L'armée française n'y entre plus autrement qu'avec des blindés. Nous voyions régulièrement arriver en centre-ville, parce qu'ils veulent nous réduire, les half-tracks qui sont des véhicules d'une facilité extraordinaire à détruire. […] Ils n'ont pas de blindage dessus. Dans une ville, un blindé comme ça, il tient le coup 300 mètres. De toutes les terrasses qu'il longe (puisqu'Oran n'est pas une ville avec des toits, Oran est une ville avec des terrasses, c'est une ville du Sud), pleuvent les grenades incendiaires et les cocktails Molotov. […] Il y a sur le half-track une mitrailleuse de 12.7, la fameuse mitrailleuse de l'armée américaine, calibre 50, qui tire des balles énormes, qui traversent tout. Il n'y a rien qui puisse faire obstacle à une balle de 12.7 mm. Et cette mitrailleuse tire dans nos rues parce qu'on la provoque, c'est évident. Mais elle a la mauvaise habitude aussi de tirer sur les immeubles. Ça veut dire qu'il y a eu beaucoup de morts civils dans Oran, du fait de l'armée française de cette époque. Il y a eu notamment beaucoup de morts et beaucoup de blessés. […]

Les groupes sont à pied. En fait, nous portons nos armes, nous sommes armés d'une façon générale pour moitié de pistolets-mitrailleurs américains ou français et de fusils qui sont lourds et désagréables à porter, et également d'armes de poing. [...] Nous pratiquons une guerre très moderne, c'est-à-dire une guerre de mouvement. [...] J'étais le plus jeune d'ailleurs à l'époque. Leurs origines étaient très populaires. J'étais le seul à poursuivre des études, enfin donc juste avant le bac [...] et ils se moquaient de moi un peu en m'appelant l'étudiant. Mais j'étais aussi le plus jeune du groupe. J'avais donc 19 ans à l'époque. La tranche d'âge était plutôt de 21 à 26. Et tout le monde était célibataire. [...] L'engagement militaire commence en octobre 1961 et se termine fin juin 1962. Donc ça fait huit gros mois ; je m'y suis donné à fond. [...] Là, nous avons la sensation profonde d'être, de devenir, de nous inscrire dans une fonction de résistant. Nous voulons sauver le pays de l'infamie qui le guette. Nous ne voulons pas le livrer à l'ennemi. C'est exactement l'esprit de la Résistance française. [...] Il s'agit de sauver le pays malgré lui et malgré l'infamie qui est en train de nous gouverner, malgré les traîtres qui ont pris le pouvoir en trompant les pieds-noirs et aussi peut-être les Français mais ça, on l'ignore, on n'en sait rien. Et nous prenons les armes dans un esprit de Résistance. Nous ne voulons pas que le pays, l'Algérie, notre patrie natale, nous ne voulons pas qu'elle soit livrée à un ennemi. Que nous qualifions, que nous voyons comme le FLN. Voilà, le sens de notre combat, il est là. Ce n'est pas de tuer des Arabes, parce que nous sommes des terroristes ou des racistes, ce n'est pas ça du tout ! La preuve, il y a des Arabes dans l'OAS, pas beaucoup, mais il y en a eu.

À quoi ressemble une journée type dans la clandestinité ? Vous êtes caché dans des appartements ? Comment êtes-vous en contact avec le reste de l'organisation ? Comment se matérialise la clandestinité ?

Le temps se partage. C'est-à-dire qu'on n'est pas toujours en clandestinité. Il y a une bonne partie du temps où on vit très normalement. Même dans certains jours où on va se battre, on est chez soi. Moi je suis quelquefois, étant interne, je suis soit chez moi, soit dans mon internat. Donc il y a un partage de la vie entre vie publique officielle et vie de la clandestinité. La question, c'est de toujours garder le secret. [...] J'ai réussi à tenir ce secret, notamment avec ma mère. [...] Au moment où cela se passe, on n'en parle jamais autour de nous. [...] La vie publique, c'est avec notre nom officiel et notre prénom officiel. Notre vie clandestine, c'est avec un prénom d'emprunt. Dans la clandestinité, je m'appelle Henri. [...] Ce sont des petits appartements vides que nous occupons, lorsque nous avons besoin de nous retrouver. Un des trois possède une cache qui est remarquable, où nous stockons les armes. [...] C'est en plein centre-ville. Au-dessus... Je l'ai expliqué dans mon livre : nous avons un appartement au-dessus d'une boulangerie, qui est désaffectée, qui ne fonctionne plus depuis des dizaines d'années, qui a toujours été fermée, qui était toujours là. Et nous utilisons l'espace qu'il y a entre son fournil qui est bombé et le sol qui est au-dessus du premier étage. Donc, un trou a été creusé. [...] C'est là où nous stockons le mortier, les pistolets-mitrailleurs, les grenades, les boîtes de balles, les pistolets dans leurs caisses. Enfin voilà, tout se trouve toujours au même endroit. Nous ne sommes jamais armés. En fait, dès que nous prenons une arme, ou les armes, c'est que nous avons un engagement dans l'heure qui suit. Ces engagements, pour les principaux, nous avons au début des renseignements, qui nous sont d'ailleurs fournis par les pieds-noirs qui travaillent dans les préfectures et dans les services armés. [...] Je ne vous dirai pas que les plus grandes peurs de ma vie, je les ai eues là. Il ne faut pas chercher du courage là-dedans. Il faut chercher peut-être de l'inconscience et la volonté de défendre quelque chose et, après, on est pris. Un beau matin, je me suis retrouvé avec un pistolet-mitrailleur dans les mains et ma vie prenait une deuxième voie. Une voie totalement imprévue. [...] La physionomie d'un combat typique, c'est que nous nous portons en centre-ville. Nous sommes au centre-ville. Nous nous positionnons vers des carrefours qui ouvrent sur l'axe central de la ville, lorsque des blindés sont en train d'y patrouiller. C'est-à-dire que nous les attirons. C'est-à-dire qu'on leur tire dessus. [...] J'ai participé une fois. J'en ai rêvé encore, pendant les trente années qui ont suivi, d'un blindé que nous avons attiré. Je n'étais non pas dans ceux qui étaient devant, mais ceux qui l'attendaient sur la place des Victoires. On était planqués derrière un ancien kiosque à glace où nous avions déposé à l'intérieur, pas des plaques de blindage, mais des plaques qui pouvaient nous protéger des tirs éventuellement et nous étions à l'arrière. Le blindé est arrivé. Il a reçu, au moment où il a traversé la place des Victoires, une grenade incendiaire que notre capitaine, notre chef, a lancée en se dégageant... Simplement en la balançant comme ça, il a eu de la chance, elle est tombée dedans. L'intérieur a brûlé, les hommes sont sortis en feu et nous les avons achevés au pistolet-mitrailleur. [...]

[Interrogé sur la provenance des armes, Gérard Rosenzweig explique qu'elles ont surtout été volées dans les casernes avec la complicité de militaires. Quant aux armes anglaises, il émet l'hypothèse qu'elles venaient d'Israël, du fait des liens entre certains Juifs d'Oran et l'armée israélienne.]

Vous avez mentionné, je ne sais pas si c'était dans l'interview ou en aparté, le plastic, le fait d'être un plastiqueur, vous avez été confronté à ça ?

[...] La légende rappelle que l'OAS a surtout utilisé ce genre de bombe contre des opposants. C'est vrai mais c'était mineur. Je pense évidemment que 90 % des Oranais étaient pro-OAS.

Mais ça en laissait quand même 10 % qui ne l'étaient pas ou qui ne l'étaient pas vraiment ou qui étaient une toute petite partie pro-FLN, très nettement pro-FLN engagés auprès du FLN. [...] Donc ces gens-là, lorsqu'ils étaient repérés, étaient soit abattus, soit plastiqués, pour leur faire comprendre dans le meilleur des cas qu'il fallait qu'ils dégagent. C'était un système. Je vous avoue que mon groupe n'a jamais pratiqué à ce niveau.

Le plastiquage nocturne, je ne dirais pas que je le désapprouve mais je pense que ça nous a plutôt desservis qu'autre chose. Ça a eu quand même un bénéfice très particulier, c'est que dans les quartiers périphériques d'Oran, l'interpénétration des Français d'origine européenne et des Français d'origine musulmane était très grande. Donc lorsqu'il y avait un suspect, quelqu'un... Et il y en avait, malheureusement... Il y en avait même beaucoup de gens qui dans les derniers mois de la guerre devenaient pro-FLN, même s'ils ne l'avaient pas trop été avant, qui montraient leur bonne capacité d'engagement par les informations qu'ils fournissaient. Ils pouvaient indiquer qu'untel était bizarre, qu'untel parlait trop souvent de l'OAS, des choses comme ça. Donc ces gens-là pouvaient devenir la cible d'attentats FLN, d'attentats ciblés. Il fallait en fait malheureusement opérer la séparation des communautés. Le plastiquage nocturne contre des établissements ou des endroits musulmans, chose qui a eu lieu dans mon quartier, était fait pour dire aux musulmans qui étaient là : « Votre place n'est plus là, il faut partir. »

Vous avez mentionné dans votre équipement la présence d'un mortier.

Mortier de 60.

C'est une arme, à ma connaissance, qui est faite pour tirer à distance, c'est de l'artillerie légère. Comment vous l'utilisiez ?

Il a été utilisé quartier d'Eckmühl parce que nous avions eu une information de la préfecture, et donc des services armés, qu'il existait un quartier général du FLN dans le quartier des Planteurs. [...] C'était un quartier musulman à 100 % à ce moment de la guerre. L'armée française n'y pénétrait plus l'ombre d'une demi-fois. Nous, non plus. C'est un quartier que je connaissais très bien parce que j'avais eu des parents qui avaient habité là longtemps. Des parents du côté de ma mère, assez éloignés. On nous situe la présence, avec un renseignement très sûr, d'un quartier général FLN. Il faut le descendre. Mais on ne va pas se pointer avec nos armes parce que là, on est sûrs de ne pas revenir. On y allait mais on n'en revenait pas. Donc la seule arme utilisable, c'est le mortier. C'est la seule fois où j'ai été engagé dans mon quartier d'Eckmühl avec cet engin-là. C'est la seule fois où on l'a utilisé. On l'a armé sur une terrasse. [...] On l'a monté. On a fait les calculs nécessaires. C'est moi qui les ai effectués parce que les mathématiques nécessaires pour calculer le réglage n'étaient pas accessibles à mes amis, à mes copains, aux gens du groupe. [...] Ensuite, quand il a été réglé, on a envoyé six obus sur la cible. Le malheur, je le dis puisque maintenant, c'est de l'histoire, c'est que nos braves amis du FLN qui connaissaient très bien les risques qu'ils couraient avaient toujours l'habitude, et ils n'ont jamais perdu cette habitude, de travailler avec des boucliers humains. Dans le petit immeuble où ils habitaient, ils occupaient le rez-de-chaussée et ils avaient mis des familles au premier, des civils musulmans avec des enfants, des femmes. Ça, nous le savions, mais nous avions en bas une cible qu'il fallait descendre. On a mis trois obus dans la cible. On en a perdu trois. Le premier est tombé devant. Comme toujours, on règle en fonction avec un écart qu'on calcule à l'avance. Et puis, très rapidement, on règle la visée de l'engin, la pente de l'engin pour que l'obus tombe et trois obus sont tombés sur la cible. Il est certain que nous avons tué des femmes et des enfants et c'est ce qu'a retenu la France. Vous en trouverez des traces encore, de ce tir de mortier sur le quartier des Planteurs où on dit : « L'OAS, un véritable attentat terroriste en tuant des civils. » Oui, c'est vrai, mais la propagande française a oublié qu'en dessous d'eux, il y avait un groupement du FLN que nous avons éliminé. C'était une action de combat mais c'est vrai que c'était une action… C'est comme… Un petit peu à ce moment-là, j'ai eu la sensation d'avoir fait sauter un train qui aurait transporté, si j'avais été résistant, un chef nazi, en se disant qu'il y avait des civils dans le train. Ça justifie pas. Je ne cherche aucune justification. J'assume devant l'histoire ce que j'ai vécu mais j'essaye de vous donner les éléments qui m'ont fait le faire. Je pense ne pas avoir été un monstre. Je pense que, ce que j'ai fait, je l'assume toujours. Je dis pas qu'il fallait le faire mais, pour moi, il a fallu le faire. Mon père était mort depuis quelques années. J'avais une mère et un frère. Je dis pas que je les défendais mais il y avait plus personne pour les défendre. J'ai senti ça comme un devoir. Un devoir que le général de Gaulle m'a montré en disant « Vive l'Algérie française ! » et en disant « L'Algérie »… Enfin « pour toujours »… « le drapeau français est là pour toujours ». Des choses comme ça qui m'ont amené à ce combat… Mais mon honneur d'homme tient à ce que je n'ai jamais combattu des gens désarmés. Je n'ai jamais abattu avec mon colt ou mon pistolet-mitrailleur un Arabe passant dans la rue. Ça, jamais. Il y en a eu (je suis honnête), je sais qu'il y en a eu. Il y a des gens qui se sont armés du mot OAS et qui traversaient, solitaires – chose que nous ne faisions jamais –, les rues des quartiers périphériques et qui, lorsqu'ils voyaient un musulman, vieux ou jeune, passer – il y a eu des cas, j'en ai connus –, le descendaient et, en criant « OAS », pouvaient repartir tranquillement. Ça nous a fait un mal affreux. [...]

Comment se finit votre guerre ? Comment se passe votre départ ?

Je vais probablement beaucoup vous surprendre. La guerre se continue avec beaucoup de violence.

[Gérard Rosenzweig raconte d'abord deux attentats avec des véhicules piégés auxquels il a participé : un contre un tribunal du FLN et le second contre un lycée réquisitionné par la gendarmerie mobile.]

Dans les attaques que nous avons également, il y a deux attaques que je vais vous signaler. Donc toujours en centre-ville, parce qu'évidemment la France envoyait avec grande régularité des gens pour chasser l'OAS, pour essayer de s'infiltrer, pour arriver à les repérer, les faire arrêter ou les faire abattre. Ça se faisait à Alger mais ça s'est beaucoup fait à Oran. [Nous avions des informations sur les gens qui arrivaient à Oran, soit par la préfecture d'Oran, soit par un groupe OAS installé au ministère de l'Intérieur et au ministère des Armées, le groupe Ajax. Des gens] qui arrivaient évidemment en civil, comme tout le monde, avec une carte d'identité et une profession commerciale, la plupart du temps ; qui venaient pour faire du commerce et qui arrivaient à deux ou tout seuls dans le centre d'Oran ; et qui quelquefois n'étaient pas du tout des gens du commerce, mais plutôt des gens que nous avons appelés, à Oran, des « barbouzes ». C'est-à-dire des gens qui avaient peut-être eu une vie militaire avant, mais qui arrivaient en civil avec des papiers très discrets, mais qui étaient donc signalés. Nous avons eu donc, comme cela, celui dont j'ai identifié ensuite l'identité parce que l'histoire en a parlé, qui s'appelle le colonel Ranson qui est arrivé en civil à Oran en même temps à peu près que le commissaire Gavoury à Alger. C'est un peu la même affaire. Il est arrivé à Oran et il s'est installé à l'hôtel Windsor qui est au début de la ville. Petit hôtel de bonne qualité. Sauf que les gens qui y travaillaient étaient acquis à l'OAS, comme la majorité des gens à Oran. [...] Et il a été repéré, déjà parce qu'il était signalé et ensuite parce que les gens de l'hôtel... Le patron de l'hôtel nous a signalé que les coups de téléphone qu'il donnait sur Paris ne correspondaient pas à un commerce quelconque et que c'est des coups de téléphone qui étaient de type militaire, qui étaient très clairs. Donc, c'était un ennemi. Il pouvait nous faire beaucoup de mal. Donc il fallait l'abattre. Alors, on lui a mis un pain de plastic de 700 grammes accroché à son matelas parce que, paraît-il, il avait l'habitude de regarder sous son lit avant de se coucher. Et là, on lui a accroché sous le matelas... Et à 1 heure du matin ben : « On l'a collé au plafond », c'est l'expression qui avait été dite. Personne n'a eu d'états d'âme... Je vous dis la vérité : ce genre de mort ne m'a jamais empêché de dormir. C'est d'autres éléments qui ont perturbé ma vie ensuite quand je suis arrivé en France. Mais ce genre de mort ne m'a jamais perturbé.

[Gérard Rosenzweig raconte ensuite l'assassinat par l'OAS d'un patron de café suspecté d'être pro-FLN.]

Vous quittez quand l'Algérie, dans quelles conditions ?

[...] Les combats durent encore jusqu'à fin juin. Et c'est fin juin que notre Jouhaud, de sa prison, par des intermédiaires complexes, nous dit qu'il faut arrêter le combat [...]. Là, nous arrêtons et nous sommes autour du 20 juin. Pour moi, c'est autour du 20 juin. Le 22-23 juin, en faisant un trajet civil, je ne suis plus en armes. On a arrêté de combattre. [...] Vers le 20 juin, je fais un trajet entre l'appartement où je vis avec ma mère et l'École normale où j'ai encore des affaires à venir chercher. Je traverse la ville. À ce moment-là, l'armée française, quand il n'y avait pas de combat, pratiquait des bouclages. [...] Systématiquement à ce moment-là se met en place ce qu'on a appelé après « le plan Simoun », c'est-à-dire que tous les hommes qui avaient l'air d'avoir au moins 18 ans (parce que nous n'avions pas nos cartes d'identité sur nous) devaient être arrêtés. Entre 18 et 30 ans. Donc je me fais prendre dans un bouclage de cet ordre. [...] On m'emmène instantanément dans une caserne. Je ne suis pas seul. On est des dizaines et des dizaines. Et l'après-midi, on nous met dans un avion. Je suis bloqué le matin. L'après-midi, on est dans un avion. On ne passe même pas une nuit supplémentaire. Les familles ne sont pas prévenues, bien évidemment.

Je me retrouve à Istres et d'Istres transféré à Châlons-en-Champagne, donc tout près de Reims. [...] On est parqués là-dedans sans que nos parents soient prévenus, sans que personne soit informé. Ma mère croit donc que je suis tué, que j'ai disparu parce qu'il y a eu énormément de disparitions. J'ai oublié de le dire, c'est très important. À partir du 19 mars, date des accords d'Évian, comme officiellement le FLN ne doit plus mener de combats de sang contre l'armée française (chose qu'il respecte) et aussi, en principe, contre les Français, continue sa guerre par les enlèvements. À Oran, il y a eu, sans exagérer, je pense au moins mille cinq cents enlèvements, mille cinq cents personnes enlevées dans cette période qui ont complètement disparu et qu'on n'a jamais retrouvées. Certaines ont été libérées, mais il y en a un bon millier qui ont totalement disparu. Donc ma mère, inconsciemment dans sa douleur, me loge dans ces disparus et je ne peux lui dire le contraire qu'au bout de deux, trois semaines quand, enfin, un des courriers qu'on nous laisse écrire lui parvient à Oran. Voilà la fin de ma guerre, je me retrouve dans l'armée française. C'est là que je dis que le terrorisme rend fou parce que je me retrouve avec un uniforme sur lequel j'ai tiré quinze jours avant. C'est une épreuve pour moi qui est insoutenable.

Cette opération consiste, si j'ai bien compris, à réquisitionner tous les jeunes pieds-noirs qui n'ont pas fait leur service militaire et à les incorporer en métropole pour les éloigner…

Pour les éloigner des combats. C'était très évident. […] J'y suis resté un mois et demi. Là, j'avoue que je ne suis pas sûr que je serais resté intellectuellement mentalement intact si j'avais été maintenu. J'ai utilisé (ça va vous étonner), j'ai utilisé les accords d'Évian parce qu'un article dans les accords d'Évian dit que tous les jeunes gens recensés et nés en Algérie, recensés et mobilisés en Algérie, pouvaient demander le bénéfice de la double nationalité pendant trois ans à condition qu'ils retournent et qu'ils soient redomiciliés en Algérie. […] Je n'étais pas le seul pied-noir. Nous sommes allés voir notre chef de corps. On a demandé une audience. […] J'ai été démobilisé avec d'autres quinze jours plus tard parce que c'était imparable. Là, j'ai connu une période un peu folle. […] Je pars un peu à l'aventure. Je me retrouve à Toulouse où le milieu recherche des gens sachant manier les explosifs, donc on était très bienvenus. Il y a des règlements de comptes. Il y a eu des règlements de comptes à l'intérieur de l'OAS. Il y a eu des gens qui se sont liquidés entre eux pour des histoires d'argent, de fonds. Moi, j'échappe à tout ça. […] Alors, je quitte la France et je suis rentré en Algérie. Pour une raison, ça a été assez réfléchi de ma part. On n'avait jamais été identifiés. Je n'avais jamais été arrêté. Je n'ai jamais été contrôlé ni identifié en tant que membre de l'OAS. Jamais. Mon nom n'était nulle part. Personne n'a jamais connu mon nom. J'ai repris un bateau à Port-Vendres et je suis rentré en Algérie, mais avec l'idée que j'allais mourir, que finalement s'il y avait un endroit où il fallait que je meure, c'était en Algérie. [...] Je suis arrivé à Oran. J'ai franchi la frontière. Le choc pour moi, ça a été de voir la ville couverte de drapeaux verts et blancs. J'ai réussi à dominer ce choc parce que le drapeau vert et blanc, on l'avait déjà connu. On l'avait vu mais le voir installé partout, c'était la matérialité de notre défaite. Ça m'a fait beaucoup de bien de le voir au fond. Psychologiquement, ça m'a fait beaucoup de bien de devoir admettre cette défaite. [...] Et j'ai été tout de suite recruté par... à l'époque, cela s'appelait l'Office universitaire français. C'était une branche de l'Alliance française à l'étranger qui avait besoin d'enseignants pour ouvrir des écoles françaises dans la nouvelle Algérie qui s'installait. J'ai débuté mon métier d'instituteur à Oran là où je devais débuter. [...] En fait, j'ai refusé le fait d'avoir été viré à coups de pied dans le cul de l'Algérie. L'Algérie étant mon pays, on ne pouvait pas me le prendre. Donc retournant en septembre 1962 en Algérie, je remportais la victoire que les autres n'avaient pas pu remporter, c'est-à-dire que je revenais chez moi. Et je suis revenu chez moi. J'ai eu la sensation tout de suite d'être chez moi. La première année que j'ai passée en Algérie de 1962 à 1963 m'a remis sur pied et m'a rendu mon équilibre. [...] Je suis rentré en France lorsque j'ai senti que je... que pour moi quelque part... Je dis pas que la paix était faite mais que la maladie était maîtrisée... que la folie était maîtrisée. [...] Donc, mon vrai retour en France, c'est en 1966.

Dominique Moëbs
La fillette du quartier de la cathédrale d'Alger

Entretien avec Raphaëlle Jaillet[1]

Dominique Moëbs voit son paradis enfantin basculer dans l'enfer en 1961-1962. À 8 ans, elle doit quitter l'Algérie et découvrir une métropole dont elle ignore tout. C'est le souvenir de ce basculement tragique qu'elle relate avec une grande sensibilité, restituant ses émotions d'enfant, mal avertie des enjeux politiques mais consciente des dangers de mort qui, peu à peu, s'insinuent dans son quotidien.

***

Je suis née le 22 janvier 1953 à la clinique des Glycines d'Alger. Mon nom de jeune fille est Moëbs, c'est un nom d'origine alsacienne. Mes parents sont également nés en Algérie. Mes grands-parents, non. Ils sont arrivés en Algérie parce qu'il y avait des terres. On leur a demandé de venir, surtout les Alsaciens. Il y avait une grande communauté alsacienne en

1. Réalisé en France le 14 juin 2019 et édité par Julie Maeck.

Algérie. Mon grand-père paternel était l'ami du compositeur Saint-Saëns qui lui avait écrit une lettre, disant : « Viens en Algérie, c'est très intéressant, on va pouvoir faire des tas de choses ensemble au niveau culturel. » Ma grand-mère paternelle était d'origine italienne. Mes grands-parents maternels, eux, venaient de Bourgogne et de la région de Carcassonne. Je n'ai connu que mon grand-père paternel qui était professeur de violon aux Beaux-Arts d'Alger. Maman ne travaillait pas. Papa était directeur d'une caisse de sécurité sociale et de mutuelle, il était également alto solo dans l'orchestre de l'opéra d'Alger. Il y jouait le soir avec mon grand-père. J'avais un frère qui avait onze ans de plus que moi qui était également musicien.

Je qualifierais mon enfance à Alger d'enfance rêvée, une enfance privilégiée. J'étais scolarisée chez les sœurs au Cours Fénelon dans le quartier de la cathédrale Saint-Charles, qui était le quartier chic d'Alger. Notre maison était un immeuble de six étages, que mon grand-père avait fait construire. Avec une terrasse bien sûr, toutes les maisons avaient des terrasses. Du haut de la terrasse, on voyait la mer. C'était un immeuble tout blanc avec des volets bleus. Nous habitions au premier étage sur le même palier que mon grand-père. C'était un bel appartement, j'avais ma chambre. J'avais des tantes qui avaient des villas au bord de la mer. Les après-midi où on n'avait pas classe, parce qu'il faisait trop chaud, on allait à la plage et on rentrait le soir en voiture. Dans la villa d'une de mes tantes favorites, on descendait par des escaliers, qui étaient dans la montagne, jusqu'à une petite plage avec des rochers. C'était un peu comme le paysage de la Côte bleue en France où il y a les calanques. On allait à la plage. C'était une vie – comment vous dire ? –, un paradis. On était loin de se douter que ce paradis, on allait le perdre.

Nous allions très souvent en vacances en France, parce que maman voulait qu'on s'aère un peu les poumons, comme elle disait. On allait à Annecy, on allait en cure à Vichy, à Vittel. On prenait ce qu'on appelait la Caravelle, un avion d'Air France. La France, on trouvait ça beau, mais on ne se sentait pas chez nous. Il nous tardait de rentrer au soleil.

Vous étiez très jeune quand la guerre d'Algérie a commencé. Quand vous étiez petite fille, vous vous rendiez compte qu'il y avait une guerre en Algérie ?

Bien sûr, j'entendais ce que disaient mes parents. Les parents ne parlaient pas de ça aux enfants, on était un peu dans un petit cocon. Mais, plus le temps a passé et plus je m'en suis rendu compte car il y avait les bombes, les CRS dans les rues, mon école a été fermée. Un jour, en sortant de l'école justement, on se rendait, en rangs, à la cathédrale Saint-Charles. Une voiture est arrivée et nous a tiré dessus. Les sœurs se sont couchées sur nous pour nous protéger. On a eu très peur. Après, on est restés à la maison, on n'avait plus école, c'était trop dangereux. J'avais 8 ans, je me souviens très bien. J'ai des images qui sont gravées pour toujours, que je n'oublierai jamais, des images de sang, des bruits de rafale de mitraillette. Je me souviens qu'un jour maman devait m'acheter une nouvelle robe de chambre. On marchait dans la rue d'Isly. Devant nous, il y avait un vieux monsieur arabe en tenue traditionnelle, avec son chèche entouré autour de la tête, dans des couleurs un peu jaune orangé. Il marchait devant nous, et d'un coup il y a une voiture qui s'arrête près de nous et qui lui tire dessus, qui tire cinq coups. « Al-gé-rie fran-çaise », en fait. Comme ça, d'un coup, la mort. Je l'ai ressentie sans trop bien comprendre.

Et puis, la nuit, il y avait – comment vous dire ? –, pour moi c'est difficile à expliquer, toutes les nuits, il y avait des bombes, cela explosait tout le temps. Les pieds-noirs appelaient ça des « stroungas », je ne sais pas pourquoi. Il y a eu cette fameuse nuit, la nuit des cent bombes. J'étais dans mon petit lit et j'entendais. J'avais peur, mais j'avais peur ! Je me disais, ça ne va pas s'arrêter, c'était un enfer. Après, il y a eu cette fameuse fusillade du 26 mars 1962 où malheureusement l'armée française a tiré sur les pieds-noirs. C'était un défilé qui venait apporter à manger aux gens qui habitaient Bab El-Oued. Le quartier avait complètement été fermé par l'armée. Malheureusement, un coup de feu est parti et après, ça s'est enchaîné. Papa était justement dans cette manifestation. Il a reçu une éraflure de balle dans la cuisse. Il s'est protégé sous le corps d'une dame. Dans ces moments-là, je pense que l'instinct de survie prime, surtout on ne se rend pas bien compte, je pense. C'est ce qui l'a sauvé. Il est rentré à la maison, il s'est assis dans son fauteuil et il pleurait. C'est la première fois que je voyais mon papa pleurer. Il était plein de sang. Et c'est là qu'il a dit à maman : « Bah, c'est foutu. » Ce sont ses mots exacts : « C'est foutu, on s'en va. »

Et ça a continué, parce qu'il fallait arriver à partir, il fallait trouver une place sur un bateau ou dans un avion. Les CRS faisaient des perquisitions dans les appartements, je revois d'ailleurs un CRS dans ma chambre d'enfant, ouvrir mon secrétaire, comme si j'étais une dangereuse terroriste, je suppose. Cette image, cet homme, je les reverrai toute ma vie. La guerre, pour moi, c'était ça : c'étaient le bruit, le sang, la peur. Voir mon papa partir le soir. Je me disais : « Où il va ? » Je n'ai jamais demandé. Maintenant, je m'en doute un peu. Puisqu'un jour, je suis rentrée dans la chambre de mes parents et j'ai trouvé un revolver dans une armoire. Mes parents sont arrivés et me l'ont arraché des mains. Je m'étais trouvé une cachette dans l'appartement, je me disais : « Tiens, si jamais le FLN ou les fellaghas entrent dans mon appartement, je vais me cacher là, en haut sur l'étagère, sous les couvertures. »

La guerre, oui, c'était ça, c'était le bruit, la fureur, la tristesse, les larmes. Voir mes parents malheureux. On recevait des tracts. C'est « la valise ou le cercueil », donc, ma foi, on a choisi les valises. On avait le droit à une valise chacun. Mon frère avait déjà été envoyé à l'armée en Allemagne. On avait pépé avec nous. Il avait fait la guerre de 1914 en tant qu'infirmier. Il ne comprenait pas ce qui se passait. C'était un artiste qui était complètement éloigné de tout ce qui était politique. Papa, par contre, était différent. Il avait un idéal, il voulait rester. Mais il s'est aperçu que ce n'était pas possible. Papa a été arrêté par l'armée française. Nous sommes restés seuls, maman, pépé et moi, dans l'appartement. Il y a eu une nouvelle perquisition des CRS ou de l'armée, je ne sais pas. Ils ont fouillé partout. Ils sont allés dans la chambre de mon frère et ont fouillé son armoire. Quand ils sont partis, maman a refermé l'armoire et a vu un petit bout de tissu noir qui dépasse. Elle tire dessus, c'était le drapeau de l'OAS. Je peux vous dire qu'on l'a échappé belle. On a eu très peur. Papa est rentré et on a réussi à avoir des places sur le bateau pour partir en France. Dans la famille, nous sommes les premiers à être partis. J'ai distribué tous mes jouets avant de partir. Je me revois avec une ficelle, je les descendais du balcon pour mes petites copines qui n'étaient pas encore parties. Que fallait-il emporter dans une valise ? Quelques vêtements, oui, bien sûr, mais c'est tout. J'avais préparé une petite valise pour mes poupées avec des habits de poupée car je pensais que j'allais revenir. On est arrivés sur le quai d'Alger. Tout le monde pleurait et moi, j'étais accrochée à la dame qui s'occupait de moi, Zahia. Je voulais qu'elle parte avec nous parce qu'elle s'occupait de moi tout le temps. Du matin au soir, elle était là, elle dormait avec moi. Elle avait une petite fille, donc elle ne pouvait pas partir. Ça a été un déchirement pour moi de la laisser. Elle me racontait des contes arabes, des histoires d'animaux qui parlaient. Elle faisait mon goûter, elle faisait les courses, elle faisait partie de notre vie de famille.

Est-ce que vous pouvez revenir sur les perquisitions par les CRS ? Vous avez eu deux perquisitions ?

On a eu deux perquisitions, oui. Parce que je suppose que papa avait des activités – maintenant, on peut en parler, ce n'est plus un secret – au sein de l'OAS, tout simplement, l'OAS, Organisation armée secrète. C'étaient des personnes qui voulaient rester et qui ont, elles aussi, commis des actes, des bombes, des assassinats. C'est à celui qui ferait le plus de mal à l'autre, en fait. Ces perquisitions, c'était très impressionnant. Parce que, si vous voulez, ces gens qui venaient, ces CRS ne nous aimaient pas. On sentait qu'ils ne nous aimaient pas. Pour eux, nous étions des colons. On n'était pas des colons, nous ! Les colons, ils sont partis bien avant et ils ont gardé tous leurs privilèges et leurs avantages ! Pour eux, ça n'a eu aucune incidence sur leur vie de tous les jours. Je parle des gros colons, des gros propriétaires terriens qui ont pu racheter des terres au Maroc, en Tunisie, en France et qui ont continué à avoir le même train de vie, on va dire. Quand le quartier était fermé et qu'il y avait le couvre-feu, un jour, mon frère n'était toujours pas rentré. Mon grand-père a dit : « Je vais aller le chercher, il doit être bloqué par l'armée là-haut ou les CRS. » Il a mis toutes ses décorations et il est parti. Il monte la rue et va haranguer les militaires : « Moi, j'ai fait la guerre, je suis Français, je veux récupérer mon petit-fils, etc., etc. » Ils l'ont laissé partir parce qu'ils ont vu que c'était un homme âgé, très âgé.

Votre frère aussi était dans l'OAS ?

Non. Mon frère n'était pas dans ce groupe, je pense qu'il ne l'était pas. Maintenant il avait onze ans de plus que moi, il n'allait pas se confier à sa petite sœur. Mais c'est vrai que je l'ai souvent vu rentrer après le couvre-feu. Papa avait tellement peur qu'il lui tapait dessus. On ne vivait que dans la peur. On avait eu un paradis, le paradis s'est transformé en enfer, donc il fallait quitter l'enfer. Mais on en a connu un autre après.

Qu'est-ce qui a fait que pour vous, ça s'est transformé en enfer ?

Ça s'est transformé en enfer parce que c'était un tout. On ne pouvait plus aller chez mes tantes en bord de mer, on ne pouvait plus prendre la voiture pour sortir d'Alger, c'était interdit. Je voyais les gens autour de nous qui vivaient dans la peur. À l'époque, je regardais tous les samedis après-midi un film égyptien avec Zahia à la télé, des superbes films en noir et blanc avec des chansons type Oum Kalthoum. C'était magnifique, c'était très romantique. Mais il y avait aussi des discours de De Gaulle et des discours de Fouchet, son ministre. Et moi j'écoutais puisque j'étais là. Il y avait aussi, par-dessus leurs voix, l'OAS qui parlait : « Attention, l'OAS vous parle : ne sortez pas de chez vous de telle heure à telle heure. À telle heure, il va y avoir telle ou telle bombe, etc. » Ça me faisait peur. Je ne sais pas si vous avez déjà vu le visage de M. Fouchet. Il était très impressionnant. Quand j'étais petite, il me terrorisait, de Gaulle aussi me terrorisait. Je disais : « Mais pourquoi ces hommes veulent-ils que nous partions ? » J'entendais mes parents dire : « Et comment on va faire ? Où on va aller ? Chez qui ? Et l'argent ? etc. » Il fallait partir vite.

Nous sommes partis en juillet 1962. L'indépendance est arrivée quelques jours après. Ce paradis s'est transformé en enfer du jour au lendemain. L'enfer était quotidien : le bruit, la fureur, la peur, les larmes, le sang, le sang partout dans Alger. Quand on sortait, il y avait des traces de mains sur les murs. Je le revois comme si j'y étais encore. Les images ne s'effacent pas, le ressenti, les odeurs, ne s'effacent pas. Enfant, je suis restée très longtemps terrorisée par les films de guerre, le bruit des armes à feu, les couteaux.

Quelles étaient ces odeurs ?

Des odeurs de poudre, de guerre, de sang. Ça sent une odeur particulière. Quand on sortait, c'était impressionnant. On était habitué à des odeurs de jasmin, des odeurs d'épices, d'ambre solaire, de cuisine, de poivrons, de tomates, de bonnes odeurs, agréables. Et là, d'un coup, on était entourés par d'autres odeurs.

Tout à l'heure, vous avez parlé de l'arrestation de votre père. Pourriez-vous préciser cet événement ?

Je n'ai pas vraiment d'informations là-dessus. Tout ce que je sais, c'est qu'ils l'ont gardé pas mal de temps. Il était dans un camp, c'est ce que j'ai entendu papa raconter quand il est sorti. Ils faisaient des rafles pour interroger les gens sur leurs activités pour l'OAS, pour savoir de quel réseau ils faisaient partie. Comme tout mouvement de « résistance », entre guillemets, il y avait différents réseaux qui ne travaillaient pas ensemble. Tous ces gens qui résistent, quelle que soit l'époque, quels que soient leurs idéaux, ils sont toujours organisés en réseaux.

Est-ce que vous pourriez me parler de Zahia ? C'était votre nourrice ?

Alors Zahia, c'était ma nourrice, si vous voulez, ma gouvernante, ma confidente. Je l'adorais. Elle était mère célibataire, ce qui était très, très mal vu. Maintenant quand j'y repense, je trouve ça assez moderne. À l'époque, les femmes musulmanes avaient un voile blanc, très beau, qui les recouvrait avec ce qu'on appelle un *haïk*, qui cache le nez et la bouche. C'était souvent brodé, c'était très joli. Elle arrivait comme ça, puis elle enlevait tout et en dessous elle était habillée à l'européenne. Elle passait ses journées à la maison, mais elle avait un gros défaut : elle était alcoolique. Souvent, elle oubliait de venir me chercher à l'école. Quand je rentrais à la maison, elle dormait parce qu'elle avait trop bu. Et je la réveillais en disant : « Zahia, réveille-toi, si maman rentre et qu'elle te trouve comme ça, oh là là ! » Elle me disait : « Oui, ma reine », elle m'appelait ma reine, ma princesse, « oui, je vais me lever ma chérie, ma reine ». Alors, on prenait un goûter. Je me souviens que je faisais à manger à mes poupées, des choses ignobles qu'elle mangeait avec moi, c'était la seule d'ailleurs qui acceptait. Et puis, elle était partout avec moi, comme je vous l'ai dit. Elle me racontait des histoires, des contes qui étaient passionnants avec des animaux qui parlaient, des singes, des tigres, des lions. Elle chantait, je ne pouvais pas me passer d'elle, en fait. Le soir, elle rentrait chez elle, mais sinon, elle était là, elle faisait partie de ma vie de petite fille, et tous les jeudis mes parents invitaient sa fille à déjeuner à la maison avec nous. Elle venait jouer avec moi dans ma chambre ; je ne me souviens plus de son prénom.

Vos parents vous parlaient-ils de leurs idéaux ?

Non, mes parents ne m'ont jamais parlé de ça. Mais je sentais quand même que les choses changeaient, je sentais qu'il allait se passer quelque chose de grave. Je voyais mes parents préparer les valises. Je me disais : « Bon, on va partir. » Mais ça restait du domaine de l'irréel, ce n'était pas concret pour moi. Je voyais que l'attitude de mes parents changeait. Ils étaient moins gais, il y avait moins de fêtes à la maison. On n'allait plus faire la fête au bord de la mer parce qu'il y avait cette épée de Damoclès au-dessus de notre tête et on ne pouvait plus aller et venir comme on le désirait : prendre la voiture, aller au bord de la mer ou aller voir des amis qui habitaient à la campagne. On ne pouvait plus avoir cette vie-là, cette vie insouciante, c'est le qualificatif qui irait, cette insouciance qui caractérisait la vie de l'époque. On était insouciants, les gens étaient gais. C'est pour ça que ça a été un choc énorme, parce qu'on ne s'attendait pas du tout à un tel choc.

Comment se sont passées votre arrivée et votre installation en métropole ?

Nous sommes arrivés à Marseille par bateau. Nous n'étions pas les bienvenus. Les pieds-noirs (je parle en général) n'étaient pas les bienvenus. Le maire de Marseille a écrit « que les pieds-noirs aillent se réadapter ailleurs ! ». Tous les conteneurs qui venaient d'Algérie ont été jetés dans la Méditerranée par la CGT. Ça, on peut le dire, parce que tout le monde est au courant puisque nous étions d'affreux colonialistes ! Papa avait une voiture, cela nous a aidés. Maman ne souhaitait pas rester dans le midi de la France ; elle voulait aller à Paris. La première nuit, dans un hôtel de Marseille, on récupère nos valises. Elles étaient vides, on nous avait tout volé. On n'avait plus rien. Le lendemain, on part en voiture pour Montpellier. Un des frères de mon grand-père y habitait. Il s'était proposé de garder pépé le temps qu'on trouve un endroit pour s'installer. Arrivés à Paris, on loge dans un hôtel dans le quartier de l'Opéra-Comique. La Croix-Rouge nous a donné des vêtements, des chaussures, du shampoing, etc., tout le nécessaire pour les premiers jours. À l'époque, papa touchait encore les loyers de l'immeuble à Alger. Après, évidemment, le gouvernement algérien a tout arrêté. Bref, on avait encore un peu de sous, pas grand-chose à manger. C'était un peu comme dans le film d'Alexandre Arcady, *Le Coup de Sirocco.* Voyez Marthe Villalonga, Patrick Bruel et le père dans la chambre d'hôtel avec la tranche de jambon. C'était nous ! Papa n'avait plus de boulot mais il a pensé qu'il pourrait rejouer du violon à l'opéra ou ailleurs. Il se rendait sans succès à la station de métro Blanche où se retrouvaient les musiciens pour avoir des cachets. Il était découragé, mais, en même temps, j'ai eu la chance d'avoir des parents qui étaient toujours gais et qui positivaient. C'était surtout ma mère qui avait cet esprit-là, l'esprit de toujours aller de l'avant. Elle me disait : « On est des enfants de pionniers, donc on avance. » Par l'intermédiaire de la Croix-Rouge, on nous a octroyé un appartement à Vanves. C'était quelque chose d'épouvantable, un appartement indescriptible, une horreur ! Je me souviens de la rampe d'escalier, raccommodée avec de la ficelle. Je revois ma mère assise sur la valise en train de pleurer. Et là, elle se lève : « Bon, maintenant, ça suffit. Hop, hop, hop, on va acheter de la peinture blanche et on va tout peindre en blanc. On va aller acheter des meubles. » À l'époque, les meubles rustiques ne valaient rien du tout en salle des ventes. L'appartement avait deux pièces. Je dormais dans la chambre de papa et maman, mon grand-père dormait dans un petit lit dans le salon. J'avais honte, j'avais tellement honte de rentrer dans cette maison que j'attendais qu'il n'y ait personne dans la rue pour entrer. J'avais 10 ans. J'avais honte de cette maison, de mes habits. Mes parents ont sympathisé avec un docteur qui habitait dans un pavillon en face de chez nous. Sa femme nous amenait des couvertures, de la vaisselle, du linge… Extraordinaire. Ils ne partageaient pas du tout nos idées ; il était gaulliste. Je traversais la rue pour aller jouer dans leur jardin avec mes petites copines.

Mes parents m'ont inscrite à l'école communale. À chaque récréation, les enfants me demandaient d'enlever mes chaussures pour voir si j'avais les pieds noirs. Quand je récitais mes leçons, c'était pareil. Mon accent n'allait pas, on me reprenait tout le temps. Un jour, la maîtresse m'a dit : « Toi, tu n'as qu'à retourner sous tes palmiers. » Je le raconte à maman. Une furie ! Le lendemain, elle a fait un scandale à l'école. J'ai alors été scolarisée à l'institution Notre-Dame-de-France, une école privée de Malakoff. Ce qui m'a surtout frappée quand je suis arrivée à Paris, c'est le gris. C'est gris, c'est moche, les gens ne sont pas à la fenêtre. Ensuite, l'ancien directeur de mon père est revenu d'Algérie et a réengagé son personnel. Ça a été un coup formidable, papa a retrouvé son boulot. Maman a été obligée de trouver du travail. Elle n'avait jamais travaillé de sa vie. Elle avait appris par la Croix-Rouge qu'un grand salon de beauté parisien recherchait une dame qui présente bien pour tenir le salon. Maman n'avait pas d'argent pour aller chez le coiffeur, s'acheter une robe ou des chaussures. Elle est allée vendre ses bijoux au mont-de-piété pour s'acheter le nécessaire et elle a eu le poste. Notre situation a commencé à s'améliorer. Nous avons déménagé en banlieue, à Vélizy-Villacoublay, dans une résidence qui venait d'être construite. C'était un trois-pièces, avec un balcon, très agréable. J'étais heureuse d'avoir à nouveau ma propre chambre. Nous avons récupéré quelques meubles d'Algérie. Ça a été un moment d'intense émotion.

Voilà. Le retour en France. Il a fallu s'adapter à la vie de tous les jours. Comment faire pour être acceptés, pour ne pas être discriminés ? Ne serait-ce que par notre attitude, notre accent, notre comportement méditerranéen. J'essayais de faire comprendre à mes parents qu'on ne va pas chez les gens sans avoir téléphoné avant. J'ai tout fait pour perdre mon accent. Je me disais que si je le gardais, c'était fini. Mes parents, eux, l'ont gardé. Je ne parlais jamais de l'Algérie avec mes camarades de classe. Quand j'ai voulu le faire, ça a été l'horreur. Ils m'ont répondu que les pieds-noirs étaient des assassins et qu'ils ont profité des Arabes. Mes parents reparlaient tout le temps de l'Algérie, quand nous étions entre nous ou si les gens en parlaient. On en parlait tout le temps parce que c'était leur vie. Ils avaient 40 ans. Ils étaient nés là-bas, ils pensaient y finir leurs jours. Ce qui est un gros crève-cœur aussi, c'est de laisser les gens qu'on a perdus dans les cimetières. On va dire que ce sont des détails, mais des détails importants.

Je ne suis jamais retournée en Algérie. Je suis allée en vacances en Tunisie et au Maroc. La madeleine de Proust. J'ai fermé les yeux et je partais. Je n'étais plus là, j'étais à la mer, chez moi. Chez moi. Parce qu'on a beau dire, mais les racines, c'est super important. Moi, mes racines, elles ne sont pas ici. Je me suis adaptée parce qu'il a bien fallu que je m'en sorte.

Chronologie

1830 : Alger tombe aux mains des Français le 5 juillet. La conquête effective de l'ensemble de l'Algérie met plusieurs décennies.

1848 : l'Algérie est découpée en départements français, à l'exception des territoires du Sud.

1914-1918 : Première Guerre mondiale où sont impliqués des habitants d'Algérie de toutes les origines, nés en Algérie ou en Europe, pourvu qu'ils soient citoyens français.

1921-1926 : guerre opposant des tribus du Rif marocain unies contre le colonisateur espagnol. Vaincue, l'Espagne fait appel à ses alliés : la France intervient en soutien en 1925. En 1926, Abd el-Krim se rend.

1939-1945 : Seconde Guerre mondiale.

1940 : le régime de Vichy abolit le décret Crémieux qui avait fait des Juifs d'Algérie des citoyens français de plein droit.

1944 : abolition du Code de l'indigénat (ensemble de discriminations spécifiques pesant sur les habitants autochtones d'Algérie, à l'exception des Juifs). Des discriminations civiques existent toutefois toujours.

8 mai 1945 : des manifestations nationalistes ont lieu début mai 1945. Le 8 mai, un manifestant est tué à Guelma dans le Nord-Constantinois. Les deux mois qui suivent sont marqués par des massacres qui font au moins 15 000 morts algériens.

1946-1954 : guerre en Indochine française qui se solde par l'indépendance de ces territoires asiatiques de l'empire colonial.

Nuit du 31 octobre au 1er novembre 1954 : en Algérie, série d'attentats coordonnés par un nouveau groupe indépendantiste, le Front de libération nationale (FLN), issu d'une scission du parti historique fondé par Messali Hadj, le MTLD.

3 avril 1955 : le Parlement français vote l'état d'urgence pour l'Algérie ; il est dans un premier temps limité à quelques zones.

20-21 août 1955 : dans le Nord-Constantinois, soulèvement coordonné à l'appel du FLN. Près de cent civils sont assassinés. La répression fait plus de 10 000 morts. Dans la foulée, l'état d'urgence est étendu à tout le territoire algérien.

2 janvier 1956 : une coalition unie sous le nom de « Front républicain » remporte les élections législatives sur un programme de « Paix en Algérie ». Le socialiste Guy Mollet devient chef du gouvernement en février.

6 février 1956 : accueilli à Alger par une foule de Français d'Algérie hostile, Guy Mollet renonce au gouverneur général qu'il avait choisi et nomme Robert Lacoste ministre-résidant.

Mars 1956 : la Tunisie et le Maroc, protectorats français, deviennent indépendants.

16 mars 1956 : le Parlement confie des pouvoirs spéciaux au gouvernement pour mettre fin aux troubles en Algérie. Dans la foulée, le contingent est mobilisé pour l'Algérie.

Avril-juin 1956 : manifestations de conscrits rappelés sous les drapeaux contre leur départ en Algérie.

18 mai 1956 : embuscade dite de Palestro dans laquelle disparaît une section de rappelés. L'événement suscite une grande émotion dans l'opinion publique et la presse françaises.

18 mai 1956 : grève scolaire lancée par le FLN.

20 août 1956 : en Algérie, congrès de la Soummam dotant le FLN d'une plate-forme de revendications et de principes d'action, ainsi que d'instances dirigeantes : Comité de coordination et d'exécution (CCE) et Conseil national de la révolution algérienne (CNRA).

22 octobre 1956 : détournement de l'avion transportant les dirigeants extérieurs du FLN, Hocine Aït Ahmed, Ahmed Ben Bella, Mohamed Boudiaf et Mohamed Khider, qu'accompagnait l'écrivain Mostefa Lacheraf. Ils sont incarcérés en métropole.

31 octobre-6 novembre 1956 : des troupes françaises, britanniques et israéliennes attaquent le canal de Suez récemment nationalisé par Nasser. C'est un fiasco politique.

7 janvier-octobre 1957 : répression mise en œuvre par la 10e division parachutiste à Alger, communément appelée « bataille d'Alger ». Ces actions policières largement hors du droit visent le FLN et ses soutiens. Les militants du PCA, devenu clandestin, sont également visés. La torture et la disparition y sont massivement utilisées.

28 janvier-4 février 1957 : grève générale de huit jours décrétée par le FLN à la veille de la session de l'Assemblée générale des Nations unies devant évoquer la situation en Algérie.

Été 1957 : début de la construction de la ligne Morice.

21 janvier-28 mai 1958 : sous le nom de « bataille des frontières », on désigne l'engagement de régiments parachutistes français contre les franchissements par les unités de l'ALN du barrage édifié à la frontière tunisienne.

8 février 1958 : bombardement par l'aviation française du village tunisien de Sakiet Sidi Youcef auprès duquel sont installés des camps de l'ALN. Cette attaque provoque un scandale international.

13 mai 1958 : prise du bâtiment du gouvernement général à Alger par une foule où se mêlent ultras de l'Algérie française et militaires. Formation d'un Comité de salut public.

1er juin 1958 : la crise institutionnelle ouverte le 13 mai se clôt par l'investiture de Charles de Gaulle comme président du Conseil.

Nuit du 24 au 25 août 1958 : attentats du FLN en divers lieux du territoire métropolitain contre des cibles françaises. C'est un changement majeur de stratégie pour le parti indépendantiste qui ouvre ainsi un second front.

19 septembre 1958 : proclamation du Gouvernement provisoire de la République algérienne (GPRA).

28 septembre 1958 : référendum organisé en France et en Algérie sur la Constitution de la Ve République. Le oui l'emporte à plus de 82 % des suffrages exprimés.

3 octobre 1958 : à Constantine, Charles de Gaulle annonce un très vaste plan destiné à moderniser et industrialiser l'Algérie.

7 octobre 1958 : ordonnance autorisant l'internement, en France, de toute personne apportant « une aide, directe ou indirecte, aux rebelles algériens ».

13 octobre 1958 : Charles de Gaulle lance un appel à la « paix des braves » adressé directement aux combattants de l'ALN. Sans effet.

21 décembre 1958 : Charles de Gaulle élu premier président de la Ve République.

8 janvier 1959 : prise de fonction du gouvernement de Michel Debré.

Février 1959 : lancement du plan Challe en Algérie.

16 septembre 1959 : discours de Charles de Gaulle annonçant la future autodétermination des habitants de l'Algérie sur le sort du pays.

Fin 1959 : le CNRA crée l'État-major général confié à Houari Boumediene. L'EMG réorganise l'armée cantonnée aux frontières de l'Algérie.

24 janvier-1er février 1960 : semaine dite des barricades à Alger où des ultras tiennent la rue face aux gendarmes pour signifier leur refus de l'autodétermination et imposer une politique de maintien de l'Algérie française. L'affrontement fait 22 morts et 170 blessés.

26-29 juin 1960 : premières rencontres entre des représentants français et des délégués du GPRA à Melun.

5 septembre 1960 : ouverture du procès du réseau de soutien au FLN dit réseau Jeanson devant le tribunal militaire de Paris.

6 septembre 1960 : manifeste signé par 121 intellectuels et artistes prônant le droit à l'insoumission.

27 octobre 1960 : manifestation pour la paix en Algérie à l'initiative du syndicat étudiant UNEF.

Décembre 1960 : dans la perspective du référendum, manifestations de Français d'Algérie hostiles. Dans toute l'Algérie, des Algériens manifestent spontanément en faveur de l'indépendance.

8 janvier 1961 : référendum approuvant l'autodétermination.

11 février 1961 : création de l'Organisation armée secrète (OAS).

22 avril 1961 : quatre généraux prennent le pouvoir en Algérie avec le soutien de quelques régiments. Au bout de quelques jours, leur échec est patent.

20 mai-13 juin 1961 : reprise des négociations entre délégués du GPRA et diplomates français à Évian. Annonce unilatérale par la France d'une « interruption des opérations offensives » pour un mois.

Juillet 1961 : conflit diplomatique et militaire autour de la base militaire de Bizerte que la France a maintenue en Tunisie.

17 octobre 1961 : le FLN organise une protestation pacifique des Algériens contre le couvre-feu discriminatoire instauré en région parisienne. La répression par la police fait plusieurs dizaines de morts.

8 février 1962 : manifestation interdite de la gauche française contre l'OAS et pour la paix en Algérie. Sa répression fait 9 morts au métro Charonne. Quelques jours plus tard, 500 000 personnes suivent leurs obsèques.

18 mars 1962 : accords sur la fin de la guerre et l'avenir de l'Algérie à Évian.

19 mars 1962 : cessez-le-feu en Algérie.

26 mars 1962 : les forces de l'ordre françaises tirent sur des civils soutenant l'OAS à Alger. La fusillade de la rue d'Isly fait des dizaines de morts.

8 avril 1962 : référendum organisé en métropole sur les accords d'Évian.

Fin mai 1962 : plan Simoun.

Mai-juin 1962 : départs massifs des Français d'Algérie vers la France.

17 juin 1962 : à Alger, l'OAS s'accorde avec l'exécutif provisoire algérien sur un arrêt des violences. Rien de tel ailleurs en Algérie.

1er juillet 1962 : en Algérie, référendum validant les accords d'Évian. Le oui recueille 99 % des suffrages exprimés.

3 juillet 1962 : reconnaissance de l'indépendance de l'Algérie par Charles de Gaulle.

5 juillet 1962 : célébration de l'indépendance en Algérie. À Oran, une fusillade d'origine inconnue déclenche une journée de violences, faisant une centaine de morts algériens, une quarantaine de morts français et des centaines de disparus parmi les Français d'Algérie.

L'Algérie en 1960

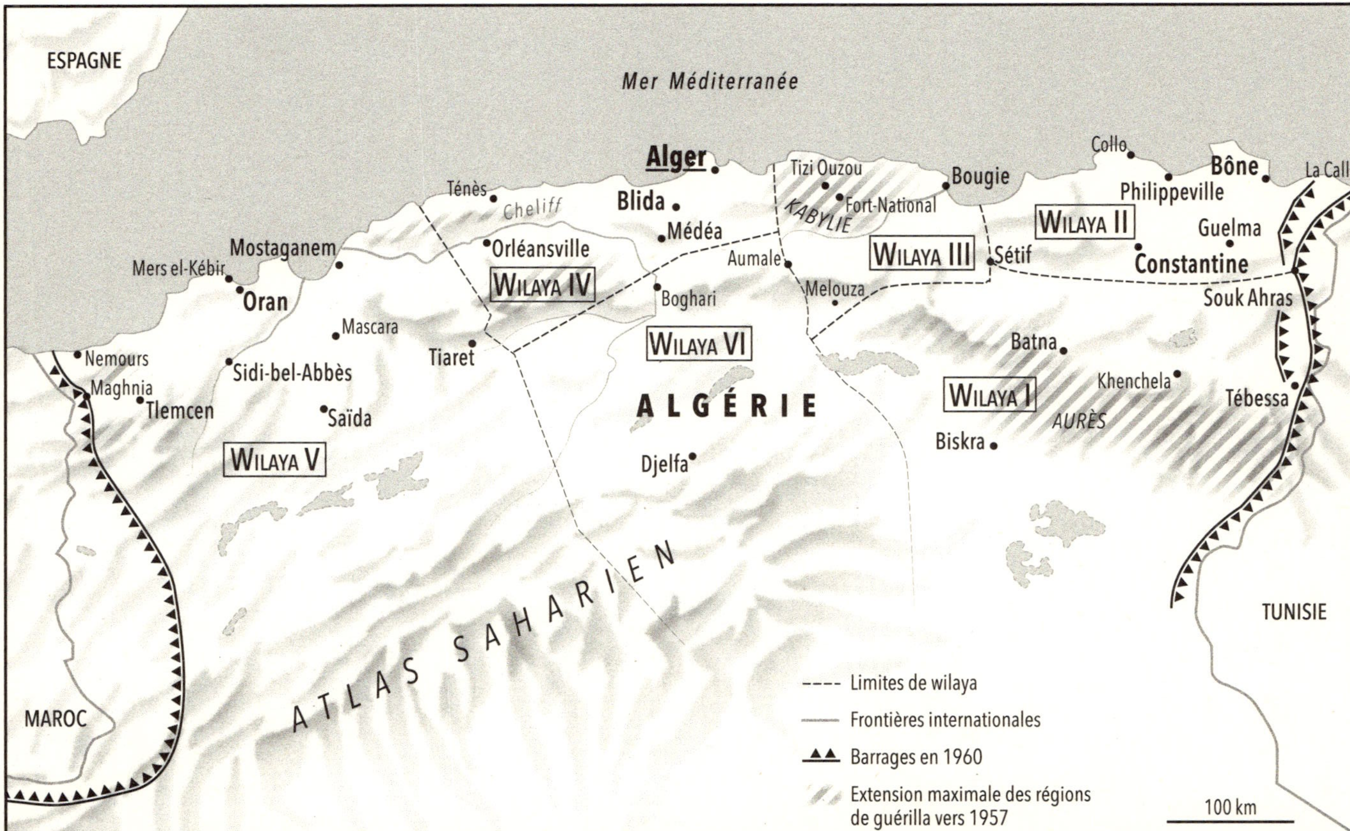

Glossaire

ALN : Armée de libération nationale. Les maquisards de cette armée sont membres du FLN.

AMG : aide médicale gratuite. Programme de soins médicaux prodigués aux populations algériennes dans le cadre de la guerre.

Association des oulémas musulmans algériens : association fondée en 1931 dans le but de répandre les idées défendues par le courant des réformateurs de l'islam (l'*islah*). Elle est un des creusets du nationalisme algérien.

Barbouze : membre de réseaux policiers clandestins mais liés au régime, chargés de lutter contre l'OAS.

Bataille d'Alger : cette expression désigne la répression menée par la 10e division parachutiste à Alger entre janvier et octobre 1957. Chargés de lutter contre le terrorisme urbain du FLN, les militaires français se livrèrent à une guerre plus largement dirigée contre le FLN et ses soutiens supposés ou réels dans la population.

Bled : mot arabe utilisé en français pour désigner campagnes et montagnes, par opposition aux villes d'Algérie.

Bleuite : opération d'intoxication de l'ALN par des agents infiltrés par les services de renseignement français.

Camp de regroupement : camp où était regroupée de force la population d'une région dont l'armée souhaitait qu'elle fût vidée de toute présence humaine, afin de combattre plus efficacement les maquisards de l'ALN soutenus par les civils.

CEMEA : Centre d'entraînement aux méthodes d'éducation active.

Centres sociaux éducatifs : créés à l'initiative de Germaine Tillion en 1955, ils ont pour vocation de pourvoir aux besoins humanitaires de base des populations défavorisées d'Algérie, notamment en matière d'éducation.

Certificat d'études primaires : diplôme de fin d'études primaires. Il marque souvent la fin de la scolarité obligatoire et donc la sortie du système scolaire pour la grande majorité des élèves.

CGT : Confédération générale du travail. Principal syndicat ouvrier français.

***Chahid* (pluriel : *chouhada*)** : martyr. Mot utilisé en Algérie pour désigner les personnes tuées par les forces de l'ordre françaises pendant la guerre.

CIMADE : association engagée dans le soutien aux migrants, déplacés ou réfugiés. Créé fin 1939 autour de la situation des expulsés d'Alsace-Moselle, le Comité intermouvements auprès des évacués a rapidement étendu son champ d'action. À partir de 1957 notamment, il est intervenu dans les camps d'internement de métropole où étaient détenus des Algériens.

Commandos Deltas, Collines : petits groupes de militants de l'OAS chargés des assassinats. À Alger, ils portent le nom de Deltas, à Oran, de Collines.

Contingent : troupe formée d'hommes appelés sous les drapeaux au titre de leur service militaire.

Corvée de bois : expression servant à camoufler des exécutions sommaires.

CRS : Compagnie républicaine de sécurité. Ces compagnies sont appelées en renfort du maintien de l'ordre, particulièrement en zones urbaines.

CSP : Comité de salut public. Groupement de civils et de militaires qui, en mai 1958, s'organisent pour peser sur le pouvoir politique. Le premier est formé à Alger mais d'autres existent pendant quelques mois dans les villes et bourgs d'Algérie.

Délégué général : personne détentrice de l'autorité civile en Algérie. Le pouvoir militaire lui est soumis. L'Algérie connaîtra trois délégués généraux : le général Salan qui cumule les deux responsabilités, Paul Delouvrier et Jean Morin.

Disparu : personne enlevée ou arrêtée et dont le corps n'a jamais été retrouvé.

Djebel : mot arabe signifiant la montagne.

Djoundi (**pluriel :** *djounoud*) : mot arabe signifiant le combattant.

DOP : détachement opérationnel de protection. Sous ce nom se cache un service de renseignement français spécialisé dans les interrogatoires des prisonniers jugés les plus durs, justifiant ainsi son recours à la torture.

Douar : ensemble d'habitations.

DP : Division parachutiste. Il y a deux divisions parachutistes engagées en Algérie : la 10e et la 25e.

DST : Direction de la surveillance du territoire. Service de police.

Fellagha : mot arabe désignant à l'origine des coupeurs de route, utilisés par les militaires français pour caractériser les maquisards de l'ALN. « Fell » en est une abréviation courante.

Fellah : mot arabe signifiant le paysan.

Fidaï, *fidaya* : par ce mot le FLN désigne un militant ou une militante chargée de mener des actions terroristes, typiquement de poser des bombes.

FLN : Front de libération nationale.

Gégène : mot d'argot formé à partir de « génératrice ». Objet produisant de l'électricité et dont l'usage premier est détourné pour en faire un instrument de torture massivement utilisé en Algérie.

Gourbi : habitation faite de branchages et de terre séchée.

GPRA : Gouvernement provisoire de la République algérienne.

Harka : unité militaire dans laquelle servent la plupart des harkis.

Harki : nom donné à une des catégories de supplétifs algériens de l'armée française.

Hizb : partie du Coran.

Ichtirâk : cotisation au FLN, présentée comme un impôt patriotique.

Katiba : unité militaire de l'ALN équivalent de la compagnie. Elle peut compter jusqu'à 200 hommes.

Le Bled (**journal**) : journal publié par le service chargé de l'action psychologique de l'armée française et distribué dans toutes les unités militaires.

Ligne Morice : ligne de barbelés électrifiés autour d'une zone minée et surveillée en permanence édifiée le long de la frontière tunisienne dans le but d'empêcher le passage de la frontière à tout renfort venant de Tunisie pour soutenir le FLN et l'ALN. Elle porte le nom du ministre André Morice. Son équivalent existe à la frontière marocaine.

MALG : ministère de l'Armement et des Liaisons générales. Service de renseignement de l'ALN.

Maquis : zones où agissent et se cachent les combattants de l'ALN. Monter au maquis signifie s'engager dans la lutte armée au sein de l'ALN.

Mechta : maison ou groupe de maisons.

MNA : Mouvement national algérien. Parti créé par Messali Hadj en décembre 1954.

Moghazni : supplétif algérien de l'armée française engagé par contrat et employé au service d'une SAS.

Moudjahid, moudjahida (pluriel : moudjahidine, moudjahidate) : combattant et combattante de l'ALN. Le mot est formé sur la racine du mot *djihad*.

MTLD : Mouvement pour le triomphe des libertés démocratiques. Parti fondé par Messali Hadj en 1946 et réclamant l'indépendance de l'Algérie.

Nachid : chant, le plus souvent à teneur patriotique ou religieuse.

Nassârâ : mot arabe qui signifie les Nazaréens, ceux de Nazareth, les premiers chrétiens.

Nizâm : par ce mot arabe, le FLN désigne son organisation politique et administrative dont le but est d'encadrer les civils algériens au point de les détacher de l'administration coloniale. L'armée française parle, elle, d'OPA (organisation politico-administrative).

OAS : Organisation armée secrète. Groupement, formé début 1961, de civils et de militaires unis dans la défense violente de l'Algérie française et s'opposant à la politique conduisant à l'indépendance de l'Algérie.

Officier des affaires indigènes : officier administrateur qui prend plutôt le nom d'officier des affaires algériennes en Algérie. C'est souvent lui qui commande la SAS.

ONU : Organisation des Nations unies.

OS : Organisation spéciale. Branche clandestine du MTLD regroupant des hommes qui s'entraînent en vue du passage à la lutte armée.

Oued : mot arabe signifiant un cours d'eau.

PCA : Parti communiste algérien.

PCF : Parti communiste français.

Plan Challe : plan destiné à éradiquer les maquis de l'ALN. Ce nom porte le nom du commandant en chef en Algérie, le général Challe.

Plan Simoun : appel anticipé des conscrits de 19 et 20 ans originaires d'Alger et Oran dans le but de les transférer en métropole afin qu'ils ne puissent pas soutenir l'OAS.

Plastic : explosif puissant dont l'utilisation est devenue, dans la dernière année de la guerre, le signe distinctif de l'OAS.

PPA : Parti du peuple algérien. Parti de Messali Hadj qui précéda le MTLD.

Prado (affaire du) : sous cette appellation, la presse a désigné l'arrestation, en 1958, de prêtres du noviciat du Prado, dans la banlieue lyonnaise, accusés d'avoir aidé des militants du FLN.

Quille : en argot militaire, ce terme désigne la fin de sa période militaire pour un appelé.

Ratissage : action militaire visant à boucler une zone puis à la passer au peigne fin en interpellant tout individu suspect repéré.

Roumi : mot arabe désignant les Romains. Il est aussi utilisé plus largement en Algérie pour désigner les chrétiens ou les Français.

SAS : sections administratives spécialisées. Créées en 1955, ces sections ont essentiellement pour vocation de pallier la sous-administration du territoire rural algérien. À leurs fonctions administratives s'ajoutent des missions sociales, économiques, sanitaires, scolaires ou encore de renseignement.

SDECE : Service de documentation extérieure et de contre-espionnage.

Section : unité militaire de base dans l'armée française comme dans l'ALN. Elle compte une vingtaine de membres.

SNCF : Société nationale des chemins de fer français.

Souk : mot arabe désignant un marché.

Soummam (Congrès de la) : premier congrès du FLN réuni dans la vallée de la Soumman en Kabylie, en août 1956. Y sont fixées les grandes règles d'organisation du FLN.

Tirailleur : soldat servant dans l'infanterie coloniale.

UGEMA : Union générale des étudiants musulmans d'Algérie. Syndicat étudiant fondé par le FLN.

UNFA : Union nationale des femmes algériennes.

USTA : Union syndicale des travailleurs algériens, syndicat créé par le MNA en février 1956.

***Wilaya* (pluriel : *wilayate*)** : circonscription administrative principale du FLN et de l'ALN. Le territoire algérien est divisé en six *wilayate*.

Table

PEFC
10-31-1510

Certifié PEFC

Ce produit est issu de forêts gérées durablement et de sources contrôlées.

pefc-france.org

Achevé d'imprimer par
Corlet Imprimeur
14110 Condé-en-Normandie

Réalisation : Nord Compo à Villeneuve-d'Ascq
Dépôt légal : février 2022
ISBN : 979-10-210-5138-6
Numéro d'édition : 4714
Numéro d'impression : 22010418
Imprimé en France